Robert

WISDOM AND KNOWLEDGE
SHALL BE THE
STABILITY OF THY TIMES

Kreation und Leitung Hans Höfer

APA GUIDES

NewYorkCity

Herausgegeben von Martha Ellen Zenfell
Fotografiert von Catherine Karnow und anderen

Redaktion Matthias Liesendahl

APA PUBLICATIONS

Apa Guides

Ägypten
Alaska
Amazonas Erlebnis Natur
Amsterdam
Andalusien/Costa del Sol
Argentinien
Athen
*Atlanta **
Australien
Bahamas
Bali
Baltische Staaten
Bangkok
Barbados
Barcelona
Beijing/Peking
Belgien
*Belize **
Berlin
Bermuda
Boston
Brasilien
Bretagne
Brüssel
Budapest
Buenos Aires
Burgund
Birma/Myanmar
Chicago
Chile
China
Costa Rica
Côte d'Azur
Dänemark
Delhi/Jaipur/Agra
Deutschland
Dresden
Dublin
Düsseldorf
Ecuador/Galapagos
Edinburgh
Elsaß
Finnland
Florenz
Florida
Frankfurt
Frankreich
Gambia/Senegal
Glasgow
Gran Canaria
Griechenland
Griechische Inseln
Great Barrier Reef
Großbritannien
Hamburg
Hawaii
Hongkong
Indianerreservate USA
Indien
Indien Erlebnis Natur
Indonesien
Irland
Island
Israel
Istanbul
Italien
Jamaika
Japan
Java
Jemen
Jerusalem
Jordanien
Kairo
Kalifornien
Kanada
Kanalinseln
Karibik
Katalonien
Katmandu
Kenia
Köln
Korea
Korsika
Kreta
*Kuba **
Lissabon
Loiretal
London
Los Angeles
Madeira
Madrid
Malaysia
Mallorca und Ibiza
Malta
Marokko
Melbourne
Mexico City
Mexiko
Miami
Montreal
Moskau
München
Namibia
Neapel, der Golf von
Neuengland
Neuseeland
New Orleans
New York City
New York State
Niederlande
Nil
Nordkalifornien
Norwegen
Ostafrika
Ostasien
Österreich
Oxford
Pakistan
Paris
Peking/Beijing
Peru
Philippinen
Polen
Portugal
Prag
Provence
Puerto Rico
Rajasthan
Rhein
Rio de Janeiro
Rocky Mountains
Rom
Rußland
San Francisco
Sardinien
Schottland
Schweden
Schweiz
Seattle
Singapur
Sizilien
Spanien
Sri Lanka
St. Petersburg
Südamerika
Südindien
Südkalifornien
Südafrika
Südasien
Südostasien
Südostasien Erlebnis Natur
Südtirol
Sydney
Taiwan
Teneriffa
Texas
Thailand
Tokio
Toskana
Trinidad und Tobago
Tschechische & Slowakische Republik
Tunesien
Türkei
Türkische Küste
Umbrien
Ungarn
Unterwasserwelt Südostasiens
USA
USA Pazifischer Nordwesten
Vancouver
Venedig
Venezuela
Vietnam
Wales
Washington D.C.
Wasserwege in Westeuropa
West-Himalaya
Wien
Zypern

Apa Pocket Guides

Ägäische Inseln
Algarve
Athen
Atlanta
Bahamas
Baja Peninsula
Bali
Bangkok
Barcelona
Bayern
Beijing/Peking
Berlin
Bermuda
Boston
Bretagne
British Columbia
Brüssel
Budapest
Chiang Mai
Costa Blanca
Costa Brava
Côte d'Azur
Dänemark
Elsaß
Fijiinseln
Florenz
Florida
Gran Canaria
Hawaii
Hongkong
Ibiza
Irland
Istanbul
Jakarta
Jamaika
*Kanton **
Kenia
Korsika
Kreta
Kuala Lumpur
Lissabon
Loiretal
London
Macao
Madrid
Malakka
Malediven
Mallorca
Malta
Mailand
Marbella
Marokko
Mexico City
Miami
*Montreal **
Moskau
München
Nepal
Neu Delhi
New York City
Neuseeland
Nordkalifornien
Oslo/Bergen
Paris
Peking/Beijing
Penang
Phuket
Prag
Provence
Puerto Rico
*Quebec **
Rhodos
Rom
Sabah
San Francisco
Sardinien
Schottland
Sevilla
Seychellen
Singapur
Sizilien
Sri Lanka
St. Petersburg
Südkalifornien
Südostengland
Sydney
Teneriffa
Thailand
Tibet
Tunesien
Toronto
Toskana
Türkische Riviera
Ungarn
Venedig
Wien
Yogyakarta
*Yucatan **

** erscheinen demnächst*

NEW YORK CITY

ISBN 3-8268-1026-0

Druck: Höfer Press (Pte) Ltd
Fax: 65-8616438

Zu diesem Buch

New York ist ein anderes Land. Vielleicht sollte es auch seine eigene Regierung haben. Dort denkt und handelt jeder anders.“ So das Urteil des Automobilkönigs Henry Ford.

Es war nicht einfach, ein Buch über New York City zu schreiben. Wie soll man das Wesen einer Stadt erfassen, die stolz darauf ist, so viele verschiedene Gesichter zu haben? Wie kann man die schier unerschöpfliche Energie und die Probleme ihrer Bewohner, das Chaos und den Charme dieser Stadt darstellen, ohne in abgedroschene Klischees zu verfallen?

Mit dieser fast unlösbaren Aufgabe sah sich **Martha Ellen Zenfell** konfrontiert. Von Anfang an war ihr klar, daß *APAs* preisgekröntes Erfolgskonzept mit seiner einmaligen Mischung aus Spitzenfotos und ungeschminkten Texten auch diesmal wieder eine hervorragende Gelegenheit für erstklassigen Journalismus bieten würde. Hinzu kamen ihre eigenen, recht gegensätzlichen Erfahrungen mit New York: So besuchte sie zum Beispiel eine exklusive Cocktailparty in einem Penthouse mit Blick auf den Central Park, und ein anderes Mal wurde sie um zwei Uhr morgens zusammen mit ganzen Scharen von Obdachlosen aus der Grand Central Station gejagt und mußte Zuflucht in einer Absteige am Times Square suchen.

Gute Mitarbeiter zu finden, war allerdings relativ einfach. Wie E. Love in *Subways are for Sleeping* sagt: „New York zieht die begabtesten Künstler und Akademiker der Welt an. Aber auch für andere Menschen wirkt es wie ein Magnet. Hier haben sogar die Gammler Talent.“

Divya Symmers, eine New Yorker Journalistin, deren Artikel in der *New York Post*, in *New York Daily News* und in *Travel Holiday* erschienen sind, half Frau Zenfell bei der Zusammenstellung der Autoren. Wenn sie nicht gerade um die Welt reist, lebt Frau Symmers im Village und in Midtown, Greta Garbo war ihre Nachbarin. Da sie ohnehin eine ständige Rubrik über Lower Manhattan schreibt, war es ihr ein leichtes, den Teil über die Innenstadt zu recherchieren. Ohne ihr Verständnis des Stadtlebens und ihr unfehlbares Auge für Einzelheiten wäre dieses Buch nicht zustandegekommen.

John Gattuso studierte Englisch und Anthropologie und hat bereits ein eigenes Buch herausgebracht. Hier schrieb er über die Geschichte New Yorks, über die historischen Stätten und die Einwanderer.

Meisterhafte Fotografie

New York ist zwar eine der fotogensten amerikanischen Städte, aber gleichzeitig ist es sehr schwierig zu fotografieren. Es erfordert das Können eines Meisters, die sich vor der Kamera auftürmenden Gebäude und die vorbeihastenden Menschen auf Film zu bannen. Frau Zenfell wählte aus Tausenden von Dias die meisten der 320 Abbildungen dieses Bandes aus. Außerdem bat sie **Catherine Karnow,** deren geistreiche Porträts in vielen *Apa Guides* zu finden sind, eine Reihe von außergewöhnlichen doppelseitigen Aufnahmen zu machen. Anerkennung gebührt auch den anderen erstklassigen Fotografen, besonders **Douglas Corrance, Bill Wassman, Carl Purcell** und **Gerard Sioen.**

A. Peter Bailey, früher Mitherausgeber von *Ebony Magazine* und ehemaliger Präsident der *New York Association of Black Journalists,* lebte und arbeitete über 20 Jahre

Zenfell

Symmers

Gattuso

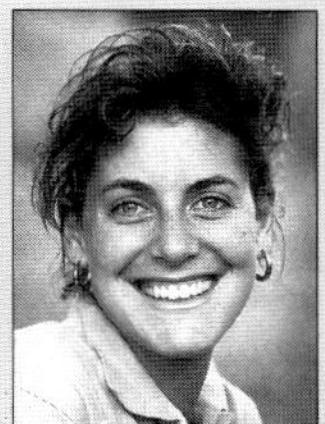

Karnow

Bailey

lang in Harlem. Niemand wäre also besser geeignet gewesen, diesen weitgehend unbekannten und oft genug verkannten Stadtteil darzustellen.

„Jeder sollte New York City wenigstens einmal erleben", meint **John Wilcock,** der zusammen mit **John Strausbaugh** von der *New York Press* den Kurzführer zusammenstellte. Wilcock kennt New York seit 30 Jahren; er war einer der Gründer der legendären *Village Voice* und von Andy Warhols Zeitschrift *Interview*. „Ich lebte im Village, als es wirklich noch ein Dorf war, im *TriBeCa,* als es nur aus Lagerschuppen bestand, und in der *Hell's Kitchen,* als es nicht Hölle, sondern Himmel war", sagt er selbst. Inzwischen ist er nach Los Angeles gezogen, wo er den (gleichzeitig erschienenen) *City Guide Los Angeles* herausgab.

Michele Abruzzi von der Nachrichtenagentur *Reuters* berichtet über das New Yorker Kulturleben.

Michael Shapiro, geboren und aufgewachsen in Brooklyn, veröffentlicht seine journalistischen Beiträge in Zeitschriften wie *Esquire, The New York Times Magazine* und *The Village Voice*. Für das vorliegende Buch unternahm er mit zwei New Yorker Polizeibeamten eine Fahrt im Streifenwagen rund um den Times Square.

Nachdem **Kathy Novak** zehn Jahre lang in New York beim Rundfunk beschäftigt war, ist sie nun Zeitschriftenkolumnistin und Produzentin bei einer Fernsehanstalt. Sie war daher prädestiniert für einen Artikel über Manhattans Medien.

Tim Harper zog von New York und dem mittleren Westen nach London um, wo er für *Time* und die *International Herald Tribune* über Wirtschaftsfragen schreibt. Außerdem hatte er die redaktionelle Verantwortung für den *City Guide Chicago*.

Samuel G. Freedman und **Daniel Goleman** sind langjährige Mitarbeiter der *New York Times*. Ihre Essays erschienen ursprünglich in *The New York Times World of New York* von A. M. Rosenthal und A. Gelb, die uns freundlicherweise den Nachdruck gestatteten. **Anita Peltonen,** wohnhaft in New York, London und Finnland, unterbrach ihre Reisetätigkeit um die Artikel für dieses Buch zu schreiben.

Wichtige Einblicke

Drei Menschen verdienen unseren Dank für ihre Ratschläge: **J. P. MacBean** beantwortete Tausende von Fragen, obwohl er mit seiner Tätigkeit als Vizepräsident des *New York Convention and Visitors Bureau* voll ausgefüllt ist. **Clay Edmunds** schöpfte aus seiner jahrelangen Erfahrung an der Madison Avenue, um einen Beitrag über Werbung zu schreiben. Zusammen mit **Rona** gewährte er uns wichtige Einblicke in das Stadtleben.

Wir danken **Brook Hersey** und **Stacy Cochran** für ihre Hilfsbereitschaft und **Denise Kelly** für ihre Gastfreundschaft. **Sgt. Edward Burns** vom Informationsbüro der New Yorker Polizei empfahl uns Restaurants und ebnete Wege für unsere Autoren. **David Whelan** half bei den Recherchen und bei der ersten Bearbeitung der Fotos. **Divya Symmers** besorgte die Überarbeitung und Aktualisierung der Ausgabe von 1995.

Die deutsche Ausgabe entstand 1992 und wurde von **Moritz Boerner** herausgegeben. Die Aktualisierung von 1995 besorgte **Matthias Liesendahl.**

Wilcock

Abruzzi

Shapiro

Novak

Harper

Geschichte

Kultur

Orte und Plätze

Karten

KURZFÜHRER

Ausführlicher Überblick siehe Seite 281

OFFICE OF PARKS RECREATION HISTORIC PRESERVATION
NEW YORK STATE

MYTHOS NEW YORK

„Was sich in anderen amerikanischen Städten klein und unbedeutend ausnimmt, verdichtet und vergrößert sich in New York", meinte einmal der amerikanische Schriftsteller Saul Bellow über die Millionenstadt an der Nordostküste der Vereinigten Staaten.

Die Zahlen sprechen für sich: New York wartet mit mehr als 700 Museen, Ausstellungsflächen und Galerien auf. Vier der sieben größten amerikanischen Banken und vier der sechs bedeutendsten Versicherungsgesellschaften haben ihren Sitz in New York. Die Stadt ist der offizielle Sponsor von über einem Dutzend Sportvereinen und kassiert jährlich mindestens drei Milliarden US-Dollar an Werbegeldern sowie aus Einnahmen von Film und Fernsehen.

Der nicht enden wollende Strom von Zuwanderern hat die von den Holländern 1626 gegründete Handelskolonie nicht nur zum Dreh- und Angelpunkt der Ostküste Amerikas, sondern auch zum bedeutendsten Kultur- und Handelszentrum der Welt werden lassen. Warum haben Berühmtheiten wie Jacqueline Onassis oder Greta Garbo New York zu ihrer Wahlheimat gemacht? Was treibt eine Luise Miller aus Atlanta oder einen Marco Sabbadin aus dem fernen Rom in die Stadt? Ganz einfach – hier kann man es vom Tellerwäscher zum Multimillionär, von der kleinen Statistin zum großen Star bringen.

Neben dem Mythos von Erfolg und Geld hält sich auch hartnäkkig der Mythos vom gefährlichen Großstadtdschungel. Ohne das Problem der Kriminalität herunterspielen zu wollen, handelt es sich bei den Horrorgeschichten, die uns von der Presse aufgetischt werden, oft nur um überzogene Sensationsberichte. Einer Studie des Crime Control Institute zufolge nahm New York bei der Verbrechensrate erst vor kurzem noch den 13. Platz nach den als „sicher" geltenden Städten wie Seattle oder Boston ein. Tausende von Menschen füllen auch nach Mitternacht die Straßen und liefern den „lebendigen" Beweis dafür, daß die Stadt bei weitem nicht so schlecht ist wie ihr Ruf.

New York ist ein Umschlagplatz für Mythen. Wie könnte es auch anders sein in einer Stadt, in der ehrgeizige Kämpfer, Schöne und Reiche, Arme und Häßliche, Intellektuelle und Verrückte die alten Mythen am Leben erhalten? New York zieht Licht und Schatten gleichermaßen an. Die Menschen, die hier leben, und die 24 Millionen Touristen, die jedes Jahr die Metropole besuchen, wollen den Mythos New York so, wie er ist, und kein bißchen anders.

Vorherige Seiten: Kunst kommt von Können (Rockefeller Center). Gekonnt ist gekonnt. Wäre doch gelacht! Nichts zu lachen? Alles klar? Wir sind schön, wir sind reich, wir kaufen bei Bloomingdale's. Links: Auch in NY gibt's gute Brezeln.

Mare glaciale
ARCTIC9
Terra incognita
monte fregoso
90

RICI VESPUCCI
AQUILO
80
unus gradus longitudinis continet miliar. 21

Die Anfänge

Nach Aussage von Anthropologen nehmen die Menschen auf der Suche nach ihren Wurzeln gerne die Mythologie zu Hilfe. Die mythischen Anfänge New Yorks gehen auf einen Grundstücksschwindel zurück: 1626 kaufte der holländische Gouverneur Peter Minnewit die Insel Manhattan den Indianern für 60 Gulden (umgerechnet 24 US-Dollar) ab. Heute bekommt man in Manhattan für 24 Dollar nicht einmal einen halben Quadratmeter Bürofläche.

Die Ureinwohner Amerikas: Die Indianer, denen Minnewit das Land abschwindelte, gehörten zum Stamm der Algonkins, die in losen Verbänden an der Nordostküste lebten. Sie waren Jäger, Fischer und Farmer.

Abgesehen von einigen wenigen Zwischenfällen lebten die Algonkins mit den Europäern zunächst in friedlicher Eintracht. Als die Holländer sich aber immer mehr ausbreiteten, war es mit dem Frieden vorbei. Diebstahl, Schlägereien und Mord waren an der Tagesordnung. Die Spirale der Gewalt und der gegenseitigen Vergeltungsakte versetzte sowohl die Indianer als auch die Kolonisten in Angst und Schrecken. 1643 fielen holländische Soldaten in zwei Indianerdörfer ein und töteten 120 Männer, Frauen und Kinder. Zwei Jahre später wurden mehr als 1000 Indianer nördlich von Manhattan von den Holländern massakriert. 1655 zogen 2000 Krieger in den sogenannten *Peach War* (Pfirsich-Krieg), um den Mord an einer Indianerin, die beim Stehlen in einem Obstgarten erwischt worden war, zu rächen. Drei Tage belagerten sie die Stadt, setzten Häuser in Brand, brachten das Vieh und 100 Siedler um. Doch aus dem Kampf ums Land mußten die zahlenmäßig überlegenen und besser ausgerüsteten Holländer letztlich als Sieger hervorgehen. Die Einfälle benachbarter Irokesenstämme und die Ausbreitung der von den Europäern eingeschleppten Krankheiten taten ein übriges, um die Algonkins aus ihrer Heimat zu vertreiben.

<u>Vorherige Seiten</u>: Karte von 1507 (Ausschnitt). <u>Links</u>: Statue eines frühen Siedlers (St. Patrick's Cathedral).

Das Schicksal der Indianer war im Grunde von dem Augenblick an besiegelt, als die Europäer zum ersten Mal den Fuß auf ihren Boden setzten. 1524 segelte Giovanni da Verrazano in die Lower Bay und geriet über „das weite, schöne Land, das so manche Schätze in sich bergen muß", ins Schwelgen. Verrazano lieferte seinen französischen Auftraggebern schillernde Reiseberichte, aber erst als Henry Hudson im Jahre 1609 unter holländischer Flagge in der Neuen Welt ankam, begann sich das Interesse der Europäer an dem fernen Land zu regen.

Der gebürtige Engländer Hudson sollte im Auftrag einer holländischen Handelsgesellschaft die Nordwest-Route nach Indien finden. Wenn er auch bei der Suche nach der legendären Abkürzung nach Indien erfolglos blieb, hatte die eher zufällige Entdeckung der *Upper Bay* weitreichende Folgen. Hudson segelte den Fluß hinauf, der später nach ihm benannt wurde. Er kam bis nach Albany und mußte schließlich einsehen, daß der Fluß nicht zum Pazifischen Ozean führte. Seine Fahrt sollte aber nicht völlig vergebens sein. Hudson erkannte, daß das Waldgebiet am Fluß ideale Handelsmöglichkeiten bot. In einem kalten Land wie Holland konnte man mit Pelzen, die es hier in rauhen Mengen gab, ein lukratives Geschäft machen. Er informierte seine Auftraggeber und schickte einige Pelze als Muster nach Holland.

Während Hudsons Handelsgesellschaft nur wenig Begeisterung für seine Ideen aufbrachte, machten sich unabhängige Kaufleute auf, um den Pelzhandel in der Neuen Welt in Schwung zu bringen. Die Holländische Westindische Kompanie setzte sich bald von ihren Konkurrenten ab und erwarb 1621 Exklusivhandelsrechte für die ganzen Neu-Niederlande, die sich – zum großen Mißbehagen der Engländer – von Cape May (New Jersey) bis nach Neuengland erstreckten. Die Gesellschaft errichtete an der Küste und an den Flüssen Handelsstationen, die sie mit französischsprachigen Protestanten, den Wallonen, besetzte. Im Sommer 1623 brachten holländische Schiffe die ersten 50 Wallonen zur winzigen, der Südspitze von Manhattan vorgelagerten Nut Island (Governor's Island). Innerhalb weniger Monate war die Insel hoffnungslos überfüllt, und so entschlossen sich die Einwanderer, nach Manhattan auszuweichen. Sie gründeten ihre Siedlung am Südzipfel der Insel und nannten sie Neu-Amsterdam.

Unter den ersten Männern, die von der Gesellschaft mit der Verwaltung der Handelsstation beauftragt wurden, war Peter Minnewit, der gleich nach seiner Ankunft 1626 mit den Indianern in Bowling Green ein schicksalhaftes Geschäft abschloß: Er tauschte ein paar Glasperlen, Messer und Beile gegen die gesamte Insel ein. Die Ureinwohner kannten privaten Grundbesitz im europäischen Sinne nicht und waren sich wohl kaum der Tragweite des Tauschhandels bewußt. Andererseits wußte Minnewit nichts über die Aufteilung der Stammesgebiete unter den Indianern, und so ist es durchaus möglich, daß die Häuptlinge, mit denen er verhandelte, eigentlich überhaupt keinen Anspruch auf die Insel hatten.

Das Leben in der kleinen Dorfgemeinschaft von Neu-Amsterdam verlief alles andere als ruhig. Die Einfälle der Indiander versetzten die Einwanderer in Angst und Schrecken. Die Engländer machten keinen Hehl aus ihren imperialistischen Ambitionen. Saufgelage, die mit einer Messerstecherei endeten, scheinen zu den beliebtesten Freizeitbeschäftigungen gehört zu haben. Die Stadt selbst bestand nur aus einer Ansammlung von Holzhütten, ein paar schlammigen Straßen und einem Palisadenzaun. Der bunt zusammengewürfelte Haufen aus Sträflingen, Sklaven, religiösen Fanatikern, Freibeutern und Heimatlosen, die aus vier verschiedenen Kontinenten stammten, 15 verschiedenen Sprachgemeinschaften und acht verschiedenen Nationen angehörten, stellte ein explosives Gemisch dar, das die inkompetenten politischen Führer kaum unter Kontrolle halten konnten. Nachdem Peter Minnewit wegen Korruption seines Amtes enthoben worden war, folgte ihm eine ganze Reihe ebenso unfähiger Gouverneure nach. Der Schlimmste von ihnen war Willem Kieft, der einen Krieg mit den Indianern provozierte, überhöhte Steuern einführte und sich an der Staatskasse schadlos hielt.

1647 entschloß sich die Holländische Westindische Kompanie, Neu-Amsterdam wieder auf den Pfad der Tugend zurückzuführen. Für die Unternehmung hatten sie den hartgesottenen Soldaten Peter Stuyvesant auserkoren. Als Gouverneur von Curaçao hatte Stuyvesant in einer Auseinandersetzung mit den Portugiesen ein Bein verloren. Nach seiner Ankunft in Neu-Amsterdam ging „Holzbein-Pete“ unerbittlich und rigoros gegen Schmuggelei und Steuerhinterziehung vor. Mit Peitsche und Brandeisen wurde den verrohten Einwanderern wieder Zucht und Ordnung beigebracht.

Stuyvesant hatte nur wenige Freunde in Neu-Amsterdam, aber seine Verdienste um den Neuaufbau der verwahrlosten Stadt sind unbestritten. Während seiner 17jährigen Gouverneurszeit baute er das erste Krankenhaus, das erste Gefängnis, das erste Postamt und die erste Schule der Stadt. Im Norden zog er von einem Fluß zum anderen einen Wall quer über die Insel (daher der Name Wall Street!). Die weigerten sich zu kämpfen, weil sie die Befreiung von Stuyvesants Herrschaft herbeisehnten. Ohne daß ein einziger Schuß gefallen war, hißten die Engländer den *Union Jack* im Fort Amsterdam und tauften die Stadt zu Ehren des Bruders des englischen Königs, Herzog James von York, auf den Namen New York um.

Den Engländern erging es bei der Verwaltung ihres neuen Besitzes aber nicht besser als den Holländern. 1689 führte der Kaufmann William Leisler eine Rebellion gegen den Gouverneur an und übernahm zwei Jahre lang die Führung der Stadt, bevor er wegen Hochverrats am Galgen endete. 1712 setzten Sklaven ein Haus in Brand und töteten neun Weiße. Sechs der schwarzen Rebellen begingen Selbstmord, einige wurden bei lebendigem Leibe verbrannt, andere zu Tode gefoltert. 1741 löste eine Reihe von Bränden eine gegen die Sklaven gerichtete Hysterie aus. Die New Yorker töteten mehr als 30 Sklaven und verbannten viele aus ihrer Kolonie.

Einwohnerzahl der Stadt verdoppelte sich auf 1500 Menschen.

Schutz vor feindlichen Invasoren konnte Stuyvesant jedoch nicht bieten. Die Übernahme der zwischen englischen Kolonien eingekeilten Stadt durch die Angelsachsen war im Grunde nur eine Frage der Zeit. 1664 schickte König Charles II. Colonel Richard Nicholls mit vier Kriegsschiffen nach Neu-Amsterdam. Stuyvesant wollte die Engländer mit Gewehren empfangen, aber die Bewohner

Links: Indianer grüßen die französischen Eroberer. Oben: Lower Manhattan um 1730.

Kopfzerbrechen bereiteten dem britischen Mutterland auch die Autonomiebestrebungen ihrer Untertanen in der Neuen Welt. Trotz aller Anstrengungen, den Handel zwischen England und den Kolonien zu kontrollieren, schlugen sich ganze Schwärme von Piraten und Schmugglern – unter ihnen auch der berühmt-berüchtigte Captain Kidd – nach New York durch, um dort ihre recht- oder unrechtmäßig erworbene Ware unter Umgehung der hohen Zollabgabe abzusetzen. In der politischen Arena machte der Verleger John Peter Zenger mit seinem *New York Weekly Journal,* in dem er Regierungsbeamte heftig angriff, von sich reden. Nachdem er 1734 wegen Verleumdung ins Gefängnis gesteckt worden war, diktierte er von dort aus seine beißenden Hetzschriften. Der Freispruch Zengers in einem langen, aufsehenerregenden Prozeß begründete das Prinzip der Pressefreiheit.

Die Bewährungsprobe für die Autonomiebestrebungen der Kolonisten kam 1765 mit dem Erlaß des *Stamp Act.* Nach einem bereits seit 100 Jahren währenden Kampf um die Vormachtstellung in Nordamerika glaubten die Engländer, daß man den Kolonisten einmal zeigen müsse, wer der Herr im Hause war. König George III. erließ ein ganzes Bündel von Gesetzen, mit denen er seinen Machtanspruch in den Kolonien behaupten und die Staatskassen füllen wollte. Die neuen Gesetze verboten die Währung der Kolonisten und beschränkten den Handel. Mit dem *Stamp Act* wurde auf alles – vom Tabak bis zum Kartenspiel – hohe Steuern aufgeschlagen.

Den Siedlern waren diese neuen Gesetze zu willkürlich. Mit der Kampfparole „*No taxation without representation*" („Keine Steuer ohne Vertretung im Parlament") gingen die New Yorker auf die Straße. Angeführt von den „Söhnen der Freiheit" stürmte der aufgebrachte Mob Fort James und terrorisierte die Regierungsbeamten. Als die Stempelmarken in New York ankamen, fand sich kein Beamter, der den Mut aufgebracht hätte, sie zu verteilen. Unter dem Druck der Kolonisten gaben die Briten schließlich klein bei und hoben das Gesetz wieder auf.

Für König George war die Angelegenheit damit aber noch lange nicht erledigt. 1767 holte sein neuer Premierminister Charles Townshend mit einer Steuer auf Importwaren wie Papier, Blei und Tee zum Gegenschlag aus. „Die Söhne der Freiheit" stellten einen Pfahl als Symbol der Freiheit auf und verhöhnten und beschimpften die zusätzlich entsandten Soldaten auf der Straße. Der aufreibende Nervenkrieg entlud sich 1770 in einer Rauferei, die als „Schlacht am Golden Hill" in die Geschichte einging. Ein New Yorker wurde getötet und mehrere verwundet. Nach der Schlacht hatte das Revolutionsfieber auf alle Kolonisten übergegriffen.

Dem Beispiel der Bostoner folgend, veranstalteten die New Yorker am 22. April 1774 ihre eigene „Tea Party", um gegen die Teesteuer zu protestieren. Die Kolonisten brachten ein englisches Frachtschiff in ihre Gewalt und warfen die Teekisten ins Wasser. Ein Jahr später begann mit „dem Schuß, den die ganze Welt hörte," in Lexington, Massachusetts, der amerikanische Unabhängigkeitskrieg. Als die Unabhängigkeitserklärung in New York verlesen wurde, zog der Mob den Brodway hinunter und stieß die Statue Georges III. in Bowling Green vom Sockel. Sie soll zu den Gewehrkugeln eingeschmolzen worden sein, mit denen die Rebellen später die britischen Truppen unter Beschuß nahmen.

Bittere Niederlage: Der schnelle Sieg, den General George Washington in Boston über die Briten davongetragen hatte, blieb ihm in New York im Kampf gegen die Truppen von General Howe versagt. Washingtons Armee wurde zurückgedrängt und bei White Plains vernichtend geschlagen. Besonders tragisch verlief die Schlacht bei Fort Washington. Der General führte mit der Rückendeckung von nur einem Regiment seine Männer über den Hudson River. Anstatt sich mit Washington und dem Rest der Truppen weiter zurückzuziehen, verschanzte sich die Nachhut im Fort. Washington mußte von New Jersey aus mitansehen, wie mehr als 5000 seiner Männer von den zahlenmäßig überlegenen Briten hingemetzelt wurden. Die Belagerung dauerte noch weitere sieben blutige Jahre.

1785 kam General Washington wieder nach New York, diesmal aber, um von seinen Soldaten Abschied zu nehmen und den Sieg des unabhängigen Amerika zu feiern. Wenn es nach dem General gegangen wäre, hätte er sich in Virginia zur Ruhe gesetzt, statt dessen folgte er dem Ruf der Nation und legte vier Jahre später in der Federal Hall der vorläufigen Hauptstadt New York den Amtseid als erster Präsident Amerikas ab.

Washington auf dem Weg nach New York (naives Gemälde von J. Califano).

1759
1748
1770.

A GREAT FIR

Tɪɪs florishing city bicame, on the 25 december 1835, a prey to the flames. The fire broke out at nine in the evening, in
high north-east wind, together with the intensity of the cold, having paralysed the effect of the pumps, nothing could stop
miles distance ([illegible] or 15 leagues). It is impossible to describe the awful horrible sight and desolation which the retum of
piers amounting to above 3000 men. Seventeen clusters of the most vast aud rich buildings were devoured; from 1000 to
impossible to estimate the immense losses occasioned by this unfortunate event, which are valued to above 260 millions of
dreadful fire plunged many families in misery. Fortunately the harbour was preserved; they have only to deplore the loss c
fire was consumed in an instant. The president of the bank, though ill, came from Philadephia to New-York, aud upon
they may cover a part of the reimbursements to the insured victims.

METZ, (Mozel) : printed and published by DEMBOUR, E

N NEW-YORK.

nd richest part of the town. Ever since the great fire in Moscow, there has been no example of such disastrous an event. A
violence of the fire. It was a dreadful despaiving night for this unfortunate city; the flames were perceived at 30 or 40
more sensible. The courage and endeavours of man proved fruitless, and likewise the labours of the beautiful corps pum-
nt; storehouses in wgich were heaed quantities of goods, and other valuable objects were equally lost. It would be
any people perished in the flames, and that part of the town, so handsome and élégant, is but a heap of ruins. This
ship, the **PARIS**, arrived since two days from China, with a cargo valued to 200,000 dollars, which having caught
y of the burnt city, he ordered six millions of dollars to be advanced by the bank, to the directors of assurances, that

grapher, the successor of **LACOUR** and C^{e}, of **NANCY**.

C. J. STANILAND

Zu Beginn des 19. Jahrhunderts war New York noch immer eine kleine Stadt mit etwa 35000 Einwohnern und schlechten, holprigen Straßen. Eine Gelbfieberepidemie vertrieb einige Einwohner aus der Stadt nach Greenwich Village, aber die meisten blieben in ihren einfachen Häusern südlich der Canal Street.

Wer meint, daß das Leben der New Yorker nach der Revolution in ruhigeren Bahnen verlief, befindet sich im Irrtum. Bei der öffentlichen Debatte um die neue Verfassung erhitzten sich die Gemüter heftig. Unter einem Baum in der Wall Street fanden sich ein paar Broker zusammen und gründeten die New Yorker Börse. Professoren der Columbia-Universität schändeten Gräber, um ihre anatomischen Labors zu versorgen. Während eines Aufruhrs gegen die Professoren wurden fünf Menschen getötet. Bisweilen war New York sogar Schauplatz wilder Büffeljagden.

Politisch war die Stadt in zwei Lager gespalten. Die Demokraten wurden von Aaron Burr, dem Vizepräsidenten unter Thomas Jefferson, und die Föderalisten von Alexander Hamilton, dem ersten Finanzminister Amerikas, angeführt. Die erbitterten Rivalen beendeten ihre jahrelange Fehde „gentlemanlike": 1804 tötete Burr seinen politischen Widersacher in einem Duell in Weehawken, New Jersey.

Mit der Eröffnung des Eriekanals 1825 begannen die Funken erst richtig zu stieben. Zwölf Jahre hatten die Amerikaner gebraucht, um die 560 Kilometer lange Wasserstraße zwischen Buffalo und dem Eriesee zu bauen und New York mit den Märkten im Mittelwesten zu verbinden. Die Stadt wurde über Nacht zum größten Warenumschlagplatz an der amerikanischen Ostküste. Schiffe aus aller Welt drängten sich in den East River Harbor (heute South Street Seaport), um das Hinterland mit Waren zu versorgen. Billige Arbeitskräfte verliehen der industriellen Entwicklung zusätzliche Dynamik. Die Grundstückspreise schnellten in die Höhe, und die Einwohnerzahl stieg im Jahre 1840 auf 312 000. Mit Bodenspekulation und Handelsgeschäften verdienten sich Unternehmer wie John Jacob Astor und Cornelius Vanderbilt eine goldene Nase. Die Bankwirtschaft begann ihre Kinderschuhe abzustreifen.

Im Jahre 1835 konnte die Stadt New York es sich bereits leisten, die Gastgeberrolle für die große Weltausstellung im neu erbauten Kristallpalast zu übernehmen.

Vorherige Seiten: Das Große Feuer von 1835. Links: Ankunft jüdischer Flüchtlinge in New York (Radierung). Oben rechts: Modisch gekleideter Gentleman, um 1818.

Arbeiterelend: Während „Groß"-Unternehmer auch „groß" absahnten, hatten die kleinen Arbeiter – meist arme Einwanderer aus Deutschland und Irland – alle Mühe, sich über Wasser zu halten. Relativ gut bestellt war es noch um die irischen Einwanderer, die vor dem Bau des Eriekanals im Land der unbegrenzten Möglichkeiten Fuß gefaßt hatten. Nach der großen Hungersnot in Irland und der gescheiterten Revolution in Deutschland schwappte 1840 eine wahre Einwanderungswelle über New York und schwemmte Tausende Iren und Deutsche in die Elendsquartiere der Stadt.

Halsabschneider wie John Jacob Astor bereicherten sich durch Wuchermieten an der Armut der Einwanderer, die in überfüllten Elendsvierteln wie Five Point ein trauriges Dasein fristeten. Cholera- und Gelbfieberepidemien waren an der Tagesordnung, und Straßenbanden wie die *Bowery Boys* und die *Plug Uglies* zogen den Arbeitern noch den letzten Penny aus der Tasche.

Sogenannte „native Americans", d. h. also in Amerika geborene Amerikaner, organisierten sich gegen die „Ausländer" und erklärten, daß „die Amerikaner es nie zulassen werden, daß Ausländer die von ihren revolutionären Vorvätern begründete Führung übernehmen." Die geheimbundartig organisierten Nativisten, die der Zeitungsverleger Horace Greely die „know-nothings" (Nichtswisser) nannte, weil sie auf jede Frage mit „I know nothing" (Ich weiß nichts) antworteten, konzentrierten ihren Haß vor allem auf die Iren, denen sie eine „katholische Verschwörung" gegen die gottesfürchtigen Yankees andichten wollten.

Aber nicht alle New Yorker waren den Iren feindlich gesinnt. Die Politiker in der *Tammany Hall*, dem Hauptquartier der Demokraten, sahen in den Iren ein großes Wählerpotential, das es nur richtig – sprich: zugunsten der Demokraten – auszuschöpfen galt. Mit Einbürgerungspapieren für irische Einwanderer oder finanzieller Unterstützung für arme irische Witwen, die ihre Miete nicht bezahlen konnten, gingen sie auf Stimmenfang, und so wurden alle Iren gute Demokraten.

Um 1850 wurde die „Ausländerfrage" von innenpolitischen Kontroversen in den Hintergrund gedrängt. Der Bostoner William Lloyd Garrison machte die Sklavenhaltung zum Thema des Tages. Aufgebrachte Banker und Geschäftsleute, die alle kräftig in die Südstaaten investiert hatten, beschimpften die Verfechter der Sklavenbefreiung als Fanatiker und Demagogen. „Die Stadt New York gehört fast ebenso zum Süden wie zum Norden", schrieb die *Evening Post.* Der Bürgermeister Fernando Wood sprach sich für „eine Aufrechterhaltung der Sklaverei und des Wohlstands der Sklavenhalter" aus. Als der Bürgerkrieg unvermeidbar schien, schlug er sogar vor, daß New York sich für unabhängig erklären sollte, um seine geschäftlichen Interessen im Süden zu wahren.

1860 trat ein bis dahin noch fast unbekannter republikanischer Abgeordneter namens Abraham Lincoln in dem privaten College *Cooper Union* ans Rednerpult. Sein schlechtsitzender Anzug, seine viel zu engen Schuhe und sein anfängliches Lampenfieber taten seinen einleuchtenden Argumenten und seinem kraftvollen Vortrag keinen Abbruch. Abschriften der Rede wurden im ganzen Land verteilt, und Lincoln erkannte schnell, daß im Rennen um die Präsidentschaftswahlen ein Wendepunkt erreicht war.

Im November wurde Lincoln ohne eine einzige Südstaatenstimme zum Präsidenten gewählt, und nur fünf Monate später nahm ihn die Artillerie der Konföderierten in Fort Summer unter Beschuß. Der Abolitionistenpfarrer Henry Ward Beecher predigte vom „Krieg, roter als Blut und heißer als Feuer.“ Sein Wort in Gottes Ohr …“. Als Lincoln im April 1861 zum Krieg gegen die rebellischen Südstaatler aufrief, stellten die New Yorker 8000 Freiwillige, darunter auch irische und deutsche Soldaten. Der Patriotismus war plötzlich in Mode gekommen. Tiffany fertigte militärische Abzeichen, die Gebrüder Brooks schneiderten fesche Uniformen. Als sich der Krieg immer weiter in die Länge zog und die Hoffnung auf einen schnellen Sieg dahinschwand, begann der Kriegseifer der New Yorker allmählich nachzulassen. Die wachsende Kriegsmüdigkeit der Arbeiterschicht schlug in unkontrollierbaren Haß um, als Lincoln 1862 ein Gesetz erließ, durch das sich die reichen Söhne der Nation für 300 US-Dollar vom Kriegsdienst freikaufen konnten. An einem dunstigen Julimorgen stürmte die aufgebrachte Menge das Rekrutierungsamt in der Third Avenue und setzte den ganzen Häuserblock in Brand.

Nachdem die Masse Blut geleckt hatte, entlud sich in den folgenden drei Tagen ihr Haß nicht nur an den Polizisten, die die Rebellion zu unterdrücken versuchten, sondern auch an ein paar unglückseligen Schwarzen. Das Waisenhaus für schwarze Kinder in der Fifth Avenue ließ der Pöbel in Schutt und Asche zurück. Man lynchte 18 Schwarze und hängte ihre verstümmelten Körper an Laternenpfählen auf. Schließlich mußten Regimenter der Unionsarmee zur Beruhigung der Lage gewaltsam eingreifen. Ihre Hilfe kam jedoch für die 1000 Toten und über 8000 Verletzten zu spät. 300 Gebäude waren beschädigt oder völlig zerstört. Die Aufstände des Juli 1862 zählen zu den grausigsten Kapiteln in der Geschichte der Stadt. Der Bürgerkrieg endete zwei Jahre später. Kurz darauf wurde der Leichnam des ermordeten Lincoln in der New York City Hall feierlich beigesetzt.

Links: Wagenrennen im Central Park, um 1850.
Oben: New York schickte 8000 Soldaten in den Bürgerkrieg.

Historiker datieren die Gründung der Stadt New York auf das Jahr 1625, als sich die ersten holländischen Siedler an der Südspitze von Manhattan niederließen. Assoziiert man New York mit Wolkenkratzern, Freiheitsstatue und Wall Street, so nimmt das Bild *dieses* New Yorks erst nach dem Bürgerkrieg seine Konturen an. Das späte 19. Jahrhundert läutete für Manhattan eine bedeutende Umbruchsphase ein. 1877 wurde das American Museum of Natural History und 1880 das Metropolitan Museum of Art gegründet. Die Metropolitan Opera öffnete 1883 ihre Pforten. Im selben Jahr wurde die Brooklyn-Brücke fertiggestellt. Seit 1886 empfängt die Freiheitsstatue im New York Harbor Schiffe aus aller Welt.

Die ersten Slums: Der Immigrantenstrom riß auch nach dem Bürgerkrieg nicht ab und brachte jetzt Einwanderer aus Süd- und Osteuropa sowie aus China ins Land. Die Italiener lebten in den heruntergekommenen Häusern an der Mulberry Street und in Greenwich Village. Auf der Flucht vor antisemitischen Pogromen in Rußland strömten Tausende Juden in die *Lower East Side*. Die Chinesen ließen sich um die Mott Street nieder. Nach der Zusammenfassung der fünf Stadtbezirke unter einer Stadtverwaltung 1889 lebten in New York 3,4 Millionen Menschen – die Hälfte war im Ausland geboren, zwei Drittel hausten in Elendsvierteln.

Politisch lag die Stadt ganz in der Hand der Demokraten. An ihrer Spitze stand William Marcy Tweed, ein 300 Pfund schwerer Stuhlmacher, der sich in der Hierarchie der Partei hartnäckig bis zum Stadtverwalter hochgearbeitet hatte. Innerhalb nur weniger Jahre wurde der „Boss“ zum einflußreichsten Politiker von New York City, wenn nicht sogar des ganzen Staates New York.

Tweeds Machtstellung gründete sich auf Protektion und Korruption. Die Arbeiterklasse stand geschlossen hinter ihm, sah sie doch in Tweed eine Art Robin Hood, der von den Reichen nahm und den Armen – und wäre es noch so wenig – gab. Ein Zeitgenosse schrieb damals: „Die Regierung der Reichen durch Manipulation der Armen ist ein neues Phänomen der Zeit.“

Obwohl Tweed sich hin und wieder auch für die Armen einsetzte, arbeitete er vor allem in die eigene Tasche. Er kassierte bei allen von der Stadt finanzierten Projekten eine saftige Provision und ließ auch einen nicht unerheblichen Prozentsatz der Extragelder, die für Bauvorhaben bewilligt wurden, in die eigene Tasche fließen. Wie eine Ironie des Schicksals mag es wirken, daß Tweed und seine Kumpane ausgerechnet beim Bauprojekt für das Gerichtsgebäude der Stadt ihren größten Coup landeten und 5,5 Millionen Dollar abkassierten. Kritiker brachte Tweed mit Bestechungsgeldern zum Schweigen. Die Stadtpolizei und einige Richter standen auf seiner Gehaltsliste. Als ob Geld allein nicht ausgereicht hätte, um die gelegentlichen Umsturzversuche im Keim zu ersticken, schickte er noch die Polizei, den Gesundheitsinspektor oder Straßenbanden wie die *Plug Uglies* auf den Plan.

Vorherige Seiten: Der Riverside Drive um 1896. Links: Die Brooklyn Bridge. Rechts: Ausschnitt aus dem Filmplakat zu *Metropolis*.

Doch nach 17 Jahren uneingeschränkter Machtausübung kam auch für den inoffiziellen Monarchen New Yorks das Aus. 1869 begann Thomas Nast mit beißenden Karikaturen, die auch von der breiten Schicht der Analphabeten verstanden wurden, Tweeds Machenschaften zu denunzieren. Bald darauf wurde der Herausgeber der *New York Times,* George Jones, der schon seit langem an Tweeds Stuhl sägte, aber für seine Anschuldigungen keinen Beweis vorbringen konnte, von unzufriedenen Handlagern des korrupten Politikers mit wichtigen Geheimtips versorgt. Zwei Jahre lang mußte die Presse ihren Kampf gegen Tweed fortsetzen, bevor er schließlich

vor dem Richter landete. Nach einem dreijährigen Prozeß wurde Tweed in das Ludlow-Street-Gefängnis gesteckt, dessen Bau von ihm selbst in Auftrag gegeben worden war. Tweed wurde allerdings nicht wie ein normaler Sträfling behandelt. Er hielt sich oft in seinem feudalen Herrenhaus in der Madison Avenue auf und nutzte dabei auch die Gelegenheit, durch eine Hintertür zu schlüpfen und nach Spanien zu fliehen. Bald wurde er wieder geschnappt und ins Gefängnis gesteckt, wo er zwei Jahre später an Lungenentzündung starb.

Der Zusammenbruch des Tweedschen Imperiums hatte so gut wie keine Auswirkung auf die neue Generation der „Sozialdarwinisten", die alles, was sie anfaßten, in bare Münze umwandelten. Die Astor-Familie beutete die Armen weiterhin mit Wuchermieten aus, Cornelius Vanderbilt bastelte an seinem riesigen Eisenbahnimperium, der Finanzmakler Jay Gould kaufte in einer Vorahnung der großen Panik 1869 den Goldmarkt auf. Gegen Ende des Jahrhunderts war J. P. Morgan auf dem besten Weg, aus *US Steel* das erste amerikanische Millardenunternehmen zu machen. Durch das schwarze Gold von Standard Oil wurde John D. Rockefeller zum Multimillionär. Andrew Carnegie machte zwei Millionen Dollar für eine neue Konzerthalle locker, die er nach sich selbst benannte und in der Tschaikowsky die Eröffnungsgala dirigierte.

Gegen Ende des 19. Jahrhunderts nahm die High Society die Fifth Avenue mit ihren Prachtbauten von Süden her in Beschlag und stieß innerhalb von 50 Jahren immer mehr nach Norden vor. Die High Society wurde damals „The Four Hundred" genannt, da zu Mrs. Astors alljährlichem Ball genau 400 Gäste geladen waren. „Es gibt nur etwa 400 New Yorker, die auch wirklich gesellschaftsfähig sind", läßt uns ein zeitgenössischer Insider wissen. Während die „oberen Vierhundert" ihr Geld mit vollen Händen für Kunst,

Häuser und rauschende Feste ausgaben, änderte sich am Elend der Immigranten nichts. 2000 Einwanderer strömten tagtäglich ins Auffanglager Ellis Island. Sie hausten in Elendsvierteln und wurden in den Fabriken schamlos ausgebeutet. Trotz der Bemühungen einiger Reformer, wie des Photojournalisten Jacob Riis, mußte sich erst eine Tragödie in einer Kleiderfabrik in der Nähe des Washington Square Park ereignen, bevor die Öffentlichkeit auf die miserablen Lebens- und Arbeitsbedingungen der sozialen Unterschicht aufmerksam wurde.

Am 25. März 1911 brach im obersten Stockwerk der Triangle Shirtwaist Company ein Feuer aus. Die 600 Arbeiter – meist jüdische und italienische Frauen – waren auf engstem Raum zusammengepfercht. Verschlossene Türen und lodernde Flammen schnitten ihnen den Fluchtweg über das Treppengeländer ab. Nur ganz wenige langsame Fahrstühle konnten einige Arbeiter vor der Feuersbrunst retten. Augenzeugen des Brandes ergriff Entsetzen, als junge Frauen aus den obersten Stockwerken in die Tiefe sprangen und ihre Körper auf den Pflastersteinen aufschlugen. Der Brand, der nur zehn Minuten dauerte, kostete 146 Arbeiterinnen das Leben. Obwohl die zwei Fabrikbesitzer freigesprochen wurden, gab die Tragödie den Anstoß zu durchgreifenden Reformen.

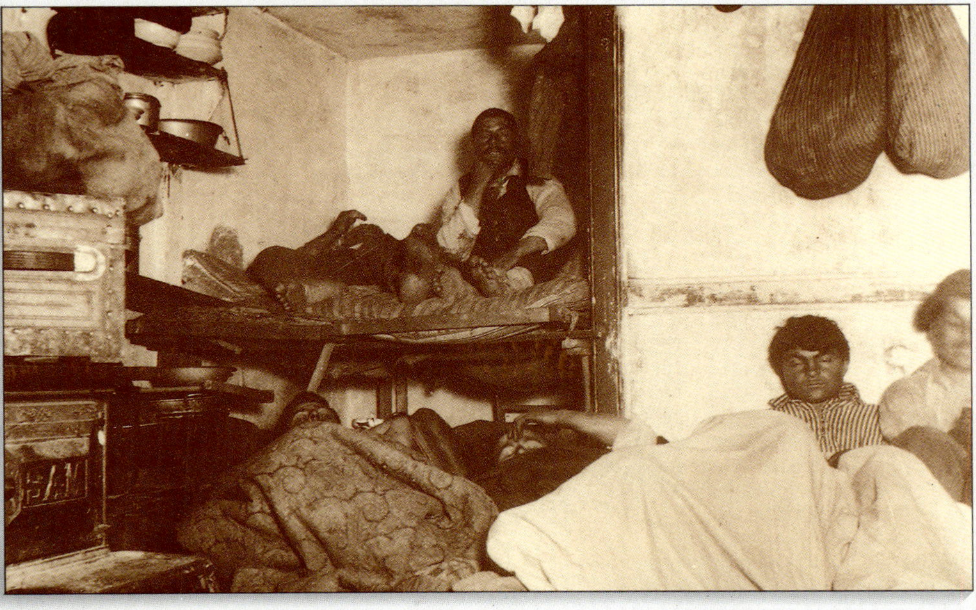

Links: Altwarensammler. Oben: Immigrantenleben im Elendsviertel (Foto von Jacob Riis).

Das Jazz-Zeitalter: Der Erste Weltkrieg kam und ging, ohne in New York tiefe Spuren zu hinterlassen. Die US-Soldaten kehrten aus dem Krieg zurück und stellten fest, daß alles beim alten geblieben war: Die Geschäfte boomten noch immer, die Bevölkerung wuchs weiter, und die New Yorker blickten mit Optimismus in die Zukunft. Die Prohibition verlieh den „Verrückten Zwanzigern" zunächst einen etwas faden Beigeschmack, aber bald waren sich alle darin einig, daß die guten Zeiten eigentlich noch viel besser und die Partys noch viel wilder waren, jetzt, da der Alkohol verboten war. Die Prohibition war in New York noch viel mehr als in anderen Städten ein Schuß nach hinten: Der Alkoholschmuggel erwies sich als Goldgrube für das organisierte Verbrechen und ließ die Mulberry Street zur Hochburg der Mafiosi werden. Schätzungen zufolge soll es nach der Prohibition zweimal so viele Kneipen ohne Lizenz wie vor dem Alkoholverbot gegeben haben. Eine bekannte Zeitgenossin brachte die Prohibition folgendermaßen auf den Punkt: „Ge-

Juden in New York

John Gattuso

Die Lower East Side hatte viele Namen: Typhus-, Selbstmörder-, Betrüger-, Judenviertel. Das Ghetto der Neuen Welt erstreckte sich zwischen der Bowery und der East Side. Juden aus Rußland, Polen und Deutschland lebten hier auf engstem Raum und wurden in den Fabriken schamlos ausgebeutet.

Zwischen 1880 und 1920 kamen mehr als zwei Millionen Juden in die Vereinigten Staaten. Über 500 000 ließen sich in New York City und vor allem in der Lower East Side nieder. Mit 330 000 Einwohnern pro Quadratmeile war dieses Stadtviertel der am dichtesten besiedelte Flecken Erde auf der ganzen Welt. Aufgrund der katastrophalen sanitären Verhältnisse stellten Gelbfieber und Cholera eine ständige Bedrohung dar.

Ausbeutung und Kinderarbeit gehörten zum harten Alltag der jüdischen Gemeinschaft. Der Wohnungsmangel zwang die Menschen, in Treppenhäusern, Kellern und Durchgangspassagen ihr Quartier aufzuschlagen oder sich zu sechst oder zu siebt in ein kleines Zimmer zu zwängen. Um die Wuchermieten bezahlen zu können, nahmen jüdische Familien oft noch ein oder zwei Untermieter auf.

Arbeits- und Wohnstätte waren meist identisch. Man kochte, aß, schlief und arbeitete in ein und demselben Raum. Alle Familienmitglieder – vom jüngsten bis zum ältesten – mußten mit anpacken. Die meisten Familien verdienten sich ihren Unterhalt mit der Näherei. Da kein Stundenlohn, sondern nur ein Stückpreis bezahlt wurde, artete die Heimarbeit in beinharte Akkordarbeit aus. Schon morgens um sechs begannen die Nähmaschinen zu rattern und sie verstummten oft erst nach Mitternacht. Riesige Stapel fertiger oder halbfertiger Kleidungsstücke machten die Enge noch unerträglicher.

Den Juden, die in den Kleiderfabriken schufteten, ging es nicht viel besser. Die Arbeiter mußten für Nadel, Faden und andere Schneiderwerkzeuge selbst aufkommen. Sogar den Spind, in dem sie ihre Sachen verstauten, und den Stuhl, auf dem sie arbeiteten, mußten sie selbst bezahlen. Ein Arbeitstag konnte zwischen zehn und 14 Stunden dauern.

Die Löhne waren minimal. Eine fünf- oder sechsköpfige Familie verdiente acht bis zehn Dollar die Woche, einige wenige brachten es auf 14 bis 15 Dollar. Viele lebten von der Hand in den Mund und mußten jeden Penny zweimal umdrehen. Der Schriftsteller Michael Gold erinnert sich: „In der East Side werden Lebensmittel quäntchenweise eingekauft. Zucker für drei Cents, Butter für fünf Cents …" Alles war genau kalkuliert, jeder noch so kleine Irrtum konnte sich fatal auswirken. Mitleid für Freunde, denen es noch schlechter ging, konnte sich eine Familie kaum leisten. Michael Gold schreibt: „In einer Welt, die auf dem Gesetz des Wettbewerbs basiert, ist Güte eine Form des Selbstmords."

Diejenigen Juden, die sich ihr Geld nicht mit Näharbeiten verdienten, zogen als Hausierer herum oder boten auf ihren kleinen Straßenwagen auf dem Markt in der Hester Street Fleisch, Fisch oder billige Bekleidungswaren an. In den sozialkritischen Berichten von Jacob Riis ist nachzulesen, daß der Markt „wohl deshalb ironisch „Schweine-Markt" genannt wurde, weil es dort kein Schweinefleisch gab."

Angesichts der sozialen Misere der Arbeiterschicht schien eine politische Organisation der Arbeiter unumgänglich. Vor allem die links orientierten Mitglieder der jüdischen Gemeinschaft begannen, sich in der Arbeiterbewegung zu engagieren. Unter der Leitung der United Hebrew Trades wurden die ersten rudimentären Gewerkschaften gegründet und die ersten Streiks ausgerufen. Sozialistische und zionistische Veröffentlichungen wie *Jewish Daily Forward*, *Freiheit* oder Emma Goldmans *Mother Earth* setzten sich für die Rechte der Immigranten ein. Die Sozialisten der East Side machten den Demokraten der Tammany Hall bei ihrem Stimmenfang in der Arbeiterschicht Konkurrenz und konnten bald ihre ersten Abgeordneten in den Kongreß schicken.

Neben dem politischen Zusammenschluß maßen die Juden auch der Erziehung großen Wert bei. Organisationen wie die *Educational Alliance* finanzierten Vorlesungen und forderten die Schaffung von Bibliotheken. In der Second Avenue wurde das erste jüdische Theater eröffnet. Das religiöse Brauchtum stellte nach wie vor einen wesentlichen Bestandteil der jüdischen Lebensart dar.

Durch harte Arbeit und eiserne Sparsamkeit gelang es den Menschen in der Lower East Side, sich einen Platz im komplexen kulturellen und wirtschaftlichen Geflecht New Yorks zu erkämpfen.

nauso gut könnte man versuchen, den Atlantik mit einem Blatt Löschpapier aufzusaugen.“

In den freizügigen Zwanzigern konnten die Freidenker natürlich nicht fehlen. Das alte Stadtviertel Greenwich Village hatte seine ursprüngliche Atmosphäre und seine niedrigen Mieten beibehalten und zog Schriftsteller, Künstler und Radikale an. Freidenker wie John Reed, Emma Goldman, Louise Bryant und Edna St. Vincent Millay machten sich zu Vorreitern revolutionärer Ideen – angefangen vom Kommunismus bis hin zur freien Liebe. Zur gleichen Zeit begoß Eugene O'Neill mit seiner Theatergruppe (den Hudson Dusters) im Hell Hole (einer nicht lizenzierten Kneipe) seine triumphalen Theatererfolge im Princetown Playhouse.

In den armen Wohnvierteln New Yorks machte die Jazz-Ära ihrem Namen alle Ehre. Zu Beginn des 19. Jahrhunderts zogen die Schwarzen von den West 30s in das heruntergekommene Harlem, dem Waisenkind der Städteplaner. Das Aufblühen der schwarzen Kultur in den zwanziger Jahren – auch unter dem Namen *Harlem Renaissance* bekannt – brachte Schriftsteller wie Langston Hughes und Zora Neale Hurston hervor. Jazzgrößen wie Count Basie und Duke Ellington spielten in piekfeinen Nightclubs wie dem Small's Paradise oder dem Cotton Club.

<u>Links</u>: Foto von Jacob Riis. <u>Oben</u>: Fußweg über die Brooklyn Bridge, 1923.

Unangefochtener König im New York des Jazz-Zeitalters war der Bürgermeister James Walker. Mit seinem verschwenderischen Lebensstil, seiner Spieler- und Frauenleidenschaft und seinem Dandyismus war er die Verkörperung der zügellosen zwanziger Jahre schlechthin. Walker ging mit seinem Geld genauso großzügig um wie mit der Prohibition. Er war nur Repräsentationsfigur und überließ es den Jungs von der Tammany Hall, die Stadt zu regieren. Als er sein eigenes Gehalt um 10 000 Dollar erhöhte, wurden Protestrufe laut. Jimmy Walkers Antwort war: „Was würde es Euch wohl kosten, wenn ich einen Ganztags-Job machen würde?“

Niemand konnte die New Yorker hindern, weiter feuchtfröhliche Partys zu feiern und das Geld mit vollen Händen aus dem Fenster zu werfen. In den Wilden Zwanzigern geriet New York in den Börsenrausch. Die Aktienkurse erreichten schwindelerregende Höhen, und es sah auch nicht so aus, als ob sie je wieder fallen würden. Die Aktien waren häufig auf Pump gekauft, aber das störte ebensowenig wie die Millionenbetrügereien der

Tammany Hall. Solange der Geldfluß anhielt, die Leuchtreklamen am Broadway blinkten und Jimmy Walker sein breites Lächeln zeigte, schien die Welt in Ordnung. Der Nachrichtensprecher Walter Winchell erinnert sich: „In den zwanziger Jahren setzten die Amerikaner Himmel und Hölle in Bewegung, um reich zu werden. Politiker wie James Walker hätten ihre Großmutter verkauft, um die nächsten Wahlen zu gewinnen. Das amerikanische Volk wollte eine politische Führung, die seine Gier und Habsucht akzeptierte und als legitimen Ausdruck seines freien Willens verstand. Walker wußte, was die New Yorker wollten, und genau das gab er ihnen auch."

Am 24. Oktober 1929, dem schwarzen Donnerstag der New Yorker Börse, war der Traum vom schnellen Geld ausgeträumt. Die Weltwirtschaftskrise traf die New Yorker besonders hart. Das Gesamteinkommen fiel um mehr als die Hälfte. Die Arbeitslosenquote stieg auf 25 Prozent. Die Menschen verloren ihre Arbeit, ihre Wohnungen und ihre Würde. Im Central Park wurden Notquartiere errichtet, und lange Schlangen vor den Brotläden gehörten zum Alltag.

Walker hatte noch nicht das Ende seiner zweiten Amtsperiode erreicht, als die Stadtverwaltung wie ein Kartenhaus in sich zusammenfiel. Eine Untersuchung brachte an den Tag, daß Walker und seine Beamten in mehrere Korruptionsfälle verstrickt waren. Walker wurde nach Albany zitiert, wo Gouverneur Franklin D. Roosevelt seine Akte studierte. Der Lebemann wußte, daß seine Zeit zu Ende war. 1932 trat er von seinem Amt zurück und nahm das nächste Schiff nach Europa.

Etwa ein Jahr später richtete ein neuer Bürgermeister sein Büro in der City Hall ein. Fiorella La Guardia war ein rundlicher kleiner Mann mit einem lebendigen Gesicht und einer Vorliebe für verknitterte Anzüge. Er war nicht so gerissen wie Walker, aber intelligent und fest entschlossen, der Stadt wieder auf die Beine zu helfen. La Guardia konnte hart und unerbittlich, gleichzeitig aber auch väterlich und warmherzig sein. Natürlich hatte er auch seine Kritiker, aber für das von der Wirtschaftskrise heftig gebeutelte New York war er der Retter in der Not.

Gleich nach seiner Wahl zum Bürgermeister im Jahr 1933 startete La Guardia umfassende Hilfs- und Bauprogramme, um die am Boden liegende Wirtschaft wieder zu beleben. Die Stadtverwaltung baute Brücken, Straßen und Wohnungen, legte Parks an und fand sogar für Künstler und Schriftsteller Arbeit. Gleichzeitig wurden die in den zwanziger Jahren begonnene Großprojekte fertiggestellt. Der Art-deco-Stil hielt mit der Eröffnung des Chrysler Building 1930, des Empire State Building und des Waldorf-Astoria-Hotels 1931 sowie des Rockefeller Center 1933 einen triumphalen Einzug in die Stadt.

Als die USA 1941 in den Zweiten Weltkrieg eintraten, leisteten auch die New Yorker ihren Kriegsbeitrag. Deutsche wurden als Spione verhaftet und japanische Familien auf Ellis Island ins Gefängnis gesperrt. Nachts mußten die New Yorker ihre Wohnungen verdunkeln, sogar die Fackel der Freiheitsstatue hörte auf zu brennen. Im Chemielabor der Columbia University experimentierten Enrico Fermi und Leo Szilard mit der Kernspaltung und legten den Grundstein für die Entwicklung der Atombombe, die später unter dem Namen *Manhattan Project* bekannt wurde.

Links: Katalog der Weltausstellung von 1939. Rechts: Das Empire State Building wurde 1931 vollendet.

Als die Vereinten Nationen 1947 ihren Sitz in New York errichteten, gab es nichts, was die New Yorker nicht als machbar erachteten. Weltfrieden, eine gesunde Wirtschaft, technologischer Fortschritt – alles schien greifbar nahe. Der Glaspalast des UN-Gebäudes brachte Glanz in die City und gab bereits einen Vorgeschmack auf die neue Generation der kühn-modernen Glaskonstruktionen, die in den fünfziger Jahren zunächst in der Park Avenue und Madison Avenue und später in der West Side und im Finanzviertel wie Pilze aus dem Boden schossen.

Aus der Traum: Wie in vielen anderen Städten im Nordosten der USA entwickelten sich die Dinge in New York ganz anders, als man erwartet hatte. Eine riesige Wanderbewegung setzte ein: Die Mittelschicht begann, in die Vororte umzusiedeln, und arme Schwarze und Hispanos strömten in die City. Was die finanzielle Lage anbelangt, so stand New York in der Mitte der siebziger Jahre kurz vor dem Bankrott.

Der Weg, der das New York der Nachkriegszeit an den Rand des Abgrunds führen sollte, war mit der Wahl William O'Dwyers zum Bürgermeister im Jahre 1946 bereits vorgezeichnet. Das neue Stadtoberhaupt hatte enge Kontakte zur Unterwelt. Nachdem La Guardia die Machtstrukturen der Demokraten zerschlagen hatte, war die Tammany Hall jetzt mit Mitgliedern des organisierten Verbrechens durchsetzt. Die Namen der neuen Tammany-Politiker standen für Glücksspiel, Prostitution und Erpressung. Mit politischen Übergriffen wie etwa auf die New Yorker Polizei suchten sie ihre eigenen Interessen zu schützen. Die Zeitungen bekamen Wind von der Sache und begannen alsbald mit ihren Berichten viel Staub aufzuwirbeln. Eine Senatsuntersuchung der korrupten Machenschaften der Polizei führte bis zur Spitze der Stadtverwaltung. Noch bevor die Senatoren O'Dwyer festnageln konnten, warf Präsident Harry Truman den Rettungsanker und ernannte ihn zum Botschafter von Mexiko.

Während die politischen Wunden unter dem neuen Bürgermeister Robert Wagner allmählich zu verheilen begannen, zeichnete sich in den fünfziger Jahren ein sozialer Wandel ab, dessen Auswirkungen noch heute in der Stadt zu spüren sind. In den späten vierziger Jahren setzte eine Einwanderungswelle von Puertoricanern ein, die bis ins folgende Jahrzehnt andauerte. Angezogen von den Arbeitsmöglichkeiten, die die Kriegsmaschinerie geschaffen hatte, nahm auch die schwarze Bevölkerung während des Zweiten Weltkrieges und in den Nachkriegsjahren zu. Wie schon die Immigranten vor ihnen stießen die schwarzen und spanischen Einwanderer auf eine Mauer der Ablehnung. Sei es bei der Job- oder Wohnungssuche, bei Dienstleistungen der Stadt oder bei der Erziehung – überall wurden sie gegenüber der hellhäutigen Mehrheit benachteiligt. Als die Bürgerrechtsbewegung in der ganzen Nation an Boden gewann, begannen auch sie, ihren Anteil zu verlangen.

Vorherige Seiten: Konfettiparade für die Astronauten der Apollo-11-Mission. Links: King Kong über New York. Rechts oben: Fiorella La Guardia, der berühmte Bürgermeister.

Die „Black Power"- und Antikriegsbewegung erreichte in den sechziger Jahren ihren Höhepunkt. 1964 waren die Augen der ganzen Welt auf New York gerichtet, wo die Weltausstellung zum Forum zahlreicher Demonstrationen wurde. Auf der Weltbühne, die das internationale Ansehen der Stadt heben sollte, wurden die Rassentrennung in den New Yorker Schulen und das brutale Vorgehen der Polizei gegen die Minderheiten angeprangert. In der City Hall fand ein 44tägiger Sitzstreik statt. Bürgermeister Wagner rief die Polizei und löste damit einen Aufruhr aus.

Im Sommer 1964 spitzte sich die Lage in Harlem und Bedford-Stuyvesant (Brooklyn) dramatisch zu. Zwei Tage, nachdem ein Polizist einen jungen Schwarzen unter nicht eindeutig gekärten Umständen erschossen hatte, stürmten mehrere tausend Schwarze die Polizeistation in der 123rd Street. Molotow-Cocktails explodierten, Schüsse krachten und Tränengaswolken legten sich über die Straße. Sechs Tage lang zog die aufgebrachte Menge durch Harlem, steckte Häuser der Weißen in Brand, plünderte Geschäfte, die keine Schwarzen einstellten, und ließ ihren Haß an Passanten aus. Wagner versuchte, die Rebellen mit Sätzen wie „Gesetz und Ordnung sind auf der Seite der Schwarzen" zu beruhigen.

Die Aufstände in Harlem gingen vorüber, aber die Verbitterung blieb. In den späten sechziger und frühen siebziger Jahren versuchte der liberale Republikaner John Lindsay, für die sozialen und wirtschaftlichen Probleme New Yorks eine Lösung zu finden, aber ohne Geld lassen sich nur schwer Reformen durchführen. 1975 stand New York kurz vor dem Bankrott.

Der 1976 zum Bürgermeister gewählte Edward Koch versuchte durch massive Kreditaufnahme, Geld in die Stadtkasse zu bringen. Gleichzeitig setzte ein Wirtschaftsaufschwung ein, und überall in der Stadt wurde investiert. Das 1973 eröffnete World Trade Center erwachte aus seinem Dornröschenschlaf, die Battery Park City (ein moderner Komplex aus Wohn- und Büroflächen) und der South Street Seaport wurden angelegt. 1977 wurde das Citicorp Center in der Midtown eröffnet; die UN-Plaza, die modernen Gebäude von AT&T und IBM und mehrere andere Wolkenkratzer folgten nach.

Auch in anderen Stadtbezirken ging es bergauf. In SoHo wurden die verfallenen Fabrik- und Lagerhallen in ein Künstlermekka verwandelt. Sogar die von kriminellen Institutionen durchzogene Upper West Side wurde zur Hochburg der „Yuppies".

Aber nicht alle bekamen ein Stück vom Kuchen des Wohlstands ab. Während ganze Stadtteile einen zusehends nobleren Anstrich erhielten und immer mehr Glastürme immer höher in den Himmel ragten, war die soziale Unterschicht in ihrer Misere festgefahren. Ronald Reagans „Sicker-Politik" sickerte ganz offensichtlich nicht tief genug. Viele Menschen am unteren Ende der sozialen Leiter schafften es nicht, eine Stufe höher zu klettern – der „fall out" zwischen den Sprossen wurde schmerzlich spürbar: Obdachlose an jeder Straßenecke und in U-Bahnstationen, Aidskranke und Drogenabhängige, denen das ohnehin schon überlastete Gesundheitssystem keine Hilfe bieten kann. Am anderen Ende der sozialen Leiter sitzen Mogule wie Donald Trump oder Harry Helmsley, die wie beim Monopoly-Spiel New York Quadratmeter um Quadratmeter aufkaufen. Noch krasser kann der Gegensatz zwischen arm und reich wohl kaum sein.

1989 wurde David Dinkins zum ersten schwarzen Bürgermeister von New York gewählt. Wie bei jeder Umbruchsphase lag die Stadt in heftigen Wehen. Auf der Titelseite der Zeitungen wechselten sich reißerisch aufgemachte Berichte über Rassenkonflikte, Gewaltverbrechen oder Rauschgiftfunde mit Skandalgeschichten über eine Leona Helmsley oder einen Kardinal O'Conner in schwindelerregendem Tempo ab.

New York wäre nicht New York ohne seine Skandale, seine Trumps oder Helmsleys, seine kühnen Glas- und Stahlkonstruktionen, seine Museen, Kunstgalerien und Vergnügungsviertel. Auch Kriminalität, Rassenkonflikte, Überbevölkerung und Verkehrschaos gehören nun einmal dazu und geben der Stadt den Adrenalinstoß, den sie anscheinend zum Leben braucht. Es mag banal klingen, aber New York ist ein Ort, an dem alles nur Denkbare passieren kann, Gutes und Schlechtes. New York ist ein Beispiel dafür, welche kreativen Kräfte im Chaos walten können. Aber: auf ein paar Dinge können Sie immer fest zählen: Weltklassemuseen, hervorragende Kunstgalerien, eine immense Auswahl an Essens-, Unterhaltungs- und Einkaufsmöglichkeiten, erstaunliche Architektur, Einwanderer aus aller Welt.

New York ist die Stadt des Wechsels und Lebens, der Erregung und des Kampfes, der Freude und des Ehrgeizes. Wer aber meint, die Stadt endlich begriffen zu haben, wird schon morgen eines Besseren belehrt.

<u>Links und oben</u>: New York hat ernste Probleme.

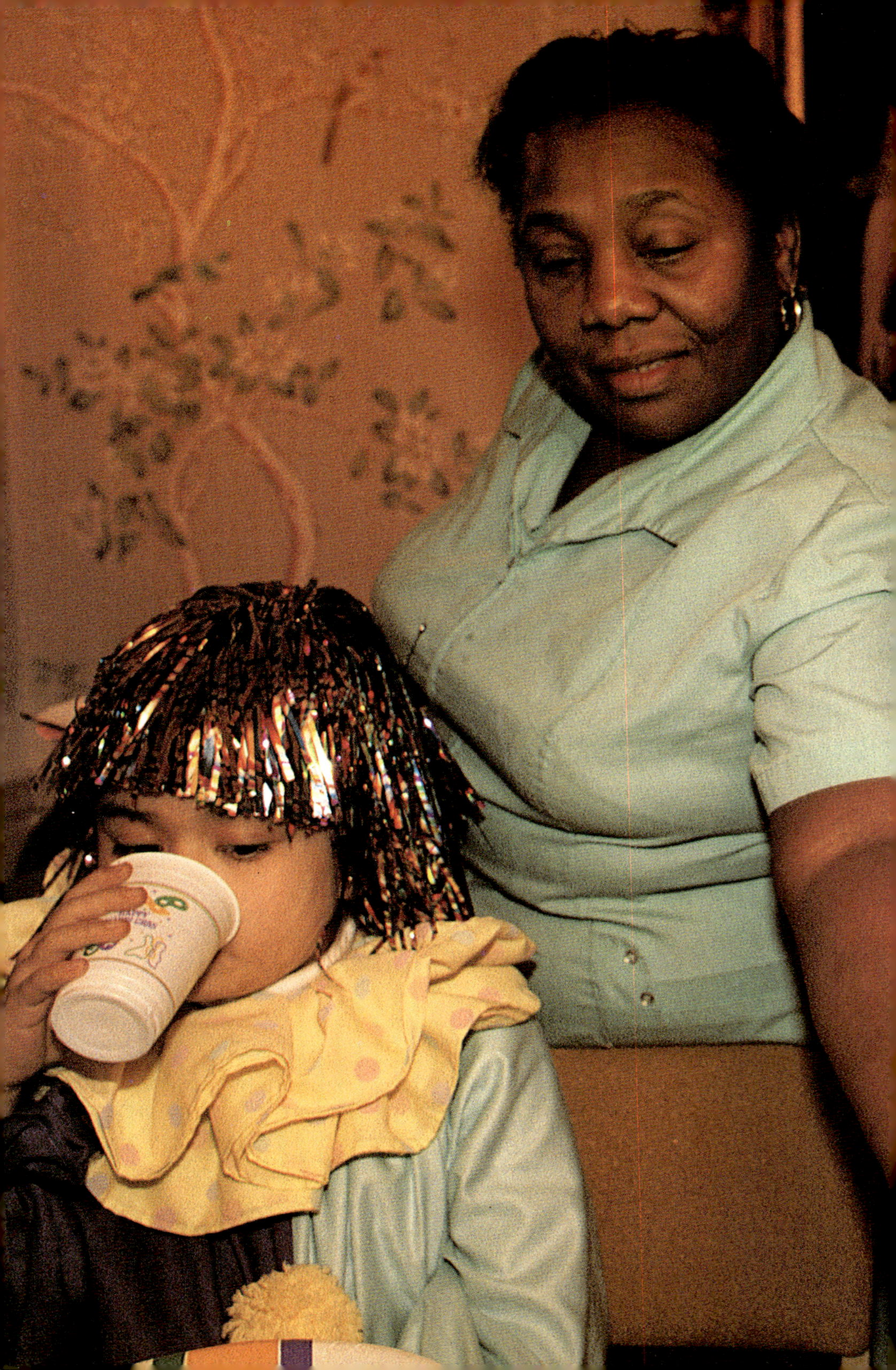

METROPOLE DES GEISTES

In der U-Bahnstation am Broadway sitzt eine Frau auf einer Bank und liest *Hundert Jahre Einsamkeit* des lorbeerbekränzten Kolumbianers Gabriel García Márquez. Ein Bettler taumelt an der Bank vorbei auf den Ausgang zu. Vom Times Square führt eine Seitenstraße ab, in der gleich neben dem griechischen Imbißstand und dem Porno-Shop etwa ein Dutzend Männer ihre Figuren über die Schachbretter bewegen. Jemand öffnet ein Fenster und beugt sich in die laue Abendluft. Hört auch er diesen tiefen, dumpfen Klang – ganz so, als ob irgendwo jemand auf einem englischen Horn bläst? Es ist der ureigene Klang der Metropole.

Schnappschüsse: Dies sind Szenen – Momentaufnahmen, wenn Sie so wollen – aus dem „geistigen Leben" New Yorks. Dieses geistige Leben ist kein Transplantat, das dem Körper der Metropole eingepflanzt wurde. Ganz im Gegenteil, es ist etwas Natürliches, Organisches, das mit dem kosmopolitischen Ganzen eng verwachsen ist.

Es spiegelt Kontraste wider oder besser gesagt, das Zusammenleben dieser Kontraste: Schach und Pornographie, Literatur und Bettlerdasein … Es ist die Quelle dieser Musik, dieser Hornklänge, die unsichtbar durch die Lüfte schwingen und ebenso zur urbanen Atmosphäre gehören wie der Sauerstoff.

Die New Yorker atmen die Kultur nicht nur ein, sie leben sie auch in Ritualen aus: Man geht zu Vernissagen und Museumseröffnungen, nach einer Lesung oder einem Vortrag trifft man sich in Elios „Intelligenzia-Restaurant". Schriftsteller und Philosophen stellen die Verkörperung des Begriffs „New York Intellectual" dar. Und dennoch würde man diesem Begriff nicht gerecht werden, vergliche man ihn mit einem elitären Club, an dessen Türsteher man nur vorbeikommt, wenn man ihm einen Satz wie „Kierkegaard hat mich geschickt" ins Ohr flüstert.

Das intellektuelle Leben ist vielschichtig, es umfaßt alles geistige Schaffen und Streben –

Vorherige Seiten: Man gibt sich geheimnisvoll in Manhattan. Rechts: Die Stadt im Kopf, im Angesicht, auf dem Gesicht …

sei es in der Poesie, der Bildhauerei, der Sinologie oder der Teilchenphysik. Vorträge, Museen, Galerien, Konzerte, Theaterstücke und Filme gehören ebenso zum gesellschaftlich-kulturellen Leben wie „Dinner Parties".

Das geistige Leben New Yorks besitzt eine Ungezwungenheit, die einen Thomas Wolfe unbehelligt durch die Straßen von Brooklyn streifen oder einen Sonny Rollins unerkannt auf der Williamsburg-Brücke heiße Jazzrhythmen spielen läßt.

New Yorks kulturelles Leben besitzt eine einzigartige Ausstrahlung, fast schon so etwas wie eine Aura. Stephen Tim, der Direktor der wissenschaftlichen Abteilung des Botanischen Gartens von Brooklyn, ist in seinen Büchern auf folgende Analogie gestoßen: „Das Schlüsselwort heißt Osmose. Wir absorbieren das intellektuelle Leben und werden von ihm stimuliert, ohne daß wir uns dessen bewußt wären oder uns dagegen wehren könnten. Es geschieht uns einfach."

Das geistig-kulturelle Leben wirkt nicht nur auf das Individuum, sondern gibt der Masse, der Stadt in ihrer Gesamtheit, eine Identität. In seinem Buch *The Art of the City: Views and Versions of New York* schreibt Peter Conrad: „Jede Stadt braucht ihren eigenen Mythos, um ihren Zentralitätsanspruch zu rechtfertigen."

Die lange Liste der Künstler, die Conrad in seinem Buch anführt – Maler wie Saul Steinberg, der mit seiner Vision von einem sich über den ganzen Planeten erstreckenden Manhattan ein berühmtes Titelbild für das Magazin *The New Yorker* geschaffen hat, oder Songwriter wie George M. Cohan – begründet und erhält diesen Mythos.

Der ehemalige Leiter der anthropologischen Fakultät der Columbia-Universität, Alexander Alland jun., faßt das folgendermaßen in Worte: „Das kulturelle Leben ist der Grund, weshalb ich ein New Yorker bin und weshalb ich auch hier bleibe. Ich verbringe die Sommermonate in Europa, und wenn mich jemand fragt, ob ich Amerikaner bin, sage ich ‚Nein, ich bin New Yorker'. Für mich ist das eine positive Aussage."

Während der Kolonialzeit und im frühen 19. Jahrhundert stand New York mit seinem Kulturangebot bestenfalls an dritter Stelle nach Boston und Philadelphia. Das Blatt wendete sich, als Mitte des 19. Jahrhunderts die Verlagshäuser von den Kulturhochburgen nach New York abwanderten. Ursprünglich waren die Verleger nur auf der Suche nach einem größeren Kundenkreis – New York war die Stadt mit der größten Einwohnerzahl –, aber ihre Umsiedlung löste eine Kettenreaktion aus, die die Stadt grundlegend veränderte: Im Kielwasser der Verlagshäuser strömten auch Redakteure, Schriftsteller und Illustratoren in die Metropole.

Inzwischen hatte aber auch in anderer Hinsicht ein Wandlungsprozeß eingesetzt: Am oberen Ende der sozialen Leiter begannen die Lenker der Wirtschaft, Museen zu stiften und Künstler zu unterstützen. Am unteren Ende trug jede Immigrationswelle zu einer Bereicherung und Diversifizierung des Kulturlebens bei. 1849 wurde das City College gegründet, das als „Harvard des armen Mannes" bekannt wurde. Heute gibt es 777 000 Studenten in New York.

James Weldon Johnson, James Baldwin und Ralph Ellison zählen.

Auch James Van Der Zee, dessen fotografische Impressionen von Harlem Jahrzehnte später in dem beeindruckenden Buch *Harlem on My Mind* erschienen, und der Schriftsteller und Politologe W. E. B. Du Bois machten Harlem zu ihrer Wahlheimat.

In New York gibt es eine Galerie für Indianische Kunst und ein Museum für Klaviere, ein jiddisches Theater und eine haitische Zeitung. Die Cathedral of St. John the Divine hat eine „Poeten-Ecke", und zur Belegschaft des Montefiore Hospital Center gehört sogar ein Philosoph. Das ganze Gerede um Pop-Kultur

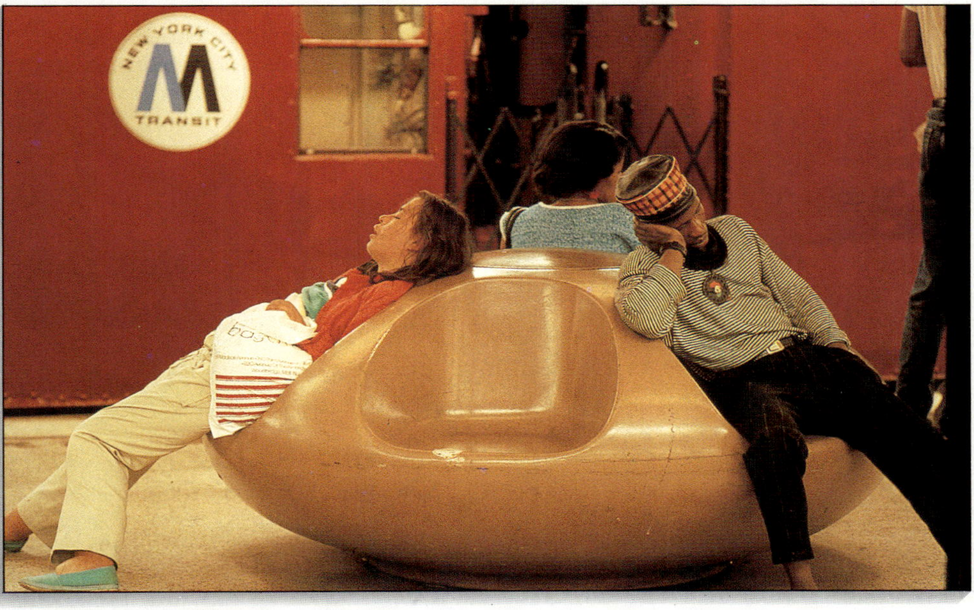

Das Anwachsen einer kulturellen Gemeinschaft geht Hand in Hand mit der Herausbildung einzelner intellektueller Gruppierungen. Das war auch in New York der Fall. Greenwich Village avancierte zur Künstlerkolonie, in der ein Eugene O'Neill in den zwanziger Jahren im Princetown Playhouse oder ein Bob Dylan 40 Jahre später im City Folk ihren Weltruhm begründeten. Harlem wurde zur Hochburg der schwarzen Intelligenz, zu der literarische Größen wie Langston Hughes,

Links: Recycling – Schleier aus Apfelsinennetz.
Oben: Relax!

gegen „Hochkultur" verliert angesichts der New Yorker Esoterikwelle an Bedeutung: Anspruchsvolle Bühnenautoren und Komponisten wie Tom Stoppard und Stephen Sondheim feiern am Broadway triumphale Erfolge, während die Gospelversion von *Oedipus at Colonus* in der Brooklyn Academy of Music für ein ausverkauftes Haus sorgt.

Das kulturelle Leben überschneidet sich oft mit dem politischen. Angefangen von A. Okey Hall, der politischen Galionsfigur des Tweed-Rings, bis hin zu Edward I. Koch, waren die Bürgermeister von New York häufig auch als Schriftsteller tätig. Der in Queens geborene

Gouverneur Mario Cuomo hat drei Bücher geschrieben und spickt seine politischen Reden gern mit Zitaten von Thomas Moore oder Teilhard de Chardin.

Die Politiker in der Tammany Hall walten nicht nur über die Geschicke ihrer Stadt, sondern ergehen sich – auch noch nach 40 Jahren – in philosophisch-politischen Debatten über die Frage, ob Julius und Ethel Rosenberg nun russische Spione waren oder nicht.

Der Begriff Kultur schließt auch die Religion mit ein. In New York gibt es fast ein Dutzend römisch-katholische Colleges. Auf dem Queens Boulevard werden in einem islamischen Seminar die Lehren Mohammeds

verkündet. Die Chassidim treffen sich in ihren Studierhäusern in Crown Heights, Flatbush und in der Upper West Side, um ihre jahrhundertealten theologischen Debatten weiterzuführen. Als Atheist findet man in der Society of Ethical Culture und der ihr angeschlossenen Schule *Fieldstone* in Riverdale eine geistige Heimat.

Die Medienlandschaft der Vereinigten Staaten konnte von der kulturellen Entwicklung New Yorks nicht unberührt bleiben. Die größten US-Rundfunk- und Fernsehanstalten haben ihren Sitz nicht in der Hauptstadt sondern in New York. Zwei der bedeutendsten Nachrichtenmagazine, *Time* und *Newsweek*, und die beiden überregionalen Zeitungen *The New York Times* und *The Wall Street Journal* werden hier verlegt. Die meisten Theater-, Film-, Kunst-, Tanz- und Musikkritiker fällen ihre Urteilssprüche von Manhattan aus.

Mit Walt Whitman, dem Verfasser des 1855 erschienen Buches *Grashalme,* hatte New York seinen ersten Barden. Whitman ist der Begründer einer großen Künstlerfamilie, und zu seinen Nachfahren zählen der Romanschriftsteller Theodore Dreiser, der Fotograf Alfred Stieglitz, der Maler Ben Shahn, der Poet Delmore Schwartz, der Komponist Duke Ellington, der Filmemacher Woody Allen, Diane Arbus, die Fotografin mit der Vorliebe fürs Bizarre, Martin Scorsese, der Regisseur von *Taxi Driver* und *New York, New York.*

Zweifelsohne wurde das Bild, das wir uns von der Metropole New York machen, entscheidend von der Arbeit dieser Künstler geprägt. Es wäre aber falsch, die Kunst nur auf ein paar große Namen zu reduzieren, ist sie doch eher Ausdruck von etwas sehr Privatem und Persönlichem. Sie hat vielmehr mit individuellem Geschmack und Stil als mit Berühmtheit und Mode zu tun.

„Ein Film wie *Manhattan* ist nicht meine Welt", meint der Anthropologe Alexander Alland, „ich weiß nicht, ob es solche Menschen wirklich gibt, und wenn, dann interessieren sie mich nicht besonders." Für Alexander Alland bedeutet Kultur ein Besuch im Metropolitan Museum of Art. Seine Frau Sonia hat jeden Sonntag ihren Kulturtag, wenn sie in einem kleinen Amateurorchester Flöte spielt. Alland zufolge gibt es einen Unterschied zwischen einem Gelehrten und einem Intellektuellen: Der eine ist ein Spezialist auf einem ganz bestimmten Gebiet, der andere ist ein Eklektiker, ein Forscher.

New Yorks geistiger Horizont ist so weit gespannt, daß sich Eklektizismus voll entfalten kann. Flora Roberts ist Agentin für Schriftsteller. Sie betreute literarische Größen wie Stephen Sondheim, Maya Angelou und Tina Howe. „Es gibt zwei Dinge, die mich ganz besonders faszinieren", erzählt Flora Roberts, „ein Bild von Goya und eine Marilyn Horne, die in der Carnegie Hall eine Rossini-Oper singt. Ich erinnere mich noch an das herzzerreißende Wehklagen von Laurence Olivier in

Oedipus oder an den meisterhaften Lee J. Cobb, den die Zuschauer in dem Stück *Der Tod eines Handlungsreisenden* davon abhalten wollten, sich umzubringen. In New York verbinden sich eben die Gefühle."

Aber hier verbinden sich auch die Ideen. Ein Denker braucht in New York kein Einsiedlerleben zu führen, wie das Beispiel von Dr. Bruce Yaffe und seiner Frau zeigt. In den achtziger Jahren erkannte Yaffe, daß er mit seinen Fachkollegen nie über Themen wie Krebsgeschwüre im Darmtrakt hinauskommen würde, und so gab er in der *New York Review of Books* eine Anzeige auf, in der er Gesprächspartner für einen gedanklichen Austausch über Literatur, Politik oder Kunst suchte. Seitdem halten Yaffe und seine Frau in ihrer Wohnung in der Upper East Side regelmäßig Diskussionsrunden über die verschiedensten Themen ab, angefangen von den chinesisch-sowjetischen Beziehungen bis hin zum Bildungssystem.

Yaffe hat inzwischen 150 Zeitschriften abonniert, um seinen Zirkel mit ausreichendem Gesprächsstoff zu versorgen. „Einmal ist der Postbote zu uns in die Wohnung gekommen", erzählt Dr. Yaffe, „er sagte, er wolle nur sehen, wer die Leute sind, die immer so viele Zeitungen bekommen."

Oft genug sorgen das Gesprächsthema an sich oder die Zusammensetzung des Zirkels für eine – nun sagen wir einmal – recht angeregte Diskussion. Hoch her ging es nicht nur bei dem Symposium über die innenpolitischen Probleme der früheren Sowjetunion, zu dem russische Diplomaten und im Exil lebende russische Dissidenten eingeladen waren, sondern auch bei der Diskussion über die Politik der Vereinigten Staaten in Zentralamerika, bei der ein Journalist eines konservativen Blattes die Meinung vertrat, Fidel Castro wollte die Revolution über Cuba hinaus in die Nachbarländer tragen. Dr. Yaffe erinnert sich: „Daraufhin sagte ein etwa sechzigjähriger Geschäftsmann aus Kuba: ‚Mein Gott, das stimmt überhaupt nicht. Als Fidel und ich unsere Pläne in den Bergen von Kuba besprachen, lag uns so etwas völlig fern.'"

Wo holen sich Intellektuelle ihre geistige Nahrung? – in einem Buchladen natürlich. Einer der besten Buchläden New Yorks ist der **Strand** am Broadway und in der East 12th Street in Manhattan. Unter den zwei Millionen Büchern, die hier in den Regalen stehen, findet

Links: Hochzeit in der St. Patrick's Cathedral.
Oben: Gay Lib's Day – Tag der Homosexuellen-Emanzipation.

man so ziemlich alles, angefangen von *Der Sonate seit Beethoven* bis zur *Zivilen Luftfahrt*. Schriftsteller wie Saul Bellow und Anaïs Nin, Senator Mark Hatfield, der Maler David Hockney und William J. Casey, der Direktor des C.I.A., zählten jahrelang zur Stammkundschaft des Strand.

Der Komiker Zero Mostel hielt hier schon einen Stegreifvortrag über die künstlerischen Verdienste der mexikanischen Maler Diego Rivera und David Siqueiros. Fred Bass, der Inhaber des Strand, erinnert sich an einen Streit zwischen zwei Kunden über die Frage, ob nun Douglas R. Hofstadters *Gödel, Escher, Bach* oder Martin Heideggers *Sein und Zeit* schwieriger zu lesen seien. Zu den Angestellten des Strand – meist Dichter und Musiker – gehörten der Poet Tom Weatherly und die Rocksängerin Patti Smith. Craig Anderson, der ebenfalls im Strand arbeitet, erzählt: „Ich habe meinen Abschluß an der Columbia-Universität gemacht, aber meine wirkliche Ausbildung bekam ich hier im Strand.“

Energie und Feindseligkeit: Nancy Graves ist Bildhauerin. Nach ihrem Studium in Vassar und Yale besuchte sie Kunstakademien in Paris und Florenz und zog im Jahre 1966 schließlich nach New York. *„Während der ersten zwei Wochen nach meiner Ankunft in New York konnte ich überhaupt nicht schlafen“*, erinnert sich Nancy Graves. *„Ich spürte eine ungeheure Energie und Feindseligkeit. Ich genoß das Chaos, und sogar die Anonymität. Man kann hier in seiner kleinen Welt durchaus etwas darstellen, sogar berühmt sein, und dennoch völlig anonym bleiben und sein eigenes Leben führen.“*

Nancy Graves arbeitet in ihre Skulpturen getrocknetes Gemüse, Blumen, Lotuswurzeln und Fächer ein. Ihre Materialien besorgt sie sich auf der Avenue of the Americas, bei Balducci's oder in Chinatown. Die Verkäufer wissen wohl kaum, daß ihre Produkte später auf einer Kunstausstellung gezeigt werden.

Nancy Graves ist eine vielseitige Künstlerin: Sie machte einen Film über den Mond und betreute die Mabou-Mines-Theatergruppe. Zu ihrem Freundeskreis zählen Theaterschauspieler und Tänzer. Die Kreise, in denen Nancy Graves sich bewegt, sind nicht geschlossen. Sie öffnen, erweitern und verändern sich. Nancy Graves meint dazu: „In New York strecken nicht nur die Künstler ihre Fühler über den eigenen Kreis hinaus, auch die anderen strekken ihre Fühler hinein.“

Die Künstlerwelt prägt zunehmend den Charakter der aufsteigenden Stadtviertel um die City. Als Nancy Graves vor Jahren in die

SoHo 15 zog, „war es schwierig, dort ein Taxi zu bekommen". Jetzt hat sich SoHo wie einige andere Stadtteile auch zu einem teuren „In-Viertel" entwickelt.

Gerade jungen Künstlern sind die etablierten Künstlerviertel inzwischen zu versnobt und zu teuer. Deshalb sind sie in die Alphabetville oder Alphabet City (ein Gebiet in der Lower East Side von Manhattan, so genannt, weil die Straßen alphabetisch durchnumeriert sind, Avenue A, B, C) oder nach Hoboken, Jersey City, Greenpoint, Williamsburg und Brooklyn gezogen. Aber nicht nur die Künstler drücken New York ihren geographischen und intellektuellen Stempel auf. Mit jeder Einwanderungswelle – sei es nun die der Deutschen oder die der Iren, Juden, Italiener, Griechen, Chinesen, Koreaner und Vietnamesen – flossen neue kulturelle Strömungen nach New York und verstärkten den kosmopolitischen Charakter der Stadt.

1933 beschloß die Neue Schule für Sozialforschung, das geistige Potential der Immigranten zu nutzen. Sie gründete die *University in Exile* (heute Fakultät für Politik- und Sozialwissenschaften), deren Lehrkörper sich nur aus europäischen Akademikern, die vor dem Nazi-Regime geflohen waren, zusammensetzte. Die russischen Juden von Brighton Beach, die Inder von Jamaica Bay und die Südostasiaten von Elmhurst sorgen dafür, daß sich dieses internationale geistige Potential nicht erschöpft – die Umwälzungen im Osten Europas haben daran nichts geändert.

In New York leben etwa 4000 Iraner. Einer von ihnen ist Bahman Maghsoudlou. Bevor er 1979 das Exil der Theokratie des Ayatollah Khomeini vorzog, war er ein führender Filmwissenschaftler. Er schätzt, daß etwa 90 Prozent der iranischen Künstler in den Jahren nach der Revolution aus ihrer Heimat geflohen sind.

Links: In New York gibt es über 70 000 Obdachlose. Oben: Ein Schnäppchen gemacht?

„In der ganzen Welt gilt Amerika als ein Land der Träume", meint Bahman Maghsoudlou. „Was auch immer irgendwo auf einem Teil dieser Erde passiert – sei es eine Revolution oder eine Naturkatastrophe –, die Menschen fliehen nach Amerika. In unserer Heimat dürfen wir nicht schreiben, malen oder Filme machen. Hier herrscht Meinungsfreiheit, hier können wir Vorlesungen halten, hier können wir sagen, was wir denken."

Bahman Maghasoudlou hat sich in New York eine neue Existenz aufgebaut, er betreibt einen Filmverleih, studiert an der Columbia-Universität und schreibt ein Buch über die iranische Filmkunst. Aber nur die wenigsten seiner Landsleute haben hier das große Los gezogen. Maghsoudlou kennt einen iranischen Regisseur, der sich sein Brot als Taxifahrer verdient, und andere Intellektuelle, die als Türsteher arbeiten.

Den meisten polnischen Intellektuellen, die nach der Verhängung des Kriegsrechts in Polen im Dezember 1981 nach New York kamen, ist es nicht viel besser ergangen. Janusz Glowacki ist Journalist, Roman- und Bühnenschriftsteller. Seine kafkaeske Tragikomödie *Cinders* wurde beim New York Shakespeare Festival gezeigt. Wie Maghsoudlou fühlt sich der Pole zwischen dem Gefühl der Freiheit und

dem der Fremde hin- und hergerissen. Glowacki braucht zwar keine Angst mehr vor der Zensur zu haben, aber in der erfolgsorientierten New Yorker Agentenwelt findet er sich nur schwer zurecht. Auch das Bewußtsein, mit dem Verbrechen leben zu müssen – in dem Haus, in dem er wohnt, wurde jemand ermordet –, lastet schwer auf ihm. Nicht nur er denkt an Rückkehr, besonders seit den fundamentalen Umwälzungen in der Heimat.

Der Zirkel polnischer Schriftsteller und Professoren, die wie Janusz Glowacki hier ins Exil gegangen sind, gaben dem Künstler Halt. Er nennt das Haus, in dem er wohnt, *Akademia,* weil hier noch viele andere polnische Intellektuelle und Künstler leben. „Das oberste Ziel eines Mannes im Exil ist es, zu überleben", sagt Janusz Glowacki. „Ich fange hier wieder ganz von vorne an. Ich weiß nicht, ob ich von meinen Büchern leben kann. Hier ist eine andere Welt. Alles ist anders. Aber vielleicht wird diese Akademia uns einen Teil von dem ersetzen, was wir in Polen hatten."

Himmlisches Jerusalem: Von der U-Bahnstation am Broadway – dort wo die Frau auf der Bank sitzt und der Bettler vorbeiwankt – fährt die U-Bahn nach South Ferry in Lower Manhattan. Nicht weit von hier steht *Our Lady of Victory Church* eingekeilt zwischen den Wolkenkratzern der Wall Street. George Rutler war hier Priester, bevor er zu einer Gemeinde in Midtown wechselte. Welche Überwindung muß es den die Konsumgesellschaft zutiefst verachtenden Gottesmann gekostet haben, zu seinen Schäflein aus dem Finanzdistrikt zu predigen – oder sah er darin gar eine Berufung?

George Rutler ist ein Mann des Glaubens und der Ideale. Er liest griechische und hebräische Schriften, spricht Französisch, Italienisch und Lateinisch, und kennt die Werke von C. S. Lewis und G. K. Chesterton. Dieser Mann schaut aus dem Fenster und sieht, wie ein Drogenhändler seinen Stoff auf offener Straße verkauft. New York gibt dem Satan ein Gesicht, sagt Pater Rutler.

Aber dennoch hat Pater Rutler seine Gemeinschaft, in der er, genau wie Nancy Graves oder Janusz Glowacki, eine geistige Heimat findet. Er geht ins *Opus Dei* oder unterhält sich (in französisch) mit einem Kollegen aus Dartmouth, der ihn gelegentlich besucht, über den heiligen Augustin.

Pater Rutler nutzt die Abende oder die Wochenenden, wenn die City zur Ruhe kommt, für seine Meditationsstunden – er joggt. In der Stille wird New York paradoxerweise zu einem stimulierenden, katalytischen Ort. *„Wenn man all das Elend in der Stadt sieht"*, sagt Pater Rutler, *„wird man sich noch viel mehr der Pracht und Größe bewußt. Mit der Skyline New Yorks bei Nacht haben wir etwas geschaffen, das einem mittelalterlichen Gemälde des himmlischen Jerusalem sehr nahe kommt."*

Links und rechts: Menschen der Stadt – wie wird ihre Zukunft aussehen?

Die kulturelle Wiege New Yorks steht in Manhattan. Der Broadway, die Radio City, das Lincoln Center und die Carnegie Hall haben schon viele Sterne am Musik-, Theater- oder Kinohimmel auf- und auch wieder untergehen sehen. Auf den Straßen Manhattans spielen Studenten Kammermusik, eine Gruppe aus Ecuador stimmt folkloristische Klänge an und ein Musiker aus der Karibik sitzt vor seinen Trommeln und interpretiert Bach auf recht eigenwillige Art und Weise. Sie alle verbindet der Traum von Ruhm und Erfolg.

Aber nur die wenigsten schaffen den großen Durchbruch, wie uns ein Straßenkünstler zu berichten weiß. Sein Geigenköfferchen füllte sich auf der Straße stets mit klingender Münze, aber bei seinem ersten Konzert in der Avery Fisher Hall wurde er von den Kritikern erbarmungslos zerrissen.

Vom Glanz und Glamour des Broadway werden Kunstliebhaber gleichermaßen angezogen und abgestoßen. Manche können sich auch die Extravaganz der Manhattaner Kulturszene einfach nicht leisten. Aber selbst wenn man keine teure Theater- oder Konzertkarte ersteht, kann man hier mit etwas Glück ein prominentes Gesicht sehen – vielleicht John Kennedy Jr. oder Madonna, die am Public Theater in der Lafayette Street einen Drink schlürft, oder gar Ihren Lieblingsstar, während er oder sie sich im Russian Tea Room neben der Carnegie Hall mit Kaviar vollstopft.

Aber Verzeihung, für viele hat das mit Kultur ja überhaupt nicht das geringste zu tun. Oder gehören Sie zu denen, für die die Nähe zu großen Stars schon eine kulturelle Bereicherung bedeutet? Ein *aficionado* erzählt uns jedenfalls, daß das Begräbnis des Pop-Künstlers Andy Warhol für ihn „ein kulturelles und historisches Ereignis" war.

Wer unter Kultur etwas anderes versteht, aber nicht bereit ist, für seinen Kulturgenuß tief in die Tasche zu greifen, kann zu den kostenlosen Freiluftkonzerten des Philharmonic Orchestra oder zu den Shakespeare-Aufführungen mit großer Starbesetzung im Central Park gehen. Woody Allen hat uns mit seinem Klassiker *Annie Hall* vorgewarnt: New York ohne Warteschlangen ist wie Paris ohne Eiffelturm. Etwas Geduld muß man schon mitbringen, wenn man eine Freikarte erstehen oder sich seinen Picknickkorb für ein Freiluftereignis bei *Zabar's* (Ecke Broadway und 80th Street), dem besten indischen Feinkostgeschäft New Yorks, packen lassen will.

Vorherige Seiten: Hübsche Nikoläuse. Links: Choreografie von Twyla Tharp. Rechts: Lincoln Center bei Nacht.

Theater: Als der Broadway um die Jahrhundertwende noch in Glanz und Glamour erstrahlte, erhielt er den Beinamen „Great White Way". Mit der Erfindung des Tonfilms 1927 und des Fernsehens setzte allerdings eine rasante Talfahrt ein. Heute können selbst die grellen Leuchtreklamen nicht mehr über den Verfall der Seventh Avenue und ihrer Seitenstraßen hinwegtäuschen: Pornographie, Prostitution, Drogen, Sirenengeheul der Polizei.

Nach langen Jahren des Niedergangs hat man sich entschlossen, den Times Square „aufzuräumen". Am Broadway werden wieder hervorragende Bühnenstücke und Musicals gezeigt. *A Chorus Line* wurde 6137mal aufgeführt. Einige New Yorker sollen sich das Musical 35mal angesehen haben.

Jedes der alteingesessenen Theater hat seinen eigenen Charakter und seine eigene Geschichte. Das Shubert Theatre, in dem *A Chorus Line* uraufgeführt wurde, öffnete 1913 seine Pforten zwischen dem Broadway und der Eighth Avenue. Gleich daneben gründeten die Shubert-Brüder das Booth.

1913 half Sarah Bernhardt dem Palace in der West 47th Street über seine Kinderkrankheiten hinweg. Von 1920 bis in die dreißiger Jahre hinein zählte das Palace zu den besten Varietés der Welt. Auch heute noch ist das Theater als gute Adresse für aufwendige Musicalinszenierungen zu empfehlen.

Das Belasco Theatre zwischen dem Broadway und der Sixth Avenue wurde 1907 von dem Bühnenautor, Schauspieler und Regisseur David Belasco gegründet. Es war wohl weniger der Lebenswandel Belascos als vielmehr seine Vorliebe für Mönchsgewänder, die ihm den Spitznamen „Bischof des Broadway" einbrachten. Nach seinem Tod soll sein Geist im Theater herumgespukt haben. Die *New York Times* meldete allerdings vor einigen Jahren, daß Belascos Geist seit der Aufführung des freizügigen Stücks *Oh! Calcutta!* in den siebziger Jahren nicht mehr gesichtet worden sei. Vielleicht war das barbusige Spektakel einfach zu viel für den „Bischof".

Zwischen den Theatern an der Seventh Avenue und den Bühnen des Off-Broadway besteht eine fruchtbare Wechselbeziehung. Der Off-Broadway entstand nach dem Zweiten Weltkrieg, als Eugene O'Neill seine frühen Einakter im Provincetown Playhouse am Cape Cod oder in Greenwich Village zeigte. Ende der vierziger und Anfang der fünfziger Jahre konnte der Off-Broadway seine Stellung als eigenständiges Kulturzentrum ausbauen: Geraldine Page spielte in Tennessee Williams' Stück *Der steinerne Engel,* und Jose Quintero setzte O'Neills Drama *Der Eismann kommt* effektvoll in Szene.

Heute beleben das Circle Rep oder das - Cherry Lane Theatre die Off-Broadway-Theaterszene. In der weniger pittoresken East Village zeigt das Public Theatre experimentelles Theater mit Niveau. Das P. S. 122 in der First Avenue ist wegen seiner ungezwungenen, lockeren Atmosphäre bekannt.

Daß moderne Theaterkunst nicht immer todernst sein muß, beweisen die neuen Komö-

Links: Hier werden Eintrittskarten verkauft (Times Square). Rechts: Musicalplakat.

DER BROADWAY

Mit mehr als acht Millionen verkauften Eintrittskarten und Rekordeinnahmen von 356 Millionen Dollar pro Jahr erlebt der Broadway gerade in diesen Jahren eine Blütezeit.

Neben den Megahits wie *Cats, Les Misérables* und *Miss Saigon* können sich auch „kleinere“ Komödien und Dramen meist recht erfolgreich durchsetzen. Von den etwa 37 Produktionen, die in einer Saison gezeigt werden, sind durchschnittlich die Hälfte Erst- oder Uraufführungen.

Kritiker lassen sich von den dreistelligen Millionenumsätzen jedoch nicht blenden und weisen auf die mehr als hundert Neuproduktionen hin, die um die Jahrhundertwende in einer Saison gezeigt wurden. Bühnenautoren und Komponisten wie Eugene O'Neill, Lillian Hellman, Cole Porter, Irving Berlin, Rodgers und Hart, Arthur Miller und Tennessee Williams machten sich in New York einen großen Namen. Ihre Stücke werden heute noch mit großem Erfolg gespielt. Die Zukunft wird es weisen, ob die neue Saat der Bühnenschriftsteller auch noch in 20 Jahren Früchte tragen wird. Bühnenautoren, die es in New York zu Ruhm und Ansehen gebracht haben, ziehen gelegentlich kleinere Theaterhäuser dem Broadway vor. Alfred Uhrey's *Miss Daisy und ihr Chauffeur* schaffte den direkten Sprung von einem winzigen Theater an der West 42nd Street in die Filmstudios auf den heiligen Hügeln von Hollywood.

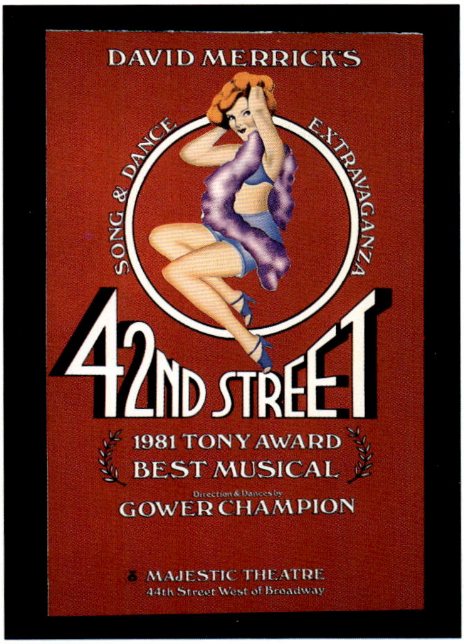

Heute gibt es 35 sogenannte Broadway-Theater, von denen aber nur eine Handvoll wirklich am Broadway liegen: z. B. das Marquis, das Palace, der Winter Garden und das Broadway Theater. Die restlichen Bühnen sind über die Seitenstraßen und über die 42nd Street bis hinauf zur 65th Street im Norden verteilt. Etwa die Hälfte der Theater gehört der Shubert Organization. An zweiter Stelle kommt die Nederlander Organization, die ebenfalls mehrere Theater betreibt.

Eines der ältesten und auch eines der schönsten Theater ist das 1903 im Neo-Barock errichtete Lyceum. Das 1890 von Oscar Hammerstein auf der 42nd Street gebaute Victory-Theater wurde inzwischen zu einem Kino umfunktioniert. Das Marquis öffnete 1986 seine Pforten und zählt mit dem Bühnenerfolg *Me and my Girl* zu den Senkrechtstartern.

Der Broadway mag für die großen Schlagzeilen sorgen, aber für viele ist der Off-Broadway die wahre Seele des New Yorker Theaters. Der Off-Broadway entwickelte sich zunächst als avantgardistisches Gegenstück zu den konventionellen Theaterhäusern am Broadway.

Er ist noch immer ein Paradies für progressive Bühnenproduktionen, gewinnt aber auch aus rein wirtschaftlichen Überlegungen heraus immer mehr an Bedeutung. Da der Broadway einfach zu teuer ist, werden viele Theaterstücke und Musicals erst einmal am Off-Broadway aufgeführt. Erfolgreiche Produktionen wie etwa *A Chorus Line* und *Torch Song Trilogy* schaffen meist auch den Sprung zum Broadway. Es gibt aber gelegentlich Stücke wie etwa *Magnolien aus Stahl, Forbidden Broadway* und *Other People's Money,* die dem Off-Broadway treu bleiben – und das nicht ohne Grund: die Produktionskosten sind weniger hoch, die Laufzeiten dabei meist länger, und das Publikum zieht oft die intime Atmosphäre eines kleineren Theaters vor.

Wenn Sie in New York ins Theater gehen wollen, dann scheuen Sie sich nicht, auch einmal etwas Neues auszuprobieren. Jeder Star hat einmal klein angefangen. Etablierte Filmgrößen kommen immer wieder mal zum Off-Broadway zurück, um ihre Bühnenkunst aufzufrischen. In den letzten Jahren konnte man so Meryl Streep, William Hurt und Jeff Daniels sowie Al Pacino auf der Bühne stehen sehen.

In New Yorks Theaterhäusern sorgen übrigens manchmal nicht nur die Akteure, sondern auch die Zuschauer für Dramatik: Nachdem für Verdis *Macbeth* der Pausenvorhang gefallen war, stürzte sich ein Selbstmörder vom Balkon der Metropolitan Opera. Katharine Hepburn ließ einen Zuschauer aus dem Saal werfen, nachdem er sie mit dem Blitzlicht seines Fotoapparates geblendet hatte.

Unvergessen wird den Theaterbesuchern wohl auch die Vorstellung von *Blick zurück im Zorn* bleiben, bei der ein aufgebrachter Zuschauer auf die Bühne kletterte, um gegen die – wohlgemerkt gespielte – Vergewaltigung einer der Hauptdarstellerinnen zu protestieren.

dien, die in allen „Comedy Clubs" in Manhattan mit großem Erfolg aufgeführt werden. Wer ein paar hochkarätige Leute sehen will, sollte ins Michael's Pub gehen, wo Woody Allen zuweilen Klarinette spielt und Robin Williams, Rita Rudner oder Joan Rivers an bestimmten Tagen ihr neuestes Material ausprobieren. Das Manhattan Punch Line Theatre und Klubs wie das Catch a Rising Star sorgen für talentierten Theaternachwuchs.

Tanz: Die Einwanderung von Rudolf Nurejew, Michail Barischnikow und Natalia Makarowa löste im New York der sechziger Jahre ein wahres Tanzfieber aus. Der klassische Tanz ist zwar noch immer „in", aber die euphorischen „standing ovations" gehören mittlerweile der Vergangenheit an.

Das New York City Ballet wurde von George Balanchine, einem der berühmtesten Ballettmeister und Choreographen dieses Jahrhunderts, gegründet. Ballanchine suchte sich seine Tänzer selbst aus und schickte sie durch eine harte Schule. „Tänzer sind wie Rennpferde, sie brauchen einen Jockey auf ihrem Rücken", war einer seiner Lieblingssätze. Balanchine hatte nicht nur eine Vorliebe für Strawinsky, sondern auch für große Ballerinas, die das Parfüm zu tragen hatten, das der Herr für passend hielt.

Balanchine arbeitete an der Ausgestaltung der Bühne im New York State Theater mit und entwickelte unter anderem einen Tanzboden, der besonders elastisch war und die Tänzer vor Verletzungen schützen sollte. Lange bevor der große Ballettmeister 1983 starb, zog er sich Peter Martins, einen seiner großen *danseurs nobles* als Nachfolger heran. Die Ballettschule ist auch heute noch vom unverkennbaren Stil des großen Meisters geprägt.

Das American Ballet Theatre (ABT), das an der Met auftritt, hat ein klassischeres Repertoire als das New York City Ballet. Die Ex-Ballerina Gelsey Kirkland versetzte mit ihrer Biographie *Dancing on my Grave,* in der sie

offen über ihren Drogenkonsum und ihre leidenschaftliche Beziehung zu Barischnikow schreibt, die Theaterwelt in helle Aufregung. Barischnikow war lange künstlerischer Leiter des ABT und wagte einige Experimente, die – so sagen jedenfalls die Kritiker – dem Theater mehr geschadet als genutzt haben.

Visuelle Kunst: Van Gogh wünschte sich zu seinen Lebzeiten, daß seine Bilder wenigstens die Ausgaben für Farben und Pinsel deckten. 1990 wurde eines seiner Gemälde bei Sotheby's für 82,5 Millionen US-Dollar versteigert. Ein Renoir wechselte bei Christie's für 78,1 Millionen Dollar den Besitzer.

Das Auktionsfieber, das viele Kunstexperten als verfehlt empfanden, brachte der visuellen Kunst eine noch nie dagewesene Publicity und ließ das allgemeine Interesse an den Kunstgalerien ansteigen. Im Gegensatz zum Getty-Museum in Kalifornien können es sich aber die meisten New Yorker Museen gar nicht leisten, bei einer Auktion um ein Bild zu feilschen. Das Metropolitan Museum kaufte 1970 das letzte „bedeutende Gemälde“ – Diego Velázquez’ Porträt von Juan de Pareja – für 5,5 Millionen Dollar.

Zur „Museums-Meile“ an der Fifth Avenue zwischen der 82nd und 104th Street gehören das Metropolitan, das Guggenheim, das Jewish Museum und das International Center of Photography.

Das Metropolitan und das Museum of Modern Art sind die größten und besten Museen New Yorks. Die Frick Collection an der Fifth Avenue wartet mit einer bemerkenswerten Sammlung von Rembrandts, Vermeers und Fragonards auf. Selbst in der riesigen New York Public Library sind einige wundervolle Exponate in einem angemessenen Rahmen zusammengetragen. Nicht selten sieht man im Lesesaal einen bekannten Schriftsteller in seine Lektüre vertieft.

Ein Stück amerikanische Geschichte vermittelt das Museum of Television & Radio in der 52nd Street in Form der Fernseh- und Rundfunkgeschichte des Landes.

Kulturzentren: Das in den sechziger Jahren errichtete **Lincoln Center** trug entscheidend zur Wiederbelebung der Upper West Side bei. Der moderne Musentempel ist nicht nur ein Tanz-, sondern auch ein Musikzentrum: Hier geben die Metropolitan Opera, die New York City Opera und, in der **Avery Fisher Hall,** das NY Philharmonic Orchestra ihre Konzerte. Die **Alice Tully Hall** dient ebenfalls als Konzerthalle. Das Lincoln Center steht auch für hohe Theater- und Filmkunst. Alljährlich im September findet das *New York Film Festival* statt, bei dem Regisseure wie Martin Scorsese und Abel Ferrara ihre ersten Auftritte hatten.

Selbst wenn man sich für klassische Musik und Ballett nicht interessiert, sollte man sich einen Besuch im Lincoln Center nicht entgehen lassen. Abends werden die riesigen Vorhänge, die die kostbaren Chagall-Gemälde vor der Sonne schützen sollen, zurückgezogen. Der elegante Springbrunnen, der sich inzwischen zu einem der beliebtesten Treffpunkte der West Side entwickelt hat, wird nachts beleuchtet. Ein Computer steuert die Wasserversorgung je nach Windrichtung, damit nächtliche Besucher sich auch ohne Regenschirm zu einem Stelldichein am Springbrunnen treffen können.

Wie vielfältig das Kulturangebot des Lincoln Center auch sein mag, es wird von der nun über 100 Jahre alten **Carnegie Hall** durchaus

erreicht. Auf diesen Brettern, die die Welt bedeuten, standen schon Frank Sinatra, die Beatles, Judy Garland, Vladimir Horowitz, Luciano Pavarotti, Maria Callas, Albert Einstein, Amelia Earhart und Winston Churchill. In den späten fünfziger Jahren wurde die Halle an eine Baufirma verkauft, die sie abreißen und statt dessen einen lukrativen Bürokomplex errichten wollte. Einer New Yorker Bürgerinitiative mit dem Geigenvirtuosen Isaac Stern an der Spitze gelang es, die Halle zu retten. Viele sagen, daß die Carnegie Hall noch immer der Konzertsaal mit der besten Akustik der ganzen Stadt ist.

Links: Eine Theatergruppe im East Village spielt echter als das Leben selbst. Oben: Studentin der Julliard School of Music.

Die Carnegie Hall ist aber nicht nur für ihre Musik berühmt: Charles Dana Gibson malte hier seine Gibson Girls, die zum amerikanischen Frauenideal um die Jahrhundertwende wurden. Isadora Duncan war die erste Tänzerin, die in der Carnegie nicht nur tanzte, sondern auch wohnte. Nachdem Baroness Hilla von Rebay den Industriellen Solomon Guggenheim als Kunstmäzen gewonnen hatte, wurde im Studio 1011-12 die Guggenheim-Stiftung gegründet. Zu den vielen Künstlern, die von der Stiftung unterstützt wurden, gehörten auch Alexander Calder und Wassily Kandinsky. Die Gemälde der Baroness wurden zum Kern der Guggenheim-Museumssammlung, die jetzt in dem spektakulären, von Frank Lloyd Wright entworfenen Gebäude untergebracht ist.

Live-Musik: Die Künstlerviertel, von denen die meisten in Downtown liegen, haben alle große Jazzklubs wie das Blue Note, Bradley's, Village Vanguard und Sweet Basil. Die Musikzeitschrift *Village Voice* gibt einen guten Überblick über das aktuelle Geschehen in der Rockszene.

Im Bottom Line wird hervorragender „Mainstream-Jazz" gespielt. Wer es avantgardistischer liebt, sollte in die Knitting Factory in SoHo gehen. Das Lone Star und das Ritz sind nach Uptown umgezogen. Im dunklen Keller des CBGB's in der Bowery treten Gruppen wie Henry Rollins und Soundgarden auf. Sounds of Brazil in der Varvick Street ist *die* Adresse für heiße Rockmusik.

Film: Mit seiner großen Auswahl an Kinos ist Manhattan ein wahres Paradies für Filmliebhaber.

So wie das Lincoln Center heute ein Musentempel für Tanz und Musik ist, war die Radio City Music Hall in der Sixth Avenue früher ein Mekka für Cineasten. Wenn auch die Music Hall an Bedeutung verloren hat, so ist das Gebäude allein schon wegen seiner Ausgestaltung im Art-déco-Stil sehenswert. Die Music Hall, die 1932 zunächst als Varieté ihre Pforten öffnete, wurde von dem Schausteller S. L. „Roxy" Rothafel entworfen. Ein Traum, in dem er von einem Ozeandampfer aus den Sonnenaufgang beobachtete, soll ihm die Idee für den Entwurf geliefert haben.

Es ist eigentlich schade, daß die Music Hall mit ihrem Angebot an Filmen, Konzerten und Veranstaltungen wie etwa den Oster- und Weihnachts-Shows nur auf ein mäßiges Interesse bei den New Yorkern stößt, bietet sie doch noch immer den aufregendsten und beeindruckendsten Rahmen für ein musikales Kulturereignis.

Wegen Raummangels haben viele Kinos aus einem großen Saal mehrere kleine Vorführungsräume gemacht. Die Kinoleinwände sind inzwischen so klein geworden, daß aus einem Kinobesuch fast schon ein Fernsehabend – allerdings ohne die häuslichen Bequemlichkeiten – werden kann. Das Angelika Film Center zwischen SoHo und der Village zählt zu den besten neuen Kinos. Es hat sechs Leinwände und eine riesige Espressobar mit angenehmer Kaffeehausatmosphäre (Ausschank auch ohne Kinokarte).

Lange Warteschlangen vor den Kinokassen gehören zum Stadtbild von Manhattan. Aber die New Yorker scheinen sich nicht daran zu stören, bieten sie doch eine gute Gelegenheit, andere Leute zu beobachten. Und wer weiß, vielleicht ist der unscheinbare Typ in der Reihe vor uns Woody Allen …

Links: APA-Mitarbeiter John Wilcock, porträtiert von Andy Warhol. Rechts: ***Die Bauhaus-Treppe*** **von Oskar Schlemmer, 1932.**

TELEVISION ACADEMY
Outstanding Achievement In Coverage Of Special Events
THE WHITE HOUSE
Producers And Correspondents
May 1, 1974
CBS
TELEVISION ACADEMY
Team Of Correspondents
WALTER CRONKITE
Of The Shooting Of Governor
1972 - CBS
CBS

CAMEL

Psychopathologie des New Yorkers

Die New Yorker unterscheiden sich in vielen Dingen voneinander, und dennoch ähnelt sich ihr Lebensweg oft so sehr, daß es fast ans Mystische grenzt. Ihre Geschichte hört sich meist so an:

Ein fähiger junger Mann (oder eine fähige junge Frau) fühlt sich zu Hause mißverstanden und verkannt. Er ist nur von – wie Eugene O'Neill es nennt – „geistigen Schmalspurläufern" umgeben. Er hat einen Traum, ein Ziel, das zu hoch gesteckt ist, als daß er es in seinem kleinen Heimatort verwirklichen könnte. Auf der Flucht vor dem Kleinstadtmief macht er sich zu neuen Ufern auf, wo er sich von seinem Elternhaus endgültig abnabeln und selbst verwirklichen will. Er sucht Menschen, die ihn verstehen und das annehmen, was er ihnen zu bieten hat.

So kommt er also nach Manhattan, und egal, ob er seine Ziele verwirklichen kann oder nicht, die Stadt hat ihn jedem anderen Ort abspenstig gemacht. Manhattan ist laut, hektisch und schmutzig, und dennoch hat er endlich das Gefühl zu leben. Ex-Bürgermeister Jimmy Walker hat dieses Lebensgefühl folgendermaßen beschrieben: „Ich bin lieber eine Straßenlampe in New York als Bürgermeister in Chicago."

Alternativen: New York hat kein Monopol auf Kunst, Kultur, Bildung, Medizin oder „Big-Business". Was einem New York zu bieten hat, kann man bis zu einem gewissen Grad auch in anderen Städten finden. Und dennoch wird man nirgendwo sonst auf diese einzigartige Verschmelzung von Genialität und Hochleistung, auf diese Überfülle von Möglichkeiten und Alternativen stoßen.

Thomas Wolfe schreibt in seinem Buch *Vom Tod zum Morgen:* „Wie eine Fackel entzündet sich Dein Herz an der großen Vision der Stadt und brennt in magischen Farben – genau so wie Du es mit zwölf Jahren in Deinem Kindertraum gesehen hast. Glück, Ruhm und Triumph sind greifbar nahe. Gleich wirst auch Du Deinen Platz unter großen Männern und schönen Frauen einnehmen und glücklicher in Deinem Leben sein als je zuvor – es ist alles da und wartet irgendwie auf Dich ..."

Viele New Yorker können sich an eine Begebenheit in ihrem Leben erinnern, die ihnen genau dieses Gefühl 'New York wartet auf Dich' vermittelte. Dr. Gerald Fogel, der im Columbia University Psychoanalytic Center als Lehranalytiker arbeitet, ist einer von Ihnen. *„Ich bin in Detroit aufgewachsen und ging nach meinem Abschluß an der High School nach New York. Ich war gerade 16 Jahre alt und ich erinnere mich noch gut, wie meine Freunde und ich an einem Sonntagabend in der Stadt ankamen, uns ein Hotel in Midtown suchten und dann durch die Straßen streiften. Nur einige Häuserblocks von unserem Hotel entfernt stießen wir auf einen Jazz-Club, in dem Dave Brubeck spielte. Ich konnte es gar nicht fassen. Ich ging in New York spazieren und auf einmal ist da dieser Jazz-Club. Es war wie im Himmel.*

Wenn ich heute auf meine Jugend zurückblicke, dann wird mir klar, daß mein Interesse am Jazz stellvertretend für ganz andere Dinge stand. Jazz, James Dean, Marlon Brando und all das bedeuteten Freiheit, auf gesellschaftlicher und sexueller Ebene.

New York bot mir die Gelegenheit, mich von meinen Hemmungen zu befreien. Ich wußte, hier konnte man Dinge tun und erleben, die woanders einfach nicht möglich waren. Die Stadt zog mich magisch an. Sie war der Inbegriff von Freiheit und Leben."

Magische Anziehungskraft: Die Psychoanalyse lehrt uns, daß der Abnabelungsprozeß vom Elternhaus ein wichtiger Schritt in der psychologischen Entwicklung eines Menschen ist. Dieser Schritt kennzeichnet den Bruch zwischen der Persönlichkeit, die man als Kind darstellte, und der Persönlichkeit, die man als Erwachsener ausleben wird. „Die klassische Theorie der Psychoanalyse besagt, daß der Mensch darauf ausgerichtet ist, autonom, d. h. also eine eigenständige Persönlichkeit, zu werden. Man muß eine Trennung –

<u>Vorherige Seiten</u>: Für die besten Fernsehsendungen wird der begehrte *Emmy Award* verliehen. <u>Links</u>: Der Modedesigner Issac Mizrahi – seine Modelle sind vielgefragt und erfolgreich.

und wäre sie auch nur psychologisch – von seinem Zuhause vollziehen", erklärt uns Dr. Fogel.

„Das ‚Zuhause' steht in diesem Zusammenhang für den Teil des Selbst, das den Menschen hemmt und einschränkt.

Manche Menschen müssen einen weiten Weg gehen, bevor sie diese Trennung von ihrem Zuhause vollziehen können. Für die Entwicklung einer neuen Persönlichkeit und eines neuen Identitätsempfindens brauchen sie einen Personenkreis, der nicht im Umfeld ihrer Familie angesiedelt ist. Deshalb gibt es auch Menschen, die ihren Ehepartner aus einer anderen Religionsgemeinschaft oder

einer anderen sozialen Schicht wählen. Sie empfinden diese Beziehung auch in sexueller Hinsicht als befreiend. Für jemanden, der aus einer kleinen Stadt kommt, mag New York gerade deshalb so anziehend wirken, weil es die Möglichkeit zur Befreiung und Neufindung bietet."

Dr. Ethel Person ist Leiterin des Columbia University Psychoanalytic Center, einer der bedeutendsten Ausbildungsstätten für Psychoanalytiker in New York. Schon im zarten Alter von zwölf Jahren wußte Ethel Person, daß sie ihrer Heimat Kentucky eines Tages den Rücken kehren würde, um in New York zu leben. „Loslösung vom Zuhause bedeutet, sich neu zu finden und zu definieren", sagt Dr. Person. „Ein wirklicher New Yorker ist für mich jemand, der nach Manhattan gekommen ist, um genau das zu tun."

„New Yorks Janusköpfigkeit bietet einem die Möglichkeit, in der Anonymität mit neuen Identitäten zu experimentieren und gleichzeitig Menschen näherzukommen, die genauso sind und gleiche Interessen haben. Diese Menschen werden dann zu einer neuen, ‚echteren' Familie. Viele Menschen kommen hierher, weil sie in die Welt, in die sie hineingeboren wurden, nicht hineinpassen.

Die Frauen meiner Generation, die in den fünfziger Jahren aufwuchsen, wollten sich nicht in die Rolle des braven Heimchens am Herd drängen lassen, sondern auch einen Beruf ausüben, in dem sie sich verwirklichen konnten. Für die Frauen der heutigen Zeit bedeutet Emanzipation vielleicht Mutterschaft ohne Ehemann. Alleinerziehende Mütter haben keinen leichten Stand bei Kleinstadtgeistern, hier finden sie aber die Akzeptanz, die sie brauchen."

Jede Stadt hat ihren eigenen Stil: Aber warum sollte jemand von New York mehr angezogen werden als von einer anderen Großstadt?

„Jede Stadt hat ihre eigene Persönlichkeit und ihren eigenen Stil, der nur ganz bestimmte Menschen anzieht", sagt Dr. James Hillman, ein bekannter Jung'scher Psychologe, der lange Lehranalytiker am C.-G.-Jung-Institut in Zürich war. Als typischer Jungianer mit einem ungezwungenen Verhältnis zu Archetypus und Mythos, sieht Dr. Hillman die Anziehungskraft, die von einer Stadt ausgeht, in einer größeren psychologischen Dimension.

„Ich habe einige Zeit in Dallas gelebt. Diese Stadt ist etwas für vitale, konsumorientierte Menschen. Sie zieht nur Leute an, die schon 'Dallas-Typen' sind. Es spielt keine Rolle, ob sie aus Illinois oder Pennsylvania kommen, sie sind für diese Stadt bestimmt. New York zieht den Kosmopoliten an, der bis an seine Grenzen gefordert werden will und der höchste Stimulation braucht.

Es handelt sich um den Typus Mensch, der voller Möglichkeiten steckt, der aber New York braucht, um diese Möglichkeiten aus sich herauszuholen. Man hat das Gefühl, daß New York das Beste in einem hervorbringt. Wie das

Beste nun konkret aussieht, weiß man selbst vorher nicht, aber genau das will man in dieser Stadt herausfinden.

Wenn New York einen Gott hätte, dann wäre es wohl der Hermes der Griechen oder der Mercurius der Römer. Er verkörpert die Eigenschaften New Yorks: den schnellen Wandel, die Gerissenheit, das Vermischen von Menschen, das Überschreiten der Grenzen, des Vorstellbaren.

New York ist eine Stadt der überschäumenden Kreativität und Phantasie. Ganz gleich, ob man in der Werbebranche, im Theater oder im Börsengeschäft tätig ist, überall wird man zu kreativem Handeln, zum Entwickeln von Ideen und zum Umsetzen seiner Träume in die Wirklichkeit angeregt. Es gibt kein einziges Syndrom, an dem irgendeine andere Stadt leidet, das nicht auch auf New York zutreffen würde: Hyperaktivität, Hysterie, Paranoia, Depressivität, Hoffnungslosigkeit … New York deckt das ganze Spektrum psychischer Krankheiten komplett ab.“

Es gibt viele – zu viele – Menschen, die New York nicht gewachsen sind. Sie werden depressiv, entwickeln Haß und gehen vielleicht sogar an dieser Stadt zugrunde. Umgekehrt gibt es aber auch Menschen, die aufgrund ihrer archetypischen Grunddisposition von den Herausforderungen, die New York an sie stellt, eher stimuliert als entmutigt werden.

„Die von der Typenlehre definierte 'Typus-A-Persönlichkeit' ist für New York prädestiniert: Es handelt sich um Menschen, die stets unter Zeitdruck stehen, die agressiv, arbeitswütig, wettbewerbs- und leistungsorientiert sind“, erklärt Dr. Antony Zito, ein Psychiater, der viele Künstler zu seinen Patienten zählt.

Seine Forschungsarbeit über Streßmechanismen ließ ihn zu folgendem Ergebnis kommen: „New York ist eine ‚Typus-A-Stadt‘. Der New Yorker braucht ständig neue Herausforderungen und intensive Stimulation. Er empfindet diese Intensität nicht als Streß, im Gegenteil, er könnte ohne sie nicht leben.“

Die Typus-A-Struktur galt ursprünglich als Indikator für die Anfälligkeit für Herzkrankheiten. Die ersten Forschungsergebnisse legten nahe, daß diese Grundstruktur den Menschen zum Erfolg prädestiniert, für ihn aber auch einen frühen Tod bedeuten kann. Spätere Forschungsarbeiten konzentrierten sich jedoch auf die Frage, welche Faktoren denn nun eigentlich bestimmend sind, daß einige Men-

Links: Wer viel erreichen will, hat oft zu hohen Blutdruck. Oben: Donald Trump mit Exfrau Ivana und Christie Hefner (Playboy).

schen des Typus A in Streßsitutationen erst richtig aufblühen, während andere für Herzkrankheiten um so anfälliger werden. In diesem Zusammenhang ist es wichtig, wie Dr. Zito festhält, daß man seinen bevorzugten Aktivitätspegel mit dem Umfeld abstimmt.

„Die Stadt stellt eine größere Herausforderung für denjenigen dar, der diese Herausforderung auch annimmt“, sagt Dr. Zito. „Die Kämpfernatur weiß, daß sie untergeht, wenn sie versagt. Vor allem Menschen, die sich durch ihre erbrachte Leistung definieren, brauchen diese Art von Herausforderung.“

Und wieder taucht die Frage auf: Warum gehen solche Menschen nach New York?

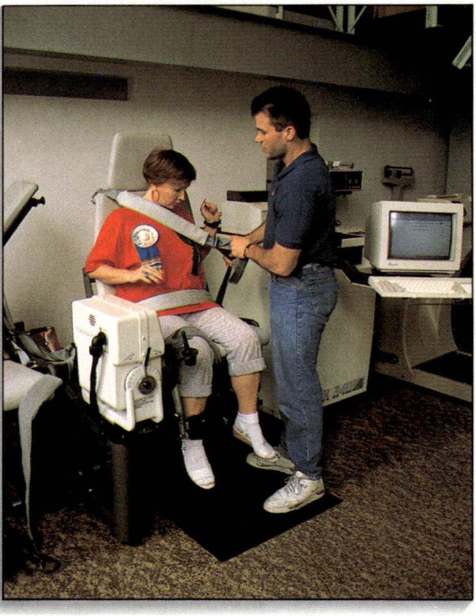

Psychotherapeuten erklären dieses Phänomen mit der Ausrichtung des intensiven Erfolgstrebens auf die höchste Ebene. Aus klinischer Sicht gehört dieser Typus Mensch zur Kategorie des „Narzisses“. Für den Laien hat Narzißmus eine negative Bedeutung, Psychologen halten jedoch eine narzißtische Veranlagung für eine Grundvoraussetzung für geistiges Wohlbefinden und Erfolg.

Gesunder Narzißmus: *„Narzißmus ist im Grunde nichts anderes als Selbstliebe und Selbstachtung“*, erklärt Dr. Robert Michels, der Leiter der psychiatrischen Abteilung am Cornell University Medical College und Oberarzt der Psychiatrie an der Payne Whitney-Klinik war. *„Die Wurzeln des Narzißmus gehen auf die frühste Kindheit zurück, auf die Zuwendung und Anerkennung, die Eltern ihrem Kind zuteil werden lassen, und auf das Streben des Kindes, sich durch sein Verhalten diese Anerkennung zu sichern. Es versucht so zu sein, wie es denkt, daß seine Eltern es haben wollen. Mit zunehmendem Alter wird dieser Prozeß immer mehr zu einer inneren psychologischen als zu einer interpersonellen Realität. Man versucht, die Art von Persönlichkeit zu werden, die man selbst hoch achtet. Eine gesunde narzißtische Strömung kann einen Menschen zu großen Leistungen anspornen. Nehmen wir einmal an, jemand wohnt in einer kleinen Stadt und hat das Gefühl, dort seine Talente nicht ausleben zu können. Eine Person mit einer gesunden Portion Narzißmus wird sich das Umfeld suchen, das es ihm erlaubt, sein Potential zu maximieren – und deshalb vielleicht nach New York gehen.*

Narzißmus nimmt pathologische Züge an, wenn das Erfolgsstreben nicht zum erwünschten Ergebnis führt und nur im Dienste eines psychologischen Hungers steht, der niemals gestillt werden kann. Applaushungrige Menschen sind mit dem, was sie erreicht haben, nie zufrieden und empfinden ein ständiges Verlangen nach mehr. Dieses Verlangen kann im Grunde nie befriedigt werden, steht es doch für das unbewußte Streben des Kindes nach der Anerkennung der Mutter.

Und dennoch braucht man eine gesunde Portion Narzißmus, um Erfolg zu haben. Narzißmus ist eine der Hauptantriebsfedern des Erfolgsstrebens. Um Leistung zu erbringen, muß man arbeiten und bereit sein, viele persönliche Opfer zu bringen. Ein gesunder Narzißmus verleiht einem aber auch die Fähigkeit, auf sich selbst stolz zu sein und Freude daran zu empfinden, die Früchte seines Erfolgs zu ernten.“

Lionel Trilling hat einmal darauf hingewiesen, daß – im Gegensatz zu den vergangenen Jahrhunderten – der moderne Mensch sich mehr mit seiner Arbeit identifiziert und auch einen großen Teil seines Selbstwertgefühls aus ihr bezieht. Für seine Arbeit ist er auch mehr bereit, auf Vergnügen zu verzichten. Wenn es eine Stadt gibt, die diese Arbeitsethik verkörpert, dann ist es New York.

Aus psychoanalytischer Sicht ist intensives Erfolgsstreben bis zu einem gewissen Grade mit Masochismus verbunden: Man empfindet Freude an harter Arbeit und an den schmerzlichen Opfern, die man dafür bringen muß.

„Das ist wie bei einem Marathonläufer, der während des Rennens größte Strapazen und sogar Schmerzen auf sich nimmt, aber auch größte Befriedigung empfindet, wenn er sein Ziel erreicht hat", erklärt uns Dr. Arnold Cooper, ein Psychoanalytiker, der sich mit der Psychodynamik dieser Form von Masochismus befaßt hat.

„Der große Mathematiker und Philosoph Bertrand Russell sagte einmal, daß sein riesiges Werk Principia Mathematica *ihm das Gehirn zersetzte. Ob dies nun der Wahrheit entspricht oder nicht, das Verfassen dieses Werkes muß für ihn schmerzlich und qualvoll gewesen sein. Und dennoch war er – so wie die ganze Welt – der Meinung, daß sich all die Mühsal letzten Endes doch gelohnt hatte.*

Das Spektrum des gesunden Narzißmus ist breit gefächert: Da gibt es einmal den recht bescheidenen Narziß, der nicht davon träumt, einen Bestseller zu schreiben und einmal berühmt zu werden. Er ist produktiv, macht seine Arbeit gut und ist mit dem, was er leistet, zufrieden. Dann gibt es den Narziß, dessen Ziele höher gesteckt sind. Er arbeitet härter, verlangt mehr von sich selbst und nimmt weniger Urlaub. Schließlich gibt es noch die Kategorie derer, die ganz hoch hinaus wollen. Einige von ihnen sind tatsächlich begabt, andere hingegen erheischen die Anerkennung ihrer Mitmenschen, scheuen aber den persönlichen Einsatz, um sich diese Anerkennung wirklich zu verdienen. Hier liegt die Grenze zur pathologischen Form des Narzißmus."

Ohne kategorisieren oder verallgemeinern zu wollen, scheint doch ein ganz bestimmter Typus Mensch für New York prädestiniert zu sein: die Kämpfernatur mit einer gesunden Portion Narzißmus, die die Herausforderung liebt. Was aber passiert mit der Seele?

„Es hieß schon immer, daß die Großstadt die Seele zerstöre", sagt der Jung'sche Analytiker Dr. Hillman. *„Der Meinung bin ich nicht. Ich glaube im Gegenteil, daß sie gut für die Seele ist. Die Stadt ist, wie Lewis Mumford einmal sagte, ein lebendes Kunstwerk. Sie ist Ausdruck menschlicher Vorstellungsgabe. Eine lebende, pulsierende Stadt ist eine der größten künstlerischen Errungenschaften der Menschheit."*

Links: Das Streß-Syndrom muß behandelt werden. Oben: Der New Yorker Superman kann alles.

אסור לדבר
בשעת התפילה
וקריאת התורה

Stadt der Einwanderer

„Ein Stadtplan von New York, auf dem die einzelnen Nationalitäten bunt eingezeichnet wären, hätte mehr Streifen als ein Zebra und mehr Farben als jeder Regenbogen“, schrieb Jacob Riis zu Beginn des 20. Jahrhunderts auf dem Höhepunkt der großen Einwanderungswelle, die zwischen 1840 und 1925 über die Vereinigten Staaten und New York schwappte. Während der darauffolgenden 50 Jahre nahm die Zahl der Immigranten allmählich ab. Vor zehn Jahren setzte ein erneuter Zustrom ein, der New Yorks kulturellem, kulinarischem und sprachlichem Gemisch noch eine exotische Komponente gab. Heute ist New York wieder eine Einwandererstadt.

Ungefähr 30 Prozent der Bewohner wurden im Ausland geboren, das sind weniger als um die Jahrhundertwende, obwohl ihre absolute Zahl gegenwärtig etwas höher liegt: zweieinhalb bis drei Millionen, je nachdem wie hoch man die Zahl der Illegalen einschätzt. Trotz des unvermeidlichen Gemurres darüber, daß Einwanderer in die unmittelbare Nachbarschaft ziehen oder die Löhne drücken, scheinen die New Yorker erstaunlich gut mit dieser Situation zurechtzukommen.

Herrschaft der Minderheiten: New York ist eine der wenigen Städte des Landes, in der die Minderheiten (einschließlich in Amerika geborener Farbiger, Hispanos und Asiaten) die Mehrheit der Bevölkerung ausmachen. In New York hat das Zusammenleben und Zusammenwirken verschiedener Kulturen und Völker von jeher Tradition. Ihnen verdankt die Stadt ihre Lebendigkeit und Vielschichtigkeit, aber auch viele ihrer Probleme.

Die staatlichen Schulen bieten zweisprachigen Unterricht in sieben wählbaren Sprachen und Zusatzprogramme in acht weiteren Sprachen an. Verkehrszeichen, Werbung und U-Bahnschilder sind meist in zwei oder drei Sprachen gehalten, oft in Spanisch oder Chinesisch, den inoffiziellen zweiten und dritten Sprachen der Stadt.

Vorherige Seiten: Chassidische Juden in der *Schul*. Links: New York hat viele Gesichter. Rechts: Hier gibt es wirklich heißes Gebäck.

In New York selbst werden mindestens ein Dutzend Zeitungen in fremden Sprachen herausgebracht, unzählige andere werden aus ihren Ursprungsländern importiert. Die Einwanderer können in fünf Sprachen den Führerschein machen und bei 200 ausländischen Banken ihre Geschäfte abwickeln. Sogar manche Geldautomaten „sprechen“ Spanisch oder Chinesisch mit ihren Benutzern.

Es gibt wohl Städte in den USA (wie etwa Miami oder Los Angeles), die einen höheren

Ausländeranteil aufweisen, doch kann es keine mit der ethnischen Vielfalt der Gemeinden New Yorks oder deren kultureller Tiefe aufnehmen. Ein kurzer Überblick über die in der Metropole vertretenen Nationalitäten macht deutlich, daß New York für Menschen aus allen Kontinenten eine „Heimat fern der Heimat“ ist. Wie Demographen gerne betonen, gibt es mehr Griechen in New York als in jeder anderen Stadt außer Athen, mehr Dominikaner, mehr Russen und mehr Jamaikaner als sonst irgendwo außerhalb ihrer jeweiligen Heimatländer. Obwohl sie theoretisch amerikanische Staatsbürger sind, leben hier nach

Puerto Rico die meisten Puertoricaner. Manche meinen sogar ernsthaft, daß es im gesamten Stadtgebiet von New York (in den fünf Stadtbezirken, New Jersey, im südlichen Connecticut und im westlichen Long Island) mehr Puertoricaner gibt als in Puerto Rico selbst. All dies soll nur illustrieren, daß die Vielfalt der Einwanderergruppen noch von der Größe der einzelnen Gemeinden übertroffen wird. „In der Stadt leben mehr Äthiopier, als es in manchen Staaten Schwarze gibt", meint ein Zeitgenosse sarkastisch.

Der Versuch, New Yorks kulturelles „Knäuel" zu entwirren, bereitet den Stadtplanern großes Kopfzerbrechen, da ihre Standardeinteilung in vier Kategorien – Weiße, Schwarze, Hispanos, Asiaten – bestenfalls unzulänglich, wenn nicht gänzlich ungeeignet ist, um das Kaleidoskop von Kulturen, Rassen und Nationalitäten zu erfassen.

Während sich die New Yorker der ethnischen Vielfalt der weißen Immigranten – von russischen Juden bis hin zu italienischen Katholiken – durchaus bewußt sind, gilt dies im allgemeinen weniger für die Unterschiede innerhalb der anderen Gruppen, obwohl dort mindestens genauso starke Kontraste herrschen. Oft sind es gerade die sozialen und politischen Unterschiede innerhalb einer bestimmten Gruppe, die diese auf schmerzliche Weise entzweien.

Bei einer Zufallsauswahl von Asiaten erhielte man wahrscheinlich neben einem reichen Finanzier aus Honkong oder einem indischen Akademiker auch einen mittel- und heimatlosen kambodschanischen Flüchtling. Ebenso ist man oft versucht, im Ausland geborene Schwarze mit amerikanischen Schwarzen in einen Topf zu werfen. Dies ist völlig unsinnig, wenn man bedenkt, daß die Gruppe der schwarzen Einwanderer sowohl französischsprachige Haitianer als auch englischsprachige Barbadier und Jamaikaner sowie eine zunehmende Zahl von Afrikanern umfaßt. Selbst die durch eine gemeinsame Sprache verbundenen Hispanos trennen anscheinend oft unüberwindliche nationale, rassische und soziale Gräben.

Auseinandersetzungen zwischen Argentiniern und Chilenen, Kubanern und Puertoricanern werden auch außerhalb der Heimat mit unverminderter Vehemenz weitergeführt. So ist es auch nicht verwunderlich, daß die Hispanos, die mit ungefähr zwei Millionen Mitgliedern die größte ethnische Gruppe der Stadt darstellen, ihrer politischen Macht keinen Ausdruck verleihen können, solange sie unfähig sind, mit einer Stimme zu sprechen.

Ellis Island Museum: Für Reisende hat dieses Völkergemisch den Vorteil, daß jede Stadtbesichtigung zu einem Ausflug in die Kulturen der Welt wird. Ein guter Ausgangspunkt hierfür ist das Ellis Island Museum nicht weit von der Freiheitsstatue. Die Gebäude, die Millionen von Einwanderern auf dem Höhepunkt der Einwanderungswelle von 1898 bis 1924 aufnahmen, wurden erhalten, um die oft verfälschten Geschichten derer zu erzählen, die sich voller Hoffnung auf ein besseres Leben in die Neue Welt aufmachten

Einen zeitgenössischeren Überblick verschafft Ihnen die U-Bahn. Eine zwanzigminütige Fahrt durch Queens bringt Sie beispielsweise vom Herzen von „Little Athens" in Astoria über „Little Bogota" in Jackson Heights zu einer Art „Kleinasien" in Flushing, wo unter anderem Inder, Pakistani, Koreaner und Chinesen wohnen.

In Brooklyn führt Sie eine ungefähr gleich lange Fahrt durch die hassidischen und westindischen Enklaven Crown Heights und Bedford-Stuyvesant zu den russischen Juden in Brighton Beach, das von Einheimischen auch „Little Odessa by the Sea" genannt wird. Eine entsprechende Erkundungsfahrt kann man ebenso durch die Bronx und Manhattan machen, von den Kubanern und Dominikanern in Washington Heights bis hin zu den Ungarn, Tschechen und Deutschen in Yorkville und „Little India" in Kips Bay.

Wie unschwer zu erahnen ist, hat das ethnische Sammelsurium der Stadt zu zahlreichen kuriosen „Paarungen" geführt: Die Juden und die Puertoricaner leben dicht gedrängt in der Lower East Side, die Kolumbianer und die Koreaner halten eine unsichere Waffenruhe in Flushing, die Italiener und die Chinesen leben Tür an Tür in Downtown Manhattan. Ausländer, die sich in diesen Gegenden niederlassen, werden kaum mit dem typischen Amerika konfrontiert – vielleicht ein Grund mehr, warum die Stadt nach wie vor ein beliebtes Einwanderungsziel ist.

Links: Das Ellis Island Museum. Oben: Guten Appetit – hier kocht der Chef.

Trotz der Härten, die das Leben in New York mit sich bringt (Überbevölkerung, hohe Lebenshaltungskosten, enge Wohnungen etc.), ist es tröstlich zu wissen, daß man mit seinem Los nicht allein ist. In einer Einwandererstadt ist niemand wirklich ein Außenseiter. Es gibt immer Menschen, die sich in der gleichen Lage befinden, selbst wenn sie aus anderen Ländern kommen oder andere Sprachen sprechen. Es ist eine Ironie des Schicksals – und ein klarer Beweis für die kulturelle Distanz New Yorks zum übrigen Amerika –, daß ein amerikanischer Tourist schneller als Fremder in der Stadt erkannt wird als ein gerade eingetroffener Einwanderer.

Große Anziehungskraft übt natürlich auch die Tatsache aus, daß Amerika noch immer als Land der unbegrenzten Möglichkeiten gilt. Hier ist der große amerikanische Traum noch lebendig, hier kann man noch auf den fahrenden Zug aufspringen, und, wie es scheint, haben sich die einzelnen Gruppen auch verschiedene Waggons ausgesucht: Die Koreaner beherrschen den Lebensmittelhandel, chinesische Arbeiter haben die Bekleidungs-

industrie fest im Griff, und griechische Cafés und spanische Bodegas sind aus New York praktisch nicht mehr wegzudenken.

Diese Klischees stellen natürlich nur die halbe Wahrheit dar, da sie davon ausgehen, daß alle Immigranten auf der untersten Stufe der Erfolgsleiter beginnen. Der jüngste Zustrom von japanischen Akademikern, Hongkonger Geschäftsleuten und ehrgeizigen „Eurosprößlingen" aus Frankreich, Deutschland und Italien paßt wohl kaum zu Emma Lazarus' „zusammengedrängten Massen, die sich nach Freiheit sehnen". Die meisten kommen nach New York, um ihr Geld vor dem ungünstigen politischen Klima in ihrer Heimat in Sicherheit zu bringen oder um bei Investitionen in Amerika satte Gewinne einzustreichen.

Letztendlich spielt es keine Rolle, warum sie kommen. Tatsache ist, daß sie hier sind und daß tagtäglich mehr hinzukommen. Für viele ist New York die unamerikanischste Stadt des Landes, vielleicht deshalb, weil die Kreuzung der verschiedenen Kulturen hier nicht zu einem rein amerikanischen Hybriden geführt hat; New York ist kein Schmelztiegel im herkömmlichen Sinne.

Die Einwanderer von New York lassen sich nicht zu einem homogenen kulturellen Brei verkochen. Sie halten an ihrer Identität und Sprache fest, schaffen sich ihre eigenen Institutionen und gehen vorzugsweise Verbindungen innerhalb ihrer ethnischen Gruppe ein.

New York ist aber auch kein Musterbeispiel an Pluralismus, wie manche meinen – eine Vielvölkergesellschaft, in der jeder gleich viel zu sagen hat.

New Yorks kulturelles Gemisch befindet sich in einem andauernden Zustand kultureller Gegensätze, Konflikte, Verschmelzungen und Überschneidungen, es ist ein System, in dem sich Gruppen und Individuen ständig gegenseitig beeinflussen und etwas Neues schaffen; wie ein großes Puzzle, dessen Teile unaufhörlich neue Formen annehmen und zu neuartigen und erstaunlichen Bildern führen.

New York ist die Einwandererstadt, die sie schon immer war. Als die Holländer sich die Stadt mit englischen, französischen und skandinavischen Siedlern sowie afrikanischen Sklaven und indianischen Ureinwohnern teilten, war es gerade dieser Austausch – oder vielmehr das gegenseitige Tauziehen – zwischen den Kulturen, das der Stadt ihre explosive Vitalität verlieh.

Die Einwanderer, die heute aus immer ferneren Gefilden kommen und Sprachen sprechen, die im New York des 18. Jahrhunders gänzlich unbekannt waren, sorgen dafür, daß die gleiche spannungsgeladene Energie durch die Völkergemeinschaften New Yorks pulsiert wie vor 300 Jahren. Die ganze Welt kann New York ihre Heimat nennen.

Links: New York wurde von den Holländern gegründet. Rechts: Tradition und Vergangenheit leben im Bewußtsein der Einwanderer weiter.

德信
食品公司

ere the

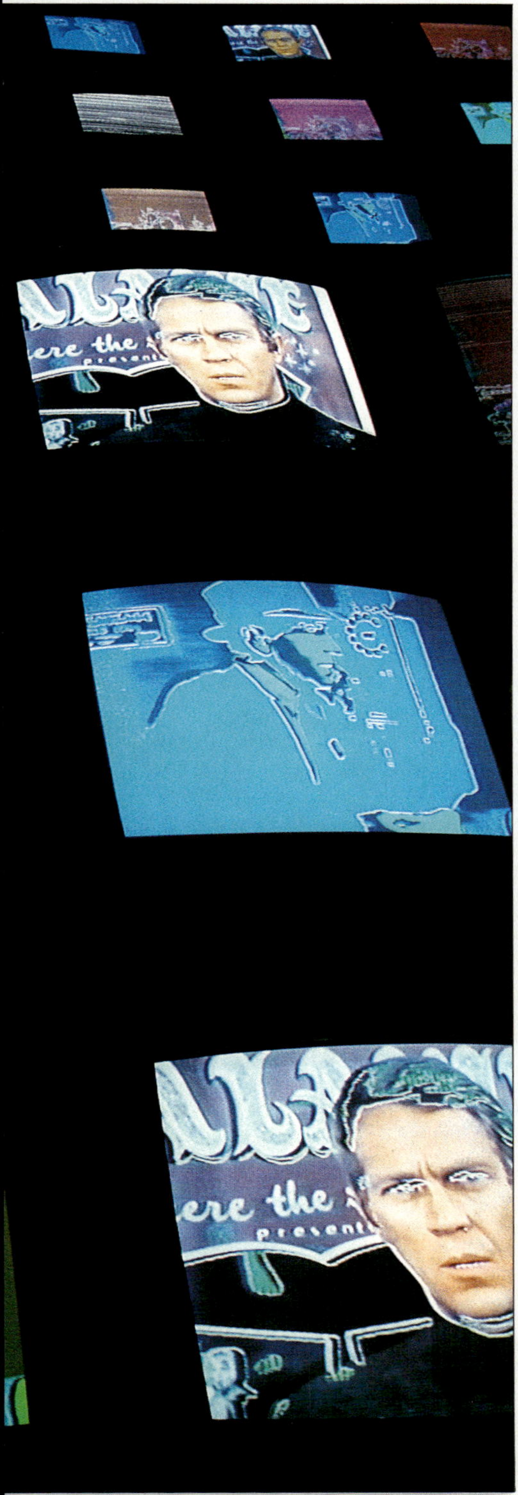

MEDIEN IN MANHATTAN

Die Medien in New York kommen, gemessen an ihrem Einfluß, einer physikalischen Kraft gleich. Die Menschen lassen sich völlig von der Intensität ihrer Informationssucht leiten. Wer du bist, ist weit weniger wichtig als das, was du weißt. Für einen New Yorker, der voran kommen möchte, bedeutet Wissen Macht.

Wenn Frank Sinatra singt „I want to wake up in a city that never sleeps ...", haben diese Worte eine hintergründige Bedeutung: Wer nicht schläft, schaltet wie unter Zwang von einem Fernsehprogramm auf das andere, besessen von einem ungezügelten Hunger nach Stimulation – und Simulation.

E. B. White schrieb einmal: „Niemand sollte nach New York kommen, um hier zu leben, wenn er nicht gewillt ist, glücklich zu sein." Für einen New Yorker heißt das heutzutage eher: gewillt und imstande, mit der Informationsflut fertigzuwerden. Ein Haushalt in Manhattan kann 50 Radiosender und 72 Fernsehstationen empfangen, ferner sieben Tageszeitungen und Hunderte von Magazinen und Zeitschriften abonnieren.

Hier drängt sich unwillkürlich die logische Frage auf: „Ist es überhaupt noch menschenmöglich, all diese Informationen zu verarbeiten?" Die Nase tief in eine Zeitung vergraben, liefert uns ein Mediensüchtiger prompt die Antwort: „Ja!"

Druckmedien: Bei den Druckmedien stehen die Tageszeitungen an erster Stelle. (New York rühmt sich, die älteste kontinuierlich erscheinende Tageszeitung des Landes zu besitzen – *The New York Post.*) Des weiteren kann sich der unersättliche Leser einer gewaltigen Zahl von Wochen- oder Monatsheften zuwenden, deren Themen von exotischen Katzen über Fallschirmspringen, Gitarren, Himmelsbeobachtung und Heimwerken bis zu Teddybären reichen.

Der Eastern Newsstand im Met Life Building über dem Grand Central Station führt allein 2600 Titel. Zeitschriften bekommt man überall in der Stadt – im Hotelfoyer, beim Arzt

Links: In New York kann man über 70 Fernsehprogramme empfangen.

im Wartezimmer, auf den Ladentheken, sie ragen aus Aktentaschen heraus, hängen im Fitneßklub an den Trimm-Dich-Rädern und liegen selbstverständlich stapelweise beim Frisör und im Waschsalon.

Für einen New Yorker, der etwas auf sich hält, ist es wichtiger, mit der richtigen Zeitschrift unter dem Arm gesehen zu werden als mit den richtigen Klamotten auf dem Leib. Die aussagekräftigsten „Allzweckmagazine“ sind *New York* oder der *New Yorker,* signalisieren sie doch das Streben, immer bestens informiert zu sein.

Im Verlagswesen kann man sich des Eindrucks nicht erwehren, daß jedes Buch des Landes aus New York kommt – oder daß sich dort zumindest alle Bestsellerautoren die Ehre geben.

In den Gelben Seiten von Manhattan findet man unter der Rubrik „Verlage“ weit über 500 Einträge, hinter denen sich oft mehr Glanz und Glamour verbirgt, als man vermuten würde. Als Herausgeber firmieren nicht selten Prominente aus der Film- und Fernsehwelt.

Außerdem gibt es noch die Zeitungsmogule wie S. I. Newhouse von Random House/*New Yorker/Vogue* und den auch in Deutschland engagierten Rupert Murdoch, der längst auch als TV-Mogul gilt.

Buchläden sind in jeder Form meist wahre Oasen für Gleichgesinnte, ob sie nun supermarktähnlich gestaltet sind wie *Coliseum Books* an der Ecke 57th/Broadway oder anheimelnd gemütlich wie *Gotham Book Mart* in der West 47th Street.

Rundfunk und Fernsehen: Lesen oder Radiohören sind nach wie vor die gängigsten Methoden, um sich auf dem laufenden zu halten. Für das Stadtleben bietet sich das Radio geradezu an, da der Zuhörer stets gleichzeitig etwas anderes tun kann – ein wichtiger Aspekt für einen New Yorker.

Der Rundfunk ist ein äußerst wettbewerbsintensives Produkt. Zu jeder beliebigen Tages- oder Nachtzeit kann man in New York nahezu 50 Radiosender empfangen. Das Konzept einer auf ein einziges Thema konzentrierten Programmpolitik wurde als erstes vom Rundfunk entwickelt, hat sich jedoch inzwischen auch auf das Kabelfernsehen ausgeweitet. In den frühen sechziger Jahren verwandelte sich ein Rock-'n'-Roll-Sender über Nacht in einen reinen Nachrichtensender.

Der Wahlspruch von WINS: „Geben Sie uns 22 Minuten und wir liefern Ihnen die Welt frei Haus!“ klang zunächst sehr ungewöhnlich, wurde dann aber bald von anderen Stationen imitiert.

Sowohl WCBS als auch WINS gehören nach wie vor zu den erfolgreichsten Radiosendern auf dem New Yorker Markt. Ein reiner Sportsender tauchte vor einigen Jahren unter der Abkürzung WFAN auf. Es war die erste Radiostation des Landes, die rund um die Uhr sendete. Auch Talk-Radio ist ein großer Knüller, vor allem wenn der Moderator ein Experte im Beschimpfen seiner Zuhörerschaft ist. Derartige agressive Sendungen mögen zwar einen reaktionären Trend zur seichten Unterhaltung darstellen, erfreuen sich jedoch gerade in der Arbeiterschicht großer Beliebtheit.

Klassik, Heavy Metal, Rock, Jazz, Country, New Age ... alle Musikrichtungen haben sich im Lauf der Jahre auf der FM-Skala ihren Platz erobert und sind in vielen New Yorker Autoradios ständig eingestellt. Wenn die Taxis an einem heißen Sommermorgen an den Ampeln der Columbus Avenue anhalten, tönt aus ihren offenen Fenstern der beißende Humor von Howard Stern, oder man hört die Stimme des unverwüstlichen Don Imus zwischen den Klangfetzen der Straßenverkehrsberichte von einem der Nachrichtensender.

Links: Aufklappbares Antiquariat. Oben: Walter Cronkite, der legendäre Moderator der CBS News, war auf vielen Titelbildern zu sehen.

Die Verbindung des Rundfunks zum Fernsehen wird über den Sport hergestellt. Manche New Yorker Fans sind so pingelig, daß sie, wenn sie den TV-Kommentator eines Ballspiels nicht ausstehen können, einfach den Ton abstellen und sich dazu die Radiodirektübertragung von ihrem Lieblingssportsender anhören. Das nennt man dann „simulcasting".

In der TV-Etikette gehört das ständige Umschalten mittels Fernbedienung inzwischen schon fast zum guten Ton. Ob allein oder zusammen mit Freunden, der versierte Nutzer des Pantoffelkinos hat die Fernbedienung stets in Reichweite. Wenn in *Late Show with David Letterman* die Werbespots fällig werden, schaltet man geschwind auf einen der vielen anderen Kanäle. Als letzte Alternative türmt sich stets ein Stapel Zeitschriften in der Nähe der Glotze.

Die durchschnittlichen Mediengelüste werden durch die tägliche Mindestration an Werbefernsehen und die morgendliche Showkost *(Today, Good Morning America* und das regionale *Good Day, New York)* gestillt. Hinzu kommen noch die relativ neuen Nachrichtenshows am Abend.

Man könnte behaupten, daß Ted Turner für das gehäufte Auftreten von Mediensüchtigen verantwortlich sei. Ein Jahrzehnt nach der

Gründung von *Cable News Network* wurde der Sender in 90 Ländern ausgestrahlt. Die unverfrorene Berichterstattung über den Golfkrieg, den ersten *live* im Fernsehen übertragenen Krieg, dürfte die Einschaltquoten noch weiter in die Höhe geschraubt haben. Es gibt sogar Pläne für eine CNN-Wochenschau, die ein Zwei-Minuten-Programm mit Nachrichten für die Kinos liefern soll.

CNN brachte auch FNN (Financial News Network) hervor, bei dem ein Sprecher die neuesten Nachrichten aus der Geschäftswelt verliest, während gleichzeitig im unteren Bildschirmdrittel die Börsenkurse durchlaufen. Dann gibt es noch *C-Span* mit seinen Live-Übertragungen aus dem US-Kongreß.

Das Kabelangebot reicht von Nachrichten bis hin zu Nostalgie-Programmen wie TNT und TBS (beide im Besitz von Ted Turner), die kolorierte Fassungen von alten Schwarzweißfilmen ausstrahlen. Wiederholungen von beliebten amerikanischen Komödien wie etwa *Dobie Gillis* und *Mr Ed* erfreuen dreißig Jahre nach ihrer Herstellung eine neue Generation von Anhängern.

Es gibt jedoch auch Fälle, in denen die Kabelsender den Bogen überspannt haben. Jeder, der Home Shopper's Network oder den Weather Channel schon einmal länger als fünf Minuten „genossen" hat, weiß, wie schnell solche Unterfangen in Monotonie ausarten können. New Yorks absoluter Geheimtip für echtes Entertainment per Kabel sind immer noch die Sendungen, die von der Bevölkerung selbst gemacht werden.

Verbotenes Land: Es handelt sich um von Bürgern gestaltete, hausgemachte Programme mit absolut nicht telegenen Astrologen oder Numerologen, die Telefonanrufe von Zuschauern entgegennehmen. Hier liegt auch das verbotene Land von Kabelporno wie *Midnite Blue* und Robyn Byrds Video-Stripshow.

Fügen Sie zu dieser Mischung noch einen Sänger hinzu, der alte Schlager anstimmt und – falls gewünscht – im Schimmer sanften Kerzenlichts von einem Klavier begleitet wird, und Sie haben die ganze Palette der Sendungen mit Publikumsbeteiligung. Mit manchen wird inzwischen sogar ein regelrechter Kult getrieben. Wie kürzlich von einem Kongreß der National Cable TV Association berichtet wurde, hat ein Anbieter sogar einen Bingosender vorgeschlagen. Gibt es bald ein Satellitenbingo?

Wie konnte es zu einem solchen fieberhaften Medienwahn kommen, und inwiefern unterscheiden sich die Mediensüchtigen von New York von denen, die man in anderen Teilen der Welt antrifft?

Es fängt schon damit an, daß die New Yorker immer alles vor allen anderen wissen müssen. Trotz der gemeinhin in Amerika verbreiteten Überzeugung, daß die meisten Trends an der Westküste geboren werden, wird Ihnen ein echter New Yorker sagen, daß ein Trend vielleicht in San Francisco seinen Anfang genommen hat, aber daß erst New York der Sache einen Namen gab.

Man nehme das Bedürfnis des Ich-muß-immer-alles-zuerst-wissen und addiere die Multiplikation der Medienquellen, und schon haben wir sie: die Formel für das besessen-zwanghafte Informationsverhalten. Vorbei sind die guten alten Zeiten, als wir nur zwölf Fernsehprogramme, unsere Tageszeitung und die allabendliche Nachrichtensendung hatten. Alles hat sich mit dem Auftauchen von CNN, dem Beginn des FM-Radiowahns und der zunehmenden Ausbreitung von Spezialmagazinen verändert. Jedes Stadium dieser Entwicklung hat New York seinen Medienstempel noch tiefer aufgedrückt.

Wußten Sie schon, haben Sie schon gehört, was ich gesehen habe und was er entweder in der *New York Post* oder im *New York*-Magazin gelesen hat? Wenn nicht, können Sie das Versäumte vielleicht im New Yorker Museum of Television & Radio nachholen, dessen TV-Archive selbst den fanatischsten Medienfreak zufriedenstellen werden.

Die New Yorker haben Alvin Tofflers Vorhersage in *Future Shock* wahrgemacht: *„Die Massenmedien verbreiten sofort und überzeugend ständig neue Bilder, und normale Individuen, die sich hilfesuchend hin- und herwenden, um mit einem immer komplexeren sozialen Umfeld fertigzuwerden, versuchen damit Schritt zu halten … Sie rasen in Windeseile an unserer Aufnahmefähigkeit vorbei, verwischen alte Bilder und schaffen neue."*

Worüber werden sich die New Yorker wohl im Jahr 2010 auf dem laufenden halten?

Rechts: Ausschnitt aus einem Poster, um 1895.

THE NEW YORK TIMES
EP
95
The New-York Times.

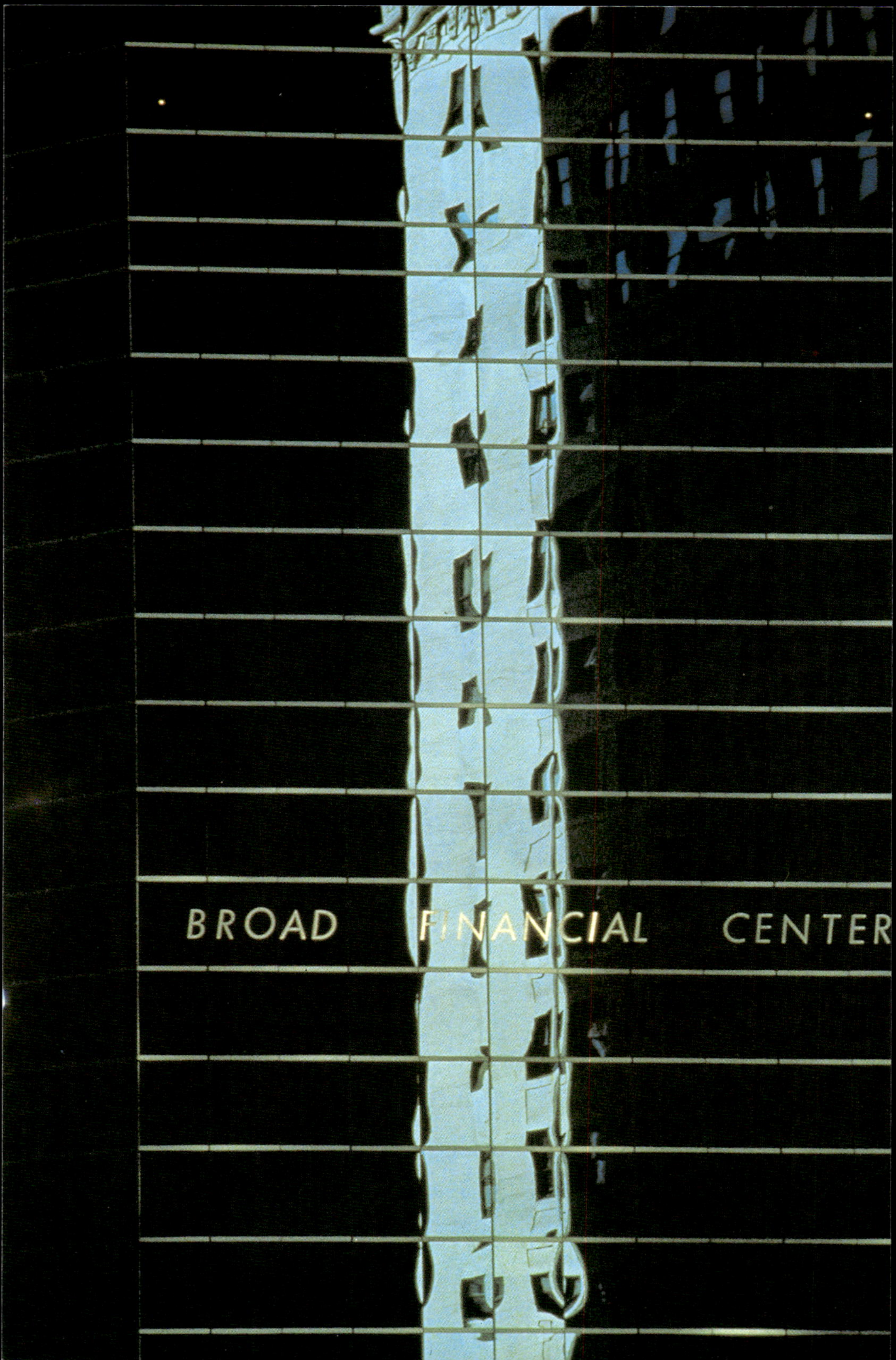
BROAD FINANCIAL CENTER

1986 setzten sich die beiden Nachbarn Steve Hindy und Tom Potter zu einem Glas Bier zusammen und sprachen über ihre Träume und das, was sie sich vom Leben erwarteten.

Innerhalb weniger Monate hatten sie ihre Jobs gekündigt, soviel Kredit aufgenommen, wie sie kriegen konnten, und eine Minibrauerei gegründet. Heute ist Potter Geschäftsführer und Hindy Präsident der Brooklyn Brewery. Ihr Brooklyn-Lagerbier gehört zu den Mode-Bieren in Brooklyn und Manhattan.

Hindy und Potter stehen stellvertretend für Zehntausende kleiner Erfolgsstorys in New York. Für sie wie für fast ganz Amerika lautet das inoffizielle Motto der Stadt nicht „I ♥ NY", sondern „NY – das ist Geschäft." Über 100 aus der Liste der größten US-Unternehmen haben ihren Sitz in der City oder den Vorstädten. Das eigentliche wirtschaftliche Rückgrat von New York bilden jedoch die kleinen Firmen wie die Brooklyn Brewery mit ihren sieben Angestellten. Die jüngsten Zahlen haben gezeigt, daß auf den 780 Quadratkilometern von New York City mehr als 4000 Unternehmen mit über 100 Angestellten angesiedelt sind, daß es aber daneben wenigstens 200 000 Betriebe mit bis zu 100 Arbeitern gibt.

Wall Street: Wie die Zahlen, mit denen man so gerne um sich wirft – Millionen und Milliarden von Dollar –, sind Macht und Einfluß der Geschäftswelt von New York City für viele Menschen schwer faßbar. Wenn Besucher einen Blick die kleine krumme Straße hinunterwerfen, an der das Schild mit der Aufschrift Wall Street prangt, sehen sie sich unweigerlich um, um festzustellen, ob ihnen nicht vielleicht jemand einen Streich spielt. Soll dies wirklich der Ort sein, an dem eine Million Banker, Rechtsanwälte, Investoren und andere Finanzjongleure Entscheidungen treffen, die für die ganze Welt von Bedeutung sind? Es ist der Ort. Schätzungsweise die Hälfte des weltweiten Kapitals stammt von Investoren aus New York. Es ist also nicht weiter verwunderlich, wenn man sagt: „Wenn die Wall Street niest, bekommt der Rest der Welt einen Schnupfen."

Eine Ironie der modernen Finanzwelt ist zweifelsohne die Tatsache, daß all die anderen führenden Finanzzentren der Welt sich auf einen computerisierten, bildschirmbezogenen Handel zubewegen, während die New Yorker Börse eisern an ihrem lebendig-chaotischen Parkettsystem festhält, bei dem die Geschäfte noch durch laute Zurufe und wildes Gestikulieren getätigt werden. Touristen können das Spektakel nach wie vor von der Besuchergalerie aus beobachten.

Die Vielseitigkeit von New York – der „Lumpenhandel" in der Seventh Avenue, die Werbebranche in der Madison Avenue, der Einzelhandel in der Fifth Avenue, die Finanzen in der Wall Street und die vielen kleinen Geschäfte überall – machen die wirtschaftliche Spannkraft der Stadt aus. New York leidet nicht wie Houston, wenn die Ölpreise fallen, oder Detroit, wenn der Umsatz der Automobilindustrie in den Keller geht. New York beherrscht seine Industrie, nicht umgekehrt.

Vorherige Seiten: New Yorker Architektenträume. Links: Gespiegelte Welt – verzerrte Welt. Rechts: Speisen unter den Sternen.

Mögen auch in kleineren Städten wie Peoria oder Paducah bessere Mausefallen erfunden, anspruchsvolle Bücher geschrieben und qualitativ hochwertige Nahrungsmittel produziert werden, die Leute, die hinter diesen neuen Ideen, Produkten und Dienstleistungen stehen, werden ohne den „Segen" New Yorks wohl kaum Kapital daraus schlagen können. Der wirtschaftliche Einfluß geht sogar so weit, daß New York – und nicht Paris – die Regeln auf dem Weinmarkt diktiert.

Sogar das Straßengeschäft in New York ist Business. Bettler nehmen Unterricht in organisierten „Bettlerschulen", um ihre Methoden auszufeilen. Drogendealer überwachen ihre

Geschäfte per Mobilfunk und Telefax. Taxifahrer verkaufen für 200 000 Dollar die von der Stadt herausgegebenen Plaketten, die die gelben Taxis erst legal machen. Kaum fallen die ersten Regentropfen, dauert es nur noch Sekunden, bis junge Männer billige Regenschirme feilbieten.

Vier der sieben größten amerikanischen Banken haben ihren Sitz in New York City, ebenso vier der sechs größten Versicherungsgesellschaften. Ein Viertel des internationalen Personenverkehrs des Landes wird über New York City abgewickelt, ebenso die Hälfte des Im- und Exports. Die 1,5 Millionen Menschen, die innerhalb der 57 Quadratkilometer von Manhattan leben, machen es zum Zentrum des amerikanischen Einzelhandels- und Vertriebsnetzes. Seit New York Boston als Hochburg des amerikanischen Verlagswesens im 19. Jahrhundert überflügelt hat, ist es die unbestrittene Medienhauptstadt der Welt.

Natürlich ist nicht jedermann in New York so vom Unternehmergeist beseelt wie Steve Hindy und Tom Potter. Wenn auch die New Yorker es nicht wahr haben wollen, stellen viele von ihnen das amerikanische Gegenstück zum japanischen Gehaltsempfänger dar, dem gesichtslosen Büroangestellten, dessen Ergebenheit gegenüber der Firma seine Verpflichtungen für Heim und Familie, ja sogar sein eigenes persönliches Fortkommen in den Hintergrund treten läßt.

Dennoch besteht ein großer Unterschied. Zwar ist auch für die New Yorker der Job oft wichtiger als Heim, Familie oder andere persönliche Belange, doch würden sie die eigene Karriere nie den Interessen ihres Arbeitgebers oder ihrer Firma unterordnen.

Der Alltag (und die Freizeit) der Angestellten in den Wolkenkratzerbüros – allein in Manhattan gibt es 35 Millionen Quadratmeter Bürofläche – wird in hohem Maße von der Firma beeinflußt. In der Finanzwelt, im Rechtswesen, im Vertrieb, in der Werbe- und PR-Branche, im Verlags- und Kommunikationswesen beginnen sie ihren Tag mit Zeitunglesen und Kaffeetrinken. Sie halten einen kleinen Schwatz mit Kollegen an der Erfrischungsbar, führen diskrete Telefongespräche und halten aus der Ferne Blickkontakt mit dem Objekt ihrer Liebe oder Begierde, das ein paar Schreibtische weiter sitzt.

Während sie Informationen sammeln oder ihre Überzeugungskraft am Telefon spielen lassen, strecken sie die Beine aus, um ihre Schuhe von flinken kleinen Männern polieren zu lassen, die mit ihrem Schuhputzkasten von einem Tisch zum andern wandern. Auf Geschäftsreisen haben sie stets mehrere Anzüge mit, um sie auf Firmenkosten reinigen zu lassen. Sie gehen mit Kollegen auf ein Bier oder treffen sich zum Abendessen, joggen zusammen im Central Park und vergleichen ihre jüngsten Errungenschaften.

Oft kaufen oder mieten sie zusammen ein Ferienhaus im Hinterland von New York oder auf Long Island. In New York sind für gewöhnlich die Leute, mit denen man arbeitet, auch die Freizeitgefährten.

In den großen Unternehmen sind die „Großen Bosse" typische Vorstadt-Familienväter, die jeden abend den Zug nach New Jersey oder Connecticut besteigen. Zwar pendeln sie täglich zusammen mit dem „Pöbel" hin und her, doch im Büro sind sie die Machtzentren, die Manager und „Regenmacher", die schließlich dafür sorgen müssen, daß das Geschäft läuft.

Auf der anderen Seite haben wir die „Arbeitszentren" – diejenigen, die dafür zu sorgen haben, daß die Dinge erledigt werden, in der Regel junge Singles oder Paare zwischen

Ende Zwanzig und Anfang Vierzig. Natürlich sind sie alle Yuppies, aber auch hier gibt es feine Unterschiede: Dinkies steht zum Beispiel für „dual-income, no kids", also Doppelverdiener ohne Kinder. Manche bleiben nach dem ersten Baby noch eine Weile in der Stadt, behalten beide ihren Job und berappen jährlich 20 000 Dollar für den Babysitter. Wird die Familie größer, folgen viele ihren Vorgesetzten in die Vorstädte und werden zu Sitcoms – „single income, two children, outrageous mortgage", was soviel heißt wie Alleinverdiener, zwei Kinder, hochverschuldet.

Das sind die wahren Überlebenskünstler. Viele andere gehen wieder in die kleinen Städte zurück, aus denen sie gekommen sind, oder stecken ihre Karriereziele niedriger und treffen Entscheidungen für mehr „Lebensqualität" zugunsten von Phoenix, Sacramento oder Springfield. In New York kann man es zwar nur schwer zu etwas bringen – noch schwerer ist es allerdings, sich das Erreichte auch zu bewahren.

Der Börsenkrach vom 19. Oktober 1987 hat New York stärker getroffen als jede andere Stadt. Aber warum hätte es auch anders sein sollen? Schließlich war es doch New Yorks boomender Finanzdienstleistungssektor, der in den achtziger Jahren jede Menge neuer „Finanzprodukte" wie die *Junkbonds* erfunden, eine Million neuer Arbeitsplätze geschaffen und die Überhitzung des Wirtschaftssystems herbeigeführt hatte.

Das „Übernahmefieber" forderte viele Opfer: Unternehmen, die ihre Schulden nicht bezahlen konnten, und Geschäftemacher, die feststellen mußten, daß niemand mehr Interesse für ihre Art von Geschäften zeigte. In New York verloren Zehntausende – man spricht sogar von 200 000 – ihren Job in und um die

<u>Links und oben</u>: In New York kämpfen mehr als 200 000 Kleinbetriebe um Kundschaft.

Wall Street. Zu den Geldproblemen der profillosen Muttergesellschaften, die für die Übernahme vieler kleiner Einzelhändler eine hohe Verschuldung in Kauf genommen hatten, gesellte sich der unvermeidliche Konsumrückgang. Dies hatte eine Rezession zur Folge, die sich bis in die frühen Neunziger fortsetzte.

Bedeutende Kaufhäuser wie B. Altman, Saks Fifth Avenue und Bloomingdale's gaben entweder das Geschäft auf oder machten eine sehr stürmische Zeit mit ihren Gläubigern durch. Wenn Banken und Investmentgesellschaften den Gürtel enger schnallen müssen, geben sie keine Millionenbeträge für neue Broschüren aus, und Kaufhäuser mitten im

Konkursverfahren geben keine ganzseitigen Werbeanzeigen in Auftrag. So wurde auch die Werbe- und PR-Branche in der Madison Avenue in Mitleidenschaft gezogen. Schicke Kneipen und gute Restaurants mußten ebenfalls dichtmachen.

Die Wohnungspreise fielen um 25 Prozent, da das sinkende Arbeitsplatzangebot weniger Leute nach New York zog und Paare zu dem Schluß kamen, daß sie aus Manhattan nicht wegziehen konnten, selbst wenn sie wollten; man mag eine Vierzimmerwohnung, für die man 300 000 Dollar hingeblättert hat, nicht für 250 000 Dollar abstoßen.

Persönlichkeiten wie Ivan Boesky und Michael Milken, die den Geist der achtziger Jahre verkörperten, wurden vor Gericht gestellt, zahlten Geldstrafen oder endeten im Gefängnis. Sie wurden Opfer der Vorgänge, die sie selbst in Gang gesetzt und mit deren Hilfe sie gewaltige Vermögen angehäuft hatten. Selbst die Wolkenkratzer von Donald Trump, für viele die letzte Versinnbildlichung des Guten und zugleich Schlechten in der New Yorker Unternehmerwelt, verloren an Glanz. Die Finanzkrise brachte zutage, in welch hohem Maße sein Imperium auf Grundschulden aufgebaut war.

Da weniger Geld ausgegeben wurde, sanken natürlich auch die Steuereinnahmen, und die Stadt konnte noch weniger Geld für die Unsummen verschlingende Infrastruktur aufbringen als man vorausberechnet hatte. Der Stadt fehlte es an den Mitteln, um Straßen und Gehsteige auszubessern, sie hatte weniger Geld für die Polizei, für Müllabfuhr und Straßenreinigung oder um die kostbaren Grünflächen des Central Park davor zu bewahren, zertrampelt zu werden.

Manche Beobachter vergleichen die wirtschaftliche Misere der neunziger Jahre mit dem Beinahe-Bankrott Mitte der siebziger Jahre, als eine massive Staatsanleihe vonnöten war, um die Stadt bei Kasse zu halten. Für andere hingegen ist die Erholung New Yorks in den achtziger Jahren ein Beweis für den nie erlahmenden Optimismus und die Entschlossenheit seiner Bewohner.

Was immer auch geschehen mag, für die amerikanische Unternehmerwelt bleibt New York die großartigste Stadt der Welt. Sie ist ihr Tummelplatz und Prüfstand; eine Feuertaufe, bei der das bloße Überleben mehr über die Zähigkeit und Ausdauer eines Menschen aussagt als der schnelle Sieg anderswo, muß hier jeder bestehen. Solange die Zauberformel heißt: *Wer in New York Erfolg hat, kann sich überall durchsetzen,* wird die Unternehmenskultur der Stadt gedeihen, zieht sie doch die besten und intelligentesten Köpfe Amerikas – und der ganzen Welt – an, junge Karrieremenschen, die sich nicht davor scheuen herauszufinden, wie gut sie wirklich sind.

Links: Im Waldorf Astoria die Börsennachrichten studieren. Rechts: Wall Street – die Börse.

NEW YORK STOCK EXCHANGE

BIENVE
Bien Venid
ДОБРО ПОЖАЛОВ
PALACE
N.Y. N.Y.
McDonald's
OPEN
EMBASSY 1
Danny Glover Willem Dafoe Brad Johnson
flight of the intruder
OPEN 24 HOURS
McDonald's
OPEN 24 HO
McDonalds
JVC

EINE FAHRT IM STREIFENWAGEN

Ihr Name ist Yolanda. Sie erzählt einem Polizeibeamten, daß sie 25 Jahre alt sei und aus Hoboken, New Jersey, stamme. Alles was sie wolle, sei ihren Babysitter anzurufen, um ihm mitzuteilen, daß sie heute Nacht nicht nach Hause käme. Yolanda ist auf dem Weg zur Zentrale. Die Polizisten John Dempster und sein Partner Robert Shuell eskortieren sie in ihrem Streifenwagen. Yolanda wartete im Büro des Kaufhausdetektivs von Lord & Taylor in der Fifth Avenue, wo sie einen ganzen Nachmittag lang „eingekauft" hatte, ohne zu bezahlen. Sie trägt einen roten Mantel mit Schulterpolstern, ein Seidenkleid und Pumps mit goldenen Kappen.

Dempster fragt sie: „Warum sind Sie nach New York gekommen, Yolanda?" Sie antwortet mit einer gelangweilten und zugleich unschuldigen Stimme: „Um zu klauen."

Dempster zuckt mit den Schultern und meint: „Ok, probieren wir mal ein paar neue ‚Armreifen' an."

Im Bezirk Midtown bricht die Abenddämmerung herein. Midtown South behauptet von sich, der betriebsamste Polizeibezirk der Welt zu sein. Er reicht von der 29th Street bis zur 45th Street und von der Ninth Avenue bis zur Lexington Avenue. Er umfaßt den Times Square, den Port Authority Bus Terminal, die Grand Central Station, die Bezirke des Pelz-, Blumen- und Modeschmuckgroßhandels, Hell's Kitchen (jetzt Clinton genannt) und Murray Hill, „wo die reichen Leute leben", wie Dempster sagt.

Es gibt Nächte, in denen Dempster und Shuell die Zeit zwischen den Funkrufen in Nanosekunden messen können, in denen Arbeit bedeutet, die Dienstwaffe zu ziehen, in denen all der Irrsinn, die Grausamkeit, Sinnlosigkeit und Gefahr von New York City um sie herum eskalieren. Dem Magazin *New York* zufolge werden alle 24 Stunden fünf Menschen ermordet, neun vergewaltigt, 256 ausgeraubt, 332 Einbrüche in Wohnungen und Geschäften verübt und 367 Autos gestohlen. Ein trauriger Rekord war am 9. Juli 1988 zu verzeichnen, als in nur 24 Stunden 20 Menschen umgebracht wurden.

Aber es gibt auch Nächte wie diese, in denen die Stadt fast ruhig erscheint, wenn die Staus, die Abgase und der Lärm der Rush-hour allmählich verebben, wenn das Theaterpublikum seine Plätze eingenommen hat, und die Straßen mit Ausnahme der 42nd Street wie leergefegt wirken.

<u>Vorherige Seiten</u>: Nachtwache in Manhattan. <u>Links und rechts</u>: Vergnügungsviertel und Polizei gehören stets zusammen.

Das Funkgerät knackt. Dempster erkundigt sich in der Zentrale: „Etwas für uns dabei?"

„Nichts", lautet die Antwort. Dempster und Shuell fahren langsam weiter, während sie die Straßen beobachten.

Sie passieren eine Gruppe von Jesus-liebt-Euch-Predigern am Times Square und die Schachspieler in der Seventh Avenue, die Please Club Boutique, Goldberg's Marine und das Pumping Iron Gym. Sie sehen Geschäftsfrauen in blauen Kostümen und Turnschuhen an den Füßen und eine junge, hochschwangere Frau, die mit ihrem dicken Bauch ein wenig mühsam die 42nd Street überquert.

Heute ist eine jener träge sich dahinschleppenden Nächte, in denen alles oder nichts passieren kann. Eine Nacht, in der Alarmsirenen grundlos heulen, unerklärliche Schüsse in einem leeren Pfandbüro abgefeuert werden, eine Nacht für Pizzas und chinesisches Essen zum Mitnehmen, eine Nacht, in der Dempster und Shuell ihre Köpfe auf der Wache einziehen, um nicht dem wütenden Lieutenant in die Quere zu kommen, der auf der sinnlosen Suche nach dem aus der Verwahrungshaft entflohenen Häftling ist.

Dempster und Shuell halten an einer Ampel vor dem Grand Central. Eine Frau nähert sich. Sie beugt sich zum Fenster herunter und fragt: „Wißt ihr Jungs, was es heißt, an der Nadel zu hängen?"

Dempster nickt.

Die Frau sagt: „Dann erklären Sie das doch bitte meinem Rechtsanwalt, Mr. Sizer."

Sprach's und verschwand.

Das Geschäft auf dem Times Square: Dempster, der ältere der beiden, ist schon seit acht Jahren bei der Polizei. Er ist 34, verheiratet und hat zwei Kinder. Wie Shuell lebt er auf Long Island und trägt wie dieser einen Schnurrbart. Shuell ist 24 und möchte in einem Jahr heiraten. Er ist seit vier Jahren Polizist und arbeitet noch mit jugendlichem Ehrgeiz. Dempster führt stets seine Erfahrung ins Feld, wenn es darum geht, zu entscheiden, ob es den Zeitaufwand, den ganzen Papierkram und Zirkus lohnt, jemanden wegen eines geringfügigen Vergehens festzunehmen. Wenn Shuell an einer roten Ampel stehenbleibt, sieht er sich die Zulassungsnummern der Autos an, um zu überprüfen, ob sie schon abgelaufen sind. Wer gegen die Vorschrift verstößt, wird zur Rechenschaft gezogen.

Sie sind erst seit ein paar Monaten Partner, aber ihr Verhältnis ist so ungezwungen, daß sie lange schweigend dahinfahren können, ohne das Bedürfnis zu haben, die Leere füllen zu müssen. Sie teilen beide die Frustration der Polizeibeamten über die Gesetze, die ihrer Meinung nach die Rechte von Verbrechern auf Kosten der Verbrechensbekämpfung schützen, und denken wehmütig an die Zeiten, als Heroin noch die bevorzugte Straßendroge war. Heroinsüchtige, so Dempster, werden high und sind weggetreten. Crack- und Kokainabhängige explodieren förmlich.

Mit dem Hauptstraßenzug auf ihrer Tour, der 42nd Street mit dem Beinamen „The Deuce" (Der Teufel) und dem Times Square, verbinden sie jedoch keinerlei nostalgische Gefühle. „Der Times Square", sagt Dempster, „lebt von einer 40 Jahre alten Legende."

Kein anderer Ort in der Stadt hat eine höhere Diebstahlsrate, mehr Peepshows, Falschspieler und Pornokinos.

Der Times Square ist der Schnittpunkt von Midtown South, eine Art Durchgangsbezirk: Besucher kommen hierher, um ein Broadway-Stück zu sehen oder sich vor dem Hintergrund des Times Square fotografieren zu lassen oder weil sie glauben, am Times Square das New York aus den Filmen mit Ruby Keeler und Dick Powell wiederzufinden. Touristen sind leicht auszumachen, legen sie doch ein für New York absolut untypisches Verhalten an den Tag, wie etwa, an einer Fußgängerampel auf Grün zu warten. An dem Abschnitt der 42nd Street, der sich über den Times Square spreizt, treffen Opfer und Täter in New York aufeinander. Dempster und Shuell fahren langsam durch die Straßen. „Wir versuchen, etwas Verdächtiges zu entdecken", sagt Dempster. Er wirft einen Blick auf die Touristen. „Das ist die Beute." Diejenigen, die auf diese Beute Jagd machen, lauern in den Hauseingängen und warten, bis Dempster und Shuell vorbei sind.

Eine Gruppe von 30 japanischen Touristen wartet auf Grün, bevor sie die Seventh Avenue überquert. Dempster winkt ihnen zu, und ein paar heben zaghaft die Hand zum Gruß, wenngleich beherztere Japaner fragen würden, ob man fotografieren dürfe. Eine schnatternde Schar deutscher Blondinen hüpft den Broadway entlang, blind für die Gefahr, die Dempster und Shuell nur allzu deutlich lauern sehen, ohne etwas dagegen unternehmen zu können. Einen Dieb oder Crackdealer zu bemerken nützt gar nichts, wenn dieser nur ruhig an einer Ecke steht und sie beobachtet.

Also müssen sie warten und zusehen, im Bewußtsein, daß ihr Job erst „nach vollendetem Tatbestand" beginnt. Am Broadway, ein Stück nördlich von Macy's, läuft ein junger Mann auf den Streifenwagen zu, streckt seinen Kopf zum Fenster herein und erzählt den beiden Beamten, daß er gerade einen Raubüberfall vereitelt habe. Er möchte, daß sie mit ihm den Täter fangen. Das Opfer, so der junge Mann, sei schon verschwunden. Aber er könne mit ihnen kommen, um den Dieb zu suchen, da er sicher sei, ihn wiederzuerkennen. Dempster und Shuell wissen, daß dies vergebliche Liebesmüh' ist, denn wo kein Opfer ist, da ist auch kein Täter.

Oft werden sie zu einem Diebstahl in ein Bekleidungsgeschäft gerufen und sehen bei ihrer Ankunft eine Gruppe von Teenagern in alle Himmelsrichtungen auseinanderstieben. Sie nehmen zwar die Verfolgung auf, doch ohne Erfolg – vor allem wenn sie einem Jungen mit 100-Dollar-Turnschuhen hinterherlaufen. Diese von Gangs oder „Wolfsrudeln", wie sie die Polizei nennt, verübten Diebstähle geschehen in der Regel nach Schulschluß, wenn die Diebe auf dem Nachhauseweg sind.

<u>Links</u>: Ein Nachtschwärmer. <u>Oben</u>: Kaum zu glauben, aber das sind Männer!

Die Funkzentrale hat inzwischen Arbeit für andere Streifenwagen. Es ist die Rede von einem Lastwagenfahrer, der mit einem Klappmesser bewaffnet den FDR Drive blockiert, von einem Polizeibeamten außer Dienst, der in einer U-Bahnstation in Schwierigkeiten steckt und von einer Frau, die eine andere Frau tätlich angreift.

Für Dempster und Shuell ist dies eine ziemlich unbefriedigende Nacht. Tags zuvor hatten sie jedoch einen Fall, der sich recht vielversprechend anließ: Eine Mutter hatte ihren zehnjährigen Jungen in einem Kaufhaus verloren. Dempster und Shuell suchten zwei

Stunden lang und fanden schließlich zwei Zeugen, die gesehen hatten, wie der Junge das Kaufhaus mit einer Cracksüchtigen verlassen hatte. Die beiden Männer spürten die drogensüchtige Frau auf und stellten fest, daß sie den Jungen einfach mitgenommen hatte, als sie ihn im Kaufhaus sah. Dempster und Shuell hatten sich auf ein freudiges Wiedersehen zwischen Mutter und Sohn eingestellt. Doch die Mutter wechselte kaum ein Wort mit ihrem Sohn, und auch er schien der ganzen Sache eher gleichgültig gegenüberzustehen.

Seltsame Bewohner: In der Eighth Avenue erkennen Dempster und Shuell eine Frau, die ständig den Polizeinotruf 911 gewählt und

außerirdische Eindringlinge gemeldet hatte. Dempster empfahl ihr schließlich, den Sonderruf 912 zu wählen, und hörte nie wieder etwas von ihr. Sie fahren an der Ecke 42nd Street vorbei, und Dempster erinnert sich an eine Nacht, als er zu Fuß auf Streife war und eine achtzigjährige Frau laut rief „Hey, Kumpels", und dabei ihre Bluse hochzog. „Was haltet ihr davon?" fragte sie und zeigt auf ihre Brüste. „Früher war ich einmal schön." Dempster sagte zu ihr: „Sie sind immer noch schön. Und jetzt verschwinden Sie."

Die Alarmanlage einer Bank geht los, und Dempster ist sicher, daß es sich um keinen Einbruch handelt. Obwohl sich sein Verdacht bestätigt, müssen er und Shuell auf das Sirenengeheul reagieren und dürfen es nicht ignorieren. Selbstzufriedenheit, so sagen sie, sei die größte Gefahr in ihrem Job. Denn wenn ein Polizist selbstzufrieden sei und seine Dienstwaffe nicht gezogen habe, wenn er bei einer Routineverkehrskontrolle zu einem Wagen schlendere, um die Papiere zu überprüfen, könne er unter Umständen eine böse Überraschung erleben …

Eine Prostituierte lüftet ihren Rock, als sie Richtung Norden fahren. Ein alter Mann sitzt an seinem Schuhputzstand, wo sich nie jemand die Schuhe polieren läßt.

Ein Einbruch am Hintereingang einer billigen Absteige in den 30s wird gemeldet. Dempster und Shuell seufzen. Sie kennen die Absteige und wissen, daß dort Leute wohnen, die außer ihrer Nähe zum Tod wenig gemeinsam haben – und sie wissen auch, daß es dort keinen Hintereingang gibt. Sie werfen einen prüfenden Blick auf die Fenster, während sie die Treppen hinaufsteigen, da die Bewohner Polizisten nicht mögen und sie gerne mit irgendwelchen Gegenständen bewerfen. Die Männer am Empfang wundern sich, warum die Polizei sich hierher bemüht hat.

Sie plaudern ein wenig mit Dempster und Shuell, eine fast angenehme Abwechslung. Sonst reden nur Tippelbrüder und Verrückte mit Polizisten. Sheldon, der verrückte Streuner, winkt die beiden Männer auf der 31st Street zu sich heran.

„Habt Ihr schon von dem Unfall zwischen dem Taxi und dem Lieferwagen letzte Nacht gehört?" fragt er. Sheldon trägt ein Käppchen, dreckige Jeans, einen langen Bart und einen Siegelring. Er sieht aus wie ein rabbinischer Student, der dringend eine Vollreinigung nötig hätte. Sheldon ist Italiener. Dempster und Shuell wissen nichts von dem Unfall.

Sheldon erzählt hastig seine Geschichte von dem Lieferwagen, der Frühstücksbrötchen ausfährt und wie er um ein Brötchen bat, weil er Hunger hatte, und der Fahrer ihm nichts geben wollte, was überhaupt nicht nett war, und wie der Fahrer mit dem LKW auf die Straße raus wollte und dabei ein vorbeifahrendes Taxi rammte. Das ganze passierte um vier Uhr morgens, als Sheldon immer noch herumgeisterte. „Gute Nacht, Jungs", sagt Sheldon.

„Laßt es ruhig angehen."

Um die Ecke treffen sie Enos den Schnorrer, der sich selbst „Bürgermeister der 31st Street" nennt.

Einmal half er Dempster und Shuell dabei, eine Vergewaltigung aufzuklären. Er kennt jeden in diesem Block, weshalb er sich auch „Bürgermeister" nennt. Er wußte, daß der Täter in einer Sozialunterkunft in der Nähe wohnte, was er der Polizei auch sagte. Er wollte dafür Geld von der Stadt, doch die „rückten keinen Zaster raus."

Enos, ein untersetzter Mann mit zerrissenem T-Shirt und Strohhut, konnte nicht verstehen, warum der Gesuchte eine Frau vergewaltigt hat. „Ein junger, gesunder Typ", meint er. „Ich fragte: ‚Warum machst du das? Die Frauen müssen sich doch um dich reißen!'."

Zentrale: Vergessen wir nicht Yolanda, die es sich auf dem Rücksitz des Streifenwagens bequem zu machen versucht. Sie hatte sich ihren Tag in der Stadt folgendermaßen vorgestellt: Sie wollte ein paar Sachen klauen, sie dann verkaufen und von dem Geld sich und ihre Kinder versorgen. Eines ist zehn Jahre alt, das andere neun Monate. Auf die Fragen nach dem Vater ihres Zehnjährigen antwortet Yolanda nur mit einem Schulterzucken. Der Vater des Babys ist noch da. Er nimmt Drogen und schlägt Yolanda, wenn sie sagt, daß sie ihn verlassen will.

Die Zentrale ist in Lower Manhattan, ein Ort, der Yolanda nichts sagt. „Sind wir in Brooklyn?" fragt sie, da die Fahrt ziemlich lange gedauert hat. Als sie hört, daß Chinatown in der Nähe ist, fragt sie, ob sie sich etwas zu Essen kaufen dürfte – ihre Bitte wird abgeschlagen.

Dempster und Shuell übergeben Yolanda der Obhut der Männer und Frauen in der Zentrale, die sie auffordern, für die Karteifotos einen Augenblick stillzuhalten. Dann schließen sich die Gefängnistüren hinter Yolanda, die mit dünner, vorsichtiger Stimme fragt, ob sie nicht ihren Babysitter anrufen dürfe. Yolanda möchte nicht, daß das Leben ihres Kindes so wird, wie ihr eigenes. Das Leben ihres Kindes werde „anders" sein. So wie Yolanda das sagt, hat sie nur eine vage Vorstellung davon, wie dieses „anders" aussehen könnte.

Dempster und Shuell machen sich wieder auf den Weg. Sie fahren hinter der aufgehenden Sonne Richtung Norden. Ihr Dienst wird erst nach einer langen Nacht zu Ende sein.

Links: Eine Schulter zum Anlehnen. Oben: Graffiti an der Lower East Side.

ON AMERICA
OF PHOTOGRAPHY
MADE POSSIBLE BY

Manhattan
1300 m/ 0,8 miles
Morningside Heights
Riverside Drive
Broadway
Lenox Ave.
Harlem
W. 125th St.
Fifth Ave.
E. 125th St.
Columbia University
Cathedral of St. John the Divine
Morningside Park
Lenox Ave.
Harlem River
Cathedral Parkway
East Harlem
New Jersey
Amsterdam Ave.
Park Ave.
Upper West Side
W. 96th St.
Central Park
First Ave.
Hudson River
Riverside Drive
Broadway
Madison Ave.
E. 96th St.
Second Ave.
W. 79th St.
Columbus Ave.
Central Park West
The Metropolitan Museum of Art
Park Ave. Synagogue
East River
Amsterdam Ave.
Fifth Ave.
Park Ave.
Yorkville
Carl Schurz Park
E. 79th St.
Lincoln Center
St. James
Upper East Side
W. 57th St.
N.Y. Coliseum
Temple Emanu-El
Queens
Central Park South
N.Y. Kongreßbüro und Besucherzentrum
Fifth Ave. Synagogue
Franklin Roosevelt Drive
Roosevelt Island
Lincoln Tunnel (Maut)
Clinton
Carnegie Hall
Bergdorf Goodman
Bloomingdale's
Theater District
Museum of Modern Art
First Ave.
E. 57th St.
Rockefeller Center
Radio City Music Hall
Queensboro Bridge
N.Y. Kongreßbüro und Besucherzentrum
Port Authority Busbahnhof
St. Patrick's Cathedral
Twelfth Ave.
Garment Center
Madison Ave.
Avenue of the Americas (Sixth Ave.)
Midtown
Grand Central (Hauptbahnhof) Terminal
Hauptpost
Tudor City
UNO - Hauptquartier
Pensylvania Station and Madison Square Garden
Fifth Ave.
Murray Hill
Queens-Midtown Tunnel
Chelsea
Broadway
East Side Terminal
Flatiron Bldg.
Eighth Ave.
E. 34th St.
34th Street East Heliport (für Hubschrauber)
Madison Square
Park Ave.
Stuyvesant
W. 14th St.
Gramercy
E. 23rd St.
Hudson River
Greenwich Village
Peter Cooper Village
Stuyvesant Town
Washington Square
East Village
Second Ave.
E. 14th St.
Hudson St.
Ave. of the Americas (Sixth Ave.)
First Ave.
Lower East Side
West Broadway
Lafayette St.
Houston St.
Soho
Franklin Roosevelt Drive
East River
Tribeca
Delancey St.
Canal St.
City Hall
St. Peter's
Chinatown
U.S. Court House (Gericht)
St. Paul's Chapel
Williamsburg Bridge
World Trade Center
Trinity Church
Financial District
Highway
Liberty Island
N.Y. Stock Exchange (Börse)
Elevated
Brooklyn Bridge
Manhattan Bridge
Port Authority Downtown Heliport (für Hubschrauber)
Brooklyn
Fähre
Staten Island
Inwood Hill Park
Baker Field
Hudson River
Dyckman St.
Dyckman House
Henry Hudson Pkwy.
The Cloisters
10th Ave.
Broadway
Harlem River
Major Deegan Expwy.
Yeshiva Univ.
University Ave.
Tremont
Cross Bronx Expwy.
Amsterdam Ave.
The Bronx
Hudson River
High Bridge
Grand Concourse Blvd.
Henry Hudson Pkwy.
Broadway
St. Nicholas Ave.
Harlem River Dr.
Major Deegan Expwy.
Yankee Stadion
Webster Ave.
Melrose
Harlem
Third Ave.

I LOVE NEW YORK

New York ist dynamisch, chaotisch, bedrohlich, anonym. Nirgendwo sonst wird man sich so frei und fremd fühlen.

„New York ist die Stadt, in der ich sein *muß*", läßt Jack Olsen eine seiner Figuren in *The Girls in the office* sagen, „ich weiß nur nicht warum."

Die Menschen, die New York besuchen oder die hier leben, könnten ihr sagen warum. Die Anziehungskraft, die New York als industrielles Zentrum ausübt, ist gewaltig. 4,5 Millionen Besucher, die jedes Jahr ins Metropolitan Museum strömen, legen Zeugnis ab von der kulturellen Vitalität New Yorks, mit der sich nur noch die kulinarische Vielfalt messen kann.

Die Metropole wartet mit mehr als 16 000 Restaurants auf, angefangen mit griechischen Cafés, über „Soul Food" bei Sylvia's in Harlem bis hin zu *Bijou*-Bistros. Das Zabar's am 2245 Broadway in der Upper Westside ist schon so etwas wie eine kulinarische Hochburg geworden, in der fast 2500 Pfund Weichkäse und doppelt so viel geräucherter Lachs pro Woche (!) verkauft werden.

Wollen Sie hoch in den Wolken genüßlich einen Cocktail schlürfen oder ihre Seele an heißen Soulklängen wärmen? Oder wollen Sie wieder einmal Kind sein und Rollschuh- oder Eislaufen gehen? Sind Sie ein Kinofan? Dann ist New York City genau das Richtige für Sie.

Leidenschaftliche Stadtbummler auf der Suche nach dem Außergewöhnlichen kennen das FAO Schwarz an der Fith Avenue, das Hunderte von verschiedenen Teddybären verkauft, oder das Maxilla & Mandible an der Columbus Street zwischen der 81st und 82nd Street, das sich auf Skelette (allerdings nur von nicht vom Aussterben bedrohten Spezies) spezialisiert hat. Wie wäre es mit Manschettenknöpfen im Art-déco-Stil oder mit einem Pferdesattel und Zaumzeug aus einem mehr als 100 Jahre alten Spezialgeschäft für Reiterbedarf? Sein Geld schnell loswerden kann man auch bei so berühmten Adressen wie Tiffany's, Macy's und Bloomingdale's.

Aber nicht auf allem, was New York zu bieten hat, klebt ein dickes Preisschild. Der Besuch der botanischen Gärten, die Besichtigung historischer Gebäude, des Rockefeller Center oder der New Yorker Börse kostet keinen Penny. Auch die Opern und Konzerte, die an warmen Sommerabenden auf dem Great Lawn im Central Park gegeben werden, sind kostenlos. Packen Sie den Picknick-Korb (bei Zabar's finden Sie eine große Auswahl an Leckerbissen!) und genießen Sie Shakespeare unter freiem Himmel.

New York hat so gut wie *alles* zu bieten. Greifen Sie zu!

Vorherige Seiten: Liberty, die Freiheitsstatue, einmal anders. Die Stadt aus Stahl, Beton und Glas. Fluchtwege in der Lower East Side.

FIFTH AVENUE

Paris hat die Champs-Élysées, Rom die Via Veneto, Los Angeles den Sunset Boulevard; und New York hat die Fifth Avenue.

Wenn die Fifth Avenue die Gastgeberrolle für die alljährliche Oster-Parade und die St.-Patrick's-Day-Parade übernimmt, streift sie sich ihr grünes Festtagsgewand über, und auch an Weihnachten putzt sie sich feierlich heraus. Es soll ja einige Manhattaner geben, die an Weihnachten aus ihren U-Bahnschächten klettern und sich ein Taxi oder einen Mietwagen nehmen, um durch die Fifth Avenue zu fahren und die berühmte Weihnachtsdekoration zu bewundern.

Die Fifth Avenue schneidet durch das Herz von Midtown Manhattan und teilt die Insel in Ost und West. Es gibt nur wenige Straßen in New York, die das Wesen der Metropole auf so mächtige und eindrucksvolle Weise widerspiegeln. Spiegeln ist das Stichwort für den glitzernden Trump Tower, das kühne Empire State Building, das bombastische Rockefeller Center und das elegante Plaza Hotel. Hierher kommen die Reichen und Mächtigen, um Geschäftliches abzuwikkeln, ihre Feste zu feiern, um zu sehen und gesehen zu werden. Hier schlägt der soziale Kompaß deutlich nach elitärem „Lifestyle" und „Fashion" aus.

Eine Fahrt die Fifth Avenue hinab ist auch eine Zeitreise, denn die Straße führt nicht nur durch die Chronik der wirtschaftlichen Expansion Manhattans in Richtung Norden, sondern auch durch ein Viertel, das als Symbol für den Niedergang der City steht: Harlem.

Die Fifth Avenue beginnt am Washington Square Park in der Nähe der winkligen Straßen von Greenwich Village und verläuft am Flatiron Building in der 22nd Street vorbei bis zum Madison Square Park (ursprünglich Madison Square Garden) zwischen der 23rd und 26th Street.

Sodann führt sie weiter zum Empire State Building, am Rockefeller Center und am riesigen Central Park vorbei und mündet in die „Museum Mile", in der einige der bedeutendsten Kunstsammlungen der Stadt auf Kunstliebhaber warten. Auf die Feudalbauten und Botschaften der Upper West Side folgen die Wohnbaracken von Harlem. Hier schneidet sich die Fifth Avenue mitten durch den Marcus Garvey Park und endet kurz vor dem Fluß Harlem.

Der krasse Gegensatz zwischen der wirtschaftlichen und kulturellen Entwicklung im Süden und im Norden Manhattans wird besonders an den 132 Blocks an der Fifth Avenue deutlich.

Wenn Sie in kurzer Zeit besonders viel sehen wollen, sollten Sie sich auf die zehn Blocks zwischen der 49th und 59th Street konzentrieren, wo Sie auch das Rockefeller Center und das Plaza Hotel finden.

Lassen Sie sich aber das **Empire State Building** an der Kreuzung Fifth Avenue/ 33rd Street auf keinen Fall entgehen. Wenngleich der Sears Tower in Chicago und das World Trade Center im Finanzdistrikt dem 1931 erbauten Empire State

Vorherige Seiten: Auf der Fifth Avenue. Links: Im Trump Tower. Rechts: Im Empire State Building.

Building mit seinen 381 Metern und 102 Stockwerken inzwischen den Rang als höchstes Gebäude der Welt abgelaufen haben, bietet der Wolkenkratzer immer noch die schönste Aussicht, die man überhaupt über eine Stadt haben kann. An einem klaren Tag (deren es in New York allerdings nicht allzu viele gibt) kann man vom Empire State Building aus 120 Kilometer weit sehen. Einen besonders schönen Anblick bietet Manhattan natürlich nachts, wenn es in einem Lichtermeer versinkt.

Sie können mit dem Aufzug bis zur Aussichtsterrasse im 86. Stock fahren. Von dort aus geht es noch einmal bis zum 102. Stock weiter, wo Fay Wray ihr verhängnisvolles Rendezvous mit King Kong hatte. Fay Wray war aber nicht die einzige, die das Schicksal im Empire State Building ereilte.

Von den 16 Menschen, die sich von dem Wolkenkratzer in die Tiefe stürzten, trugen nur zwei Fallschirme (sie wurden übrigens gleich nach ihrer Landung verhaftet). Als 1945 eine B-25 in das 79. Stockwerk des Gebäudes krachte, fanden 14 Menschen den Tod.

Die Beleuchtung der oberen Stockwerke des Empire State Building paßt sich an die Festtage an: Am St. Patrick's Day leuchtet die Spitze des Wolkenkratzers natürlich grün, und am Columbus Day, dem Nationalfeiertag der Italo-Amerikaner, brennen rote, weiße und grüne Lämpchen. Die 700 000 Menschen starke homosexuelle Lobby Manhattans hat es nach sechs Jahren zähen Ringens durchgesetzt, daß das Empire State Building während der *Gay Pride Week* im Juni in symbolischem Blaßrosa erstrahlt.

Fünf Häuserblocks weiter nördlich liegt an der 39th Street das Luxusgeschäft **Lord & Taylor.** Besonders an Weihnachten sind die Schaufenster so aufwendig mit Luxusgütern dekoriert, daß sich selbst an kalten Wintertagen die Manhattaner in eine lange Warteschlange einreihen, nur um einen Blick auf die glitzernden Auslagen zu werfen.

Nach Lord & Taylor wird es auf der Fifth Avenue ein bißchen langweilig. Die

Für ein Paar Schuhe oder einen hübschen Teller wird man hier leicht einen Tausender los.

eleganten Wohnhäuser der Astors und Vanderbilts mußten billigen Discountläden weichen. Einziger Lichtblick in der öden Kaufhauslandschaft ist die **New York Public Library,** die sich wie eine Sphinx zwischen der 40th und 42nd Street erhebt. Der 1911 im italienischen Renaissancestil errichtete Prachtbau bietet einen würdigen Rahmen für das, was er in seinem Inneren birgt: 20 Millionen Bücher, Originalschriften aus vergangenen Jahrhunderten, das erste in den Vereinigten Staaten gedruckte Buch, eine Gutenbergbibel, die Original-Tagebücher von Virginia Woolf und vieles mehr. Die Public Library zählt zu den besten Forschungsbibliotheken der Welt.

Eine ungewöhnliche Mischung aus Büroangestellten, Obdachlosen und erschöpften Touristen bevölkert gewöhnlich den Treppenaufgang zur Bibliothek, der von zwei Löwen aus Marmor bewacht wird.

Das **Rockefeller Center** liegt an der Ecke Fifth Avenue/49th Street. Der riesige Geschäfts- und Unterhaltungskomplex stellt ein absolutes Meisterwerk des Art-deco-Stils dar.

Das Rockefeller Center wird „City in der City" genannt, und wenn man einen Blick auf die Zahlen wirft, weiß man, was damit gemeint ist: Hier arbeiten fast ebenso viele Menschen wie in Konstanz oder Bamberg wohnen. Es gibt 100 000 Telefone, 48 758 Bürofenster und 388 Aufzüge, die insgesamt 3,2 Millionen Kilometer pro Jahr zurücklegen (das entspricht in etwa dem 40fachen des Erdumfangs!). Wenn man dazu noch das unterirdische Straßennetz, das die Gebäude miteinander verbindet, die vier Zugstrecken, die hier vorbeiführen, die Restaurants und die neun ausländischen Konsulate hinzuzählt, dann hat man in der Tat ein kleines Metropolis.

Die **Channel Gardens** (Channel = Ärmelkanal) – so benannt wegen ihrer Lage zwischen der Maison Française im Süden und dem British Building im Norden – führen den Besucher zur Plaza, die vom gigantischen **General Electric Building** (auch RCA Building genannt) be-

St. Patrick's Cathedral in den Schlagzeilen und in natura.

herrscht wird. Der vor dem GE Building gelegene Platz wird im Sommer als Gartencafé und im Winter als Eislaufbahn genutzt. Hier steht auch der berühmte Tannenbaum, dessen zahllose leuchtende Kerzen die New Yorker im Dezember in Weihnachtsstimmung versetzen. Auf einer Tafel vor dem GE Building steht geschrieben: „Ich glaube an das einzigartige Wirken des Individuums und sein Recht auf Leben, Freiheit und Glück." In der Eingangshalle des Gebäudes sind zwei Wandgemälde von José Maria Sert zu sehen. Der ursprünglich mit der künstlerischen Ausgestaltung betraute Diego Rivera traf mit seiner Glorifizierung Lenins nicht ganz den Geschmack der Rokkefeller-Familie, der Inkarnation des amerikanischen Kapitalismus, und so wurde sein Werk kurzerhand zerstört.

Wenn es im Himmel eine Bar gibt, dann kann man nur hoffen, daß die himmlischen Architekten den **Rainbow Room** auf der Spitze des Rockefeller Centers kennen. Er wurde nach einer Generalüberholung in den späten achtziger Jahren neueröffnet. Wenn einem auch die Preise auf der Speisekarte des im Stil der vierziger Jahre gehaltenen Speisesaals (Jackett- und Krawattenzwang!) fast jegliches Hungergefühl und die Preise für Cocktails an der Bar jeglichen Durst rauben, sollten Sie sich einen Besuch in dem etwas manieriert wirkenden Rainbow Room nicht entgehen lassen. Allein schon die Fahrt in dem eleganten Aufzug ist ein erhebendes Gefühl. Werfen Sie sich in Schale und versuchen Sie, einen Fensterplatz zu ergattern, wo Sie ein paar Erdnüsse knabbern und den herrlichen Ausblick über das blinkende Lichtermeer Manhattans genießen können.

Der Rainbow Room im Rockefeller Center.

Gegenüber vom Rockefeller Center liegt das Kaufhaus **Saks Fifth Avenue,** dessen Erfolg *Saks Fifth Avenue Shops* von Dallas bis St. Louis wie Pilze aus dem Boden schießen ließ. Vor dem 41stöckigen **International Building** an der nächsten Ecke weiter nördlich kauert ein riesiger Atlas aus Bronze. Der 82 Meter hohe, von Lee Lawrie geschaffene Titan wird jedoch von der höchsten katholischen Kirche der Vereinigten Staaten, der **St. Patrick's Cathedral** auf der gegenüberliegenden Straßenseite, noch in den Schatten gestellt. Die 1879 fertiggestellte Kirche setzt mit ihrer wunderschönen gotischen Fassade einen interessanten Kontrapunkt zu den mondänen, rechtwinkligen Betonklötzen, die sie umgeben. Nehmen Sie sich etwas Zeit, um das Innere der Kirche, in der Scott Fitzgerald seiner schönen Zelda das Jawort gab, zu erforschen. Die Bronzetüren und Glasfenster verdienen besondere Aufmerksamkeit.

Nach der St. Patrick's Cathedral wendet sich die Fifth Avenue wieder weltlicheren Dingen zu. In der Nähe der Kreuzung 54th Street/Fifth Avenue spiegeln sich die Superreichen in den Schaufenstern der Edelboutiquen von **Cartier, Fortunoff, Bijan** oder **Gucci.**

Von Glanz und Glamour gänzlich unbeeindruckt steht an der 53rd Street die **St. Thomas Church,** deren Inneres für Besucher mit Interesse an kirchlicher Kunst einiges zu bieten hat.

Einen Häuserblock weiter nördlich an der 711 Fifth Avenue liegt das berühmte Tabakwarengeschäft **Nat Sherman's,** in dem schon Sammy Davis jun. und Frank Sinatra ihre Zigarren- und Zigarettenetuis auffüllen ließen. Auch heute noch kaufen Show-Größen, wenn sie nicht gerade der allgemeinen Fitneßmanie verfallen sind, dort ihren Tabak.

Kein blauer Dunst, sondern eine bombastische Glaskonstruktion steigt in der Nähe der Kreuzung 57th Street/Fifth Avenue auf. Wenn man auch bei so viel prahlerischer Selbstverherrlichung eines Donald Trump Magendrücken bekommt, kann einen das prunkvolle Gebäude nicht unbeeindruckt lassen.

Der glitzernde **Trump Tower** protzt mit 25 Stockwerken, 300 Wohnungen, vier Restaurants und einem Wasserfall, der sich über fünf Stockwerke in die Tiefe stürzt. Die Geschäfte sind teuer, aber was kann man hier anderes erwarten – ein Schaufensterbummel tut es auch. Zu mehr wird es auch bei Tiffany & Co nicht reichen, dessen Kristall- und Schmuckauslagen neben so viel protziger Schwelgerei direkt gediegen wirken.

Einen Häuserblock weiter liegt das **Bergdorf Goodman,** eine Ansammlung exklusiver Boutiquen, für die man zu vornehm oder reich genug sein muß, um nicht nach dem Preisschild zu schielen.

Die **Grand Army Plaza** an der 59th Street markiert die Grenze zwischen der Midtown und der Upper East Side. Einige der vornehmsten und teuersten Hotels New Yorks – einschließlich des **Pierre** und **Plaza,** das von Donald Trump (von wem sonst?) aufgekauft wurde –, säumen die Grand Army Plaza, die für gewöhnlich mit gelben Taxis und Luxuslimousinen hoffnungslos überfüllt ist. Wie wäre es mit einem Drink in der Plaza's Oak Bar? Die mit einer üppigen Holztäfelung verkleidete Bar bietet nicht nur einen wundervollen Blick auf den Central Park, sondern auch eine gute Gelegenheit, auf Prominentenschau zu gehen. Schon ein Mark Twain, ein Frank Lloyd Wright und eine Eleanor Roosevelt erkoren das Plaza zu ihrer „Heimat fern der Heimat".

**eihnachts-
ekoration in
en Channel
ardens.**

ESSEX
HOUSE

Midtown East steht für Big Business, Macht, Geld und Dynamik und entspricht damit wohl am ehesten dem Bild, das man sich in der übrigen Welt von New York macht.

Wie sein Pendant im Westen beginnt Midtown East in einer relativ ruhigen Gegend oberhalb der 34th Street. Es gewinnt dann zunehmend an Dynamik, die sich zwischen der 42nd Street und der Queensboro Bridge entlädt, welche die Grenze zur ruhigeren Upper East Side markiert. Midtown East erstreckt sich östlich der Fifth Avenue bis zum East River und stellt mit seinen kühnen Bürokomplexen aus Stahl und Glas, seinen exklusiven Geschäften und Restaurants, seinen vornehmen Wohnvierteln und historischen Sehenswürdigkeiten einen kompakten, energiegeladenen Mikrokosmos innerhalb Manhattans dar.

Hills und Bays: Wenn Sie sich auf der 35th Street in Richtung Osten bewegen, stoßen Sie auf **Murray Hill,** eine vornehme Wohngegend, die im Schatten der großen Midtown-Wolkenkratzer steht. Südlich der Kreuzung 35th Street/Park Avenue steht eine Gedenktafel auf dem ehemaligen Anwesen von Robert Murray, dessen Frau Mary Lindley Murray (1726-82) sich im amerikanischen Unabhängigkeitskrieg als Übermittlerin von Nachrichten verdient gemacht hat.

Ganz in der Nähe auf der Madison Avenue steht die 1864 erbaute **Church of Incarnation** mit ihren wunderschönen Tiffany-Glasfenstern.

An der Kreuzung Madison Avenue/ 36th Street liegt die **Pierpont Morgan Library.** Die ursprünglich private Bibliothek und Kunstsammlung des legendären Industriellen J. P. Morgan ist seit 1924 der Öffentlichkeit zugänglich. Neben den Kunstausstellungen, die hier stattfinden, stößt vor allem die Bibliothek mit ihren seltenen Büchern und wertvollen Originalmanuskripten auf weltweites Interesse. Für den Besuch der Bibliothek

braucht man eine Genehmigung, nicht aber für den East Room: Mit seinem reichverzierten Deckengewölbe bildet er einen würdigen Rahmen für die hier ausgestellten Kostbarkeiten, wie etwa eine Gutenbergbibel, ein Manuskript mit der Signatur von Jane Austen sowie Fragmente des puritanischen Epos *Das verlorene Paradies* (um 1605) von J. Milton.

Wenn Sie von der Bibliothek in Richtung Norden weitergehen, stoßen Sie an der Kreuzung Madison Avenue/38th Street auf ein kleines, gemütliches Café namens **Chez Laurence,** in dem man neben französischer Patisserie auch ein gutes Frühstück und leichte Mittagsmahlzeiten bekommt.

Kehren Sie nach einer kleinen Stärkung wieder zur 36th Street zurück und halten Sie sich in Richtung Osten. Nachdem sie die Park und Lexington Avenue überquert haben, liegt eines der bezauberndsten historischen Viertel der Insel vor Ihnen. Die terrassenförmig angelegten Häuser von **Sniffen Court's** wurden während des amerikanischen Bürgerkriegs im neo-romanischen Stil gebaut und dienten ursprünglich als Stallungen für die Pferde der vornehmen Reichen von Murray Hill. Heute sind diese Häuser sehr begehrt und ihre Preise dementsprechend hoch.

Östlich von Sniffen Court's erstreckt sich das elegante Wohngebiet **Kipp's Bay** mit seinen hohen Apartmenthäusern, Bürogebäuden, Restaurants und einer Fülle von Kinos an der 34th Street.

Ein Museum mit armenischen Antiquitäten ist in der **St. Vartan's Armenian Church** an der Kreuzung 34th Street/ Second Avenue untergebracht. Das Gebäude ist einem orthodoxen Gebetshaus aus dem 5. Jahrhundert nachempfunden. Der Eintritt ist frei.

East 42nd Street: Alles was mit Werbung und PR zu tun hat, tummelt sich auf der Madison Avenue zwischen der 42nd und 57th Street. Hier liegt das kommerzielle Zentrum der City. Männlein wie Weiblein tragen hier ihr Aktenköfferchen mit sich herum, kehren beim Yale Club in der Vanderbilt Avenue auf einen Cocktail

Vorhergehende Seiten: Herbst in New York. In der Grand Central Station. Unten: Detail der Fassade des Seagram Building.

DIE WERBEINDUSTRIE

In der Madison Avenue war man nicht sonderlich überrascht, als die Berliner Mauer fiel und die zentrale Marktwirtschaft mit ihr in Trümmern lag. Amerikas gigantische Werbeindustrie beruht schließlich auf dem Gedanken, daß die Märkte immer den Medien folgen.

Nirgendwo werden Märkte und Kommunikationsmittel genauer beobachtet und in den Rhythmus der Konsummaschinerie eingepaßt als in der Madison Avenue. Abgesehen von Hollywood verfügt New York über ein Quasi-Monopol in der amerikanischen Kommunikationsindustrie. Von den „Top Ten" der Werbebranche haben neun ihren Sitz in New York City.

Manhattan bietet viel kulturelle Stimulation, aber auch die nötigen Betätigungsfelder für Kreativität. Das ganze System basiert auf einer Art Käufer-Verkäufer-Beziehung: Jeder ist irgend jemandes Kunde und hat daher Anspruch auf eine Einladung zu einer Cocktailparty oder einem Diner in einem „In"-Restaurant.

Die Werbeproduzenten schwirren um die „Creative Directors" der Agenturen herum und werden ihrerseits von der Filmwelt heftig umworben. Die Profis der Kommunikationstechnologie entdekken blitzschnell die kleinste Veränderung des Publikumsgeschmacks. Die Reaktionsgeschwindigkeit macht den Erfolg aus – jeder will der Erste sein.

Madison Avenue steht zwar noch immer als Synonym für die Werbebranche als ganzes, sie ist aber schon lange nicht mehr Sitz der großen Werbefirmen, die fast alle von astronomisch hohen Mieten vertrieben wurden. (Nur eine der zehn größten Agenturen – Young & Rubicam – ist noch nicht abgewandert).Gigantenwie Saatchi & Saatchi, die Ogilvy Group und J. Walter Thompson haben ihre Zentralen, Zweigstellen und Tochtergesellschaften unter einem Dach zusammengefaßt. Kleinere Agenturen sind in Vierteln wie Chelsea und SoHo aufgetaucht und geben öden Industrierevieren den von tonangebenden Fotografen und Filmproduzenten bevorzugten Glas- und Backstein-Look.

Im Jahre 1988 machte die Branche eine Rezession durch. Die Marketingexperten verloren das Vertrauen in die Verkaufswirkung der Reklame und lenkten Geld und Strategie in Richtung Promotion und direkten Abverkauf.

Die Reaktion der Werbebranche auf diesen Dämpfer beweist ihren Einfallsreichtum. Es entstanden kleine kreative Büros, die alle Berichte vom Tod der Werbung Lügen strafen. Inspiriert vom Stil der schöpferischen Revolution der sechziger Jahre gingen sie neue Wege. Sie haben das Feature für sich entdeckt und lassen Fernsehspots teilweise von ausländischen Regisseuren drehen.

Gleichzeitig haben sich die großen Agenturen zu regelrechten Supermärkten entwickelt, die ihre Fähigkeiten in der „totalen Kommunikation" anpreisen, und bei der Reklame, PR, Merchandising und Design von einer einzigen Firma koordiniert werden. In den achtziger Jahren begannen die größten Agenturen sich diese „Nebengeschäfte" in einem wahren Kaufrausch einzuverleiben. Gleichzeitig wurden auch einige amerikanische Firmen von ausländischen Kapitaleignern geschluckt.

Jahr für Jahr tauchen zur großen Verwirrung der Verbraucher in den Regalen der Supermärkte 10 000 neue Artikel auf. Die überquellende Produktpalette hat in unserer schnellebigen Zeit auch vor der Medienwelt nicht haltgemacht. Unter dem Ansturm von Video, Kabelfernsehen und einer Vielzahl von Spezialmagazinen sind die Einschaltquoten zur besten Sendezeit von 62 auf 50 Prozent geschrumpft. Es entstand ein neues, opportunistisches Werbekonzept, das alle Marketing-Register zieht, um immer kleinere und enger definierte Zielgruppen zu erreichen.

Diese Trends verändern seit den neunziger Jahren auch Aufbau und Organisation der Werbeagenturen. Bis jetzt gab es die Verkaufsmanager für den Kontakt zum Kunden, die kreativen Mitarbeiter für den Entwurf und die Produktion sowie die Forschungsgruppen für die Logistik. Das Modell der Zukunft verlangt nach einer Superkommunikationsstrategie mit einem Werbe-, PR-, Design- und Merchandising-Programm, das von „Allroundern" durchgezogen wird. Aufgrund der immensen Bedeutung, die einer kreativen Koordination zukommt, wird das Nervenzentrum dieses neuen Werbeorganismus wahrscheinlich an einem Ort konzentriert bleiben – in der Madison Avenue.

ein und hasten dann zur **Grand Central Station,** um den Zug in die Vororte in Westchester County oder Connecticut nicht zu verpassen.

Mit mehr als 550 Zügen, die hier täglich einlaufen, und fast einer halben Million Reisenden ist der Bahnhof Dreh- und Angelpunkt der Nord-Süd-Pendelstrecke der USA. Im Gegensatz zur Pennsylvania Station konnte die Grand Central Station vom Denkmalschutz-Komitee New Yorks vor dem Abriß bewahrt werden. Und so erinnert die wunderschöne Bahnhofshalle an vergangene Tage, als Reisen noch ein luxuriöses Vergnügen und das Privileg der Reichen war.

Trotz der Millionen verschlingenden Restaurierungsarbeiten, die der Central Station ihren alten Glanz erhalten sollten, wurde sie zur inoffiziellen Herberge der Obdachlosen. Ihr Anblick sagt zweifellos mehr über den Zustand der Stadt aus als das unbestritten herrliche Fresko an der Decke der Bahnhofshalle. Einmal pro Woche finden kostenlose Führungen durch den Bahnhof statt. Einzelheiten am Informationsstand. Im Untergeschoß wartet übrigens die **Oyster Bar** mit kulinarischen Köstlichkeiten auf Sie.

Das **Whitney Museum of American Art,** das der Grand Central Station auf der 42nd Street gegenüberliegt, nutzt die Lobby des Philip Morris Building als Ausstellungsfläche. Das Museum ist täglich außer sonntags geöffnet, der Eintritt zur Galerie und zum Atrium ist frei.

Unmittelbar neben der Grand Central Station steht der Glaspalast des **Grand Hyatt Hotel.** Die Lexington Avenue trennt es von dem berühmten **Chrysler Building** – dem glitzernden Juwel in der Skyline von Manhattan. Das 319 Meter hohe Gebäude wurde 1930 vom Autozaren Walther Chrysler errichtet. Die Turmspitze aus rostfreiem Stahl – ein Meisterwerk des Art déco – ragt wie eine Rakete in den Himmel. Das Innere des Gebäudes steht der äußeren Pracht in nichts nach. In der Lobby aus Marmor und Bronze geben Wandgemälde einen Überblick über die Entwicklung der Transportmittel.

Links: Symbol des Friedens vor dem UN-Gebäude.

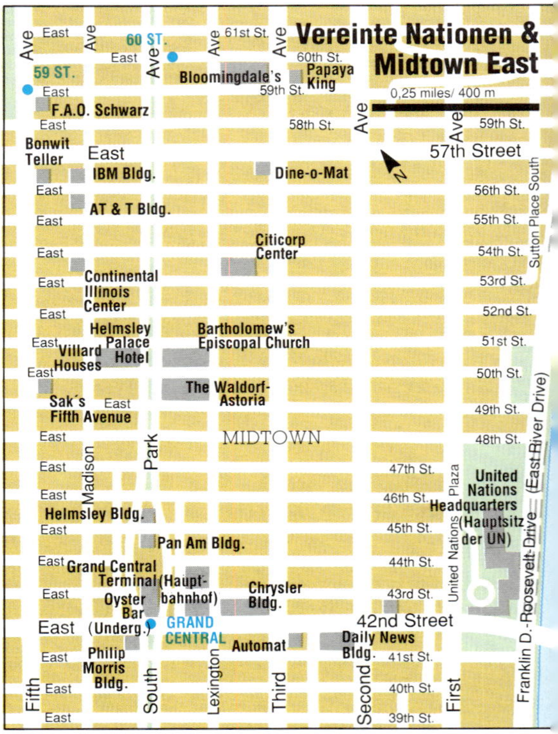

Geht man auf der 42nd Street in Richtung Osten weiter, so stößt man auf das **Daily News Building,** dessen Art-déco-Front schon in vielen *Superman*-Filmen zu bewundern war. Noch weiter östlich liegt die **Tudor City,** ein Wohnhauskomplex mit Anklängen an den englischen Tudor-Stil. Als die Ziegelsteintürme in den zwanziger Jahren errichtet wurden, gab es auf der heutigen First Avenue nur Wohnbaracken und Schlachthäuser. Dies erklärt auch, weshalb alle Fenster nach Westen und nicht nach Osten zum East River und zum heutigen Sitz der **Vereinten Nationen** gerichtet sind. Nutzen Sie die Gelegenheit, um sich das UN-Gebäude einmal von innen anzusehen und sich einen vagen Einblick in die internationale Diplomatie zu verschaffen.

Führungen werden jeden Tag veranstaltet, und es gibt auch Freikarten für die Sitzungen der Vollversammlung. Die Kontrollen sind wegen der Gefährdung der Diplomaten äußerst streng. Auf keinen Fall dürfen Sie sich die Ausstellung der Mondgesteine gleich am Eingang entgehen lassen. Auch das Geschäft mit Kunsthandwerk aus aller Welt im Untergeschoß ist einen Besuch wert.

Unweit vom UN-Hauptquartier findet man im **Ford Foundation Building** einen der schönsten Innenhofgärten in Midtown. Das Atrium mit seinen Bäumen, Blumen und Wasserläufen bietet ein seltenes Bild der Harmonie inmitten eines der hektischsten Viertel von Manhattan. Das **Unicef House** (in der East 44th Street zwischen First und Second Avenue) informiert mit anschaulicher Multimedia über die Ziele der Organisation: Weltfrieden und internationale Zusammenarbeit.

Leben in Luxus: Turtle Bay, Beekman Place und Sutton Place sind Synonyme für exklusives Wohnen. Hier kann man die Reichen und Prominenten ihre Hunde ausführen, ihren Müll ausleeren und Lebensmittel einkaufen sehen. Das historische **Turtle Bay** liegt zwischen der 48th und 49th Street. Die im 19. Jahrhundert gebauten Brownstones umschließen eine Parkanlage, die man von außen allerdings nicht einsehen kann. Zu den Berühmt-

Flaggen von Mitgliedern der Vereinten Nationen.

heiten, die sich hier vor den aufdringlichen Blicken der Öffentlichkeit verschanzt haben, gehören viele Schauspieler und Musiker. Auch die legendäre Katharine Hepburn hatte Turtle Bay zu ihrem Ruhesitz erkoren.

Das Art-déco-Apartmenthotel **Beekman Tower** liegt an der Kreuzung 50th Street/First Avenue. Genießen Sie die herrliche Aussicht von seiner Bar aus, bevor Sie im **Beekman Place,** einer Enklave exklusiver Wohnhäuser, die sich an den East River schmiegen, Ihren Erkundungsgang beginnen.

Das Wohnviertel ist nach dem Holländer William Beekman benannt, der zusammen mit Peter Stuyvesant in die Neue Welt segelte und es hier zu ansehnlichem Wohlstand brachte.

Industriemagnaten, Filmstars, Diplomaten und ins Exil gegangene Mitglieder der iranischen Königsfamilie haben schon im Beekman Place gewohnt. Hier wurde auch Geschichte gemacht, wie auf der Tafel an der Ecke 51st Street/First Avenue nachzulesen ist. Während des Bürgerkriegs schlugen die Briten im Beekman Place ihr Hauptquartier auf. Hier soll auch der amerikanische Patriot Nathan Hale gesagt haben: „Ich bedauere, daß ich nur ein Leben für mein Land geben kann", bevor er im Obstgarten des Beekman-Anwesens am Galgen endete.

Sutton Place – in Büchern und Filmen ein Synonym für Luxus – beginnt an der 54th Street und erstreckt sich über fünf von feinen alten Damen und Pudeln in Beschlag genommenen Häuserblocks in Richtung Norden. Die ruhige Lage, die hübschen Vorgärten und die Nähe zum Fluß machen Sutton Place zu einer der feinsten Wohngegenden New Yorks.

Gute (aber nicht gerade billige) Restaurants gibt es in diesem Teil der Stadt in Hülle und Fülle. Wie wäre es mit dem **Metropolitan Café** in der First Avenue oder einem saftigen Steak mit Kartoffeln im Steakhaus **Palm** in der Second Avenue? Vier Häuserblocks weiter nördlich können Sie sich im **Lutece,** einem der besten französischen Restaurants der Welt, verwöhnen lassen.

Ruhe für die geplagte Seele.

Nirgendwo sonst (außer natürlich in Dublin) gibt es so viele irische Bars wie in der Second Avenue zwischen der 48th und 54th Street: **Kennedy's, Murphy's, O'Lunney's.** Im **Eamonn Doran** wird das Guinness stets frisch gezapft. Im etwas abseits liegenden **Costello's** in der 44th Street zwischen der Second und First Avenue kippen sich trinkfeste britische, amerikanische und australische Journalisten gerne einen hinter die Binde. Das **P. J. Clarke** (1890) diente als Kulisse für den Filmklassiker *The lost Weekend.* Im **Michael's Pub** in der East 55th Street spielt Woody Allen gewöhnlich jeden Montagabend Klarinette.

Neben bacchantischen und kulinarischen Genüssen bietet Midtown East auch sehr gute Einkaufsmöglichkeiten. Sein abgeschrägtes Dach macht das **Citicorp Center,** das achtgrößte Gebäude der Welt, zu einem markanten Punkt in der Skyline von Manhattan. Das Einkaufsmekka wartet nicht nur mit unzähligen Geschäften und Boutiquen, sondern auch mit Restaurants und einem Atrium auf, in dem regelmäßig kostenlose Unterhaltung geboten wird.

Wenn Sie das Citicorp Center durch den Ausgang an der Third Avenue verlassen und in Richtung Osten zur Second Avenue gehen, stoßen Sie zwischen der 55th und 56th Street auf das **Manhattan Art and Antique Center.** Über hundert kleine Geschäfte verkaufen hier Kunstgegenstände und -handwerk von antiken Uhren über Schmuck und türkische Kilims bis hin zu russischen Samowars.

Gehen Sie die 57th Street in westlicher Richtung hinauf: Sie befinden sich auf einem breiten Boulevard, den zahllose Boutiquen säumen. Mit zunehmender Nähe zur Fifth Avenue steigen auch die Preise. Ab der Third Avenue findet man exklusive Schuhgeschäfte wie Maud Frizon oder Susan Bennis-Warren Edwards (wo das exquisite Fußleder ganz leicht satte 1000 Dollar kosten kann). Auch die Edelmarken Hermès, Burberry und Chanel sind hier vertreten. In einem so vornehmen Viertel dürfen natürlich „High Class"-Kunstgalerien wie **Wally Find-**

Die Zuflucht der Bessergestellten.

lay, Tibor De Nagy und **Pace-Wildenstein** nicht fehlen.

Nördlich der Grand Central Station: Der einst freie Blick auf die Park Avenue wird heute vom klobigen **Met Life Building** (früher PanAm) versperrt, das seit den frühen sechziger Jahren der Grand Central Station „auf dem Buckel hockt". Die Park Avenue konnte sich dennoch etwas von ihrem alten Glanz bewahren. Das 1931 eröffnete **Waldorf Astoria Hotel** zwischen der 49th und 50th Street gehört zu den prächtigsten Hotels in Midtown, dort pflegen Staatspräsidenten und blaublütige Gäste abzusteigen.

Mit Ausnahme des eleganten **Intercontinental** an der 48th Street, dessen riesiger Vogelkäfig aus Bronze in der Lobby alle Blicke auf sich zieht, liegen an der Lexington Avenue ausschließlich Mittelklasse-Hotels. In der unmittelbaren Nachbarschaft findet man fast nur religiöse Sehenswürdigkeiten. Die **St. Bartholomew's Church** wurde 1919 im byzantinischen Stil erbaut. Sie hat Eingänge an der Park Avenue und an der 50th Street. Einen Block weiter westlich liegt das reich ausgestattete **Helmsley Palace Hotel,** zu dem auch die **Villard Houses** gehören. Die Häuser aus dem 19. Jahrhundert mit Renaissance-Fassade wurden früher von der Erzdiözese von New York als Büroräume genutzt, dienen heute aber als Aufenthaltsräume des Helmsley Palace. Im Gold Room wird unter dem prächtigen, 1886 von dem Architekten Stanford White entworfenen Deckengewölbe der Fünf-Uhr-Tee serviert.

An der Ecke Lexington/55th Street stellt die **Central Synagogue** mit ihrem Zwiebelturm und den Bogenfenstern im maurischen Stil ein nationales Denkmal dar. Die Synagoge stammt aus dem Jahre 1872. Die hypermoderne **St. Peter's Church** gleich neben dem Eingang zum Citicorp Center in der Lexington Avenue wurde von Louise Nevelson entworfen. Die wöchentlichen Jazz-Gottesdienste sind eine interessante Erfahrung.

Die Luxuslimousinen vor dem **Four Seasons** in der East 52nd Street verraten bereits, daß sich hier nur betuchte Feinschmecker den Gaumen verwöhnen lassen. Das Restaurant, in dem das größte Gemälde Picassos an der Wand hängt, wurde vor kurzem zur historischen Sehenswürdigkeit erklärt.

In den letzten Jahren haben einige der größten Unternehmen inmitten der endlosen Häuserschluchten Raum für die Öffentlichkeit geschaffen und damit entscheidend zu einer Verbesserung der Lebensqualität in Midtown beigetragen. In dem von Philip Johnson entworfenen **AT&T Building** auf der Madison Avenue hat sich Sony eingemietet. Entsprechend sortiert ist das Angebot in der erdrückend kleinen Geschäftsarkade. Das **Sony Wonder Technology Lab** bietet (täglich außer montags) spielerischen Zugang zu modernsten Kommunikationsmitteln. Kostenlos und werbeträchtig! An der nächsten Ecke liegt das **IBM Plaza,** dessen Bambusstauden und Blumenbeete eine angenehme Ruhe verbreiten, die es dem Besucher ermöglicht, das hektische Treiben in Midtown für einen kurzen Augenblick zu vergessen.

Links und rechts: **Das Chrysler Building.**

STATUE OF LIBERTY

Mamma Leone's
New York's
Most Memorable
TIMES SQ
ONE WAY
RESTRICTED AREA
33 FT
&
OVER

Midtown West

Wenn die West Side nicht in so hellem Glanz wie die East Side erstrahlt, liegt das nicht etwa an einer schwächeren Wattleistung der Neonröhren, sondern an der fehlenden Pracht und Eleganz. Midtown West ist das „hardcore"-New York, wo Teenager nur einige Häuserblocks von milliardenschweren Unternehmen entfernt auf den Strich gehen, wo überdimensionale Plakatwände mit Weltklasse-Kunst wetteifern und wo es genauso viele gebrochene Herzen wie Lampen am Broadway gibt.

Sei es nun auf den Broadway-Bühnen, in Hell's Kitchen oder im Garment (Kleider-)District, das Leben besteht hier aus Schweiß, Schmutz und Schminke. Im Herzen der West Side liegt der **Times Square,** der seinen Neonglanz und -tand wie eine alternde Diva zur Schau trägt. Die Lichter mögen noch so bunt und grell leuchten, sie können über den Verfall des Times Square nicht hinwegtäuschen. Sogar am Broadway – dem bezaubernd schönen „Great White Way" – ist der Lack ab. Er hat schon manchen Schlag abbekommen, ist aber noch nie in die Knie gegangen. Das ehrgeizige Sanierungsprogramm am Times Square und die neuen Hotels, die wie Pilze aus dem Boden schießen, sorgen dafür, daß das auch in Zukunft so bleibt.

Der **Herald Square,** die Schnittstelle zwischen der 34th Street, dem Broadway und der Sixth Avenue, ist der Übergang vom eleganten Osten zum nüchternen Westen. Hier sind 1992 neue Kaufhäuser und Einkaufszentren entstanden. Direkt südlich vom Herald Square ist das A & S Plaza, das größte Ladenzentrum der Stadt mit mehr als 70 Läden auf neun Stockwerken, darunter eine Filiale von Abraham & Strauss.

Hauptanziehungspunkt ist freilich das **Macy's,** eine mehr als 100 Jahre alte Kaufhaus-Institution – die größte der Welt. Allein schon deshalb lohnt es sich, bei Macy's vorbeizuschauen.

In der guten alten Zeit war Macy's das Einkaufsparadies der Mittelschicht. Ein günstiges Schnäppchen wird Ihnen aber jetzt nicht mehr so leicht gelingen: Längst gibt es Designermode von der Stange, und damit macht Macy's „Upper Class"-Geschäften wie dem Bloomingdale's die Kundschaft abspenstig. Sehenswert ist der „Cellar", ein Gourmet-Paradies, das das Herz eines jeden kreativen Kochs höher schlagen läßt.

Macy's liegt mitten im **Garment District,** dem Zentrum der amerikanischen Bekleidungsindustrie. Abgesehen von rußigen Kleiderfabriken gibt es im Garment District nicht viel zu sehen. Aber wem das Feilschen im Blut liegt, der kann hier direkt an der Quelle günstig einkaufen – Lagerverkauf zuhauf! Es gibt auch ein paar Geschäfte, in denen Sie die neueste, wenn auch nicht unbedingt qualitativ hochwertigste Mode finden.

Wer sich einen Einblick in das Alltagsleben im Garment District verschaffen möchte, sollte am besten in einen der vielen Coffee Shops an der Seventh

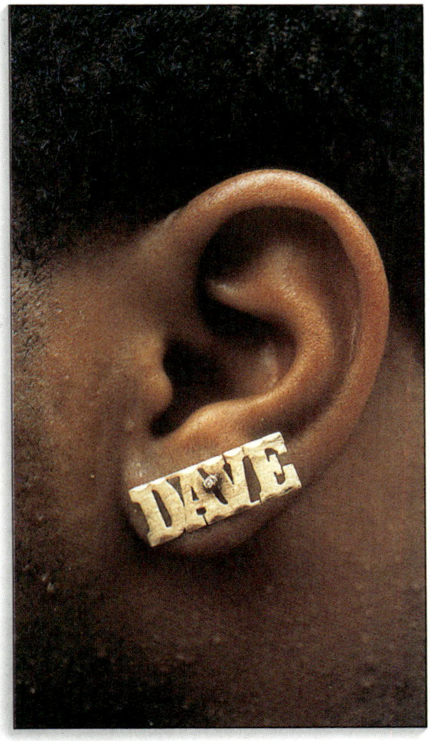

Vorherige Seiten: Am Times Square lockt die große Freiheit. Links: „Rauchender Cocktail" im Russian Tea Room. Rechts: Dieses Ohr gehört Dave.

Avenue zwischen der 35th und 39th Street gehen, wo die Fabrikarbeiter ihr Mittagessen hinunterschlingen und die Modeeinkäufer hartnäckig um die niedrigsten Preise feilschen. Hier noch ein kleiner Rat für Ihren Erkundungsgang im Garment District: Achten Sie auf die „push boys“, die ihre Kleiderständer und Handkarren kreuz und quer durch die Straßen schieben – sie haben grundsätzlich Vorfahrt!

Die wenigen Sehenswürdigkeiten, die zu erwähnen sich lohnt, liegen im Süden des Garment District, der von der Pelzindustrie beherrscht wird. An der Kreuzung Seventh Avenue/33rd Street macht sich der riesige Betonklotz Madison Square Garden breit, der sich nicht nur wegen seines klobigen und scheußlichen Aussehens den Haß der New Yorker zugezogen hat: Er verdrängte die prächtige **Pennsylvania Station** von McKim und Mead & White in den Untergrund. Wie Ameisen müssen daher heute die Pendler (täglich eine Viertelmillion) aus dem 15 Meter tiefen Loch unter der Erde kriechen.

Das ursprünglich am Madison Square, zwischen Madison Avenue und Fifth Avenue, gelegene **Madison Square Garden Center** ist eines der größten Veranstaltungszentren Amerikas. Hier finden gigantische Rock-Konzerte, Eishokkey- und Basketballspiele sowie Zirkusvorstellungen statt. Die Veranstaltungen im **Paramount** und im riesigen **Arena** ziehen Menschen aus der ganzen Welt an.

Für die Glenn-Miller-Fans dürfte das Penta Hotel östlich der Seventh Avenue an der 33rd Street von Interesse sein. Als es noch Pennsylvania Hotel hieß, heizte hier die Glenn-Miller-Band ihren Zuhörern tüchtig ein und feierte ihre größten Hits wie etwa *Pennsylvania 6-5000* – das ist heute noch die Telefonnummer des Penta-Hotels.

Wenn auch das **General Post Office** in der Eighth Avenue gleich hinter dem Madison Square Garden nicht gerade zu den Touristenattraktionen New Yorks zählt, so ist es dennoch die einzige Sehenswürdigkeit, die diese Ecke New Yorks zu bieten hat. Die monumentale Kolonnade

Eigenliebe eines Engels.

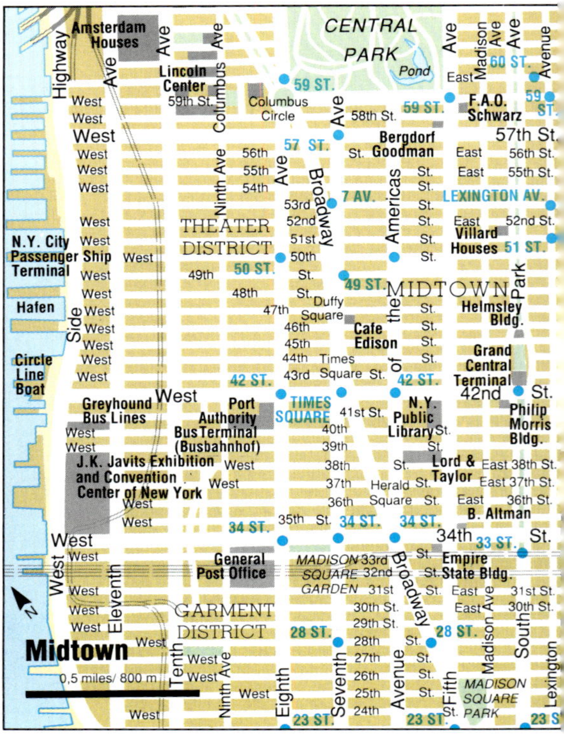

von zwanzig doppelten korinthischen Säulen läßt jeden griechischen Durchschnittstempel im wahrsten Sinne des Wortes „alt aussehen“. Faszinierend ist auch die frei nach Herodot zitierte Inschrift auf dem Fries: „Weder Schnee noch Regen, noch Hitze, noch die Dunkelheit der Nacht kann diese Kuriere auf ihren festgelegten Runden aufhalten.“ Der gute Mann hat ganz offensichtlich niemals einen seiner Briefe mit der Manhattaner Post verschickt …

Der Ausgangspunkt unseres Erkundungsgangs, der Herald Square, wird durch den Broadway, der sich quer durch das Straßennetz von Midtown schneidet, mit dem **Times Square** verbunden. Wenn auch der Times Square in den letzten Jahren eine rasante Talfahrt angetreten hat, geraten Romantiker noch immer über seine glanzvolle Vergangenheit ins Schwelgen.

Wie angesehen der Times Square einmal war, verrät schon sein Name: Die Kreuzung an der 42nd Street und Seventh Avenue war der Sitz der *New York Times*. Der Times Tower steht noch immer hier, nur heißt er heute One Times Square Plaza. Von den Menschenmassen, dem Verkehr, den Theatern und den riesigen Leuchtreklamen am Times Square geht eine bedrohlich wirkende Vitalität aus, die den Adrenalinspiegel kräftig in die Höhe treiben kann.

Times Square ist kein Ort, an dem man sich länger aufhalten sollte. Besonders nachts ist er ein gefährliches Pflaster. Für Straßenräuber und Taschendiebe sind Touristen willkommene Opfer. Von den schmierigen Sexshops an der Eighth Avenue kommen allerlei dunkle Gestalten hierher. Aber dennoch muß man den Times Square einfach einmal gesehen haben – er ist ein Stück New York. Wenn man außerdem ein paar Grundregeln beachtet, kann eigentlich nichts passieren: Gehen Sie nicht in irgendwelche dunklen Seitenstraßen, erkunden Sie den Times Square nur zu zweit oder in einer Gruppe und laufen Sie um Himmels willen nicht wie ein verängstigtes Kaninchen durch die Gegend.

igenwerung: die beühmte hanksgiving-ay-Parade.

Gegen Ende der neunziger Jahre wird sich das Gesicht des Times Square gleichwohl grundlegend verändert haben. Nach langem Gezeter hat man sich nun zu einem Sanierungsprogramm durchgerungen, das viele Milliarden kosten wird, um Touristen und Büroangestellte wieder in dieses Stadtviertel zu locken. Das Paramount Building an der West 46th Street wurde bereits renoviert, daneben ragen die ersten neuen Hoteltürme in den Himmel. In die Planung wurde auch die Generalüberholung der U-Bahnstation an der 42nd Street aufgenommen. Wenn es so weit ist, werden die viele Millionen Dollar teuren „Aufräumarbeiten“ für die U-Bahnbenutzer mit einigen Unannehmlichkeiten verbunden sein, aber wer auch nur einmal in diese nicht ungefährliche dunkle Unterwelt hinabsteigen muß, dürfte sofort von der Notwendigkeit der Sanierung überzeugt sein.

Der Times Square erstreckt sich am Broadway entlang bis zur 48th Street. In den zwanziger Jahren, als bekannte Theaterproduzenten wie die Gebrüder Shubert oder das Sing- und Tanzgenie George M. Cohan mehr als 250 Vorstellungen pro Jahr in den prächtigsten Theatern des Landes gaben, galt der Times Square als Mekka der Theaterkunst. Heute durchlebt dieser Theaterbezirk eine dauernde Berg- und Talfahrt, und die hohen Eintrittspreise sind für viele Menschen unerschwinglich geworden. Der Lack ist zwar ab, aber das Zauberwort *Broadway* wirkt noch immer, wie die Megahits *Les Misérables* und *Das Phantom der Oper* beweisen.

Wenn Sie sich hier ein Musical oder ein Theaterstück ansehen wollen, dann nutzen Sie die Gelegenheit für einen kleinen Spaziergang durch die geschäftige **Shubert Alley,** die zwischen der 44th und 45th Street am Booth und Shubert Theatre vorbeiläuft. Gleich gegenüber liegt das **Sardi's,** ein bei den Showgrößen noch immer sehr beliebtes Restaurant.

Nostalgisch angehauchte Theaterfreunde kommen im **Lyceum Theatre** voll auf ihre Kosten. Dieses älteste Theater am Broadway glänzt mit einer herrli-

Times Square – nachts um halb eins …

DIE OBDACHLOSEN

Man kann sie gar nicht übersehen – die Menschen, die mit stumpfem Blick ziellos in den Straßen herumirren. In U-Bahnschächten, Kirchen und sogar unter den Bäumen im Central Park suchen sie Schutz vor den kalten Winterwinden und der stickigen Sommerhitze. Keiner weiß genau, wieviel Obdachlose es in New York City gibt, aber Schätzungen zufolge sollen es 75 000 bis 125 000 sein.

Jede Nacht schlafen mehr als 20 000 Männer, Frauen und Kinder in Notunterkünften und anderen Heimen, die das Department of Homeless Services eingerichtet hat. Aber die Bewohner beklagen sich, daß die Unterkünfte der Stadt in schlechtem Zustand seien, und daß es von Ratten und Ungeziefer dort nur so wimmele. Von einem Obdachlosen erfahren wir, daß er in einem Heim überfallen und niedergestochen wurde. Seitdem zieht er die Straßen Manhattans den von der Stadt verwalteten Unterkünften vor.

Viel Auswahl haben diese Menschen nicht. Einige liegen seit Jahren mit der Metropolitan Transport Authority im Clinch, weil sie in U-Bahnstationen, Bahnhöfen oder sogar in Zügen übernachten. Wenigstens 5000 Menschen zweckentfremden die Einrichtungen der MTA als Schlafstätten. Aber sie sagen, daß man sie dort nie in Ruhe läßt – das Reinigungspersonal ist der Alptraum eines jeden Penners.

Ein stillgelegter Eisenbahntunnel in der Upper West Side diente jahrelang als Unterschlupf für Obdachlose. Der erste „Bewohner" John Joseph Kovacs zog 1975 in den vier Kilometer langen Tunnel ein und sammelte mit der Zeit allerlei Hausrat – Stühle, Sofas, Teppiche und Küchenschränke – an. Kovacs wurde zusammen mit den anderen Obdachlosen 1991 aus dem Tunnel evakuiert, weil die Eisenbahngesellschaft Amtrak wieder einen Zug mitten durch ihr Heim fahren lassen wollte.

„Ich bin hierhergekommen, weil ich einen Ort suchte, der sicherer als eine Parkbank war", erzählte J. J. Kovacs der *New York Times,* bevor er seinen Tunnel verlassen mußte, „hier konnte ich schlafen gehen, ohne Angst zu haben, daß mir einer meine Schuhe klaut."

Zerrüttete Familienverhältnisse, Arbeitslosigkeit und unerschwingliche Mietpreise treiben die Menschen auf die Straße. Ein weiteres Problem ist hinzugekommen: Aids. Jedesmal, wenn die Nadel die Runde macht, gibt es einen oder zwei HIV-Infizierte mehr. Die Vorhersagen für die Zukunft sind düster: 1994 gab es schätzungsweise über 40 000 HIV-infizierte Obdachlose in New York.

Die Aids-Epidemie hat die *Partnership for the Homeless,* eine gemeinnützige Vereinigung, die 145 Obdachlosenheime als Alternative zu den städtischen Heimen betreibt, auf den Aktionsplan gerufen. Im März 1990 hat die Partnership das erste von der Kirche unterstütze Heim für aidskranke Obdachlose eröffnet. Der frühere Bürgermeister David Dinkins stellte 14 Millionen US-Dollar aus der Stadtkasse für die Aidshilfe bereit. Die Partnership-Mitarbeiter hoffen, daß der Betrag auf einer jährlichen Basis weitergezahlt und daß der Staat sich an den Hilfprogrammen beteiligt.

Wie positiv auch die Maßnahmen des früheren Bürgermeisters gewesen sein mögen, die Zukunft sieht für die Obdachlosen – auch für die Nichtinfizierten – alles andere als rosig aus. Gänzlich unbeeindruckt von den düsteren Prognosen zeigt sich allerdings das Obdachlosenpärchen Rene Wight und Sean Brooks. Sie haben ihr Quartier in der Vorhalle einer Filiale der Chase Manhattan Bank aufgeschlagen und in einer kalten Dezembernacht unter einem Kontoauszugsdrucker ein Kind in die Welt gesetzt. Bankautomatenhallen werden zu einem immer beliebteren Unterschlupf für Obdachlose: Sie sind geheizt, die ganze Nacht geöffnet und bieten eine gute Gelegenheit zum Betteln.

Auch Selbsthilfeprojekte wie die *Street News,* die sich selbst als „erste und einzige sozial engagierte, gemeinnützige Zeitung Amerikas" bezeichnet, geben Grund zur Hoffnung. Seit 1989 haben mehr als 3000 Obdachlose als Zeitungsverkäufer für die Street News gearbeitet, die ihnen einen Anteil am Verkaufserlös auszahlt. Ziel des Projektes ist es, den Menschen wieder Mut zu machen, ihnen eine Aufgabe zu geben und sie von der Straße zu holen.

Vielleicht ist ja die Sache der Obdachlosen nicht ganz verloren, solange es mutige Menschen wie Rene und Sean und innovative Projekte wie die *Street News* gibt.

chen Barockfassade und einem wunderschönen Mansardendach.

Geht man auf der 42nd Street in Richtung Westen, gelangt man in den Hauptabschnitt der Times-Square-Erneuerung. Zwischen Broadway und Eighth Avenue ist die 42nd Street von einer Reihe heruntergekommener Theater gesäumt, die im Zuge der Times-Square-Erneuerung in neuem Gewand ihre frühere Bedeutung wiedererhalten sollen. Das Victory beispielsweise war zu Beginn des 20. Jahrhunderts eine beliebtes Theater, in den siebziger Jahren verkam es zum Porno-Kino. Als Veranstaltungsort für zuträglichere Unterhaltung für Jugendliche sieht es seiner Wiedereröffnung entgegen.

Wenigstens einmal im Jahr werden die morbiden Fassaden geschlossener Peep-Show-Häuser durch eine Reihe ausgefallener, innovativer Kunstinstallationen zur Geltung gebracht. Abgesehen davon, daß hier nach wie vor Diebe, Drogenhändler und Prostituierte nach Beute Ausschau halten und in den Ecken Penner herumliegen, verbreiten die Mitarbeiter des **Times Square Visitor and Transit Information Center** an der Ecke 42nd Street/Seventh Avenue auf Führungen durch die Gegend stillen Optimismus.

Um die Eighth Avenue herum blühen einstweilen noch grell beleuchtete Peep-Shows und andere Etablissements, während der **Port Authority Bus Terminal** Obdachlose und Fixer anzieht.

Hinter der Eighth Avenue beginnt **Hell's Kitchen**, die jetzt (jedenfalls bei den Grundstücksmaklern) etwas vornehmer **Clinton** heißt. Um die Jahrhundertwende gehörte Hell's Kitchen zu den berüchtigtsten Slums im ganzen Land. Einwandererfamilien lebten hier unter miserablen hygienischen Bedingungen zusammengepfercht in Wohnbaracken, Straßenbanden machten die Gegend unsicher. Selbst die Hüter des Gesetzes wagten sich nur zur zweit in das Viertel.

In den letzten Jahren hat sich jedoch ein beeindruckender Wandel in Hell's Kitchen vollzogen. Die Gegend wirkt zwar noch immer etwas heruntergekommen, und es gibt auch noch viele Einwanderer-

Gute Geschä te am Times Square.

familien (vor allem von den Westindischen Inseln, den Philippinen, aus Puerto Rico und Griechenland), aber man spürt so etwas wie eine Renaissance des Nationalstolzes der ethnischen Gruppen. Es gibt hier auch gute und schicke Restaurants und eine aktive „Off-Off-Broadway"-Theaterszene.

Die meisten Theater sind an der 42nd Street zwischen der Ninth und Tenth Avenue angesiedelt und bieten experimentelle Theaterkunst zu Billigpreisen. Das **Manhattan Plaza** ist einer von mehreren staatlich subventionierten Wohnkomplexen für Theaterkünstler.

An der Ecke 42nd Street/Ninth Avenue liegen Gemüse-, Fleisch-, Fisch- und Delikatessenläden, die exotische Köstlichkeiten anbieten. Das **Ninth Avenue Food Festival** findet in der Regel im Mai statt und zieht Tausende Gourmets an. Wenn Sie gerne essen, sollten Sie sich das Festival nicht entgehen lassen.

Westlich der Ninth Avenue hat Midtown nicht viel Interessantes für Touristen zu bieten. Abgesehen vom **Jacob Javits Convention Center** – dem größten der Landes – und dem **Sea-Air-Space Museum** (auf der *USS Intrepid*) gibt es am westlichen Flußufer nur heruntergekommene Häuser, zwischen denen allerlei dunkle Gestalten lungern. Die Sanierung des Battery-Park-Viertels vor Augen, hoffen Optimisten, daß auch dieser Uferabschnitt eines Tages in eine Flußpromenade umgewandelt wird.

In der Sixth Avenue zeigt New York schon wieder ein freundlicheres Gesicht. Lassen Sie sich von den Straßenschildern, die Ihnen weis machen wollen, Sie befänden sich in der **Avenue of the Americas,** nicht in die Irre führen. Für die New Yorker ist und bleibt die **Sixth Avenue** nun einmal die Sixth Avenue, egal wieviele *Stars and Stripes* an den Straßenlampen flattern.

Wir beginnen unsere Tour an der Kreuzung 42nd Street/Sixth Avenue am **Bryant Park.** Das gerade grundlegend erneuerte grüne Fleckchen Erde liegt direkt hinter der Public Library, die an Sommernachmittagen Konzerte veran-

Unten links: „Drive in" am Hard Rock Café. **Unten rechts:** Jacob Javits Convention Center.

staltet. Während der warmen Jahreszeit bieten auch die Straßenverkäufer am Bryant Park ihre Waren feil, und zwar gegenüber vom recht eigenwillig gestalteten **Grace Building,** das sich von seiner breiten Basis nach oben hin verjüngt.

Wenn Sie auf der Sixth Avenue in Richtung Norden weitergehen und an der 44th Street rechts abbiegen, stoßen Sie auf das **Algonquin Hotel,** zu dessen berühmtem „Round Table" Dorothy Parker, Robert Benchley und andere Sterne des literarischen Firmaments gehörten. In der West 44th Street herrscht eine distinguierte Klubatmosphäre. Unter der Hausnummer 27 findet man den **Harvard Club,** bei dem man sich mit einem Blick durch das Fenster begnügen muß, wenn man nicht vier Jahre Schulgeld blechen will. Der **New York Yacht Club** mit seiner Fassade aus dem Jahre 1899 hat die Hausnummer 37.

Das **Hotel Royalton** (Nr. 44) sieht nur wie ein Klub aus, ist aber in Wirklichkeit ein schickes, modernes Hotel. Ian Schrager und der verstorbene Steve Rubell (die beiden Architekten der einst von Warhol, Bianca Jagger etc. frequentierten berühmten Disco *Studio 54* haben es gebaut, Philippe Stark hat von der Eingangshalle bis zu den Toiletten die gesamte Innenarchitektur futuristisch gestaltet, daß es leicht als Schauplatz für einen Science-fiction-Film dienen könnte. Ohne schwarzes „Outfit" und „coolen" Blick wird Ihnen der Weg zum Restaurant, vorbei an schönen Menschen auf Sofas, endlos vorkommen …

Die 47th Street ist das Zentrum des amerikanischen Diamantenhandels, wo Edelsteine im Wert von annähernd 500 Millionen Dollar pro Tag umgeschlagen werden. Die meisten Diamantenhändler sind orthodoxe Juden, die an ihren schwarzen Anzügen, breiten Hüten, unter denen die Schabbeslocken hervorquellen, und den langen Bärten unschwer zu erkennen sind. Buchliebhaber sollten die Gelegenheit nutzen, um beim **Gotham Book Mart** vorbeizuschauen, wo die inzwischen verstorbene Frances Steloff inmitten einer farbenfrohen Bücher-

Die Radio City Music Hall im Lichterglanz.

sammlung hofhielt. Sie setzte sich für die Schriftsteller Eugene O'Neill, Tennessee Williams und James Joyce ein, dessen von der Zensur bedrohtes Werk *Ulysses* sie vor Gericht verteidigte.

An der 47th Street läßt die Sixth Avenue die Unternehmermuskeln spielen. Hier präsentiert sich das **Rockefeller Center** von seiner Rückseite. Die vier monumentalen Bürokomplexe westlich der Sixth Avenue bilden die **Rockefeller Center Extension.** Die einförmigen Betonklötze wie etwa das Time & Life Building können es allerdings mit ihren Art-déco-Vorgängern nicht aufnehmen. Auch wenn man sich bemüht hat, mit großen Plazas, versteckten Innenhöfen und Kunstwerken der ursprünglich phantasievollen Konzeption treu zu bleiben, sind die Anlagen ungemütlich und zugig.

Kein Vergleich jedenfalls mit der **Radio City Music Hall,** dem Herzstück des Rockefeller Centers an der Ecke Sixth Street/50th Street. Eine Führung durch das größte Theater der Welt ist absolut empfehlenswert.

Mit seinen gewaltigen Kronleuchtern in der Lobby und seiner opulent ausgestatteten Konzerthalle ist die Radio City Music Hall ein Juwel des Art-déco-Stils. Sogar die „restrooms", wie die Amerikaner ihre Toiletten gern umschreiben, sind ganz im Art déco gehalten. Stuart Davis schuf für die „men's smoking lounge" – ein weiterer Euphemismus – das Wandgemälde „Men without Women". Heute ist es allerdings im Museum of Modern Art untergebracht.

Das **Museum of Television & Radio** ist von der Fifth Avenue in die West 52nd Street (Nr. 25) umgezogen. Das vom CBS-Magnaten William S. Paley gegründete Museum ist ein Mekka für Medienfreunde. Es umfaßt eine Galerie, zwei Theater, einen Vorführraum und ein riesiges Archiv mit Aufzeichnungen alter Radio- und Fernsehsendungen, die man auch ausleihen kann – ein gutes Alternativprogramm für einen Regentag (täglich außer montags).

Das **Museum of Modern Art** – den Kulturfreaks auch als MoMa geläufig –

Abkühlung im heißen New Yorker Sommer.

beherbergt die bedeutendste und umfassendste Sammlung moderner Kunst aus dem späten 19. und dem 20. Jahrhundert in den USA. Obwohl Kritiker dem auf das Doppelte seiner ursprünglichen Ausstellungsfläche erweiterten **MoMa** mangelnde Intimität vorwerfen, bietet es noch immer eines der schönsten Kunsterlebnisse New Yorks.

Zur Sammlung des Museums gehören wichtige Werke von Picasso, Van Gogh, Monet, Pollock und vielen anderen bedeutenden Malern. Eine raffiniert angeordnete Designausstellung zeigt unterschiedlichste Gebrauchs- und Prestigeobjekte, vom Hubschrauber (in Originalgröße) über einen roten Sportwagen bis hin zu Stühlen und Haartrocknern. Die Ausstellung läßt den Besucher all die banalen Gegenstände, mit denen man täglich hantiert, mit anderen Augen sehen.

Neben Gemälden und Skulpturen bietet das Museum eine Fotosammlung, ein exzellentes Archiv zur Filmgeschichte und – unvermeidlich – mehrere Geschäfte. Selbst wenn Sie kein Freund des Modernen sind und sich für einen absoluten Anti-Museumsgänger halten, sollten Sie das MoMa besuchen. Unter der Telefonnummer 212/708-9480 erfahren Sie das aktuelle Programm. Das Museum öffnet erst um 11 Uhr (außer mittwochs)!

An der 40 West 53rd Street liegt das kleinere **American Craft Museum,** das Handwerkswaren aus Ton, Glas und sogar Papier ausstellt. Das Museum ist montags geschlossen. Kunst ist etwas fürs Auge, füllt aber den Magen nicht. Gott sei Dank wartet nur ein paar Häuserblocks weiter auf der Seventh Avenue in der Nähe der 55th Street das **Carnegie Deli.** Neben seinen Köstlichkeiten wie den monumentalen *Sandwiches* mit Corned Beef, Käse oder Lachs (lassen Sie die Zwiebeln drauf!) bietet das laute, überfüllte und etwas heruntergekommen wirkende Carnegie Deli eine gute Gelegenheit, um ein wenig unverfälschte New Yorker Atmosphäre zu schnuppern.

Das Carnegie Deli liegt nur zwei Häuserblocks von seinem Namensvetter, der **Carnegie Hall** an der Ecke Seventh Avenue/57th Street, entfernt. Das Konzerthaus wurde im Jahre 1891 von dem Industriellen Andrew Carnegie erbaut. Die von Tschaikowsky dirigierte Eröffnungsgala bildete den Auftakt für eine ganze Reihe von Konzerten, in denen weltbekannte Künstler wie Sergej Rachmaninow, Arturo Toscanini und Frank Sinatra auftraten. Bedauerlich ist nur, daß die Architektur der Carnegie Hall nicht mit ihrer beeindruckenden Geschichte und Akustik mithalten kann.

Die West 57th zwischen der Fifth und Sixth Street gehört zweifelsohne zu den exklusivsten Straßenzügen Manhattans. Nirgendwo sonst außer in SoHo drängen sich so viele teure Kunstgalerien und Edelboutiquen. Während man für einige Galerien eine Voranmeldung braucht, kann man bei den Galerien **Kennedy** und **Marlborough,** dem **Frumkin/Adams** und der **Gallery 84** an der 50 West 57th Street zwanglos vorbeischauen. Die meisten liegen in den oberen Stockwerken.

Zu einem der beliebtesten Restaurants in der West 57th Street zählt das **Hard Rock Café** zwischen der Sixth und Seventh Avenue (Hausnummer 221). Nicht zu übersehen ist das auf Hochglanz polierte Heck eines Cadillac über der Tür. Wenn auch das Hard Rock Café mehr für seinen Kitsch als für seine Küche bekannt ist, sollten Sie sich einen gigantischen „Club Sandwich“ bestellen – Sie dürften dann eine Woche lang keinen Hunger mehr verspüren.

Wer das Showbiz mehr als den Rock 'n' Roll liebt, ist im **Russian Tea Room** in der Nähe der Carnegie Hall gut aufgehoben. Hier werden viele Geschäfte zwischen Theater- und Filmleuten mit einem Schälchen Kaviar besiegelt. Eine kleine Warnung sei aber sicherheitshalber angebracht: Die Preise sind hier sicherlich noch gesalzener als der Kaviar.

Zwei Häuserblocks entfernt liegt der **Central Park South,** der für seine luxuriösen Hotels bekannt ist. Wie wäre es mit einer kleinen Rundfahrt in einer Pferdekutsche um den Central Park? Sicherlich kein billiges Vergnügen, aber man lebt ja schließlich nur einmal.

Im Museum of Modern Art.

CENTRAL PARK

Der **Central Park** ist während des ganzen Jahres New Yorks „Gärtchen hinterm Haus“, in dem die Müden und Beladenen Manhattans sich von der harten Arbeit erholen können – oder aber ihre Jogging- und Tennisschuhe anziehen, um etwas für ihre Fitneß zu tun.

Mindestens 15 Millionen Menschen kommen jährlich in den Central Park, dennoch findet man immer ein ruhiges Plätzchen weit weg vom Lärm der City. Die 340 Hektar umfassende grüne Oase Manhattans wird von der Eighth Avenue im Westen (Central Park West) und von der Fifth Avenue im Osten begrenzt und erstreckt sich vier Kilometer von der 59th Street (Central Park South) bis zur 110th Street (Central Park North).

Neben vielfältigen Erholungsmöglichkeiten – 22 Spielplätzen, 26 Baseballfeldern, 30 Tennisplätzen sowie kilometerlangen Reitwegen und Joggingstrecken – bietet der Central Park auch eine gute Gelegenheit, um Menschen zu beobachten. Er ist außerdem *die* Adresse für Straßenunterhaltung.

Am beeindruckendsten ist aber der Anblick des Parks selbst. Malerische Hügel, Wiesen, Wälder und Seen geben dem Stadtbewohner die Illusion einer natürlichen Parklandschaft – wenn er sich die Wolkenkratzer am Horizont einmal wegdenkt. Man kann sich kaum vorstellen, daß sich hier noch vor 200 Jahren eine öde Sumpflandschaft erstreckte mit nichts weiter als ein paar schäbigen Hütten, Schwarzbrennereien, Schweinefarmen und streunenden Hunden.

Ein Park für die New Yorker: Um 1850 war New York mit 700 000 Einwohnern bereits die größte Metropole der Vereinigten Staaten. Grünflächen hatte es allerdings so gut wie keine. Der Lyriker William Cullen Bryant war der erste, der ein leidenschaftliches Plädoyer für die Anlage eines Stadtparks hielt. Journalisten und Beamte folgten ihm. Unter dem Druck der öffentlichen Meinung gab der

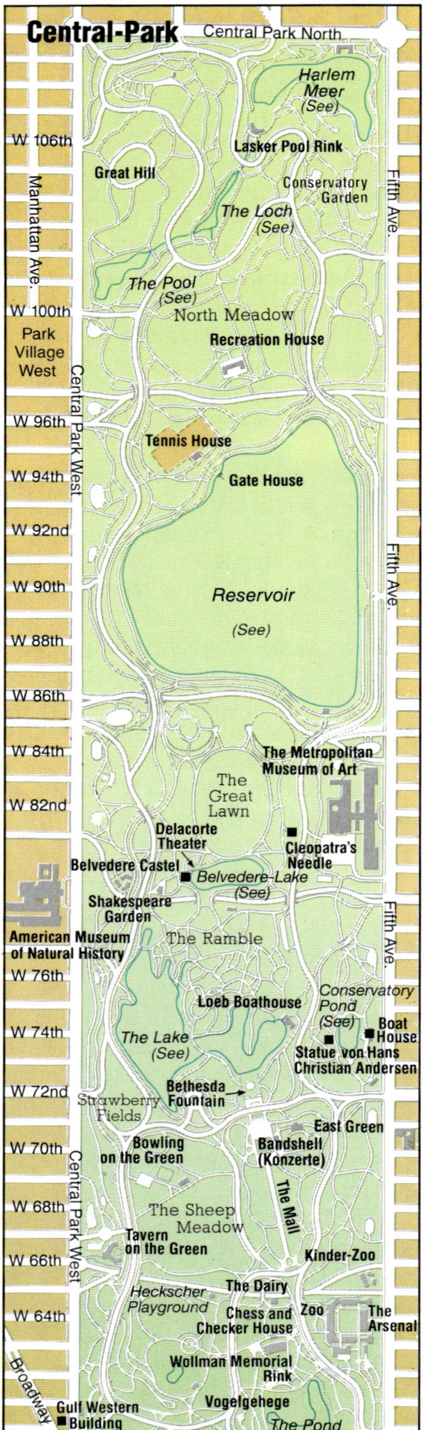

Staat New York schließlich grünes Licht für die Schaffung eines Stadtparks.

Der in Connecticut geborene Farmer, Ingenieur und Journalist Olmsted erhielt bei der Ausschreibungfür die Anlage des Stadtparks im Jahre 1857 mit seinem „Greensward Plan“, den er zusammen mit dem Architekten Calvert Vaux ausgearbeitet hatte, den Zuschlag.

Mit der Vision einer natürlichen Parklandschaft vor Augen beließ Olmsted die für die Insel charakteristischen Felsblöcke an ihrer ursprünglichen Stelle und integrierte sie in seine konstruierte Wildnis, in die er Spaziergänger auf langen Wanderwegen hineinführte. Um den Störfaktor Verkehr so weit wie möglich auszuschalten, versah er die Querstraßen (Transverses), die durch den Park laufen, mit Unter- bzw. Überführungen.

Olmsteds Ziel war es nicht nur, den New Yorkern „eine Alternative zu ihrer Beengtheit, der Hektik und ihrem monotonen Straßenraster zu bieten“, sondern „Hunderttausenden müden Arbeitern, die keine Möglichkeit haben, den Sommer auf dem Land zu verbringen, eine Kostprobe des Gartens Eden zu geben.“

Olmsted benötigte 16 Jahre, mehr als 14 Millionen Dollar, zwei Millionen Kilo Dynamit, 17 000 Bäume und Sträucher sowie großes Durchsetzungsvermögen bei den ständigen Querelen mit der Tammany Hall, um aus einer Ödlandschaft einen der bedeutendsten öffentlichen Parks der Welt zu machen. Obwohl der „Vater des amerikanischen Gartenbaus“ noch über 100 Parks von Maine bis Kalifornien gestaltete, gilt der Central Park als sein Meisterstück.

Sehenswürdigkeiten: Ein Blick auf die Karte zeigt, daß der Central Park in regelmäßigen Abständen Zugänge besitzt. Auf Höhe der W90th Street wurde das **Jacqueline Kennedy Onassis Reservoir** angelegt – ein riesiger künstlicher See, etwa in der Mitte der Grünanlage. Hier dreht New Yorks Jogger-Heer seine Runden. Weniger besucht – zumindest von Fremden – wird der Teil nördlich der 96th Street, obwohl hier der wunderschöne **Conservatory Garden** – der einzige

Vorherige Seiten: Im Central Park die Seele baumeln lassen ...

landschaftsgärtnerisch gestaltete Garten des Parks liegt. Die Bänke, die hier die Spazierwege säumen, stammen noch von der Weltausstellung 1939. Im Frühling entfalten über 20 000 Tulpen ihre bunte Blütenpracht. Ganz in der Nähe liegt übrigens auch das elegante **Vanderbilt Gate** (Fifth Avenue und 105th Street).

Die Haupteingänge im Süden bilden das **Maine Monument** am Columbus Circle und die **Grand Army Plaza** gleich neben dem Plaza Hotel in der 59th Street. Von hier aus führt ein Spazierweg an dem stolzen Reiterdenkmal des Generals William Tecumseh Sherman vorbei zum **Central Park Zoo,** wo sich die Eisbären in einem der schönsten Pools der Stadt tummeln. Nach aufwendigen Umbauten kann man hier durch drei Klimazonen nebst entsprechender Fauna und Flora spazieren. Vorrangiges Ziel der Anlage ist die Erziehung von Kindern und Jugendlichen, die in Gruppen durch den Zoo geführt werden.

Gleich hinter dem backsteinroten **Arsenal** – während des Bürgerkriegs Waffenlager, später naturgeschichtliches Museum, heute ist die Parkverwaltung darin untergebracht – steht die wunderschöne **Delacorte Clock** mit ihrem Orchester aus geschnitzten Tieren, die alle halbe Stunde im Kreis tanzen.

The Dairy (= Molkerei) liegt weiter im Innern des Parks. Früher konnten sich die kleinen Parkbesucher hier mit Milch stärken, inzwischen wurde The Dairy aber zum **Visitor Center** umfunktioniert. Sucht man eine ganz bestimmte Stelle im Park wie etwa **Strawberry Fields,** das von Yoko Ono für John Lennon gesetzte Denkmal, oder will man mehr über die Geschichte des Parks erfahren oder auch an einer Führung mit den Park Rangers teilnehmen, dann ist das Visitor Center die richtige Adresse.

Die acht Hektar große **Sheep Meadow** westlich vom Informationszentrum wird im Sommer von ganzen Familien und Sonnenanbetern bevölkert. Die Schafe, die hier einst grasten, gehören längst der Vergangenheit an, dafür gibt es jetzt aber das Restaurant **Tavern on the Green,** ein

ethesda ountain.

Karussell mit 58 handgeschnitzten Pferden und die **Wollman Rink,** auf der man im Winter schlittschuhlaufen kann (auch Schlittschuhverleih). Folgen Sie von hier aus den Wanderwegen in nördlicher Richtung, bis Sie die **Mall** erreichen.

Sie ist die einzige Flanierpromenade des Central Park; die hier angepflanzten Ulmen zählen zu den schönsten des Landes. Die Mall führt zu einer Terrasse mit dem **Bethesda Fountain,** einem figurengeschmückten Brunnen, der als das architektonische Herzstück des Parks angelegt wurde. Hinter dem Brunnen liegt der **Lake,** auf dem man ab März Boote mieten kann. Gleich in der Nähe gibt es auch einen Fahrradverleih.

Im Nordwesten des Sees erstreckt sich über 15 Hektar die **Ramble.** Dieser von Olmsted bewußt verwildert gehaltene Teil des Parks, mit seinen dichten Büschen, eng gewundenen Pfaden und Felsbrocken, ist nicht nur ein beliebter Tummelplatz für Homosexuelle, sondern auch ein Paradies für Vogelbeobachter. Mehr als 250 Arten von Zugvögeln wurden hier registriert. Trotz seines schlechten Rufes hat der Central Park immer noch die niedrigste Verbrechensrate der Stadt. Dennoch sollte man seine entlegeneren Abschnitte nicht allein erforschen.

Ein kurzer Spaziergang in östlicher Richtung führt Sie zum **Conservatory Water** (Pond), wo im Sommer Modellbootrennen stattfinden; im Winter, wenn der Teich zugefroren ist, üben hier die Schlittschuhläufer. An diesem Teich suchte schon Holden Caulfield, der pubertierende Held des Romans *Der Fänger im Roggen* von J. D. Salinger, nach Enten und nach seinem Seelenheil.

Nördlich der 79th Street Transverse thront das **Belvedere Castle** wie ein gotisches Lustschloß auf dem **Vista Rock.** Es wurde bewußt klein gebaut, um die Perspektive zu verlängern und den Parkbesucher am Bethesda Fountain glauben zu machen, das Schloß sei viel weiter entfernt, als es in Wirklichkeit ist. Das Belvedere Castle ist der höchste Punkt des Parks und bietet eine herrliche Aussicht über die grüne Oase.

Links: Kein schlechter Platz. **Rechts**: Der nächste bitte.

Auch für Kunstfreunde hat der Central Park einiges zu bieten: Eine originelle Verbindung zwischen Poesie und Natur stellt der **Shakespeare Garden** dar, der mit Bäumen und Blumen, die in den Werken Shakespeares erwähnt werden, bepflanzt ist. Im Sommer lockt das **Delacorte Theatre** mit seinen kostenlosen Freilichtaufführungen die Theaterfreunde an. Nicht weit vom Delacorte Theatre entfernt breiten Musikliebhaber in lauen Sommernächten ihre Decken auf dem **Great Lawn** aus, um den (ebenfalls kostenlosen) Konzerten der Metropolitan Opera und des New York Philharmonic Orchestra zu lauschen.

Wenn auch Überfüllung, Abnutzung, Müll, Bodenerosion und Kriminalität den Behörden großes Kopfzerbrechen bereiten, so bleibt der Central Park dennoch ein Platz, „wo der Geist sich über die alltäglichen Stimmungen und Gewohnheiten erheben kann, in die er durch die normalen Gegebenheiten des Lebens in der Stadt zu fallen neigt", wie Olmsted in weiser Voraussicht schrieb.

UPPER EAST SIDE

Wenn die New Yorker an die Upper East Side denken, fällt ihnen dazu ein Wort ein: Geld, sehr viel Geld sogar.

Der Aufstieg der Upper East Side zum eleganten Wohnviertel begann nach 1800, als die „Four Hundred" – so genannt, weil ein einflußreicher Zeitgenosse nur etwa vierhundert Familien für gesellschaftsfähig erklärte – die Fifth Avenue in Beschlag nahmen, um den Central Park mit ihren luxuriösen Villen im Stil europäischer Paläste zu säumen.

Die Carnegies, Fricks und Astors hat es inzwischen in grünere Gefilde verschlagen, aber die Upper East Side hat nie ihren guten Geschmack in Sachen Lebensstil verloren. Fifth, Madison und Park Avenue sind noch immer fest im Griff der Reichen und Privilegierten, die sich ihren luxuriösen Lebensstil etwas kosten lassen. Sogar die einst von deutschen, tschechischen und ungarischen Einwanderern bewohnten traditionellen Arbeiterviertel östlich der Lexington Avenue gelten inzwischen als vornehme Wohngegend.

Geld kommt immer zu Geld – das gilt ganz besonders für die **Fifth Avenue,** die einst „Millionaires' Row" genannt wurde. Millionäre leben hier noch genug, aber im Gegensatz zu den extravaganten „Vierhundert" gibt sich der neue Ostküstenreichtum in der Fifth Avenue diskret. Von luxuriöser Prachtentfaltung ist bei den neuen, langweilig wirkenden Apartmenthäusern der Reichen nichts zu spüren. Einziger Blickfang sind die wenigen Luxusvillen, die noch aus der guten alten Zeit stammen.

Der stattliche **Metropolitan Club** an der Ecke Fifth Avenue/60th Street ist so ein Blickfang. Er wurde 1892 von dem Industriellen J. P. Morgan und seinen neureichen Freunden gegründet, weil man ihnen die Mitgliedschaft in einem der etablierten Downtown-Klubs versagt hatte. Beeindruckend ist auch der im maurischen Stil errichtete jüdische **Temple Emanu-El** an der Ecke Fifth Avenue/65th Street. Er gehört zu den größten Synagogen der Reformjuden in den USA und bietet Platz für 2500 Gläubige.

Noch weiter nördlich liegen einige herrliche alte Feudalbauten: das **Harkness House** (1 East 75th Street), das schloßähnliche **Duke Mansion** (1 East 78th Street) und Payne Whitneys Renaissance-*palazzo,* in dem heute die diplomatische Vertretung Frankreichs in den USA eine Zweigstelle unterhält.

Die internationalen Beziehungen gehören in der Upper East Side zur Tagesordnung. Im früheren **Stuyvesant Mansion** (Ecke 79th Street) ist jetzt das **Ukrainische Institut** untergebracht. Das im Stil Ludwigs XV. errichtete **R. Livingston Beekman Mansion** (854 Fifth Avenue) beherbergt die UN-Vertretung Restjugoslawiens, und die **American-Irish Historical Society** findet man unter der Hausnummer 991 in der Fifth Avenue.

Die **Frick Collection** an der Ecke Fifth Avenue/70th Street ist in einem der schönsten Stadthäuser von New York untergebracht. Sie wurde von dem Stahl-

Vorherige Seiten: Ein 60 000-Dollar-Mäntelchen. Links: Junge *upper class* in der Upper East-Side. Rechts: Sie hängt im Metropolitan Museum.

magnaten Henry Clay Frick, dessen Leidenschaft für die Kunst nur noch von seiner Skrupellosigkeit in Geschäftsangelegenheiten übertroffen wurde, gegründet. Die Sammlung besteht fast ausschließlich aus europäischen Werken vom 14. bis zum 19. Jahrhundert. Die Anordnung der Möbel und Kunstwerke richtet sich nicht nach musealen Gesichtspunkten, und so vermitteln der herrliche Innenhof, die dicken Aubusson-Teppiche und die weichen Sessel dem Besucher eher das Gefühl, durch ein bewohntes Herrenhaus zu wandeln.

Die Frick Collection macht den Anfang der neun bedeutenden Museen der sogenannten „Museumsmeile". Ihr folgt das ehrfurchtgebietende **Metropolitan Museum of Art** an der Ecke Fifth Avenue/82nd Street.

Der 1874 eröffnete, bombastische Gebäudekomplex beherbergt die größte Kunstsammlung der Vereinigten Staaten, angefangen von einem ägyptischen Tempel bis hin zu moderner Kunst. Das Metropolitan Museum of Art ist nicht nur ein einzigartiges Museum, sondern geradezu ein Labyrinth von Galerien, Gärten und Zimmerfluchten, in denen über ein Dutzend verschiedene Sammlungen untergebracht sind. Es macht allein schon Spaß, sich irgendwo in diesem Irrgarten zu verlieren und völlig unvorbereitet auf den einen oder anderen Kunstschatz zu stoßen. Nehmen Sie sich für den Erkundungsgang durch das Met viel Zeit, die Sammlungen sind viel zu gut (und zu umfassend), als daß man sie im Schnellgang absolvieren könnte.

Vier Häuserblocks weiter an der Ecke Fifth Avenue/88th Street liegt ein weiterer Museumsklassiker, das **Guggenheim Museum.** Seit seiner Eröffnung im Jahre 1959 gab der weiße, trichterförmige Bau von Frank Lloyd Wright Anlaß zu heftigen Kontroversen: Während er für die einen ein architektonisches Meisterwerk darstellt, fühlen sich andere mehr an eine Parkgarage erinnert, die unter den hübschen Wohnhäusern, die diesem Viertel seinen Charme geben, unangenehm auffällt. Wie immer auch Ihr Urteil ausfallen

Zwei Ansichten aus dem Guggenheim Museum.

mag: Dieses Gebäude ist vom New Yorker Denkmalschutzkomitee in den Rang einer schutzwürdigen Sehenswürdigkeit erhoben worden. Es ist somit eines der jüngsten Gebäude, dem diese Ehre zuteil wurde. Am besten nehmen Sie den Fahrstuhl bis zum obersten Stockwerk und gehen dann die spiralförmige Rampe hinunter. Neben ständigen Wechselausstellungen sind hier Werke von Renoir, Van Gogh, Toulouse-Lautrec, Kandinsky, Klee und Picasso zu sehen. Durch den Anbau eines elfstöckigen Turms wurde die Ausstellungsfläche 1992 verdoppelt.

Zwischen der 89th und 104th Street liegen die **National Academy of Design,** das **Cooper-Hewitt Museum of Design,** das **Jewish Museum,** das **International Center of Photography,** das **Museum of the City of New York** und **El Museo del Barrio.** Welches von diesen man nun besuchen sollte, hängt vom jeweiligen Interesse ab. Normalerweise kann man im Cooper-Hewitt und im International Center of Photography mit den originellsten Ausstellungen rechnen. Um unangenehme Überraschungen zu vermeiden, sollte man vor einem Besuch anrufen.

Obwohl die Fifth Avenue nur durch ein paar Häuserblocks von der **Madison Avenue** getrennt ist, liegen zwischen den beiden Straßenzügen Welten. Dem diskreten, spröden Ostküstenreichtum der Fifth Avenue steht die prahlerische, auf Hochglanz polierte Eleganz der Madison Avenue gegenüber. Mit ihren edlen Boutiquen und Galerien wendet sie sich bewußt nur an den betuchten Konsumenten.

Der ergiebigste Abschnitt liegt zwischen der 60th und 80th Street, aber selbst wenn man vom nördlichen Ende der Museumsmeile zur Madison Avenue hinüberschwenkt, gibt es immer noch genug Luxusgeschäfte. Zu den ausgefallensten gehört der **Soldier Shop** an der 88th Street, der mit seinen kunstvoll bis ins kleinste Detail ausgearbeiteten Zinnsoldaten so manches Sammlerherz höher schlagen läßt. Bezahlbar ist der Spaß allerdings nur für Erwachsene.

Zu den interessantesten Galerien der Gegend zählen **Espiritu** (traditionelle

Frank Lloyd Wrights umstrittenes Museum-Design.

Dritte-Welt-Kunst) und das **Antiquarium** (alter Schmuck, Münzen, Kunstgegenstände). Weiter südlich, gleich nach der 76th Street, befindet sich das **Time Will Tell,** ein Geschäft mit passendem Namen für antike Uhren. **Givenchy** gibt sich modisch und das vorzüglich sortierte **Books & Co.** intellektuell.

Das **Whitney Museum of American Art** bei der 75th Street können Sie gar nicht verpassen, so auffällig ist die vom Bauhausschüler Marcel Breuer entworfene, freitragende Konstruktion, die zusammen mit dem Guggenheim-Museum zu den kühnsten architektonischen Ausdruckformen der Upper East Side zählt.

Das Whitney-Museum wurde 1930 von Gertrude Vanderbilt Whitney gegründet, die sich zu den Werken amerikanischer Realisten wie Edward Hopper und George Bellows hingezogen fühlte. Ziel des Whitney-Museums ist es, einen Überblick über die amerikanische Kunst des 20. Jahrhunderts zu geben. Unter den Ausstellungsstücken findet man Werke von zeitgenössischen Künstlern wie Georgia O'Keefe, Willem de Kooning, Jackson Pollock und Jasper Johns. Alle zwei Jahre werden im Rahmen der Whitney-Biennale die herausragendsten amerikanischen Künstler der letzten zwei Jahre vorgestellt. Wenn Sie ein Freund zeitgenössischer Malerei sind, sollten Sie dem Whitney-Museum auf jeden Fall einen Besuch abstatten.

In unmittelbarer Nachbarschaft des Museums findet man **The Store Next Door,** einen kleinen Geschenkeladen mit handgemachtem Schmuck und anderem Nippes sowie Möbelstücken zu teils recht günstigen Preisen. Das angrenzende **Madison Avenue Cafe** erfreut sich trotz seines spürbaren Hangs zu Luxus und Vornehmheit andauernder Beliebtheit im Upper East Side, nicht zuletzt weil hier Dustin Hoffman und Tony Bennett verkehren. Vergleichsweise bescheiden, deshalb aber auch authentischer ist das **Three Guys Restaurant** ein Block weiter unten auf der anderen Straßenseite: In diesem altmodischen „New York coffee shop" serviert man am klassischen Tre-

Penthouse in der East Side.

sen ein preiswertes Essen – genau das Richtige, bevor man den letzten Abschnitt der Madison Avenue erkundet.

Die Madison Avenue steht vom Whitney Museum bis zur 59th Street ganz im Zeichen der Mode. Hier finden sich fast alle Namen der internationalen Haute Couture: Yves Saint Laurent, Giorgio Armani, Gianni Versace, Emmanuel Ungaro. Ralph Lauren's Polo hat sein Stammhaus in dem eleganten **Rhinelander Mansion** an der Ecke 72nd Street. Die letzten Modehits im „Japan Wear" gibt es bei Kenzo an der Ecke 69th Street.

Einen dramatischen Szenenwechsel erlebt man, wenn man von der Madison zur **Park Avenue** geht, die sich im Vergleich zum Glanz und Glamour der Einkaufs- und Werbestraße eher bescheiden ausnimmt. Eine Ausnahme bildet allerdings der **Colony Club** an der 62nd Street, dessen Backsteinfassade ebenso würdevoll wirkt wie die vornehmen Ladies, die hier ein- und ausgehen.

Ein paar Häuserblocks weiter nördlich an der Ecke 66th Street liegt das **Seventh Regiment Armory.** Der mittelalterlich wirkende Bau übernimmt gelegentlich die Gastgeberrolle für Theatervorführungen und Kunstausstellungen. In der 70th Street wartet die **Asia Society** mit einer erlesenen Asiatika-Sammlung aus dem Besitz der Rockefeller-Familie auf. Liebhaber asiatischer Kunst kommen hier nicht nur bei den Ausstellungen, sondern auch bei Theater- und Filmvorführungen über asiatische Kultur auf ihre Kosten.

Wenn auch die Upper East Side östlich der Park Avenue etwas an Prestige verliert, macht sie diesen Verlust mit einer gesunden Portion Genußfreude wieder wett. Das Gebiet war einst ausschließlich von osteuropäischen Immigranten bevölkert, hat aber inzwischen einen noblen Anstrich erhalten. Ein paar deutsche, ungarische und tschechische Einwandererfamilien haben allerdings ihre Stellung in **Yorkville** zwischen der 65th und 90th Street behaupten können. Süße Köstlichkeiten aus deutschen Landen findet man beispielsweise noch in der **Kleinen Konditorei** in der 86th Street zwischen der

Wohnkultur in der East Side.

Second und Third Avenue. Deftige deutsche Hausmannskost gibt's in dem gemütlichen Restaurant Heidelberg. Weiter südlich an der Second Avenue haben die Restaurants mediterranes und anderes exotisches Flair.

Die meisten wenden sich an Yuppies um die dreißig Jahre und liegen zwischen der 60th und 80th Street. Neben den vornehmen Restaurants haben aber auch einige Familienbetriebe überlebt, deren Gäste aus der Nachbarschaft kommen.

Zu den Klassikern unter den Restaurants zählen das Elaine's und das Papaya King. Das **Elaine's** steht schon seit über 20 Jahren in der Gunst des Showbusiness und zählt zu den Stammlokalen von Woody Allen. Wenn Sie nicht über die für den Einlaß nötigen Beziehungen verfügen, dann sollten Sie lieber gleich ins Rathbone's auf der gegenüberliegenden Straßenseite gehen. Vom Restaurant hat man nicht nur einen guten Ausblick auf den Eingang von Elaine's, sondern man kann hier mit Steaks, Burgers und Bier für weniger als zwanzig Dollar satt werden.

Das **Papaya King** ist mehr ein Hotdog-Stand als ein Restaurant. Mit seinen äußerst schmackhaften Hot dogs (sie zählen zu den besten von ganz New York) und seinen köstlichen tropischen Fruchtsäften ist es schon seit vielen Jahren der Renner unter den Imbißständen der Stadt.

Was das Einkaufen anbelangt, so findet man in diesem Teil der Upper East Side eine Fülle von Spezialgeschäften, angefangen von Antiquitätenläden bis hin zu Kunstgalerien. Am ergiebigsten ist die Lexington Avenue zwischen der 60th und 70th Street. Einkaufen kann man hier genausogut wie in der Madison Avenue, man muß sich nur mit weniger Pomp und Prachtentfaltung zufriedengeben.

Viele moderne Boutiquen überlebt hat das Großkaufhaus **Bloomingdale's** an der Ecke Lexington/59th Street, das für viele New Yorker zu einer Institution geworden ist.

Das bewährte Erfolgsrezept von *Bloomies* (wie die New Yorker das Kaufhaus liebevoll nennen) heißt Stil und Qualität. Wenn hier auch meist dichtes Gedränge herrscht, das vor allem während der Ferienzeit lebensbedrohliche Ausmaße annimmt, sollten Sie sich einen Besuch bei *Bloomies* nicht entgehen lassen – um so mehr, als seine Zukunft im Ungewissen liegt, nachdem seit einigen Jahren Spekulanten ein Auge auf „die Königin unter den Kaufhäusern" geworfen haben. Vom Restaurant im sechsten Stock blickt man auf die Queensboro Bridge.

Der Einkaufsbummel läßt sich recht gut mit einem kleinen Erkundungsgang durch das Viertel östlich der Lexington Avenue verbinden. Das **Abigail Adams Smith House** in der 61st Street zwischen der York und First Avenue ist eines der wenigen Häuser aus dem frühen 18. Jahrhundert, das Manhattan erhalten geblieben ist. Der zu einem Museum umfunktionierte Pferdestall wurde seinerzeit vom Ehemann von Abigail Adams Smith, der Tochter des Präsidenten John Quincey Adams, errichtet; die dort ausgestellten herrlichen Antiquitäten zeigen, wie man in der Mitte des 19. Jahrhunderts in New York lebte.

Idyllisches Roosevelt Island.

Nur zehn Häuserblocks entfernt stößt man in der Nähe der Kreuzung York Avenue/72nd Street auf das Auktionshaus **Sotheby's,** das die Herzen aller Kunstsammler höher schlagen läßt. Noch weiter nördlich, etwa in Höhe der 88th Street, liegt inmitten des hübschen **Carl-Schurz-Parks** das schmucke **Gracie Mansion** – ein weiteres Überbleibsel aus dem 18. Jahrhundert, das jetzt als offizielle Residenz des Bürgermeisters dient. Von seiner Anhöhe blickt das Gracie Mansion auf den wegen seiner Strömungsverhältnisse recht tückischen Hell Gate, wo sich der East River und der Harlem River vereinigen.

Wenn es die Zeit erlaubt, dann steigen Sie doch an der Ecke Second Avenue/60th Street in die Roosevelt Island Tramway, eine in der Schweiz hergestellte Seilbahn. Der Blick auf den Fluß ist einfach atemberaubend, besonders bei Sonnenuntergang. Vier Minuten dauert die Fahrt von der East Side bis zur 60 Hektar großen Insel **Roosevelt Island,** die mit nur einer Hauptstraße, einer Kirche, einem Supermarkt und einigen wenigen Restaurants einen krassen Gegensatz zum pulsierenden Großstadtleben jenseits des Flusses bildet.

Der Anschluß an das U-Bahnsystem von New York City hat diese Oase inzwischen zu einer begehrten Wohngegend gemacht. Der Manhattan Park, ein luxuriöser Wohnkomplex, fügt sich allerdings nur schlecht in das Kleinstadtmilieu der Insel. Für ihn sprechen die großzügigen Einrichtungen wie ein Hallenbad, mehrere Spielplätze und fünf kleine Parkanlagen. Kultureller Mittelpunkt ist die im viktorianischen und gotischen Stil gehaltene Chapel of the Good Shepherd, die auf das Jahr 1899 zurückgeht.

An Wochenenden werden gelegentlich Inselwanderungen durchgeführt, die eine gute Gelegenheit bieten, sich das Flußpanorama der Upper East Side sowie den hübschen, wahrscheinlich aus dem Jahre 1872 stammenden Leuchtturm an der Nordspitze anzusehen und sich vom Kleinstadt-Charme von Roosevelt Island gefangennehmen zu lassen.

[Z]u Hause an [d]er Upper [E]ast Side.

Caviar
ZABARS

ZABARS
ZABARS
ZABARS
Underberg
Underberg

UPPER WEST SIDE

Man könnte die Upper West Side wie ein Sandwich mit Chili betrachten. Von außen sieht es appetitanregend aus, aber innen ist es teuflisch scharf.

Der scharfe Teil besteht aus dem Broadway, der Columbus und der Amsterdam Avenue, einer Art Rund-um-die-Uhr-Zirkus, der zwischen dem eleganten Riverside Drive und dem Central Park West eingezwängt ist.

Schon seit den achtziger Jahren ist die Upper West Side Tummelplatz der New Yorker *yuppies,* weshalb sie auch spöttisch *Yupper West Side* genannt wird. Die Verwandlung geschah fast über Nacht. Plötzlich waren überall Boutiquen wie Pilze aus dem Boden geschossen, und es gab mehr Sushi-Bars als selbst in Tokio.

Aber nicht immer bestand das Leben dort nur aus Brunch und Boutiquen. Vor der Invasion der Yuppies war die Upper West Side eine Brutstätte der Kriminalität, und die gutbetuchten Bewohner von Central Park West verließen nachts nur ungern ihre Wohnungen. Obwohl die Gegend inzwischen saniert wurde, gibt es immer noch Inseln des Elends inmitten des neuen Reichtums und mehr als genug Konflikte zwischen den Alteingesessenen und den Neuankömmlingen. Aber an Konflikte haben sich die Menschen hier gewöhnt, denn das Leben in dieser Gegend war schon immer ein endloser Kampf ums Überleben, und daran hat sich bis heute nichts geändert.

Die Upper West Side beginnt am **Columbus Circle,** einem chaotischen Gewirr von Autos und Fußgängern rund um die Statue von Christoph Kolumbus, der dem Treiben geradezu verwirrt zuzuschauen scheint. Außer dem **New York Convention and Visitors Bureau,** dem Fremdenverkehrsbüro am Südende des Platzes, gibt es hier aber nichts zu sehen. Allerdings beginnt hier der Central Park, und daher ist stets eine Menge Menschen unterwegs, die ihre Mittagspause haben oder einfach nur bummeln.

Vorherige Seiten: Bei Zabar's hat man immer gut lachen. **Links**: Das nette Gesicht von Manhattan. **Rechts**: Das Dakota-Apartmenthaus.

Central Park West zweigt vom Columbus Circle ab und führt von dort aus in die wohlhabendste Wohngegend dieses Gebietes. Die Wohnhäuser, die den Park überragen, gehören zu den vornehmsten der Stadt. Die Seitenstraßen, besonders die 74th, 75th und die 76th, zeichnen sich durch besonders schöne Häuser aus. Unter den eindrucksvollsten Gebäuden befinden sich Meisterwerke des Art déco wie etwa **The Century** (Nr. 25), die **Majestic Apartments** (Nr. 115) und die klassizistisch inspirierten **San Remo Apartments** (Nr. 145-146). Berühmtheiten wie Rodolfo Valentino, Isadora Duncan, Noel Coward und Norman Rockwell wohnten im **Hotel des Artistes** an der Ecke West 67th Street. Im Erdgeschoß befindet sich das Café des Artistes, ein verschwiegener Schlupfwinkel für romantische Abenteuer.

Das berühmteste Wohnhaus hier ist das **Dakota** (1 West 72nd Street), das 1884 von Henry Hardenbergh gebaut wurde, der auch das Plaza Hotel entwarf. Damals spotteten die New Yorker, es sei so weit

von der Stadt entfernt, daß man es auch gleich im Territorium der Dakota-Indianer hätte bauen können, woraus sich der Name und der Indianerkopf über dem Eingang erklären.

Natürlich wuchs die Stadt sehr schnell weit darüber hinaus, aber in all den Jahren blieb das Dakota die vornehmste Adresse am Central Park West. Boris Karloff, Leonard Bernstein und Lauren Bacall haben hier gewohnt. Direkt gegenüber, auf der anderen Straßenseite im Central Park, befindet sich ein kleiner Hügel, mit dem Namen **Strawberry Fields,** er ist dem Andenken an John Lennon gewidmet, der hier wohnte und vor dem Eingang des Dakota ermordet wurde.

Von der 72nd Street ist es nur ein kurzer Spaziergang stadtauswärts, an der düsteren Fassade der Universalist Church und der **New York Historical Society** vorbei, zum **American Museum of Natural History,** einem erdrückenden Riesenkomplex, der sich über vier Häuserblocks erstreckt. Der Haupteingang, der von einer Reiterstatue des Präsidenten Theodore Roosevelt bewacht wird, ist einer der vielen Anbauten, die um das ursprüngliche Haus herumgebaut wurden. Die alte Fassade – ein stattlicher Säulengang im römischen Stil mit zwei reich verzierten Türmen – wurde im Jahre 1892 errichtet und ist von der 77th Street aus zu sehen.

In den 19 Gebäuden mit ihren mehr als 34 Millionen Ausstellungsstücken gibt es besonders für Kinder immer eine Menge zu bestaunen, zum Beispiel einen 34 Tonnen schweren Meteoriten, den größten blauen Saphir der Welt, das lebensgroße Modell eines Blauwales und eine berühmte anthropologische Sammlung. Die berühmte Dinosaurier-Ausstellung ist in sechs Sälen im dritten Stock untergebracht und bietet dem Besucher faszinierende Ansichten der vorgeschichtlichen Zeitalter der Erde. Wem die Skelette nicht reichen, der kann mittels Computer eine Zeitreise zu den Dinosauriern machen. In der *Theodore Roosevelt Rotunda* gibt es außerdem den größten Dinosaurier der Welt, den über 15 Meter hohen Barosaurus, zu sehen. Die Filme der *Sky*

Kolumbus schaut verwirrt drein.

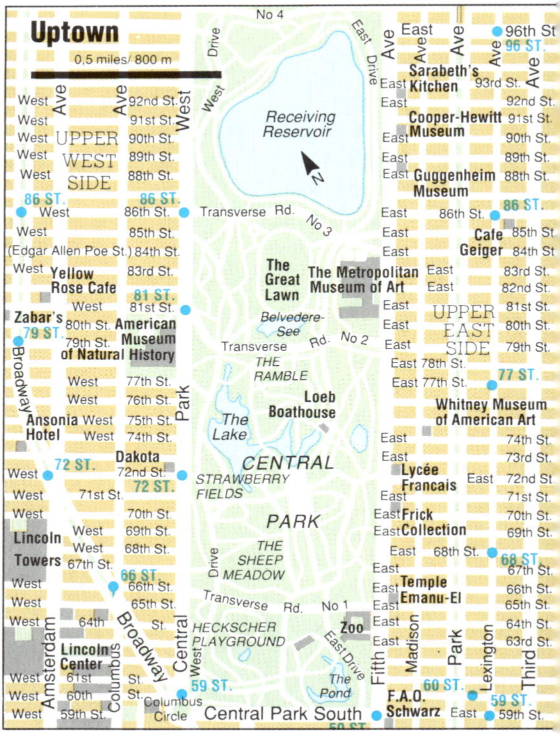

Shows im **Hayden Planetarium** und im **Naturemax Theater** werden auf einer 20 Meter breiten Leinwand gezeigt.

Wenn Sie den Broadway zum Columbus Circle zurückgehen, kommen Sie an der **Fordham University** und der **Juilliard School of Music** vorbei. Es ist schon eine Ehre, dort überhaupt angenommen zu werden, denn die strengen Auswahlkriterien und die kleinen Klassen ziehen die talentiertesten Studenten aus ganz Amerika an. Diese lassen sich sicherlich von den Aufführungen im benachbarten Lincoln Center inspirieren, das Sie auf jeden Fall besuchen sollten. Führungen finden von zehn bis 17 Uhr jeweils zur vollen Stunde statt.

Mit dem Bau des **Lincoln Center for the Performing Arts** wurde 1959 begonnen, als Teil eines großangelegten Sanierungsplanes, der darauf abzielte, das dortige Elendsviertel zu beseitigen.

Über 180 Gebäude wurden abgerissen, und 1600 Familien mußten umgesiedelt werden. Das erregte den Unwillen von Sozialkritikern, die im *Center* lediglich einen Spielplatz für die Elite sahen. Die Architekturkritik verriß das Konzept des Gebäudes ebenfalls, da es nicht feierlich genug und seine Ornamentik allzu üppig geraten sei. Trotzdem hat sich das Lincoln Center zu einer der wichtigsten Bühnen der darstellenden Künste entwickelt. Es wird jährlich von etwa fünf Millionen Menschen besucht, scheint also offenbar sehr populär zu sein.

Die **Metropolitan Opera** liegt direkt gegenüber. An ihrer Fassade hängen zwei Riesengemälde von Marc Chagall hinter einer Glaswand – *Le Triomphe de la Musique* auf der linken und *Les Sources de la Musique* auf der rechten Seite. In der Met, wie sie kurz genannt wird, ist von September bis April die Metropolitan Opera Company zu Hause und von Mai bis Juli das American Ballet Theatre, früher unter der Leitung von Michail Barischnikow. Zwar sind die Inszenierungen grandios, aber leider können nur wenige Menschen sich die Preise leisten.

Links vom schwarzen Marmor-Springbunnen des Lincoln Center schließt das

Strawberry Fields, gegenüber vom Dakota Building.

New York State Theater an, in dem sowohl die **New York City Opera** als auch das **New York City Ballet** untergebracht sind. Beide geben sich experimentierfreudiger als die Met und sind dabei noch weniger kostspielig. Sollten die Türen geöffnet sein, schauen Sie sich das Gemälde von Jasper Johns im Erdgeschoß sowie die beiden umstrittenen Marmorstatuen von Elie Nadelman im Foyer im ersten Stock an.

Auf der dritten Seite des Hauptplatzes steht die **Avery Fisher Hall,** die Heimat des New York Philharmonic Orchestra und Schauplatz der „Mostly Mozart"-Aufführungen im Sommer. Nachdem man jahrelang Probleme mit der Saalakustik hatte und mehrere Umbauten nichts brachten, wurde er abgerissen und neu erbaut. Sehen Sie sich Richard Lippolds *Orpheus and Apollo* an, eine hängende Metallskulptur im Foyer.

Zwei weitere Innenhöfe flankieren die Met. Vor dem **Vivian Beaumont Theater** zu Ihrer Rechten liegen ein schattiger Platz und ein Brunnen, wo Sie Ihr Sandwich verzehren können. Die oxydierte Bronzeskulptur in der Mitte des Brunnens wurde von Henry Moore geschaffen; eine spindeldürre Stahlskulptur in der Nähe des Eingangs zur Bibliothek stammt aus der Werkstatt von Alexander Calder. Links von der Met liegt der kleine **Damrosch Park.** In der **Guggenheim Bandshell** finden im Sommer zur Mittagszeit, manchmal auch am Abend, kostenlose Freiluftkonzerte.

Wenn Sie genug vom Lincoln Center haben, gehen Sie stadtauswärts, um ein wenig in den besseren Läden der Columbus Avenue herumzustöbern. Natürlich können wir hier nicht alle Geschäfte namentlich aufzählen, aber einige – allesamt nördlich der 69th Street – verdienen doch besondere Erwähnung.

Jerry Grant besitzt zweifelsohne die ausgefallenste Juwelenkollektion diesseits von SoHo, dort können Sie Glitzerndes und Volkstümliches, beides zu gewaltigen Preisen erstehen.

In der 77th Street stoßen Sie auf ein altmodisches Bekleidungsgeschäft na-

American Graffiti, auf U-Bahn-Wagen gesprüht.

mens **Alice Underground** im Keller einer alten Villa. Kleider und andere Waren werden auch auf dem P. S. 44 Market angeboten, der jeden Sonntag zwischen 76th Street und 77 Street stattfindet.

Ein paar Häuserblocks weiter kommt man zum Geschäft von **Penny Whistle Toys,** in dessen Regalen sich ein faszinierendes Sortiment aus altmodischen Spielen, Stofftieren und anderen Artikeln ausbreitet, immer bereit, Kinderherzen höher schlagen zu lassen.

Endicott Booksellers in der 450 Columbus Avenue ist eine der hübschesten und gleichzeitig anspruchsvollsten Buchhandlungen der Stadt.

Wenn Sie einen Abstecher westlich zur Amsterdam Avenue hinüber machen, verändert sich die Szene etwas. Ein paar Boutiquen und Bars liegen vereinzelt zwischen kleinen puertoricanischen Läden und anderen Einzelhandelsgeschäften. Amsterdam ist noch immer nicht vollständig aufpoliert worden. Nichtsdestotrotz finden Sie hier einige gute Restaurants, die weniger überfüllt sind als die populäreren Speiselokale der Columbus Avenue, gleichzeitig aber eine gute Küche bei niedrigen Preisen bieten.

Wenn Sie texanische Hausmannskost lieben, sollten Sie das **Yellow Rose Café** zwischen der 81st und 82nd Street besuchen. Die Barhocker dort sind richtige Sättel, Sie können sich selbst ein *Lone Star beer* einschenken und sich an den traditionellen gegrillten Rippenstücken oder einem Steak mit Hühnchen gütlich tun. Nebenan liegt **Piccolino,** ein gemütliches kleines Lokal, das eine ausgezeichnete Auswahl verschiedener Teigwaren zu erschwinglichen Preisen bietet.

Einige Häuserblocks weiter, in der 89th Street, feierte die **Claremont Riding Academy** im Jahre 1989 ihr hundertjähriges Bestehen. Früher war dies einer von vielen Pferdeställen, jetzt ist es der letzte. Wenn Sie auf einem Pferd mit feurigen Nüstern und wehender Mähne durch den Central Park reiten wollen, dann sind Sie hier am richtigen Platz.

Weiter stadtauswärts verkommt die Upper West Side zusehends. In diesem

Im Museum für Naturgeschichte.

Teil der Stadt wird der Broadway zu einem einzigen Zirkus, ein Platz, an dem all die Widersprüche der Upper West Side unvermittelt aufeinandertreffen. Einkäufer, Börsenmakler und Mütter mit Kinderwagen mischen sich mit Straßenhändlern, Künstlern, Bettlern und Gaunern, die den Passanten auflauern.

Zwar sind die Einkaufsmöglichkeiten hier nicht so üppig wie auf der Columbus Avenue, aber der Broadway kann sich einiger Läden rühmen, die schon fast legendär sind: Da gibt es zum Beispiel das **Zabar's,** ein Delikatessengeschäft, an dem alle anderen gemessen werden. Dem werden die Leute bei Balducci im Village zwar nicht zustimmen, aber schauen Sie selbst und entscheiden Sie. Auch wenn Sie keine Lust zum Einkaufen haben, es macht schon Spaß, sich bis an den Tresen durchzukämpfen, um dort gratis die kalorienbeladenen Süßigkeiten zu probieren. Die anregenden Essensdüfte allein sind einen Besuch wert.

Einen Steinwurf von Zabar's entfernt liegt **Shakespeare & Co.,** die beste Buchhandlung der Gegend und ein freundlicher Ort zum abendlichen Schmökern. Sollten Sie dabei plötzlich Hunger auf einen Teigring mit Rahmkäse bekommen, gehen Sie einfach ein paar Schritte die Straße hinunter. Dort stellen **H&H Bagel** jeden Tag über 60 000 dieser jüdischen Spezialitäten (Bagels) her.

Das **Ansonia Hotel** auf dem Broadway beansprucht einen ganzen Häuserblock zwischen der 73rd und der 74th Street. Obwohl es ein bißchen verkommen aussieht und auch einmal ein Fassadenerneuerung vertragen könnte, ist es doch immer noch die große alte Dame der West-Side-Häuser. Enrico Caruso, Igor Strawinsky, Arturo Toscanini, Theodore Dreiser und viele andere stiegen hier ab. Die Mauern waren dick genug, damit die Künstler jederzeit ihr Handwerk ausüben konnten. Zwar ist das Erdgeschoß jetzt von Einzelhändlern bevölkert, aber das Mansardendach, die Ecktürmchen und die Verzierungen aus gebranntem Ton ziehen den Blick magisch an; es fällt schwer, sich wieder loszureißen.

Weiter stadteinwärts kreuzen sich Broadway und Amsterdam an der Stelle des früheren **Needle Park,** den man seinerzeit nachts am besten mied. Die Zeitschrift *Life* veröffentlichte einmal einen Artikel, der zur Grundlage für einen Film über den Heroinmißbrauch wurde: „Panic in Needle Park".

Gehen Sie von hier aus über die 72nd Street nach Westen bis zur **West End Avenue** und zum **Riverside Drive.** Nördlich der 72nd Street wird das West End zur gehobenen Wohngegend, allerdings weder architektonisch noch in anderer Weise herausragend.

Der Riverside Drive hingegen, der sich an der Grenze von Frederick Law Olmsteds **Riverside Park** hinschlängelt, ist eine der malerischsten und erlesensten Gegenden von Manhattan, voller außergewöhnlicher Architektur und weiter Ausblicke auf den Hudson River.

Am **79th Street Boat Basin** sind viele Hausboote vertäut. Abgehärtete „Wasserratten" trotzen hier das ganze Jahr über dem nassen Element und der Kälte.

Links: Riverside Park. **Rechts:** Riverside Church.

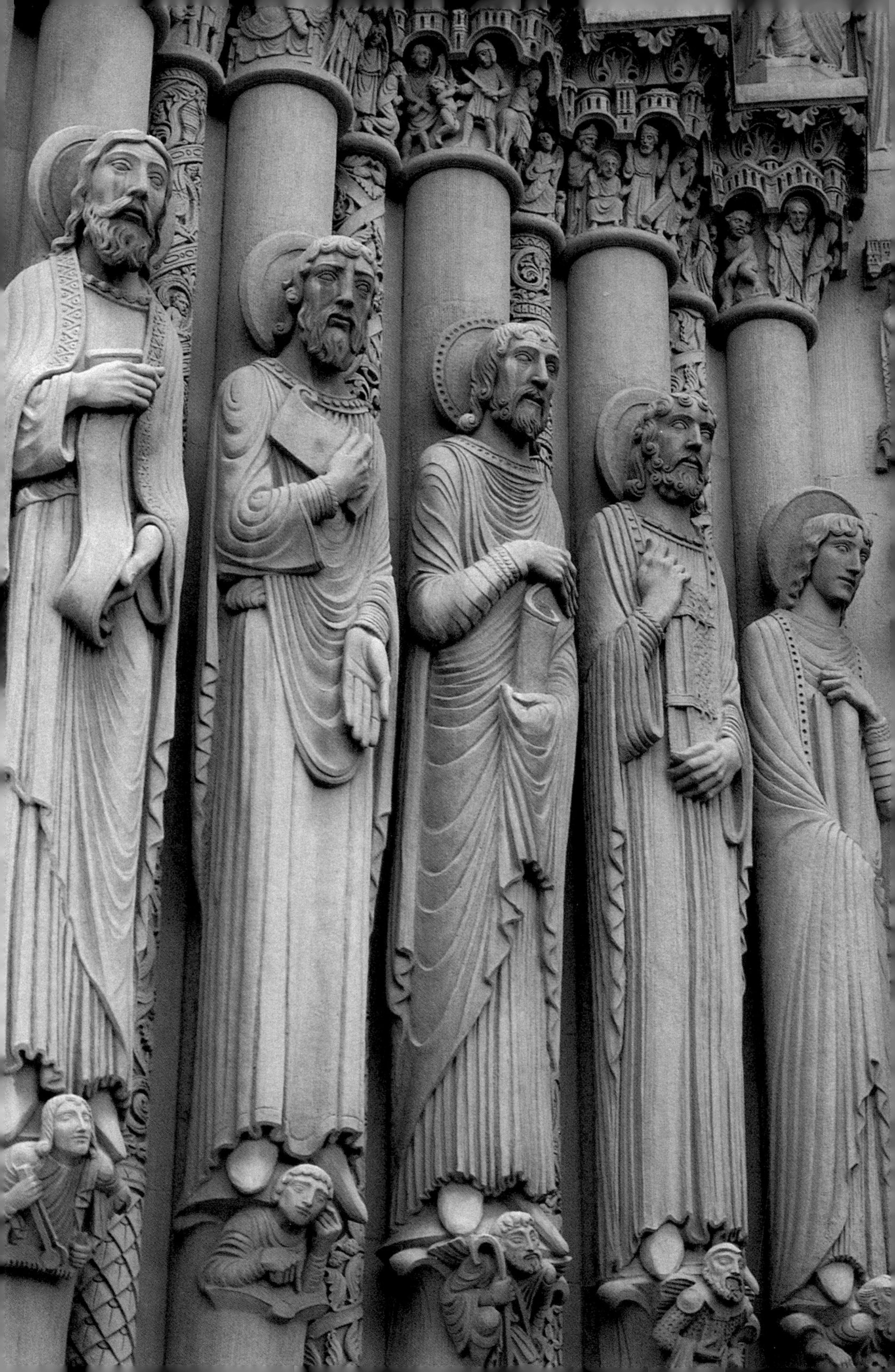

K G

HARLEM

Wer hat nicht schon von Harlem gehört? Von allen Stadtteilen New Yorks, ja, der Vereinigten Staaten überhaupt, ist Harlem, zusammen mit der Bronx, am bekanntesten. Es gibt auf der ganzen Welt nur wenige Orte, die so berühmt und gleichzeitig so unbekannt sind. Denn obwohl kaum jemand wirklich etwas darüber weiß, ist der Name in aller Munde.

Ein afro-amerikanischer Professor aus Alabama erinnert sich an seine Zeit als Achtzehnjähriger im Europa der späten fünfziger Jahre. Immer wieder wurde er nach Harlem gefragt, obwohl er nie dort gewesen war. Der Mann war schwarz, er kam aus Amerika, also mußte er auch aus Harlem sein.

Harlem war, so die gängige Vorstellung, ein Paradies für exotische Nachtschwärmer – mit teuflisch guten Tänzern, wahnwitziger Musik, gefährlichen Männern und verführerischen Frauen. Natürlich wurde und wird diese Klischeevorstellung Harlem in keiner Weise gerecht.

Sicherlich ist es – wie andere Plätze auch – kein sicherer Ort für leichtsinnige Abenteuer oder für naive und romantische Einzelgänger. Es ist daher am besten, Harlem in Gruppen zu besuchen und Augen und Ohren offenzuhalten.

Der Besucher sollte sich darüber im klaren sein, daß es mehr als nur ein Harlem gibt. In **East Harlem** (von der Madison Avenue bis zum East River Drive) leben hauptsächlich Lateinamerikaner. Daher wird es auch **Spanish Harlem** genannt. In **Central Harlem** (von der Fifth Avenue bis zur Amsterdam Avenue) wohnen überwiegend Afro-Amerikaner. Dagegen leben in **West Harlem** (das sich bis zum Riverside Drive hinzieht) wesentlich mehr weiße Bewohner als in den anderen beiden Teilen. Zu West Harlem gehören auch **Morningside Heights** und **Hamilton Heights.** Im Norden von Manhattan liegt **Washington Heights,** ein gemischter Stadtteil voller kultureller Schätze.

Links: Fassadenmalerei. Rechts: Ein warmer Blick.

Die Holländer kommen: Bevor die ersten Afro-Amerikaner sich im Jahre 1910 hier niederließen, war Harlem in vielerlei verschiedenen Händen gewesen. Ursprünglich lebten hier die Ureinwohner Amerikas, die 1658 von den Holländern vertrieben wurden. Die Eroberer nannten den Ort *Nieuw Haarlem,* nach der gleichnamigen Stadt in Holland. Als die Siedlung 1664 von den Engländern übernommen wurde, versuchten diese zunächst, sie in Lancaster umzubenennen.

Schwere Proteste verhinderten dies, aber der Name wurde durch Weglassen des einen „a“ anglisiert. Die Frage, ob Harlem dasselbe wäre, wenn es Lancaster hieße, ist wohl nicht unberechtigt …

Harlem war damals Bauernland und wurde als der erste Vorort von New York City betrachtet, als Prominente wie der erste Finanzminister der Vereinigten Staaten, Alexander Hamilton, hier wohnten. Diese Exklusivität ging schrittweise verloren: erstmals 1837, als die Harlem-River-Eisenbahnlinie eröffnet wurde, dann 1873, als Harlem ein Teil von New

York City wurde, weiter im Jahre 1880, als die Hochbahn bis dorthin gebaut wurde, und schließlich 1904, als die IRT-Lenox-Avenue-U-Bahn in Betrieb genommen wurde. Dadurch wurde Harlem ein integraler Teil der Stadt, was schnell zu einem Zuwachs an europäischen Einwanderern führte.

Aber die wohl einschneidendste Veränderung vollzog sich 1910, als die ersten Afro-Amerikaner zum Entsetzen der weißen Bewohner in die 134th Street östlich der Lenox Avenue einzogen. Seitdem haben Menschen afrikanischer Abstammung zunehmend von dort aus ihren Einfluß geltend gemacht. So unterschiedliche Menschen wie Marcus Garvey, Adam Clayton Powell Jr., Malcolm X, Langston Hughes, Duke Ellington, Louis Armstrong, Sidney Poitier, Ella Fitzgerald und Lionel Hampton begannen hier ihre Karrieren.

Harlem war einst die Heimat legendärer Klubs, wie des Cotton Club und des Savoy Ballroom. Es war das Harlem der zwanziger, dreißiger, vierziger und fünfziger Jahre, das international den Ruf genoß, einer der exotischsten Spielplätze für Vergnügungssüchtige aus aller Welt zu sein. Der inzwischen verstorbene Charles Buchanan war Geschäftsführer des Savoy Ballroom, von seiner Öffnung 1936 bis zur Schließung 1958. Er erzählte, daß übereifrige Europäer, kaum in ihren Hotels angekommen, sich schon ins Savoy stürzten, um sich an der pausenlos aufspielenden Musik und den unglaublichen Tänzern zu ergötzen. Das bestimmt immer noch weitgehend das Bild, daß viele sich von Harlem machen.

Dieses Harlem gehört allerdings seit langem der Vergangenheit an. Und auch das Harlem, das so oft in der amerikanischen Presse breitgetreten wird: Ein Ort, an dem jeder zweite Bewohner entweder Drogenhändler oder -süchtiger ist und in den sich ein Weißer, dem sein Leben und sein Geldbeutel lieb sind, nicht wagen sollte. In Wirklichkeit ist Harlem ein quicklebendiger Stadtteil mit den unterschiedlichsten Bewohnern. Wie anderswo auch, leben hier gute und gastfreund-

Straßenszene um 1930.

liche Menschen Seite an Seite mit den weniger guten. Der Besucher, der mehr über Afro-Amerikaner und Lateinamerikaner erfahren möchte, kann hier eine unvergeßliche Zeit erleben.

In Harlem sind fast alle Richtungen moderner Musik vertreten, vom Jazz über Blues und Gospel, Rap, Reggae bis zum Salsa. Sie können sich an der endlosen Auswahl von lukullischen Leckerbissen, die von Menschen afrikanischer Abstammung auf der ganzen Welt geliebt werden, ebenso erfreuen wie an der Kunst und den handwerklichen Fähigkeiten talentierter schwarzer Künstler. Erleben Sie einmal ein Rodeo mit schwarzen Cowboys oder schauen Sie den zukünftigen Größen des Basketballs auf den Spielplätzen zu. Künstler des Theaters, des Tanzes und der Musik werden Ihren Besuch unvergeßlich machen.

Central Harlem: Beginnen Sie in der berühmten Hauptstraße Harlems, der **125th Street.** Dort werden gleichsam Fifth Avenue und Times Square in eine von zwei Flüssen begrenzte Straße gepfercht. Jede Manhattaner U-Bahn in Nord-Süd Richtung hält hier, und mehrere Nord-Süd-Busse überqueren diese Straße. Durch eine große Einkaufszone schieben sich Menschenmassen, und aus den zwei Dutzend Plattengeschäften dröhnt ununterbrochen Musik.

In der 125th Street stoßen Sie gleich auf mehrere der wichtigsten Attraktionen. An erster Stelle natürlich das **Apollo Theatre,** in dem so manche große Gesangskarriere begann. An den Amateurabenden können Sie aufstrebende Talente erleben, während Sie Teil des begeistert mitgehenden, äußerst dankbaren, aber oft auch extrem kritischen Publikums sind. Die Besucher des Apollo sind für ihre hohen Erwartungen bekannt und kritisieren schwarze Künstler unbarmherzig, wenn sie diesen Ansprüchen nicht genügen. Ein Abend im Apollo kann leicht Höhepunkt Ihrer Reise werden.

Obwohl das Apollo inzwischen vollständig renoviert wurde, spürt man noch immer die Präsenz solch legendärer Größen wie Billie Holliday, Duke Ellington,

Der letzte Schrei: Swing. Die Big Band spielt auf.

Louis Armstrong, Mahalia Jackson, Dinah Washington, Bob Marley und von Superstars wie Aretha Franklin, Ella Fitzgerald, Nina Simone, Al Green, Gladys Knight und Carmen McRae. Wer erinnert sich nicht an die unglaubliche Version von *Spirit in the Dark* von Aretha Franklin und Ray Charles?

Das **Studio Museum of Harlem,** ebenfalls in der 125th Street, beherbergt eine ständige Ausstellung und Archive mit über 10 000 Artefakten zeitgenössischer schwarzer Kunst. Kenner nennen es „das erste Museum der Welt, das ausschließlich der Kunst des schwarzen Amerikas und der Verschleppung aus Afrika" gewidmet ist. Es bietet auch Vorträge, Filme und Seminare an.

Nicht weniger interessant ist das **Black Fashion Museum** in der 126th Street. Es enthält eine umfassende Sammlung schwarzer Modeartikel. Neben Kostümen, die für Broadway-Shows, Film und Fernsehen angefertigt wurden, besteht sie aus Kleidungsstücken, die von eher privaten Trendsettern der jeweiligen Mode getragen wurden. Die Geschichte der Stücke wird jeweils erklärt.

Falls Sie sich für „Straßenkunst" interessieren, gehen Sie einmal noch vor Geschäftsbeginn zur 125th Street. Dann können Sie die Werke von **Franco the Artist** bewundern, die die schmiedeeisernen Gitter zieren, mit denen die Geschäftsleute sich vor Einbrüchen zu schützen versuchen.

Das Büro des **Audience Development Committee** (AUDELCO) befindet sich ebenfalls in der 125th Street. Dort können Sie alles über gegenwärtiges und historisches schwarzes Theater in Harlem oder anderswo in der Stadt erfahren. Falls Sie am dritten Montag im November hier sein sollten, versäumen Sie auf keinen Fall die jährliche AUDELCO-Preisverleihung, das schwarze Gegenstück zu den Oscars in Hollywood. Viele berühmte Künstler nehmen daran teil. AUDELCO versorgt Sie außerdem mit Informationen über andere kulturelle Ereignisse.

In der Nähe der 125th Street locken bekannte Nachtklubs und Restaurants,

Futtern wie bei Muttern (Sylvia's Restaurant).

wie beispielsweise **La Famille, Showman's Café, Bombay Restaurant** und der **Cotton Club.** Sie sind bei den Anwohnern sehr beliebt und bieten Ihnen die Chance, diese in ihren Lieblingslokalen kennenzulernen.

Namenswechsel: Von der 125th Street in Central Harlem gehen Sie eine der von Norden nach Süden verlaufenden Straßen hinauf, etwa den **Malcolm X Boulevard** (Lenox Avenue) oder den **Adam Clayton Powell Jr Boulevard** (Seventh Avenue). Der Malcolm X Boulevard ist nach der 125th Street die bekannteste Straße in Central Harlem mit mehreren Wahrzeichen der Gegend, zum Beispiel **Sylvia's Restaurant,** einem Familienbetrieb, dessen Südstaatenküche einen Besuch wert ist, oder dem **Liberation Bookstore,** einer Buchhandlung für alle, die sich für Bücher über die Erfahrungen der Menschen afrikanischer Abstammung interessieren; und das **Schomburg Center for Research in Black Culture,** eine der führenden Institutionen für schwarze Kultur. Die Bibliothek ist eine wahre Fundgrube mit Büchern, Zeitschriften, Platten, Filmen und Fotos über Afro-Amerikaner im allgemeinen und Harlem im besonderen. Hier stellte Alex Haley seine Nachforschungen für sein berühmtes Buch „Roots" an.

Früher war der Malcolm X Boulevard hauptsächlich wegen des ursprünglich von Gangstern geführten Cotton Club bekannt, wo Schwarzen der Eintritt verwehrt wurde, und als Heimat des Savoy Ballroom, der zu Ehren seiner erfinderischen Tänzer „Haus der glücklichen Füße" genannt wurde. Heute ist die Straße heruntergekommen, aber die erwähnten Einrichtungen sind immer noch einen Besuch wert, wenn Sie ein tieferes Gefühl für Harlem bekommen wollen.

Auf dem Rückweg wählen Sie am besten den Adam Clayton Powell Jr Boulevard. Auch dort locken noch viele Nachtklubs, in denen bis zum frühen Morgen etwas los ist.

Die Gegend um Adam Clayton Powell Jr Boulevard und 137th bis 139th Street ist als **Striver's Row** bekannt, in der vier

So schön kann Harlem sein.

Reihen schöner Wohnhäuser stehen, die 1891 fertiggestellt wurden.

An der Ecke Adam Clayton Powell Jr Boulevard und 125th Street steht das alte Theresa Hotel, das während seiner Blütezeit in den dreißiger bis fünfziger Jahren als das Hotel für farbige Berühmtheiten überhaupt galt, da Schwarzen in den meisten Hotels der Innenstadt der Aufenthalt verwehrt wurden. Der berühmteste Gast war Fidel Castro, der dort 1960 übernachtete, nachdem er eine Auseinandersetzung in einem Hotel der Innenstadt hatte. Führende Politiker, unter ihnen Nikita Chruschtschow, besuchten Castro in seinem Zimmer. Jeden Abend trat der kubanische Präsident auf den Balkon und winkte der begeisterten Menge zu. Castros Auftritte haben Harlem ins internationale Rampenlicht gerückt. Der afroamerikanische Führer Malcolm X gründete 1964, ein Jahr vor seiner Ermordung, die *Organization of Afro-American Unity,* die ihr Büro im Theresa Hotel hatte.

Sollten Sie zufällig an einem Sonntagmorgen in Harlem sein, gehen Sie doch zu einem Gottesdienst in einer Baptistenkirche. Vielleicht haben Sie schon einmal einen Gospelsänger oder -chor auf Tournee gehört; um ein echtes Gefühl für diese Musik zu bekommen, müssen Sie sie einfach in einer afro-amerikanischen Baptisten- oder Pentecostalkirche hören. Der Gesang des Chores und die Antwort der Gemeinde wird Ihre Seele aufwühlen. Es ist eine spirituelle Erfahrung, die Sie nirgendwo sonst machen können. Viele New-York-Besucher wissen das bereits, was durch die große Zahl von Touristen, zum Beispiel in der **Canaan Baptist Church** am Sonntag, belegt wird. Besucher aus allen Kontinenten kommen hierher und werden nach dem Brauch der schwarzen Baptisten zusammen mit einheimischen Neulingen der Gemeinde vorgestellt.

Die Kirchen Central Harlems spielen eine bedeutende Rolle im politischen, wirtschaftlichen und kulturellen Leben des Stadtteils. Außer der schon erwähnten Canaan Baptist Church haben auch die **Abyssinian Baptist Church,** die

Gottesdienst in der Abyssinian Baptist Church.

St. Phillip's Episcopal Church und die **Mother A. M. E. Zion Church** seit Anfang des 19. Jahrhunderts eine entscheidende Rolle gespielt. Der Gesang in diesen drei Kirchen ist mehr traditionell und mag daher dem Besucher aus dem Ausland vertrauter sein.

East Harlem: Englisch und Spanisch sind die Sprachen, die in East Harlem am häufigsten gesprochen werden, da die meisten Bewohner enge Beziehungen zu Puerto Rico haben.

Am besten beginnen Sie ihre Erkundungen bei **La Marqueta** unter der Bahnüberführung Park Avenue von der 111th Street bis zur 116th Street. La Marqueta, der Markt, bezeichnet sich selbst stolz als den größten Supermarkt der Welt. Er ist voller Farben und Gerüche, die man sonst nur auf lateinamerikanischen oder afrikanischen Märkten finden kann. Das Hauptgeschehen hat sich mittlerweile in den Block zwischen 114th und 115th Street verlagert. Hier gibt es Avocados, Guaven, Papayas, Tamarinden, Cassavas und Mangos. Samstag ist der der Markt am lebhaftesten und sehr hektisch, während sich der Freitag und der Sonntag für einen gemütlichen Bummel oder einen raschen Einkauf eignen.

Ein weiterer Anziehungspunkt ist **El Museo del Barrio,** das einzige Museum der Stadt, das der Kunst Puerto Ricos und Lateinamerikas gewidmet ist. Im selben Gebäude untergebracht ist das **Heckscher Theater,** der Sitz von Reach Productions, die *Mama I want to sing,* das erfolgreichste schwarze Musical der Geschichte, herausgebracht haben.

Die Musik, die aus den Plattenläden von East Harlem dröhnt und in den dortigen Nachtklubs gespielt wird, hat einen ausgeprägteren lateinamerikanischen Rhythmus als die Musik von Central Harlem, aber sie ist ebenfalls afrikanisch beeinflußt und sollte in dieser zu ihr passenden Umgebung gehört werden.

West Harlem: West Harlem zieht sich von der Amsterdam Avenue bis zum Riverside Drive hin, einschließlich der Gegend um die Convent Avenue. Die meisten weißen Bewohner von Harlem leben in diesem Stadtteil, in dem auch das **Barnard College** und die **Columbia University** angesiedelt sind.

Die Nähe der beiden Universitäten bedingt viele Klubs und Restaurants. Abends können Sie Konzerte, Tanzaufführungen, Kunstausstellungen, Vorträge, Dichterlesungen, Theaterstücke und Sportveranstaltungen besuchen. Auskünfte darüber erhalten Sie beim Informationsbüro der Universitäten oder dem *Office of Student Affairs.*

Manche Bewohner von West Harlem behaupten, daß sie in **Morningside Heights** oder **Hamilton Heights** wohnen, was in ihren Ohren besser klingt. Da es nun aber ein East Harlem und ein Central Harlem gibt, muß es auch ein West Harlem geben; und die Columbia University liegt nun einmal hier.

West Harlem besitzt einige wichtige historische Stätten, zum Beispiel **Hamilton Grange,** das Haus des ersten Finanzministers der Vereinigten Staaten, Alexander Hamilton, erbaut von 1801 bis 1802. Die **Morris-Jumel-Villa,** an der

**iseur-
schäft in
ist Harlem.**

Ecke 160th Street und Edgecombe Avenue, ist von einem Garten – einst mit Blick auf den Hudson River – umgeben. George Washington hatte hier während der amerikanischen Revolution sein Hauptquartier. An die Villa schließt sich **Jumel Terrace** an, zwanzig wunderschöne Wohnhäuser, die um die Jahrhundertwende gebaut wurden.

Die Bischofskirche **St. John the Divine** ist die größte gotische Kathedrale der Welt – wenngleich sie unvollendet ist. Das **Ulysses S. Grant National Memorial,** das Grab des Bürgerkriegsgenerals und Präsidenten, soll von der letzten Ruhestätte Napoleons, dem Invalidendom in Paris, inspiriert worden sein.

In der Audubon Terrace am Broadway zwischen der West 155th und der 156th Street reihen sich mehrere neoklassizistische Gebäude aneinander, die zwischen 1905 und 1923 als ein geplanter Kulturkomplex gebaut wurden. Dazu gehört die **American Numismatic Society,** die Münzen, Orden und Papiergeld ausstellt. Daneben wurde 1922 die **Hispanic Society of Amerika** eingerichtet. (Das National Museum of the American Indian, das hier 1922 eröffnet wurde, verlegt derzeit den Großteil seiner Sammlung nach Washington D.C., der Rest verbleibt im U.S. Custom House in Lower Manhattan.

Washington Heights: Einst war dieser Stadtteil im Norden fest in irischer Hand; inzwischen wird er vorrangig von Dominikanern, Puertoricanern und Afro-Amerikanern bewohnt.

Fort Tyron Park entlang der West 192nd Street ist ein 250 000 Quadratmeter großer Park, der von Frederick Law Olmsted entworfen wurde. Im Park finden Sie **The Cloisters,** eine Abteilung des Metropolitan Museum of Art, in der der größte Teil von dessen Mittelalter-Sammlung untergebracht ist.

Französische und spanische Klöster, ein Stiftshaus aus dem zwölften Jahrhundert, die Fuentaduena-Kapelle, eine gotische und eine römische Kapelle wurden in den Ursprungsländern abgerissen und hier Stein für Stein wieder aufgebaut. Das Ergebnis ist ein wunderschöner und

Morris-Jumel Mansion.

beeindruckender Platz. Glanzstück der mittelalterlichen Sammlung sind die *Unicorn Tapestries,* sechs handgewebte Wandbehänge aus dem 15. Jahrhundert. Noch weiter nördlich, an der Ecke der 204th Street und Broadway, ist das einstöckige **Dyckman House,** das 1748 im holländischen Kolonialstil erbaut wurde.

Wenn Sie die kulturelle Vielfalt Harlems kennenlernen wollen, sollten Sie an einem der alljährlichen Ereignisse teilnehmen. Im Frühling findet das **Black World Championship Rodeo** statt, das es sich zur Aufgabe gesetzt hat, die Öffentlichkeit über die Rolle der Afro-Amerikaner bei der Erschließung des Wilden Westens aufzuklären. Weitere wichtige Ereignisse sind **Dancemobile** und **Jazzmobile,** Konzerte, die im Sommer im Freien stattfinden, die **African-American Day Parade** Anfang September, das Anzünden der Kerzen am Weihnachtsbaum von Harlem und die AUDELCO Preisverleihung im September.

Anhänger des Basketballspiels werden sich am **Doc Turner East Coast Holiday Classic** erfreuen, bei dem die besten Schulteams zwischen Weihnachten und Neujahr aufeinandertreffen. Im Sommer findet das **Golden Hoops Tournament** statt, bei dem die besten Universitätsspieler aufeinandertreffen.

Das größte Ereignis im Jahr ist die **Harlem Week.** Sie begann 1975 als eintägige Festveranstaltung und dauert jetzt drei ganze Augustwochen. Mit ihren vielen Veranstaltungen und Konferenzen hat sich die Harlem-Woche zu einer der führenden Sommerattraktionen entwikkelt. Höhepunkte sind die **Uptown Saturday Night** und **Harlem Day** am letzten Wochenende. Die Samstagnacht ist ein einziges, riesiges Konzert mit Modenschau, während der Harlem-Tag etwas von allem bietet, Essen und Mode, Kunst, Handwerk und Konzerte. Teile der 125th und der 135th Street verwandeln sich in einen riesigen Markt und eine Freiluftkonzerthalle, die Tausende von Teilnehmern und Zuschauern gleichermaßen anzieht. Dies ist dann die allerbeste Zeit, um Harlem kennenzulernen.

he Cloisters: nnenhof.

UNGLAUBLICH, ABER WAHR

New York ist voller Widersprüche, eine Stadt der Hoffnungen und Enttäuschungen, Entdeckungen und Mythen. Unglaubliche Geschichten sind so alltäglich wie die Mißverständnisse über diese Stadt. Wir haben einige davon für Sie ausgewählt.

Auf der ganzen Welt sorgt die Kriminalität New Yorks für Schlagzeilen. Dabei stand die Stadt vor kurzem nur an neunter Stelle der amerikanischen Mordstatistik und an dreizehnter Stelle in der Gesamtkriminalität. Die Bewohner New Yorks sind dabei erstaunlicherweise sehr religiös. Die Stadt besitzt fast so viele Kirchen, Synagogen, Tempel und Moscheen wie gute Restaurants. Auch über einen Mangel an Heiligen können die New Yorker nicht klagen. Die erste Person, die in Amerika heiliggesprochen wurde, war Mutter Cabrini, die aus Italien nach New York kam – ihr Grabschrein befindet sich in **Washington Heights.** Die erste Heilige, die in Amerika geboren wurde, war Elizabeth Ann Seton aus Lower Manhattan, die in der **Old St. Patrick's Cathedral** in *Little Italy* zum Katholizismus übertrat.

Der dritte im Bunde war der erste schwarze Heilige des Landes, Pierre Touissant, ein Sklave aus Haiti, der im 18. Jahrhundert lebte und in derselben Kirche begraben liegt. Sogar die Jungfrau Maria soll New York besucht haben. Einmal wurde sie auf dem Platz der Weltausstellung von 1964 auf dem Stand des Vatikans in **Flushing Meadows** gesehen. Bis heute pilgern noch Gläubige dorthin. Ein anderes Mal tauchte sie unter einem Baum in der **East 71st Street** auf, in den eine Statue von ihr eingewachsen ist. Es heißt, sie habe einen sichtbaren Schatten hinterlassen.

Ein weiterer Beweis für die Frömmigkeit New Yorks ist ein altes, immer noch gültiges Gesetz, das vorschreibt, daß im Umkreis von 60 Metern um eine Kirche kein Alkohol verkauft werden darf.

Das Trinkwasser von New York ist zwar nicht das beste des Landes, aber dennoch ziemlich sauber, denn die täglich sechs Milliarden Liter kommen aus den Staubecken im unberührten Norden des Staates. Die Straßen sind natürlich nicht mit Gold gepflastert, wie es sich mancher Zuwanderer erhoffte, aber dafür mit Glas-Asphalt, der in der Nacht glitzert wie die Robe einer Operndiva.

Auch die Bürgersteige haben ihre Besonderheiten. An der Ecke **Broadway** und **Maiden Lane** zum Beispiel ist als Werbung für den benachbarten Uhrmacher eine Uhr von Cartier in den Boden eingelassen. Sollten Sie auf ein bestimmtes Gitter am **Times Square** treten (südlich der 46th Street zwischen Seventh Avenue und Broadway), können Sie ein merkwürdiges, musikalisches Stöhnen hören. Dabei handelt es sich nicht etwa um einen verletzten Fußgänger, sondern um eine akustische Spielerei des Komponisten Max Neuhaus.

Exzentriker finden in New York seit langem eine ideale Heimstatt. In den fünfziger Jahren entdeckte man in der Villa der Brüder Collyer in **Harlem** 120 Tonnen Gerümpel, darunter vierzehn Konzertflügel. In den sechziger und siebziger Jahren gehörte Moondog, ein für seinen Wikingerhelm und seine wilden Lesungen berühmter Dichter, zum ständigen Erscheinungsbild der Stadt. Fünfzehn Jahre später hinterließ Adam Purple lila Fußabdrücke auf den Bürgersteigen, und der Drahtseilakrobat Philippe Petit war Hauskünstler der **Cathedral of St. John the Divine**. Mögen Sie Klubs? Dann sollten Sie dem Graf-Dracula-Fanklub oder dem Königlichen Orden der Goldfischliebhaber beitreten.

Die New Yorker denken, daß sie der übrigen Welt weit voraus sind. Manchmal sind sie es tatsächlich. Sie können auf die erste durchgehend geöffnete Bank Amerikas ebenso stolz sein wie auf das erste Rechenbuch, den ersten Autounfall und das erste Strafmandat für zu schnelles Fahren. Der erste Flohzirkus (angekündigt als „eine außergewöhnliche Ausstellung arbeitsamer Flöhe") öffnete seine Tore im Januar 1835 im Haus **187 Broadway.** Der erste Elefant betrat hier 1796 den Boden der Neuen Welt.

Auch heute können Sie noch wilde Tiere in der Stadt sehen. Wenn der Zirkus der Ringling Brothers kommt, marschieren die Elefanten durch den **Queens Midtown Tunnel.** Hartnäckig halten sich Gerüchte über Krokodile, die in den städtischen Abwässern leben sollen, aber bisher wurden nur Ratten und Wasserinsekten entdeckt. Auf dem Dach des **Empire State Building** lebt und arbeitet eine geheimnisvolle Ameisenkolonie. Niemand weiß, warum und woher sie kam. Tierliebhaber können Kaninchen und Waschbären im **Central Park** beobachten oder Cocktails unter einem dreißig Meter langen Blauwal im **American Museum of Natural History** trinken.

So bunt wie die Tierwelt ist auch das Kaufangebot. Als der Finanzier Diamond Jim Brady kurz vor der Jahrhundertwende die Schauspielerin Lillian Russell beeindrucken wollte, kaufte er ihr ein mit Diamanten besetztes Fahrrad, mit dem sie im Central Park spazierenfuhr. *Maxilla and Mandible,* ein Geschäft in der **Upper West Side,** hat sich auf Knochen spezialisiert, während das *Lugo Hair Center* in **Brooklyn** Haare in Kisten à 55 Kilo importiert. Knöpfe aller Art, Größe und Form können sie bei *Tender Buttons* in der **East 62nd Street** kaufen. Auch für das Wohlergehen der tierischen Mitbewohner ist gesorgt: *Karen's For People and Pets* in der Upper West Side bemüht sich um ein abgestimmtes Aussehen von Pudel und Herrchen, während der *Dog Lover's Shop* in der West 31st Street alles im Bereich des Hundevideos bietet.

Fahrradfahren ist nach wie vor äußerst beliebt. Aber die New Yorker geben sich kaum mit herkömmlichen Sportarten zufrieden. Zwar schwitzen auch sie in Aerobics-Klassen und Fitneß-Zentren, doch am liebsten gehen sie zu jeder Tag- und Nachtzeit zum Schlittschuhlaufen in den **Sky Rink,** sechzehn Stockwerke über dem Boden; oder sie laufen rückwärts in dem jährlichen *Backwards Mile Race* des New Yorker *Roadrunners Club.* Wem das nicht genügt, der kann beim alljährlichen *Run-up* die 1575 Stufen des Empire State Buildings hochkeuchen. Die Rekordzeit beträgt zehn Minuten und 47 Sekunden vom Erdgeschoß bis zum 86. Stock.

New York kann auf Neuankömmlinge leicht einschüchternd wirken. Wenn Sie aber einmal über all dem stehen wollen, können Sie ins **Queens Museum of Art** gehen, wo sie die Stadt als maßstabgerechte Miniatur von oben erleben. Oder Sie stellen sich an der Kreuzung **Christopher Street** und **Seventh Avenue** auf das kleinste Stück Grundbesitz der Welt: Eine dreieckige Platte mit den erstaunlichen Maßen 60 mal 65 Zentimeter.

In New York leben 20 000 „eingeborene Amerikaner", wie die Indianer in den Vereinigten Staaten genannt werden. Jedes Jahr findet deshalb im **Queens County Farm Museum** im **Floral Park** eine Versammlung der Medizinmänner statt. In den städtischen Parks drehen sich noch fünf alte Karussells, und im **Museum of the American Piano** in der **West 58th Street** steht das einzige Zementpiano der Welt. Es wurde im Zweiten Weltkrieg gebaut, als man kein Holz hatte.

König George III. gründete 1772 die **New York Society Library,** die älteste Bibliothek in New York. Damit verweist sie die **New York Historical Society,** ein Museum mit Bibliothek aus dem Jahre 1804, auf den zweiten Platz. Die Buchhandlung *New York Bound* im *Associated Press Building* des **Rockefeller Center** führt ausschließlich Bücher, die sich mit dem *Big Apple* befassen, von *Ladies Guide und Directory* aus dem Jahre 1885 bis zu *Secrets of the Metropolitan Police.* Dort können Sie ungestört stöbern. „Es kommen immer wieder Leute, die stundenlang hier sitzen und lesen, und wir kümmern uns nicht um sie", sagt einer der Besitzer.

COSMOPOLITAN
FALL COLLECTION
PRODUCED BY KRAZE
A Bitch Named JOHANNA
AVAILABLE IN

FIELD
HAUTE

Downtown
0,25 miles/ 400 m
N
Hudson
River
Holland Tunnel
West Side Highway
St. Luke's in the Fields
Washington
Greenwich
Hudson Street
Bedford
Christopher
10th St.
Sheridan Sq.
Seventh Ave
W 4th St.
Waverly Pl.
Americas
Village Sq.
W 9th St.
W 8th St.
Fifth Ave
East 10th St.
East 9th St.
East 8th St.
Broadway
Morton
Leroy
Clarkson
W. Houston St.
HOUSTON ST.
King
Charlton
Vandam
Spring St.
Canal Street
Desbrosses St.
W 4 ST.
Father Demo Sq.
W 3rd St.
Wash Sq. W
Wash Sq. S
WASHINGTON SQUARE PARK
Waverly Pl.
Public Theater
Downing St.
GREENWICH VILLAGE
Ave of the Americas
W. Houston St.
Dougal St.
La Guardia Place
University Plaza
West Broadway
La
Lafayette Street
E 4th St.
Bowery
SPRING ST.
Sullivan
PRINCE ST.
Houston St.
Dean & Delucca
SOHO
LITTLE ITALY
Broome Street
Thompson
Grand
Wooster
VARICK ST.
HOLLAND TUNNEL
Museum of Holography
Cleveland Pl.
Kenmare St.
Spring St.
Greene
Mercer
Crosby
Grotta Azzura
Delancy Street
Varick St.
Avenue
CANAL ST.
FRANKLIN ST.
BROADWAY C. ST.
Walker
White St.
Leonard
Independence Plaza
Worth St.
Thomas
Broadway
Baxter
Mulberry
Mott
Elizabeth
Chrystie
SARA D. ROOSEVELT PARK
Forsyth
Eldridge
Allen St.
Warren St.
Chambers St.
Reade
Hudson Street
Terrace
Murray St.
River
Canal Street
White St.
CHINA TOWN
CHAMBERS ST.
Church
Lafayette Street
Foley Sq.
Baxter
Mulberry St.
Mott St.
Bowery
Worth St.
Civic Center
Andrews Pl.
Chatham Sq.
Catherine
Pike Street
Barclay
Vesey
Greenwich
West Broadway
Place
Warren St.
CITY HALL
PARK PL.
CITY HALL PARK
City Hall
Park Row
Police Pl.
Madison
St. James Pl.
Monroe
World Financial Center
World Trade Center
Trinity
LOWER MANHATTAN
Beekman St.
Av. of the Finest
Governor Smith Houses
Cherry
South Street
Esplanade
Ave.
Winter Garden
South End
Liberty
John
NASSAU ST.
FULTON ST.
Fulton
Southbridge Towers
Highway
Nassau
Maiden L.
William St.
Gold
Pearl Street
Water Street
Front St.
Elevated
Brooklyn Bridge
BATTERY
Battery Pl.
Washington
Trinity Church
WALL ST.
Wall
Federal Hall
Cafe Fledermaus
South Street Seaport Historical District (Historischer Hafen)
RECTOR ST.
Greenwich
PARK
West
N.Y. Stock Exchange (Börse)
Maiden L.
River
Broadway
Trinity Place
Broad
Beaver St.
South Street
South Street Seaport Museum
CITY
Battery Pl.
Pier A Fire Dept. (Feuerwehr)
Castle Clinton Nat'l. Monument
U.S. Custom House (Zoll)
BOWLING GREEN
Whitehall
William
Hanover Sq.
FINANCIAL DISTRICT
Front St.
Highway
East
BATTERY PARK
State St.
Water St.
WHITEHALL ST.
Elevated
Statue of Liberty Ferry
SOUTH FERRY
Staten Island Ferry Terminal (Fähre)
Queens Expwy
B'klyn
Furman

Downtown

Downtown und *Uptown* New York sind so verschieden wie Tag und Nacht. Uptown ist der Platz der Leidenschaften. Dort schreien die Neonreklamen ihre Botschaften hinaus und das Adrenalin regiert. Downtown dagegen gibt sich eher unterkühlt. Uptown: Das sind die Museen, der Broadway und Einkaufen bei *Zabar's*. In Downtown geht man spazieren und trinkt irgendwo eine Tasse Cappuccino.

Einige der ältesten Sehenswürdigkeiten findet man *downtown*, zum Beispiel die Trinity Church in Lower Manhattan, auf deren Friedhof der erste Finanzminister der Vereinigten Staaten, Alexander Hamilton, und der Erfinder Robert Fulton begraben sind. Die meisten der Sehenswürdigkeiten aus neuerer Zeit werden Sie ebenfalls *downtown* erkunden. Einige sind historisch, wie das Ellis Island Museum, in dem die Geschichte der amerikanischen Einwanderer dargestellt wird; die meisten sind eher kurzlebig und von schillernder Art. In regelmäßigen Abständen schießen hier Nachtklubs aus dem Boden, die schon wieder geschlossen werden, bevor Sie auch nur Ihre Tanzschuhe wechseln können. Restaurants, die heute noch in aller Munde sind, werden morgen schon wieder gemieden. Das Ganze spielt sich mit solcher Schnelligkeit ab, daß sich nur Eingeweihte auskennen, die ein Gespür für das haben, was gerade in Mode ist.

Downtown ist Alphabet City: „A"-, „B"-, „C"- und „D"-Avenues, SoHo und TriBeCa, NoHo und SoFi. Eine vergrößerte Stadtkarte sieht aus wie ein aus Zeitungsausschnitten zusammengeklebter Erpresserbrief.

Die beiden letzten Abkürzungen bezeichnen die neuesten Wohngegenden von New York. Ein Teil nördlich der Houston Street wurde von den Einheimischen NoHo genannt. Dieser Name erschien Ende 1990 in der *New York Times* und ist seitdem gebräuchlich. SoFi („South of Flatiron" – südlich von Flatiron) ist dagegen noch nicht eingeführt – solange dieses Buch noch nicht verbreitet ist (!).

Der südliche Teil von Downtown gehört der New Yorker Geschäftswelt. Wall Street kontrolliert das Geld, und der *South Street Seaport* mit seinen Geschäften, Bars und Restaurants verschlingt einiges davon wieder. Das *World Trade Center* stahl dem *Empire State Building* ein bißchen die Schau, als der erste der Zwillingstürme 1970 eingeweiht wurde. Als *King Kong* es im Remake wagte, das World Trade Center für sich zu beanspruchen, rückte das Empire State weiter aus dem Blickfeld. Der Film war jedoch ein Reinfall.

Die vier Outer Boroughs von New York City – Brooklyn, Queens, Staten Island und die Bronx – sind für viele, die sie nicht kennen, rätselhafte Schauplätze. Wer sie kennt, weiß: Hier findet er weltberühmte Hot dogs, ein Filmmuseum, Edgar Allen Poe und ein Stück New England.

„Die Bronx? Nein donks", sagte der Dichter Ogden Nash. Lassen Sie sich überraschen!

Vorherige Seiten: Und ewig lockt das „Weib": Bunte Szene von einem Transvestitenball in einem Klub *downtown*.

GRAMERCY, UNION SQUARE UND CHELSEA

Gramercy Park, Union Square und Chelsea liegen im Grenzgebiet zwischen Midtown- und Downtown-Manhattan und enthalten charakteristische Elemente von beiden. Die Hauptstraßen in dieser Gegend sind aber bei weitem nicht so überwältigend wie jene uptown.

Da es weder größere Durchfahrtstraßen noch Sehenswürdigkeiten gibt, kommen nur wenige Touristen hierher. Union Square hat in der letzten Zeit junge Leute aus der Zeitungs- und Verlagsbranche angezogen, Chelsea neigt neuerdings zur Vornehmheit, und Gramercy Park ist noch immer der Ort für gewöhnlich gutbetuchte Bürger, die ihre relative Abgeschiedenheit genießen.

Gramercy Park: Auf der Ostseite von Midtown liegt der **Gramercy Park,** ein idyllisches kleines Plätzchen, das von sauberen Wohnhäusern mit schmiedeeisernen Balkonen umgeben ist, die ihm ein charmantes europäisches Aussehen geben. Der gutgepflegte Park wurde um 1830 nach einer Idee des reichen Rechtsanwalts Samuel Ruggles nach dem Vorbild eines Londoner Platzes angelegt. Es ist der einzige private Park in Manhattan, zu dem nur Anwohner Zutritt haben. Ruggles nannte die Gegend südlich des Parks **Irving Place,** nach seinem Freund, dem Schriftsteller Washington Irving.

Die elegante Atmosphäre kann sich noch über ein paar Straßenzüge behaupten – die 19th Street zwischen Second und Third Avenue ist besonders reizvoll –, bevor sich der Lärm und die Hetze der Stadt wieder durchsetzen. Einen Block weiter ist das **Police Academy and Museum** in der 20th Street, das der Geschichte der „blauen Jungs" von New York gewidmet ist. Der Eintritt ist frei. Das kleine Café mit dem ungewöhnlichen Namen *A Friend of A Farmer* – Irving Place zwischen 18th und 19th Street – serviert gesunde, hausgemachte Kost und einen großartigen Sonntagsbrunch. Wenn Sie allerdings etwas „Urbaneres" suchen, gefällt Ihnen vielleicht *Pete's Tavern* auf der gegenüberliegenden Straßenseite. Es ist eine klassische dunkle Bar, die an eine Flüsterkneipe erinnert und nach verschüttetem Bier riecht, und von der man sagt, der Kurzgeschichtenautor O. Henry habe hier so manche Story verfaßt.

Weiter nördlich, im Dreieck zwischen Broadway und Fifth Avenue, steht eine der beliebtesten architektonischen Eigentümlichkeiten von Manhattan, das dreieckige **Flatiron Building.** Als es 1902 gebaut wurde, waren die Meinungen über dieses 83 Meter hohe, von D. H. Burnham entworfene Mammutgebäude geteilt. Der ursprüngliche Name dieses Ozeandampfers mitten in der Stadt war Fuller Building, aber schnell wurde es wegen seiner charakteristischen Form „flaches Bügeleisen" genannt. Ihre Bewohner nennen die Gegend „SoFi" – was für „südlich von Flatiron" steht. Der Vorgänger eines kleinen, sehr beliebten Cafés im Gebäude 102 Fifth Ave hat angeblich dazu beigetragen, den Namen populär zu machen.

Links: Das Consolidated Edison Building. Rechts: Madonna im Schaufenster bei Barney's.

Union Square: Weiter südwärts führt der Broadway um den Union Square herum. Vor ein paar Jahren sah es noch ganz so aus, als ob auch der Union Square abgeschrieben werden müßte. Er war zu einem jener öffentlichen Plätze verkommen, die man am besten meiden sollte. Seitdem hat die Stadt den Platz jedoch umgestaltet, und dies hat ihn mit neuem Geist belebt.

In den letzten Jahrzehnten des 19. Jahrhunderts konzentrierte sich die Welt der Mode in der *Ladies Mile,* einer glitzernden Straße, die beim alten John-Wanamaker-Geschäft in der 9th Street anfing und den Broadway und die Sixth Avenue hinauf bis zur 23rd Street reichte. Die Läden sind schon lange geschlossen oder in einen anderen Stadtteil umgezogen, aber die schwerfälligen Häuser stehen noch immer. Siegel-Cooper Dry Goods an der Ostseite der Sixth Avenue zwischen der 18th und 19th Straße war eines der berühmtesten Warenhäuser. Als es 1898 eröffnet wurde, stürmten 150 000 Käufer in das Gebäude. Arnold Constable, Warenhaus für teure Stoffe an der Ecke Broadway und 19th Street, vergrößerte sich so sehr, daß das Geschäft bald den ganzen Häuserblock vom Broadway bis zur Fifth Avenue einnahm. Lord & Taylor begannen ganz klein *downtown* in einem Laden in der Catherine Street und hatten 1872 ihre Eröffnungsgala an der Südwestecke von Broadway und 20th Street. Bis sie 1904 nach Uptown umzogen, war der Laden beim modebewußten Publikum hochgeschätzt.

Als der Union Square, so benannt, weil sich Broadway und Fourth Street hier vereinen, 1839 eröffnet wurde, schien er ausgezeichnete Zukunftsaussichten zu haben. Aber die reichen Bewohner verließen ihn bereits Mitte des letzten Jahrhunderts allmählich wieder; in den darauffolgenden Jahren etablierten sich dort viele Theater. Als die Theater dann nach *midtown* umzogen, wurde der Platz als Versammlungsort für politische Demonstrationen genutzt. Vor dem Ersten Weltkrieg sprachen dort Sozialisten und Anarchisten vor großen Menschenmengen. 1927 fand hier eine riesige Demonstra-

Aufforderung zum Energiesparen: Man geht mit der Zeit.

tion statt, mit der gegen die Hinrichtung der unschuldig zum Tode verurteilten Anarchisten Sacco und Vanzetti protestiert wurde. Bis in die dreißiger Jahre hinein war der Platz eine Hochburg des politischen Aktivismus, aber mit dessen Rückgang verlor auch er an Bedeutung.

Früher dominierte das **Consolidated Edison Building** mit seinem beleuchteten Uhrenturm den Platz. Heute haben die neuen **Zeckendorf Towers** ihm den Rang abgelaufen und es weit in den Schatten gestellt. Das **Con Edison Energy Museum** bietet allerdings einen Lichtblick in mehr als nur einer Hinsicht. In der Nähe befinden sich mehrere schikke Restaurants, in denen sich Menschen in italienischen Anzügen und Hornbrillen treffen. Wer sein Geld lieber für die Seele als für den Magen ausgeben will, kann sich zu unterschiedlichen Preisen moderne Theaterstücke im **Union Square Theatre** an der Ostseite des Platzes anschauen (100 East 17th Street); die Eintrittskarten sind mitunter ziemlich teuer.

Chelsea: Es liegt westlich der Fifth Avenue zwischen 14th und 30th Street. Zwischen der Bekleidungsindustrie in Midtown und der Wohngegend liegt der **Flower Market** auf der Sixth Avenue zwischen 28th und 30th Street. Eigentlich ist der Blumenmarkt eher ein nur teilweise überdachter Lagerschuppen, in dem die Großhändler Pflanzen aufbewahren, bevor sie sie in die Stadtteile ausliefern. Im Frühling und Sommer ist die Straße mit Pflanzen überwachsen und hat den erdenen Geruch eines Dschungels inmitten von Zement und Asphalt.

Ganz in der Nähe liegt das **Chelsea Hotel** in der 23rd Street zwischen Seventh und Eighth Avenue. Viele berühmte Künstler haben hier gelebt und gearbeitet oder sind hier gestorben. Thomas Wolfe, Arthur Miller, Jack Kerouac und William Burroughs haben einige ihrer besten Werke hier geschrieben. Andy Warhol drehte eine bizarre Huldigung mit dem Namen *Chelsea Girls,* und Dylan Thomas vertrank hier seine letzten Tage. Es ist mittlerweile doch schon länger her, daß der Punkrocker Sid Vicious seine Freundin in ihrem Zimmer ermordete und einige Wochen später an einer Überdosis Heroin starb. Wenn Sie sich von solchen Geschichten angezogen fühlen, wird Ihnen das Chelsea gefallen. Auf jeden Fall sollten Sie sich die ungewöhnlichen Kunstwerke in der Eingangshalle ansehen und einen Drink an der Bar des angrenzenden Restaurants nehmen.

Das Kernstück von Chelsea ist ein großes Stück Land, daß 1750 von Kapitän Thomas Moore erworben wurde. Er vererbte das Land seinem Enkel, Clement Clark Moore, einem Sprachgelehrten, der durch sein Gedicht *A Visit from Saint Nicholas* bekannt geworden ist. Als ihm klar wurde, daß sich die Stadt unaufhaltsam nach Norden ausbreiten würde, teilte er sein Land in kleinere Stücke auf und verkaufte diese mit bestimmten Auflagen. Demnach waren gewisse Nutzungsweisen, wie z. B. Ställe, unerwünscht, und alle Häuser mußten von der Straße zurückgesetzt sein. Dem **General Theological Seminary,** dem er angehörte, stiftete er einen ganzen Häuserblock.

So schön können Hydranten sein.

Das interessanteste Gebäude ist die **Chapel of the Good Shepherd** mit ihren massiven Bronzetüren und einem fünfzig Meter hohen Glockenturm.

Der baumgesäumte Gebäudekomplex dient als geistige und optische Oase inmitten des städtischen Chelsea. Besucher dürfen am Mittwochnachmittag durch das moderne Hauptgebäude in der Ninth Avenue eintreten.

Südlich des Chelsea Hotel kommt man allmählich ins West Village. Das ist die wohlhabendste Ecke von Chelsea, obwohl sich inmitten der schmucken Wohnhäuser unterhalb der 23rd Street noch puertoricanische Läden und reparaturbedürftige Geschäfte befinden, an denen man den ursprünglich proletarischen Charakter der Gegend erkennen kann. Die Bewohner von Chelsea waren und sind noch immer gemischt.

Die einschneidendste Veränderung ist der Zuwachs an jungen, reichen Akademikern, denen es nicht schwerfällt, die hohen Mieten hier zu bezahlen. Abgesehen von **Barney's,** einem der führenden Geschäfte für Herrenmode, fühlen sich viele New Yorker von den schicken neuen Restaurants angezogen, die in der Eighth, Ninth und Tenth Avenue aus dem Boden schießen.

Das Restaurant *Empire Diner* an der Ecke Tenth Avenue/22nd Street ist in einem Stil ausgestattet, der *retro-chic* genannt wird. Von außen sieht es wie ein altmodisches verchromtes Eßlokal aus, aber innen ist es eine Phantasie direkt aus der Zeit des Art déco. Natürlich ist die Kundschaft sehr fein, und die Preise sind dementsprechend überhöht. Hier werden Sie die letzten überlebenden Zecher nach einer durchfeierten Nacht finden können. Auf der Liste der zehn besten Restaurants steht außerdem das *Mary Ann's* an der Ecke der Eighth Avenue/16th Street, das sich auf herzhafte amerikanische Küche mit *Tex-Mex-Cajun*-Einschlag spezialisiert hat. Die italienische *Trattoria Tiziano* und das französische *Man Ray* liegen nebeneinander an der Ecke Eighth Avenue und 19th Street.

Diese Restaurants sind bei den kritischen Besuchern des **Joyce Theater** sehr beliebt. Einst war es ein verfallendes Kino. Heute ist es vollständig renoviert und präsentiert mit die kreativsten Tanzaufführungen der Welt. Insider schwören auf das Joyce, das einem breiteren Publikum kaum bekannt ist.

Experimentelles stand schon immer auf dem Spielplan von **The Kitchen** in der 19th Street zwischen Tenth und Eleventh Avenue. „Die Küche" war vorher in SoHo, bevor sie *uptown* nach Chelsea umzog. Video, Tanz und Performance Art gehören zu den Darbietungen der aufstrebenden Künstler. Versäumen Sie nicht, sich hier etwas anzuschauen, bevor die Darsteller so berühmt werden, daß man keine Karten mehr bekommt.

Das **WPA Theatre,** in der 519 West 23rd Street, ist ebenfalls ein Ort, an dem junge Künstler ihre ersten Auftritte haben. Hier entstanden Erfolge wie *Little Shop of Horrors* und *Steel Magnolias.* Sie wurden nie am Broadway aufgeführt, waren aber aber Verfilmungen weltweit große Kassenschlager.

Links: Im Chelsea Hotel. Rechts Das Flatiron Building.

bfo
Famous Name
Men's
Clothing and
Furnishings
Usually
Below
Original
Wholesale!
C.P. COMPANY

HIBISCUS
AND THE
SCREAMING VIOLETS
ONE WAY
ONE WAY
7 AV SOUTH
VILLAGE
CIGARS
110 7TH AVE. SO.
PIPES
COPIES
MADE
UMBRELLAS
STATIONERY
COPIES
MADE
SNOW
EMERGENCY
STREET
Vantage
INTERBOR
RAPID TRANS
PUSH

GREENWICH VILLAGE

„Der größte Teil von New York ist so seelenlos wie ein Kaufhaus; Greenwich Village aber birgt Erinnerungen wie stumme Musik, Hoffnungen wie blicklose Augen, die angestrengt einen flüchtigen Blick auf die himmlische Vision zu erhaschen suchen."

– Djuna Barnes, *Greenwich Village As It Is* (1916)

Greenwich Village war die erste echte Künstlerkolonie des Landes; hier lebten um die Jahrhundertwende Schriftsteller und Dichter, Radikale und prominente Aussteiger, Künstler und andere Menschen, die dem bürgerlichen Leben auf der Suche nach Romantik zu entfliehen suchten. Dazu gehörten Mark Twain, Walt Whitman und Edgar Allan Poe sowie in späteren Jahren Leute wie Dylan Thomas und Eugene O'Neill.

Seit die (billigeren) „Neighborhoods" SoHo, TriBeCa und East Village mehr im Trend liegen als Greenwich Village, halten viele New Yorker „The Village" für ein reines Touristenzentrum. Das ist falsch. Gewiß, manche wollen auch hier das schnelle Geld machen, doch sind manche Teile so ruhig und wohnlich wie im 18. und frühen 19. Jahrhundert geblieben, als das Dorf Greenwich von New Yorkern besiedelt wurde, die vor einer Reihe von Epidemien hierher flohen.

Wie in anderen Gegenden Manhattans haben auch hier die steigenden Grundstückspreise bis auf die ganz Erfolgreichen (und die glücklichen Bewohner preisgebundener Wohnungen) fast alle Angestammten vertrieben; aber *The Village* ist noch der Ort, wo viele Menschen gerne leben würden und wo sie, da sie das nicht können, zum Einkaufen und Bummeln hingehen. Hier finden Sie gepflasterte Straßen, anmutige Architektur, italienische Bäckereien, Märkte, Galerien und die größte Homosexuellen-Kolonie New Yorks, dazu eine Menge Restaurants, Bars, Theater und Jazzklubs.

Vorherige Seiten: Halloween im Village. Links: 10 Seventh Avenue South. Rechts: Porträt einer Stadt.

Greenwich Village wird begrenzt von der 14th Street im Norden, dem Hudson River im Westen und dem Broadway im Osten (wo East Village anfängt); hier ist das Ungewöhnliche normal, und die jährliche Halloween-Parade zählt zu den schönsten Spektakeln der Welt.

Manhattaner aus Downtown sind stolz darauf, nie in die Gegend oberhalb **14th Street** zu kommen; hier agiert ein geschäftiger Vielvölker-Basar zwischen Supermärkten und Straßenhändlern, der sich von der Avenue D bis an den Hudson im Westen erstreckt. Vom Haushaltswarenladen bis zum Pornoshop ist alles vorhanden. 14th Street bildet zudem die südliche Grenze des historischen Union Square – einst modern, später hochpolitisch, noch später verödet und heute von großen Verlagen, schicken Restaurants und heißen Nachtbars geprägt.

Wenn Sie die „Fifth" hinuntergehen, vorbei an **East West Books** (neueste New-Age-Kassetten, Düfte und Kristalle) und **Reminiscence,** einem auf preiswerte Secondhand-Mode spezialisierten

Bekleidungsgeschäft, können Sie den berühmten **Washington Square Arch** sehen. Der Triumphbogen wurde 1892 von Stanford White entworfen und markiert den Anfang von **Washington Square,** dem geographischen und geistigen Zentrum von Greenwich Village.

Ein kurzer Abstecher: Bevor Sie weitergehen, wenden Sie sich ostwärts zum Broadway, dort konnte sich der **Strand Bookstore** als ein Überbleibsel der ehemaligen „Booksellers Row" behaupten. An der Ecke 12th Street gelegen, reihen sich bei Strand „acht Meilen" Bücher aneinander, und hier mag man die seltene Erstausgabe finden, nach der man so lange gesucht hat. Etwas weiter unterhalb liegt **Grace Church,** eine der schönsten Kirchen der Stadt. Der Bau stammt von 1846, und seine Mauern aus weißem Marmor, inzwischen gedämpft grau, wurden von Häftlingen des berüchtigten Gefängnisses Sing Sing im Norden des Staates New York hochgezogen.

Wenn Sie jetzt rechts in die 10th Street abbiegen und sich Richtung Fifth Avenue halten, überqueren Sie **University Place,** der parallel zur Fifth zwischen 14th und Eighth Street liegt. Gönnen Sie sich einen Burger in der Cedar Tavern, dem Stammlokal von Jackson Pollock und Willem de Kooning; genießen Sie bei **Bradley's** den guten Jazz; oder verbinden Sie beides im etwas edleren **Knickerbocker** am **Waverly Place,** wo guter Jazz *und* gutes Essen geboten ist.

Die **New School for Social Research** in der West 12th Street bietet Kurse über nahezu alle Bereiche an, von Arabisch bis Drehbuchschreiben. Im Gebäude von *Forbes Magazine* in der Fifth Avenue um die Ecke ist Malcolm Forbes' Sammlung von Zinnsoldaten und Fabergé-Eiern ausgestellt. In der Nähe liegt der **Salmagundi Club,** 1870 gegründet und damit ältester Künstlerklub des Landes.

Schlendern Sie nach Westen durch die 9th und 10th Street, zwei der malerischsten Straßen der Stadt. Von stattlichen Ziegel- und Sandsteinhäusern gesäumt, wohnten in den beiden Straßen viele Künstler und Autoren (Mark Twain leb-

Links: Leicht bröckelnde Fassade am Washington Square.

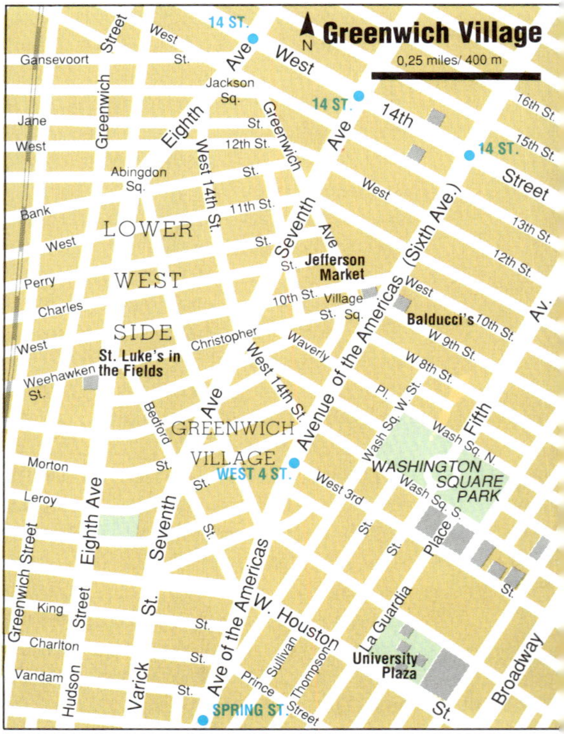

te 14 West 10th). Vielleicht treffen Sie ja eine Berühmtheit beim Abendessen im **Marylou's,** einem diskreten Restaurant mit normalen Preisen. Die **Church of the Ascension** an der Ecke Fifth und 10th Street wurde von Richard Upjohn 1840 entworfen und birgt ein marmornes Altarrelief des Bildhauers Augustus Saint-Gaudens.

8th Street: Wenn die 14th Street die nördliche Grenze von Downtown Manhattan ist, dann bildet die 8th Street die Brücke zwischen dem Osten und dem Westen. Östlich der Fifth finden Sie eines der anstößigsten Bekleidungsgeschäfte der Stadt: **Patricia Field,** wo Vinyl-Büsten, furchterregende Hüte und Perücken sehr ironisch zur Schau gestellt sind. Die westliche 8th Street auf der anderen Seite ist eine Geschäftsstraße mit preiswerten Schuhläden.

Knapp oberhalb Washington Square Arch kommen wir zu zwei winzigen Hinterhofstraßen, die aussehen wie Bühnenbilder. **Washington Mews** liegt direkt südlich von **One Fifth Avenue** (ein stattliches Apartmenthaus mit einer Bar und einem Restaurant gleichen Namens) zwischen der Fifth und Washington Square North, einer Verlängerung des Waverly Place. Die *Mews,* ehemalige Stallungen für die Stadthäuser am Washington Square North (wo der Maler Edward Hopper lebte), sind heute ebenso wie jene an der nahegelegenen **MacDougal Alley** sehr begehrte Wohnungen.

Dies alles könnte Sie vom **Washington Square Park** fernhalten. Ursprünglich ein Armenfriedhof, wurde der Park später Paradeplatz und noch später Mittelpunkt eines Wohnviertels. Auch wenn der Washington Square heute nicht mehr das ist, was er zu Zeiten von Henry James war – der am Park wohnte und sich hier zu dem gleichnamigen Roman inspirieren ließ –, immer noch treffen Sie hier auf Gitarristen, Pantomimen, Jongleure und gelegentlich Feuerschlucker, die mit ihren Künsten Studenten der New York University, Mütter mit Kleinkindern, kamerabewaffnete Japaner und sonstige Passanten erfreuen.

[I]nmitten der [G]roßstadt: [R]uhe im [W]ashington [S]quare Park.

Washington Square North strahlt mit zwei Blöcken neoklassizistischer Häuser eine gewisse Eleganz aus – im Gegensatz zu den massiven Bauten der **New York University,** die den Park umgeben. Das große, graue Gebäude am **Washington Square East** nennt sich zwar *Washington Square College of Arts and Sciences,* ist aber eigentlich das Hauptgebäude der NYU. In Inneren finden Sie die **Grey Art Gallery,** die einige der interessantesten zeitgenössischen und historischen Ausstellungsstücke der Stadt bietet.

Weiter geht es über den Washington Place zum **Brown Building**, das auf den Fundamenten des Asch Building, einer Textilfabrik aus dem Jahre 1900, erbaut wurde. Die Fabrik brannte 1911 aus, 146 Arbeiterinnen kamen ums Leben; eine Tragödie, die den Ausschlag für weitreichende Reformen der Arbeitsgesetze gab. Vorbei am Loeb Student Center, der Bibliothek und dem Catholic Center (alles am Washington Square South) kommen Sie zur **Judson Memorial Church.** Die Kirche, 1890 vom allgegenwärtigen Stanford White in neoromanischem Stil entworfen, war jahrzehntelang kulturelles und religiöses Zentrum, wo avantgardistische Kunst und Musik, Tanz und Theater aufgeführt wurden.

Touristisches: Biegen Sie vom Washington Square nach links in die **MacDougal Street,** und Sie sind im Zentrum dessen, was einst der Himmel der Beatniks war; hier tranken schwermütige Poeten Kaffee und diskutierten bis spät in die Nacht über den Sinn des Lebens. Nun ist es ein kitschiges Mekka für Touristen, geprägt von Läden mit Pseudokunst und „authentischen" Restaurants. Ein Spaziergang hier bietet das Vergnügen einer Pilgerfahrt zu vergangenen Verrücktheiten; in manchen Nächten glaubt man, den Geist von Jimmy Hendrix über der Kreuzung Bleecker und MacDougal Street schweben zu sehen.

Viele Stücke von Eugene O'Neill sind im **Provincetown Playhouse** uraufgeführt worden. Schauen Sie auch in die **Minetta Tavern,** wo Ernest Hemingway gerne einen gehoben hat, oder gehen Sie ins **Caffé Reggio,** eines der altmodischen Caféhäuser, die in den vierziger und fünfziger Jahren berühmt wurden. Ein anderes Café, **Le Figaro** in Bleecker Street, bietet ebenso wie das gegenüberliegende **Café Borgia** reichlich Gelegenheit, bei einem Espresso oder Cappuccino die Passanten zu beobachten.

Highlights im Unterhaltungsangebot der Gegend sind die Live-Konzerte von Größen des Jazz im **Blue Note** (an der West Third Street zwischen MacDougal Street und Sixth Avenue) sowie hervorragendes zeitgenössisches Theater im **Circle in the Square Downtown** und im **Minetta Lane Theater**.

Saftbars, Schuhgeschäfte, Leder- und Souvenirläden säumen die Straße, und in jedem zweiten Haus scheint ein Restaurant zu sein; die Düfte indischer, spanischer, japanischer und italienischer Küche vermischen sich und überreizen die Geruchsnerven. Eines der besten Restaurants ist **Mamoun's** neben dem Caffé Reggio. Das *falafal* (auch zum Mitnehmen) ist extrem billig; man brüht hier den

Für jeden Geschmack ist etwas dabei ...

garantiert besten Pfefferminztee westlich von Marrakesch.

Ganz in der Nähe können Sie im **The Grand Ticino** (1919 gegründet) in Thompson Street italienische Spezialitäten schmausen; das Lokal war Schauplatz in dem Film *Moonstruck* mit Cher. Wenn Ihnen der Sinn nach Stil und Atmosphäre der „Alten Welt" steht, spazieren Sie zur Bleecker Street hinunter und halten Sie sich links Richtung MacDougal Street. Einige Häuser weiter stoßen Sie unter Hausnummer 69 auf eine weitere Village-Institution: Die **Villa Mosconi** ist ein kleiner, freundlicher Familienbetrieb, wo die Portionen gewaltig und die Atmosphäre unzweifelhaft süditalienisch ist.

West Village: Das Gebiet westlich der Sixth Avenue wird allgemein als West Village bezeichnet; es reicht im Westen bis zum Hudson und im Norden bis zur 14th Street. Hier, wo malerische Gassen sich zwischen den Avenuen hindurchschlängeln, findet alljährlich der Halloween-Umzug statt. Ein guter Ausgangspunkt ist das auffallende **Jefferson Market Courthouse,** ein gotisches Bauwerk an der Ecke 10th Street und Sixth Avenue, oberhalb der berühmten **Balducci's** Markthallen. Der rote Ziegelbau war ursprünglich ein Gerichtsgebäude und Teil eines Komplexes, zu dem auch das Gefängnis gehörte, wo die schwarze Bürgerrechtlerin Angela Davis inhaftiert war. Heute ist hier die Filiale der New York Public Library untergebracht; daneben liegt ein hübscher Gemeindegarten, der für die Öffentlichkeit nicht zugänglich ist.

Auf der 10th Street nach Westen, vorbei am **Patchin Place** – hier lebten Eugene O'Neill, der Journalist John Reed und der Dichter E. E. Cummings – kommen Sie zur Greenwich Avenue und dem traditionsreichen **Peacock Caffé.** Elfenbeinfarbenes Interieur und Porträts aus der Welt der Oper – ein perfekter Ort, um an einem regnerischen Tag Kaffee zu trinken, Zeitung zu lesen oder den (in dieser Gegend auch dringend nötigen) Stadtplan zu studieren.

Der Spielplatz der Schule 41 gleich nebenan verwandelt sich am Samstag in

.. was auch ür Theater- esucher gilt.

einen **Basar** und **Flohmarkt.** In der entgegengesetzten Richtung führt die Greenwich Avenue zur **Christopher Street,** dem symbolischen Zentrum der Schwulen-Gemeinde und Haupt-Querstraße im Herzen von West Village. Je weiter Sie nach Westen kommen, um so eindeutiger werden die Auslagen in den Läden für Männermode: Es beginnt mit ordentlichen T-Shirts, dann folgen modische Fesseln und andere einschlägige Gegenstände, Schlußpunkt ist die **West Street,** die sich bis über die ehemaligen Piers des Hudson River erstreckt.

Kurz hinter **Gay Street** (der Name ist älter als die Schwulen-Bewegung) liegt **Northern Dispensary,** eine ehemalige, 1827 gegründete gemeinnützige Klinik. Sie gehört zu den ältesten öffentlichen Bauwerken der Stadt. In der Nähe verkauft *Abracadabra* vom Hologramm bis zur Jonglierausrüstung alles Mögliche, selbst ein eigener Magier ist im Haus.

Ins Reich der Nacht: Das **Lion's Head** in der Christopher Street ist eine Rarität, eine berühmte Literaten-Bar, wo auch heute noch bekannte Gesichter der Szene verkehren. Die Schauspielerin Jessica Lange hat früher hier bedient; in der Bar trifft man Journalisten, Romanciers und Dramatiker, im gemütlichen Restaurant wird gutes Essen serviert. Wenige Türen weiter nahm die Schwulenbewegung vor annähernd drei Jahrzehnten praktisch über Nacht ihren Anfang, als sich die Stammgäste des Stonewall Inn erstmals gegen die Repressionen der Polizei zur Wehr setzten.

In dem winzigen Christopher Park an der Kreuzung Waverly Place und Christopher Street steht ein Standbild des Bürgerkriegsgenerals Philip Sheridan. Dem Wirrwarr des Village entsprechend, liegt Sheridan Square selbst ein paar Schritte weiter, nämlich dort, wo Groove, Christopher und West 4th Street in einem Alptraum von Stadtplanung in die Seventh Avenue South münden.

Im **Circle Repertory Company Theater** in der Seventh Avenue South werden oft Stücke des Dramatikers Lanford Wilson gezeigt, weitere gute Off-

Fliegende Schweine – nichts ist unmöglich in NY.

Broadway-Produktionen gibt es im **Lucille Lortel Theater** in der Christopher Street zu sehen. Gegenüber dem Circle Rep können Sie montags im **Sweet Basil,** einem der besten Jazz-Treffpunkte des Village, die großartige Musik der Jazzlegende Gil Evans genießen.

Ein anderer Jazz-Treff ist das **Village Vanguard,** ein historischer Klub, einige Blocks weiter nördlich. Um die Ecke treffen sich die *cognoscenti* bei **Chez Brigitte,** einem der kleinsten Restaurants der Welt (elf Sitzplätze). Das Essen wird direkt vor Ihren Augen zubereitet, und preisgünstig ist es außerdem. Weiter oben führt die **Greenwich Avenue** in das Herz von Manhattans Fleisch-Distrikt. Die beste Zwiebelsuppe weit und breit serviert ein kleines Restaurant namens **Florent** in der Gansevoort Street.

Hudson Street verläuft südlich von 14th Street; hier liegt das britische Spezialitätengeschäft Meyers of Keswick, wo nicht wenige Prominente Delikatessen wie Peter Meyers selbstgemachten *Pork-Pie* oder importierten Tee und Kekse beziehen. In der **White Horse Tavern** werden seit 1880 Drinks gemixt; Dylan Thomas hatte hier einen zu viel getrunken, bevor er im St. Vincent's Hospital verstarb. Gegenüber dem White Horse führt der **Abingdon Square** zum Anfang der Bleecker Street.

Buchhandlungen, Zoogeschäfte, Restaurants und Antiquitätengeschäfte bestimmen diesen geschäftigen Teil der **Bleecker Street,** der von einigen sehr schönen Durchgangsstraßen unterbrochen wird. Das Anwesen **121 Greenwich Street,** westlich der Bleecker an der Ecke Charles Street gelegen, ist ein weißes Holzhaus mit Garten, das eher aufs Land als neben ein städtisches Mietshaus zu gehören scheint.

Bank Street ist teilweise recht malerisch, mit Kopfsteinpflaster und pastellfarbenen Häusern; sie liegt im Zentrum des historischen Bezirks von Greenwich Village, der sich durch schöne Bauten aus dem 19. Jahrhundert auszeichnet, obwohl nicht alle Häuser hier alt sind. **Automatic Slim's** an der Ecke Bank und Washington Street wurde vor ein paar Jahren zur besten Bar im West Village erklärt; und im nahegelegenen **Tortilla-Flats,** einem lebendigen texanisch-mexikanischen Restaurant, scheint ein Fest das andere abzulösen.

Auf der anderen Seite der Straße am Hudson River liegt **Westbeth,** eine blühende Künstlerkolonie, die vom Staat subventioniert wird. Wohnungen und ein Theaterkomplex stehen auf dem ehemaligen Gelände der Bell Laboratories, wo die Tontechnik und erste Fernsehproduktionen entwickelt wurden. Vier Säle sowie etliche Probenräume werden von Broadway- und Off-Broadway-Produktionen gleichermaßen genutzt.

An der Ecke Greenwich und Christopher Street ist im Erdgeschoß eines Hochhauses **White Columns,** ein nicht gewinnorientiertes Ausstellungszentrum, untergebracht.

St.-Lukes-in-the-Field ist die drittälteste Kirche der Stadt und wurde 1821 gebaut, als die Gegend noch weitgehend offenes Land war. Sie gehen am besten zu

ylan
iomas'
tzte Kneipe.

Fuß von der Seventh Avenue South auf der **Grove Street** nach Westen durch ein verschlungenes Labyrinth von Sträßchen und Seitenwegen, die sich selbst kreuzen oder ohne Vorwarnung plötzlich den Namen wechseln.

Nummer 17 Grove Street, im Jahre 1822 erbaut, gehört ebenso zu den (in diesem Falle hölzernen) Spuren der Vergangenheit wie **Grove Court,** eine Gasse mit anmutigen weißen Steinhäusern. Grove Street kreuzt **Bedford Street,** eine der ältesten Seitenstraßen des Village, und wenn Sie sich hier rechts halten, entdecken Sie die echten „Twin Peaks" (102 Bedford Street), die 1830 als Künstlerwohnhaus erbaut wurden – also lange vor der berühmten TV-Serie von David Lynch. Wie der Name sagt, bildet das gegabelte Dach zwei Spitzen.

Die zierliche Dichterin Edna St. Vincent Millay lebte im Haus **75 Bedford Street,** dem mit gut drei Metern Breite schmalsten Wohngebäude Manhattans.

Im nahegelegenen **Chumley's,** zu Zeiten der Prohibition eine „Flüsterkneipe", herrscht eine angemessen verschwiegene Atmosphäre; hier war John Steinbeck Stammgast.

Die nach einem Künstler benannte **Barrow Street** ist eine der ruhigsten und anheimelndsten Straßen der Gegend; sie kreuzt die Bedford Street an der **Commerce Street,** einem ebenso abgelegenen Sträßchen. Das **Cherry Lane Theatre** in der Commerce Street, wo Barbra Streisand einmal als Platzanweiserin gearbeitet hat, war ursprünglich ein Silo und dann eine Kartonfabrik, bevor es 1922 zu einem Theater wurde. Die **Blue Mill Tavern,** *der* Treffpunkt seit 1941, wurde inzwischen in ein Restaurant namens **The Grange Hall** verwandelt.

Von hier führt Sie ein Spaziergang die Hudson Street in südlicher Richtung hinunter zum **St. Luke's Place,** wo in einem sanften Bogen schöne italienische Häuser stehen. Einer der beliebtesten New Yorker Bürgermeister, Jimmy Walker, lebte in Haus Nummer 6. Der nahegelegene James J. Walker Park ist nach diesem berühmten Sohn der Stadt benannt.

Unten: Heiße Klub für coolen Jazz. Rechts: Marylin kühlt sich auf der Lexington Avenue.

NEW YORK IM FILM

Als sich Marilyn Monroe in ihrem dünnen weißen Kleidchen über einem U-Bahn-Schacht an der Ecke 52nd Street und Lexington Avenue Abkühlung verschaffte, hatte sie ein Bild von New York im Film geschaffen. *Das verflixte siebente Jahr* war schweißtreibend und geistreich, voll guter Dialoge und Sex, Markenzeichen eines Films, der in New York handelte und dort gedreht wurde.

Viele Wahrzeichen der Stadt sind auf Zelluloid gebannt um die Welt gegangen: Das Plaza Hotel *(Crocodile Dundee, Der große Gatsby, Funny Girl)* Grand Central Station (Hitchcocks *North by Northwest),* fast jede Ecke, jedes Café der Stadt (Woody Allens *Manhattan*) und – das Empire State.

New York hat in der Filmgeschichte eine große Rolle gespielt. *The Lights of New York* aus dem Jahre 1927 gilt als der erste durchgehend gesprochene Film angesehen, im Unterschied zu *The Jazz Singer* aus demselben Jahr, mit viel Gesang und nur wenigen Dialogen. 1933 kam *King Kong* auf die Leinwand, gerade zwei Jahre, nachdem das Empire State Building fertiggestellt war. Kong auf dem Empire State, wie er Katastrophen, Flugzeuge und die Verteidiger von Fay Wray abwehrt, dieses Bild kennen die Filmfans der ganzen Welt.

Die neueren Filme über die Stadt lassen sich grob in drei Gruppen einteilen: Die harten Storys wie Martin Scorseses *Mean Streets* und *Taxi Driver* oder Francis Ford Coppolas *Godfather*-Filme mit viel Handlung und rauher Sprache, die vielen Woody-Allen-Filme, in denen die New Yorker gewöhnlich als gestylte Vertreter einer eleganten oder neurotischen Kultur auftreten, und schließlich die historischen Filme. Die letzteren stellen die Filmemacher oft vor Probleme.

Als *Ragtime* nach dem Roman von E. L. Doctorow gedreht werden sollte, suchten die Verantwortlichen lange nach einem Drehort, der als Lower East Side um 1900 durchgehen würde. Die Wahl viel schließlich auf die East 11th Street, denn die historischen Dächer und Mietshäuser schienen genau richtig – falls die Anwohner die Ruhestörungen bei Tag und Nacht hinnehmen würden.

Dazu die Produktionsleiterin Patrizia von Brandenstein: „Ich glaube, die 11th Street war ein klassisches Modell, wie man in einer Straße einen Film dreht. Es gab ein Büro vor Ort. Wir haben mit allen Anwohnern gesprochen und haben ihnen erklärt, was wir machen würden und warum. Wir richteten ein Sommerlager für die Kinder ein. Wir vergaben Aufträge an ihre Firmen und Geschäfte. Und wir boten Ihnen an, ihre Autos für sie zu parken."

Nachdem dieses Problem gelöst war, galt es, alles zu verstecken, was nicht in die Zeit paßte, in der der Film spielt. Wäscheleinen und Fahnen, Flaggen und Wimpel wurden über die Straße gespannt, um die Stromleitungen und Antennen zu verbergen.

Von Brandenstein schreibt dazu: „Zuerst erweiterte ich die Häuser bis auf die Gehsteige, um einen Teil der Straße wegzuschneiden; alle Fassaden erhielten einen Vorbau. Die Straße wurde dadurch schmaler und wirkte historisch echter. Als wir dann ans Ende der Straße kamen, erzeugten wir durch eine falsche Perspektive optisch noch mehr Enge."

Die *Ragtime*-Mietshäuser in der 11th Street sind nur einer von vielen Drehorten, die Film-Fans in der Stadt entdecken können. So das *Ghostbuster's*-Haus, jetzt 55 Central Park West (es mußte umziehen, nachdem die Anwohner des ursprünglichen Drehortes in Greenwich Village protestiert hatten), oder der glänzende Globus, der sich in der Lobby der *Daily News* dreht und den *Daily Planet* in *Superman*-Filmen doubelt. Das exklusive Apartment, das die Damen Monroe, Grable und Bacall in *Wie angelt man sich einen Millionär* mieten, findet man unter der Adresse 36 Sutton Place South in Midtown East.

Lauren Bacall war ein echtes Downtown-Mädchen; sie lebte mit ihrer Mutter in Greenwich Village und gewann im Jahre 1942 den Titel "Miss Greenwich Village". Zu den bekannten Schauplätzen des Village, die auf der Leinwand zu sehen waren, gehören: das Kino Bleecker Street Cinema, das in *Susan, verzweifelt gesucht* vorkommt, dem ersten Film von Madonna; der Washington Square, wo Jane Fonda (noch vor der Aerobicswelle) mit Robert Redford ausgelassen in *Barfuß im Park* herumtobt, und das Schwimmbad am St. Luke's Park, wo Robert De Niro in Martin Scorseses Boxerfilm *Raging Bull* Cathy Moriarty trifft.

ted
ay
AR
FROM ANTIQUITY

EAST VILLAGE BIS CHINATOWN

EAST VILLAGE: Geistig jünger als West Village, hat East Village auch ein abenteuerlicheres Nachtleben; es gibt weniger Kabaretts, dafür mehr Rock-Klubs, mehr Performances und weniger „lupenreines“ Theater. Das Viertel bleibt nachts lange lebendig, Kleidung und polititische Ansichten sind traditionell radikaler als irgendwo sonst in der City.

Seine Grenzen sind etwa die 14th Street im Norden, East Houston im Süden, der Broadway im Westen und die Avenue D im Osten. Unter der avantgardistischen Oberfläche ist East Village auch eine Gegend von Einwanderern; neben Galerien und Boutiquen liegt der Klub der Ukrainer, neben teuer restaurierten Sandsteinhäusern die puertoricanische Klinik. Wie in anderen Downtown-Vierteln bilden alt und neu ein erstaunliches Mosaik.

St. Mark's-in-the-Bowery an der Second Avenue und 10th Street ist die zweitälteste Kirche in Manhattan – und ein guter Ausgangspunkt. 1799 auf einer *bouwerie* (Farm) erbaut, die dem holländischen Gouverneur Peter Stuyvesant gehörte, blickt St. Marks auf eine lange liberale Tradition zurück – ein Spiegelbild seiner Umgebung, das sich in Programmen wie dem „Poesieprojekt“ ausdrückt, wo berühmte Dichter aus der East Village wie Allen Ginsberg und Tuli Kupferberg Lesungen abhalten.

Die anglo-italienischen Ziegelhäuser gegenüber der Kirche in East 10th Street und in der Stuyvesant Street, die in spitzem Winkel von der Second Avenue abzweigt, bilden das Herz von **St. Mark's Historic District.** Nummer 21 ist das **Stuyvesant Fish House,** ein nationales Wahrzeichen, das von Peter Stuyvesants Urenkel 1804 erbaut wurde.

Am Anfang: Auf der Stuyvesant Street über die Third Avenue hinweg kommt man zum **Astor Place,** einst eine der besten Adressen der Stadt. Der Platz ist nach John Jacob Astor benannt, der 1784 ohne einen Penny in New York ankam; als er 36 Jahre später starb, war er der reichste Mann der Stadt. Wahrzeichen des Platzes ist heute **The Alamo,** ein riesiger, rotierender schwarzer Würfel von Tony Rosenthal, der zum Zeitpunkt seiner Entstehung eine der ersten abstrakten Skulpturen auf einem öffentlichen Platz war. Seit 1967 steht er am Schnittpunkt von Astor Place, St. Mark's Place und Lafayette Street.

In der Nähe liegt das **Cooper Union Foundation Building,** 1859 als eine der ersten kostenlosen Bildungseinrichtungen eröffnet. In der berühmten Kunstschule soll Abraham Lincoln die erste Rede seiner Präsidenschafts-Kampagne gehalten haben. Hinter dem Gebäude auf dem **Cooper Square** steht eine Statue von Augustus Saint-Gaudens, die den Begründer der Institution, den Philanthropen Peter Cooper darstellt.

Von den ehemals neun Häusern der eleganten **Colonnade Row** in der Lafayette Street, 1833 erbaut, stehen heute noch vier. Das eindrucksvolle **Joseph Papp Public Theatre** auf der anderen

Links: Gut gestylt. **Rechts:** Sogar der Abfall hat Stil.

Straßenseite war ursprünglich die Astor Library, John Astors einzige öffentliche Stiftung, gedacht als Bildungszentrum für die einfachen Leute. Dummerweise war die Bücherei nur während der Arbeitszeit geöffnet. Zwischen 1849 und 1881 errichtet, wurde der Bau später Hauptquartier der Hebrew Immigrant Aid Society; seit 1967 sind hier Theater und Filmschaffende zu Hause.

NoHo: Um die Jahrhundertwende galt der Broadway zwischen 9th und 23rd Street wegen seiner Modegeschäfte als „Ladies Mile". Später war dieser Teil nur noch eine schmuddelige Unterbrechung auf dem Weg nach SoHo. Doch all das änderte sich, als Tower Records, das Unique Clothing Warehouse und andere Geschäfte für junge Leute sich hier niederließen. Heute gehört das Gebiet zum schicken Bezirk NoHo (North of Houston), der sich vom Broadway im Westen bis zum Astor Place im Norden und zur Houston Street im Süden erstreckt. Die Ostgrenze ist – wie übrigens die ganze Gegend – etwas unstrukturiert.

Astor Place Hair Designers an der Ecke Astor Place und Broadway ist eine Institution. Hier können Sie sich in zehn Minuten den absolut neuesten Haarschnitt verpassen lassen. Im Blue Willow Restaurant, einer ehemaligen Bank an der Ecke Bleecker Street, gibt's ein Menü für Gesundheitsbewußte und eine Bar, in der es aussieht wie auf Omas Speicher; das Publikum ist überwiegend jung und studentisch. Die Ausstellungen des New Museum of Contemporary Art auf der anderen Seite der Houston Street in SoHo sind immer einen Besuch wert. Oder Sie schauen sich im **Old Merchant's House** in East 4th Street an, wie die Stadt einmal gewesen ist; das Museum in dem neoklassizistischen Stadthaus aus dem Jahre 1832 ist am Sonntagnachmittag geöffnet.

St. Mark's Place, die Fortsetzung der 8th Street zwischen Third Avenue und Avenue A, ist die East-Village-Vorstellung von einer Hauptstraße; in den sechziger Jahren lag hier das Zentrum der Alternativen an der Ostküste. Heute haben Buchhandlungen und Videotheken

Links: Shakespeare im Wind.

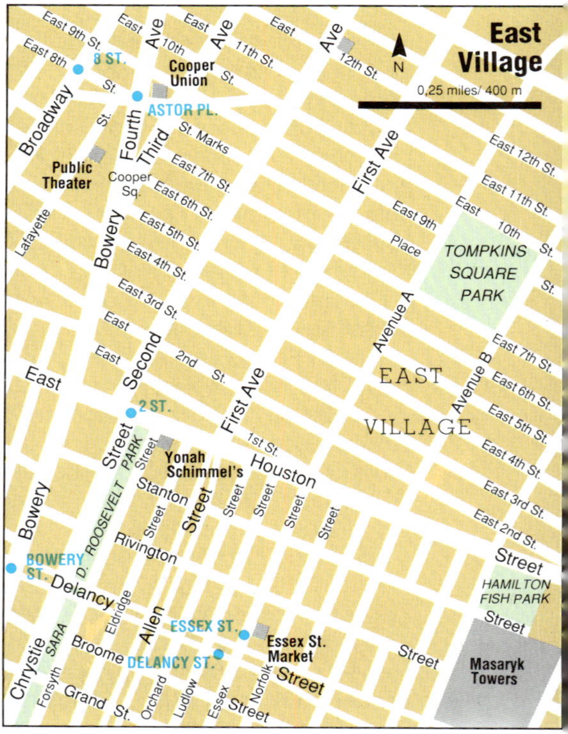

Hippies und psychedelische Boutiquen verdrängt. **The Dom** (ehemals ein polnischer Klub, wo Andy Warhol Underground-Happenings veranstaltete und später die Freaks ausflippten), beherbergt heute eine Kunststiftung der Gemeinde.

Auf jeden Fall ist St. Mark's eine der lebendigsten Straßen der Stadt. Die Cafés und die Restaurants sind immer voll, und die Basar-Atmosphäre wird Tag und Nacht von Straßenhändlern erzeugt, die Socken, T-Shirts und Schmuck verkaufen. Informieren Sie sich bei **Trash and Vaudeville** über den allerneuesten Punk-Look, oder besuchen Sie **St. Mark's Bookstore** (spezialisiert auf neue Belletristik und Lyrik).

McSorley's Old Ale House, um die Ecke in der East 7th Street – gegenüber der ukrainischen Katholischen Kirche – stammt aus der Zeit um 1850. Der typische Männer-Pub, wo Frauen bis in die siebziger Jahre keinen Zutritt hatten, gehörte zu den Stammlokalen des irischen Dramatikers Brendan Behan. Das **Theater 80,** lange Zeit ein Kino, widmet sich seit kurzem wieder seiner eigentlichen Bestimmung und entspricht damit dem East Village, das schon immer ein Zentrum für Live-Vorstellungen gewesen ist, seit um die Jahrhundertwende in der Second Avenue die berühmten jiddischen Theater entstanden.

McScorley's – das Gebäude stammt von 1850.

Das **La Mama E.T.C.,** westlich der Second Avenue, steht an der Spitze der Avantgardetheater. Auch im **P. S. 122** (First Avenue/9th Street) treten einige der besten Performance-Künstler der Stadt auf. Das P. S. zeigt anläßlich seiner alljährlichen Benefizveranstaltung all das, was im Tanz, in Musik und Dichtung als Avantgarde gelten kann.

Wie es sich für eine Gegend gehört, die ein typischer Schmelztigel verschiedener Nationalitäten ist, findet sich hier nahezu jede Art von Küche. Wenn Sie billig und exotisch bevorzugen, sind Sie in **„Little India“** in der 6th Street zwischen First und Second Avenue richtig. Hier finden Sie zwischen Boutiquen mit japanischen Kimonos und Kleidern aus Guatemala Restaurants mit Namen wie *Mitali, Taj*

DER SCHNELLE DOLLAR

Wer früher in New York eine Firmenlaufbahn verschmähte, aber kein Kapital hatte, um sich selbständig zu machen, konnte sich als Hausierer versuchen. Klassische Beispiele waren die Bürstenverkäufer und die Vertreter von Nachschlagewerken. Heute ist tagsüber kaum noch jemand zu Hause, und die wenigen, die es sind, öffnen keinem Fremden. Diese Möglichkeit besteht also nicht mehr.

Heute heißt es: Zieh dein eigenes Geschäft auf und sei kreativ, denn du mußt die verwöhntesten Konsumenten der Welt erobern. Ein Blick in die Gelben Seiten zeigt, was alles versucht wird.

Firmen, die stundenweise Haarteile und Meditationslehrer vermieten; rund um die Uhr arbeitende Schneider, Friseure und Wäschedienste operieren ebenso wie Finanzmakler für Wohnwagen, sogar der Abtransport von Tierkadavern oder die Waffen-Sofort-Reparatur werden organisiert.

Costa Mantis ist Regisseur von Dokumentarfilmen, Drehbuchautor und Vater. Eines Tages meinte ein Freund – und sein späterer Geldgeber –, er bakke so gute Kekse, daß er sie verkaufen solle.

„Genau das werde ich tun“, antwortete dieser, „und ich werde sie auf der Straße von Fahrrädern aus verkaufen, die wie Raketen aussehen.“ Doch Mantis' Sarkasmus schwand, und konkrete Vorstellungen gewannen in seinem Kopf Gestalt. Ein Jahr später landete das „Raumschiff“, und die Produkte der *Alphamen*-Bäckerei eroberten die Straßen.

In die *„Alpha Chips“* brachte Costa vieles aus seinem Leben ein. In Reading, Pennsylvania, geboren, hatte er zwei griechische Großväter, der eine war Gastwirt, der andere Philosoph. So lernte er als Kind das Backen und das Fragenstellen.

Auch die Kekse stellten Fragen. Jeder Packung waren *Alphamen*-Comics beigelegt. Die Sprechblasen, die aus *Alphamans* Mund quollen, fragten hochphilosophisch „Wie ist der Mensch entstanden?“ Das *Wall Street Journal* und *Forbes* lobten nicht nur den unternehmerischen Geist, sondern gerade auch die grundsätzlichen Fragestellungen.

Der Straßenverkauf lief, und eine Filiale in Japan wurde eröffnet. Doch letztlich scheiterte das Unternehmen aus den einschlägig bekannten Gründen: Die Kosten liefen den Gewinnen davon. Allein den Kauf der Räder zu amortisieren, schien unmöglich – bei einem Stückpreis von 5000 Dollar.

„Es war niederschmetternd“, sagt Mantis, aber seinen Geschäftssinn hat er nicht verloren. Neben seiner Arbeit als Drehbuchautor und Regisseur berät er jetzt eine Marketing-Gesellschaft.

Helen und Kerry Prep („das ist wirklich unser Name“) gründeten *Preppygram,* um damit ihre Karrieren in anderen Berufen zu finanzieren, aber Preppygram legte los wie ein Rennpferd.

Helen fand, Preppygram sei ein unmöglicher Name für eine Firma für singende Telegramme, doch Kerry setzte sich durch. Sie suchten eine passende Formel und wählten: „Persönliches singendes Telegramm“. Die Preps zogen die Geschichte nobel auf. Die Telegrammboten tragen Smoking und Zylinder. Aufträge zu verrückten, bösartigen oder traurigen Anlässen werden nicht angenommen. „Ich achte jeden und möchte nicht, daß sich jemand verletzt fühlt“, so Kerry.

Die Preps liehen sich 500 Dollar. Nach sechs Monaten war das Geld zurückgezahlt, und innerhalb von drei Jahren stieg die Wocheneinnahme auf 2000 Dollar. Leider hatte Kerry keine Zeit, als Schauspieler zu arbeiten, und Helen kam nicht dazu, Kinderbücher zu schreiben. Deshalb stellten sie Leute ein, und das Geschäft läuft.

Erfolg und Niederlage liegen dicht beieinander; doch nicht alles ist nur gewinnorientiert. Terry Adell ist freiberufliche Bauchtänzerin und arbeitet auch als Schauspielerin. Sie setzt sich für *New Leash on Life* ein, eine Organisation, die streunenden Tieren ein Zuhause verschafft. Terry macht das, weil sie Tiere liebt; sie hätte aber kaum die Zeit dazu, wenn sie beim klassischen Tanz geblieben wäre: „Ich hätte nebenbei bedienen müssen.“ Ihr exotisches Aussehen und ihr Interesse an ethnischen Tänzen führten zur Existenz als Bauchtänzerin. „Ich werde gut bezahlt und habe immer Arbeit.“

Terry tanzt auch mit Ibrahim *Farrah's Near East* Tanzgruppe, und auf einer Tournee durch den Mittleren Osten knüpfte sie Kontakte, die ihr jetzt bei der Produktion eines eigenen Films zugute kamen. Offensichtlich ist Vielseitigkeit der Schlüssel, um in New York zu überleben.

oder *Prince of India.* Alle sind sehr preiswert, die meisten haben bis spät nachts geöffnet und mitunter wird am Wochenende auch indische Musik live gespielt.

Wenn Sie auf der Second Avenue nordwärts gehen, vorbei an der **Middle Collegiate Church** (einer protestantischen holländischen Kirche von 1891), kommen Sie zum *Kiev.* Hier können Sie billig große osteuropäische Menüs genießen, und das Restaurant ist bis spät in die Nacht geöffnet. Koschere Gerichte serviert das *Second Avenue Kosher Delicatessen and Restaurant* an der Ecke 10th Street. Wenn Ihnen der Sinn nach Süßem steht, im Veniero's in der 11th Street, in der Nähe der First Avenue, bäckt Familie Veniero seit 1894 italienische Köstlichkeiten.

In der **East 10th Street** finden Sie alles, von der Galerie bis zum Drogenhändler – sogar einen Alte-Welt-Gesundheitsklub. In den **Russian & Turkish Baths** (seit 1892) kann man mit einem Dampfbad oder *platzas* (Abrubbeln mit einem Eichenlaubbesen) etwas für die Gesundheit tun. Neuerdings gibt es einen Trainingsraum und eine Bar, aber die Etagenbetten, in die Sie sich nach einem besonders heißen Dampf geschwächt fallenlassen können, sind geblieben, ebenso wie die getrennten Öffnungszeiten für Frauen und Männer.

Das **Theater for the New City,** ebenfalls ein Forum für experimentelle Broadway-Produktionen, liegt in der First Avenue. Auf der anderen Straßenseite, im *Downtown Beirut,* spielt rund um die Uhr die Jukebox, und die „happy hour" beginnt bereits mittags. Ganz in der Nähe erinnert die niedliche Kirche **St. Nicholas** (russisch-orthodox und griechisch-katholisch) an die ethnische und religiöse Vermischung der Völker. Sie wurde ursprünglich von einer anglikanischen Gemeinde als St. Mark's Chapel erbaut.

Über die 10th Street und Avenue A kommen Sie zum **Tompkins Square Park,** einem trockengelegten Sumpf, der im Bürgerkrieg als Exerzierplatz und Lager für die Rekruten diente. Später war er der Mittelpunkt von *Klein Deutschland,* der deutschen Gemeinde, die hier

East Third Street.

vor über 100 Jahren lebte. Kürzlich war der Park Schauplatz eines Konflikts zwischen Obdachlosen und der Polizei; erstere hatten aus Pappe Unterkünfte errichtet, letztere versuchten, sie wieder einzureißen.

In diesem Gebiet sind viele Häuser von jungen Leuten professionell renoviert worden (die Reihenhäuser aus dem 19. Jahrhundert in 10th Street an der Nordseite des Parks sind ein gutes Beispiel). Dadurch entstanden Spannungen zwischen Besitzenden und einer Gruppe von Besitzlosen, überwiegend Afro-Amerikaner, Latinos, alternde Hippies, Neo-Punks und Anarchisten.

Weiter östlich an der 10th Street geht es mit dem Viertel bergab – die Gegend heißt Alphabet City (Avenues A bis D), und ausgebrannte Autos, Drogenhändler und Graffiti prägen die Szene. Es ist wenig empfehlenswert, sich hierher zu begeben, besonders nachts, es sei denn, Sie haben es auf ein Abenteuer angelegt. Gleichwohl kann man selbst in wie ausgebombt aussehenden Blocks gelegentlich eine neue Kunstgalerie oder eine Bar mit Performance-Theater entdecken. Manchmal verbirgt sich sogar ein schikkes neues Restaurant hinter einer runtergekommenen Fassade.

Die berühmten Lower East Side Pickles.

Durch den **Tompkins Square Park,** vorbei am Kinderspielplatz, kommen Sie wieder auf Avenue A – und in die Nähe des Restaurants Odessa, das bei den Osteuropäern der Gegend sehr beliebt ist; Spezialitäten sind unter anderem hausgemachte Piroggen, Blinis und Borschtsch. Im Alphabets nebenan gibt's T-Shirts mit sinnigen Sprüchen. Der nahegelegene Pyramid Club, eine dunkle Bar, ist bekannt für wilde Musik und ein besonders verrücktes Publikum.

Zum Nachtleben im East Village gehört auch das **CBGB-OMFUG** in der Bowery, in den siebziger Jahren Ausgangspunkt der Punk- und New-Wave-Szene der Stadt und immer noch ein beliebter Rock-Treff, der eine bunte Mischung von Uptown-Abenteurern mit harten Downtown-Methoden anzieht.

Auch wenn die **Bowery** traditionell mit Skid Row gleichgesetzt wird, die Fortsetzung der Fourth Avenue war im 19. Jahrhundert Lower Manhattans „Großer Weißer Weg", als ein Dutzend Theater die Straße säumte. Heute führen das **Bouwerie Lane Theatre** mit seiner gußeisernen Fassade aus dem Jahre 1874 sowie der kleine Familienbetrieb des **Amato Opera Theater** in der Second Street diese Tradition fort.

LOWER EAST SIDE: Dieses Gebiet beginnt theoretisch östlich des Tompkins Square Park, wo die Avenue C zur Losaida Avenue wird; aber die traditionelle **Lower East Side** mit ihren tiefen jüdischen Wurzeln liegt praktisch südlich der East Houston Street und wird von der Bowery und dem East River begrenzt.

Das ist der Ort, wo sich die Käufer drängeln, immer auf der Jagd nach Sonderangeboten, seien es Brautkleider oder Badezimmer, und wo in engen Straßen Mietshäuser stehen, die sich in den letzten 150 Jahren kaum verändert haben.

Seit Mitte des 19. Jahrhunderts kamen immer wieder Einwanderern auf der Suche nach einem neuen Leben in Schüben hierher: freie Afrikaner, dann Iren und Deutsche und schließlich osteuropäische Juden, meist aus Rußland und Polen. Heute sieht man Läden mit jüdischen Namen und chinesischen oder hispanischen Eigentümern; und immer noch zieht die Gegend neue Einwanderer an.

Wenn Sie der East Houston Street bis zum oberen Ende der **Orchard Street** folgen, kommen Sie zu New Yorks beliebtem **Sunday Shopping Bazaar** (Freitagnachmittag und samstags sind alle Läden wegen des Sabbat geschlossen). Früher verkauften hier Hausierer alles, von gebrauchter Kleidung bis zu kaputten Eiern; heute finden Sie Designer-Kleidung, Schmuck und Schuhe, oft um die Hälfte billiger als Uptown. *Fleischer* z. B. führt tolle Lederjacken und Regenmäntel, und Taschen und Schuhe kauft man in *Ron's Leather Center.*

Delancey Street, die nächste Straße, ist nach der alten New Yorker Familie De Lancey benannt, die wegen ihrer Loyalität gegenüber den Engländern nach der Unabhängigkeit ihren Landbesitz verlor. Zwischen Delancey und Broome Street liegt in einem Backsteinbau der **Essex Street Market,** 1938 eröffnet, um die Hausierer von den Straßen fernzuhalten; an den Ständen werden Fisch, Fleisch und Gemüse angeboten.

Wenn Sie Lust auf ein merkwürdiges Festessen haben, sollten Sie **Sammy's Famous Roumanian Restaurant** in der Chrystie Street Nr. 175 besuchen; zu jedem Gericht wird hier nach alter Tradition ein Krug Hühnerfett gereicht. Bei **Katz's Delicatessen** in der East Houston hat sich die Speisekarte seit der Eröffnung im Jahre 1898 kaum geändert – das *Pastrami Sandwich* gilt weit und breit als kulinarische Besonderheit.

An der Ecke Hester und Essex Street auf der anderen Seite bekommen Sie die besten Pickles der Stadt – namentlich im **Essex Street Pickles** (ehemals Hollander Pickles) mit Fässern voll eingelegter Köstlichkeiten.

Wenn Sie auf der Grand Street zurück in die Bowery gehen, kommen Sie zur

Katz's Delicatessen.

Bowery Savings Bank, 1894 von McKim, Mead und White im Stil eines klassischen römischen Tempels entworfen.

Zwei Blocks südlich der Delancey könnte man die Bowery für die Hauptstadt der Lampen halten; vermutlich der beste Ort in der Stadt, um billig einen Kronleuchter zu erstehen. Die Juweliergeschäfte in der Nähe der **Manhattan Bridge** sind Überbleibsel des ehemals blühenden Downtown-Diamanten-Distrikts, der inzwischen in die 47th Street verlegt wurde. **Allen Street,** parallel zur Orchard Street, war früher ein bekanntes Zentrum für Antiquitäten aus Messing und Kupfer; einige der Läden sind noch übriggeblieben.

Lebendige Geschichte: Zu den Schülern von Grand Streets **Seward Park High School** gehörten die Schauspieler Tony Curtis und Walter Matthau. Ein anderer Schauspieler, Sam Jaffe, ist in dem Mietshaus in der Orchard Street geboren, das seit 1988 das **Lower East Side Tenement Museum** beherbergt. Im ersten Stock ist eine kleine Galerie untergebracht, außerdem veranstaltet das Museum Führungen durch das Viertel und zeigt historische Stücke. Sie können sich sogar die trostlosen restaurierten Wohnungen im Obergeschoß ansehen. Die miserablen Arbeits- und Lebensverhältnisse in dieser Region zu Beginn des 20. Jahrhunderts (wie sie Jacob Riis beschrieb) waren die ursächlich für die anarchistische und die sozialistische Bewegung. Hier verkündete Emma Goldman ihren sanften Anarchismus, und radikale Zeitungen wie der *Jewish Daily Forward* fanden reißenden Absatz. Gemeindezentren zur Unterstützung der Einwanderer entstanden. Einige arbeiten heute noch, so das **University Settlement House** in der Elridge Street, 1893 als ehrenamtliche Pflege- und Sozialstation gegründet.

Die Religion spielte eine wichtige Rolle im Leben der Einwanderer; viele der alten Synagogen wurden inzwischen geschlossen, doch die **Elridge Street Synagogue,** ein Bauwerk in maurischem Stil in der Nähe der Division Street, konnte restauriert und erhalten werden.

Chinesische Mahlzeit im Angesicht des Hausaltars.

CHINATOWN: Es ist die größte chinesisch-amerikanische Ansiedlung in den USA und für Besucher eine der pulsierendsten und aufregendsten Regionen Manhattans. Die Geschichte von **Chinatown** begann um 1870, als chinesische Eisenbahnarbeiter wegen antiasiatischer Tendenzen von Kalifornien nach Osten strömten. Reformen der Einwanderungsgesetze führten hier in der Folgezeit zu einem enormen Bevölkerungszuwachs, so daß sich Chinatown – einst in drei Blocks zwischen Mott, Pell Street und der Bowery gequetscht – heute über fast 40 Blocks erstreckt.

Am **Chatham Square,** benannt nach William Pitt, Earl of Chatham, treffen sich Worth Street, East Broadway und Bowery. Der **Kim Lau Memorial Arch** auf dem Platz wurde zu Ehren eines chinesisch-amerikanischen Piloten errichtet, der im Zweiten Weltkrieg den Heldentod starb.

Im Hochhauskomplex **Confucius Plaza** befinden sich Wohnungen und Läden, eine Grundschule sowie ein Park unter Bäumen. Vor dem Bau steht ein Standbild des Philosophen Konfuzius.

Zwischen den chinesischen Banken an der Bowery versteckt liegt ein Stück des alten New York: **No. 18 Bowery,** 1785 erbaut und heute das älteste erhaltene Reihenhaus Manhattans. Der ursprüngliche Eigentümer, Edward Mooney, war Fleischgroßhändler, der sich nebenbei mit Pferderennen beschäftigte und irgendwann im Haus einen Wettsalon eingerichtet hat. Ein weiterer interessanter Bau in der Bowery ist die pagodenähnliche **Manhattan Savings Bank.**

Wenn Sie nach Westen zum **Columbus Park** gehen, kommen Sie zum Anfang von **Mulberry Street,** ebenso wie **Mott Street** eine der beiden Hauptstraßen von Chinatown. Im frühen 19. Jahrhundert war diese Gegend Teil des berüchtigten „Five Points Slum“, wo sich Banden herumtrieben und eine Hüttensiedlung stand, die später niedergerissen wurde, um einem Park Platz zu machen.

Das Schulgebäude aus der Zeit um die Jahrhundertwende an der Ecke Mulberry

Bestattung in Chinatown.

und Bayard Street beherbergt das **Chinatown History Museum** – zweifellos der beste Ort, um mehr über dieses Viertel zu erfahren. Das Projekt wurde 1970 gegründet, als hier die Bevölkerungszahl explodierte; es bietet Führungen an und betreibt ein faszinierendes kleines Museum und eine Buchhandlung.

Vorbei an Marktständen, die Früchte, Gemüse, Fisch und klebrigen Reis verkaufen, kommen Sie zur **Canal Street.** Hier verkaufen unzählige Händler taiwanesische Kassetten, Männer mit kegelförmigen Hüten lesen Ihnen die Zukunft, und die Läden sind vollgestopft mit importierten Waren – eine Szenerie, die so gar nichts mit dem Rest von Manhattan gemein hat. Rechts in der Mott Street sehen Sie blitzende Restaurants mit marmornen Fassaden und Plastikschildern – Teil des „neuen" Chinatown, wo sich in letzter Zeit wohlhabende Einwanderer und Geschäftsleute aus Hong Kong und Taiwan niedergelassen haben.

Doch finden sich auch hier Spuren von „Alt-Chinatown", so z. B. das **Chinese Community Center,** das seit 1883 in der Mott Street zu Hause ist. Im **Eastern States Buddhist Temple** nebenan steht ein Standbild der vielarmigen Göttin Kuan-Yü, von süßen Düften umwabert.

Das Kaufhaus **Quong Yuen Shing** in der Nähe wurde um 1890 eröffnet. Es ist immer noch interessant, sich in diesem ältesten Warenhaus in Chinatown umzusehen. Etwas weiter liegt die **Church of the Transfiguration,** die 1801 für eine lutherische Gemeinde erbaut wurde; 1810 wurde sie zur *Zion Protestant Episcopal Church* und 1853 an die katholische Kirche verkauft. Heute werden die Gottesdienste in Kantonesisch abgehalten.

Das Herz von Old Chinatown: Gehen Sie die **Pell Street** rechts hinunter, und Sie kommen zur **Sun Wui District Association** gegenüber der **First Chinese Baptist Church.** Diese Organisation zeigte den Einwanderern neue Wege, sich in der fremden Welt zurechtzufinden. Zwei Glücksfische aus Keramik schmücken die Spitze des Pagodendaches des im traditionellen Stil gebauten Hauses.

Familienidyll in der Mott Street.

Eine Organisation mit ähnlichen Zielen ist **Hip Sing Lui,** eine der vielen *tongs* (Bruderschaften) von Chinatown. Von 1870 bis in die dreißiger Jahre unseres Jahrhunderts waren die *tongs* in Streitigkeiten verwickelt, die oft zu Gewalttätigkeiten führten, die von der nichtchinesischen Presse meist zu „Tong-Kriegen" aufgebauscht wurden.

Das schmale Sträßchen auf der rechten Seite war im 17. Jahrhundert der Weg, auf dem die Gespanne die Brauerei Hendrik Doyers erreichten. Später wurde die **Doyers Street** zu einem wichtigen Zentrum der Kommunikation, wo die Männer gierig auf die neuesten Nachrichten aus China warteten und Geld und Briefe für die alte Heimat in den Läden abgaben, die gleichzeitig als Postämter und Banken fungierten.

Ganz im Sinne dieser Tradition wurde das gegenwärtige Postamt von Chinatown neben der Brauerei erbaut. Kurz davor liegt das **Nom Wah Tea House,** das älteste Restaurant des Viertels. Abweichend von den anderen Restaurants der Gegend wird hier früh geschlossen (gegen 20 Uhr); doch das *dim sum* des Hauses zählt zu den besten in Chinatown. Die Inneneinrichtung hat sich seit der Eröffnung 1921 kaum geändert: durchgesessene rote Lederbänke, Linoleumboden und Deckenventilatoren. Ebenso „altmodisch" sind die Preise.

Das Essen ist mit das Reizvollste an Chinatown, und da es Hunderte von Restaurants gibt, ist es sehr schwer, sich zu entscheiden, wo man denn nun essen geht. Die Auswahl reicht vom winzigen Restaurant Malaysia in der **Chinatown Arcade** (fünf Tische) bis zum Silver Palace mit 1000 Plätzen. Zu erwähnen sind auch das **Golden Unicorn** am East Broadway – es hat eine eher luxuriöse Atmosphäre – und das **Peking Duck House** in der Mott Street, ein Favorit des ehemaligen Bürgermeisters Ed Koch.

Eine Kostprobe chinesischer Kultur bekommen Sie in einem der Kinos, die Filme aus Taiwan, Hong Kong und China zeigen; oder Sie besuchen das **Asian Arts Institute** gegenüber dem Confucius Plaza, wo laufend Ausstellungen stattfinden. Das **Asian-American Dance Theater** im Obergeschoß zeigt traditionelle und zeitgenössische Produktionen.

Chinese New Year ist ein Fest mit Tanz- und Musikvorführungen; es beginnt traditionell mit Feuerwerk und Umzügen lärmender Menschenmassen und wird gegen Ende Januar/Anfang Februar gefeiert.

LITTLE ITALY: Menschenmassen, Stände mit verführerischem Essen und rauhe Glücksspiele, das sind die wesentlichen Bestandteile der beiden großen Feste, die jedes Jahr in diesem Viertel gefeiert werden: das Fest von St. Anthony Anfang Juni und das Fest von San Gennaro im September. Ansonsten ist Little Italy im allgemeinen ruhiger als sein chinesischer Nachbar. Allerdings öffnete inzwischen das Holiday Inn Downtown an der Lafayette Street seine Pforten; einige Anwohner befürchten nun, daß dies ihr Viertel für immer verändern wird.

Das Gebiet, eingekeilt zwischen Chinatown und SoHo, ist seit dem späten

Chinesisches Warenhaus.

19. Jahrhundert eine italienische Enklave; damals kamen viele Einwanderer aus Italien nach New York, und auch viele der örtlichen Restaurants und Bäckereien stammen aus dieser Zeit. Der angenehmste Teil liegt an der Mulberry Street, wo die Atmosphäre plötzlich von lärmig in ruhig und heiter umschlägt und Straßencafés anstelle von Straßenverkäufern die Bürgersteige beherrschen.

Wie in Chinatown kommen die meisten Besucher wegen der Feste oder des Essens hierher; doch es gibt auch ein paar historische Überraschungen. **Luna's** in der Mulberry Street ist ein seit langem beliebtes Restaurant mit gemäßigten Preisen, das seit 1878 von derselben Familie geführt wird. **Umberto's Clam House** an der Ecke Hester Street ist bis sechs Uhr morgens geöffnet – berühmt wurde es als der Ort, wo der Gangster Joey Gallo 1972 ein blutiges Ende fand, als er gerade dinierte.

Puglia in der Hester Street ist seit 1919 ein beliebter Treffpunkt. Gehen Sie auf der Mulberry weiter nach Norden, vorbei am Sitz der Gesellschaft San Gennaro (ein Bildnis des Heiligen schmückt das Fenster), und Sie kommen zu einem der ältesten Häuser in Little Italy. Das kleine weiße Haus, wo heute in **Paolucci's Restaurant** die Violinen zum Dinner aufspielen, wurde 1816 für Stephen van Renssellaer, einen wohlhabenden New Yorker, gebaut. Ursprünglich im Haus 153 Mulberry Street gelegen, wurde 1841 das ganze Gebäude an seinen jetzigen Standort versetzt.

An der Ecke Mulberry und Grand Street können Sie bei E. Rossi & Co. in Geschenken und Neuheiten stöbern und anschließend bei **Ferrara,** einer seit 1892 bestehenden Bäckerei, die berühmten Kekse und Kuchen probieren.

Bei Di Paolo's in der Grand Street gibt's guten Käse und Salami; bei Alleva, Ecke Mulberry und Grand, ist beides fast noch besser. Ganz in der Nähe, in der Centre Street, liegt das **Police Building,** ein architektonisch interessanter Bau von 1909; bis 1972 residierte hier die Polizei, vor kurzem wurde das Haus in teure Apartments aufgeteilt. Ein kleiner Laden in Broome Street erinnert noch an den ehemaligen Zweck des Hauses; hier wird Polizeiausrüstung verkauft, und es gibt einen Büchsenmacher im Hause.

St. Patrick's Cathedral an der Ecke Mott und Prince Street war bis 1879 Sitz des Erzbistums von New York (dann war die „neue" St. Patrick's Kathedrale in der Fifth Avenue fertig). Der Bau der Kathedrale wurde 1809 begonnen, während des Krieges von 1812 unterbrochen und schließlich 1815 beendet. Nach einem Brand wurde die Kathedrale 1868 wieder aufgebaut und blieb bis heute – wenn auch weniger eindrucksvoll als das Original – ein Wahrzeichen an Little Italys nördlicher Peripherie.

Gegenüber dem Friedhof der Kathedrale war früher die **School of the Children's Aid Society,** wo man sich um die Ausbildung der Kinder des Viertels kümmerte, untergebracht. Das hübsche Backsteingebäude wurde 1888 von Calvert Vaux entworfen, der auch an der Erschaffung des Central Parks beteiligt war.

Links: Little Italy feiert. **Rechts:** Blume des Orients.

HOOP

HEAVY
Petting

SoHo und TriBeCa

Auch dreißig Jahre, nachdem die ersten Künstler hier in ausgediente Fabrikgebäude, die „Lofts“, zogen, ist SoHo eines der anregendsten Viertel Manhattans. Die Lagerhäuser mit den gußeisernen Fassaden, High-tech-Galerien und die Boutiquen und Restaurants in den gepflasterten Straßen prägen sein Gesicht.

Als Abraham Lincoln in der nahegelegenen Cooper Union die erste Rede seiner Präsidentschaftskampagne hielt, lag hier der Einkaufs- und Hotelbezirk der City. Gegen Ende des 19. Jahrhunderts wurden die meisten alten Häuser niedergerissen, um Fabriken Platz zu machen, hinter deren phantasievollen Fassaden eine derartige Ausbeutung herrschte, daß das Fire Department dieses Gebiet später „Die 100 Acres der Hölle“ taufte.

Später sollten die Fabriken einer Schnellstraße weichen, doch in den frühen sechziger Jahren fanden sich Menschen, die diese „Industrie-Tempel“ bewahren wollten; sie gründeten den *SoHo Cast Iron Historic District.* Um die gleiche Zeit entdeckten die ersten Künstler SoHo, um hier zu leben und zu arbeiten.

Heute ist SoHo, Kürzel für ***South of Houston,*** nur noch für die Erfolgreichsten erschwinglich. Das Viertel wird von der **Canal Street** im Süden, der **Lafayette Street** im Osten und der **Avenue of the Americas** im Westen begrenzt. Es ist immer noch eine einzigartige New Yorker Mischung von Industriedreck und Exotik-Flair, wo muskulöse Männer neben futuristischen Videoauslagen Laster entladen.

West Broadway: Die Art von Straße, wo man in einem Fenster eine lebende Statue posieren sehen oder vor einem anderen einen redseligen roten Papageien entdekken kann; **West Broadway** ist von Geschäften gesäumt, die wirklich alles, von japanischer Kleidung bis hin zu Sandalen aus Ecuador, feilbieten. Es wird, besonders an Samstag, von Uptown-Besuchern und Touristen überschwemmt. Gleich unterhalb der Houston Street findet man eine Menge Boutiquen mit französischer Mode und italienischen Schuhen, dargeboten mit vieldeutigem Gehabe. Farblich abgestimmte Haushaltswaren gibt es bei **Ad Hoc** und riesige Stifte bei **Think Big.** Hinter der schmalen Front von **Rizzoli** können Sie in aller Ruhe schmökern.

Zahlreicher als alle anderen Branchen sind die Galerien vertreten. Bei der jüngsten Zählung kam man auf über 140 in der direkten Umgebung; ein Rundgang durch die Galerien von SoHo wird auf jeden Fall zum Kulturmarathon. Samstags ist immer viel los, am wenigsten hektisch geht es an Werktagen zu.

Beginnen Sie in **420 West Broadway,** wo einige der wichtigsten zu Hause sind, u. a. Leo Castelli, der sich als einer der ersten hier niederließ (und als erster Roy Lichtenstein, Willem de Kooning und Andy Warhol ausstellte). In der Nähe liegt in einem kleinen gelben Ziegelhaus die **Mary Boone Gallery,** wo die *crème de la crème* der Kunstwelt vertreten ist. Im **Dia Center for the Arts,** ebenfalls in

Vorherige Seiten: Limousine gefällig? **Links:** Bäckerei Vesuvio. **Rechts:** Schlüssel zum Erfolg.

der Nähe, lange Zeit *The Broken Kilometer* (Reihen polierter Messingstangen) von Walter De Maria ausgestellt.

Mehrere der besten neuen Galerien SoHos finden Sie in den Seitenstraßen des West Broadway, etwa in der Prince Street. **Louver New York** beispielsweise ist in einer umgebauten Bäckerei unter Nr. 130 beheimatet. Kunst der dauerhafteren Art sieht man in der 114 Prince Street. Die gußeiserne Front des Gebäudes (um 1890) wiederholt sich auf der Seite zur Greene Street hin als täuschende Fassadenmalerei von Richard Haas.

Schauen Sie in *Agnès B.'s Downton Store* nach französischer Konfektionsware oder machen Sie gegenüber im *Dean & DeLuca Café* Pause; Sie finden es in einem Lagerhaus von 1895 zwischen Green und Wooster Street. Wo früher der berühmte Feinschmeckerladen *Dean & DeLuca* war (bevor er an den Broadway umzog), kann man jetzt in einem palmenbeschatteten Hof frühstükken und lunchen. Zwei weitere empfehlenswerte Restaurants in dieser Straße sind das preiswerte **Jerry's,** das sich bei den Anwohnern großer Beliebtheit erfreut, und **Fanelli's,** seit Ende des 19. Jahrhunderts an der Ecke Mercer Street zu Hause.

Greene Street: Die nach einem General des Unabhängigkeitskrieges benannte **Greene Street** verläuft parallel zum West Broadway. Im späten 19. Jahrhundert war sie Zentrum eines berüchtigten New Yorker Rotlicht-Bezirks, wo hinter verschlossenen Fenstern Bordelle wie Flora's und Miss Lizzie's gediehen. Ein roter Ziegelbau aus dem Jahre 1824 in 139 Greene Street – gegenüber der SoHo-Filiale der **Pace Gallery** – blieb aus den lasterhaften alten Zeiten übrig.

Wie es sich für eine der wichtigsten Straßen im *SoHo Cast Iron Historic District* gehört, ist in Greene Street diese einmalige amerikanische Architektur konzentriert; darunter (am Ende der Canal Street) die längste geschlossene Reihe von Cast-Iron-Bauwerken der Stadt. An der Ecke Broome Street beherbergt das 1872 erbaute **Gunther Buil-**

Hinter-Glas-Ente.

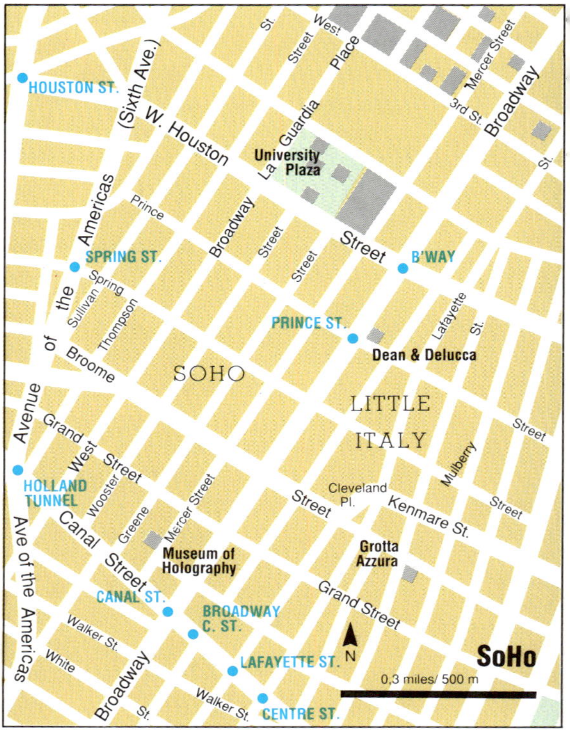

ding die von einer Frauenkooperative geführte Galerie **SoHo 20,** die sich mit Ausstellungen zu sozialpolitischen Themen einen Namen gemacht hat.

Im *Back Pages Antiques* in der Greene Street finden Sie die klassische Musikbox von Wurlitzer. Bevor Sie weitergehen, sollten Sie sich das cremefarbene Glanzstück der Cast-Iron-Architektur, das Gebäude **72-76 Greene Street,** ansehen. Das ausdrucksvoll verzierte Gebäude wurde von Isaac Duckworth geplant und stammt aus dem Jahre 1873.

Es sieht aus wie ein Antiquitätengeschäft, aber *5 & 10 No Exaggeration* ist ein schrulliges, vollgestopftes Restaurant, wo alles verkauft wird – laut Besitzer der einzige Laden in der City, der eine Alkohol- und gleichzeitig eine Handelslizenz besitzt.

Mitte des 19. Jahrhunderts stand an der Ecke Spring Street/West Broadway das vornehme American House Hotel; gegenüber liegt heute das nicht weniger vornehme **Spring Street Bar and Restaurant.** Und obwohl der Geist eines jungen Mädchens, das hier einst in der Nähe einer Quelle ermordet wurde, in den Wasserbetten der Anwohner spuken soll, ist dieser zentrale Fußweg durch SoHo besonders belebt.

Gegenüber dem **Flohmarkt** an der Ecke Spring und Wooster Street sehen Sie ein schindelgedecktes Ziegelhaus aus dem Jahre 1818, heute das *Tennessee Mountain,* eine beliebte Spielhölle. Der Eingang liegt um die Ecke in der Wooster Street – von den Fenstern im zweiten Stock kann man das lebendige Wochenendtreiben in SoHo sehr gut überblicken.

Auch in der kopfsteingepflasterten **Wooster Street** haben sich einige Galerien angesiedelt, so zum Beispiel **Tony Shafrazi,** die wie so viele SoHo-Galerien ständig die Straße wechselt, auf der Suche nach dem perfekten Standort im Viertel. Einige Kunsthändler scheinen hingegen eine dauerhafte Bleibe gefunden zu haben – **Printed Matter** etwa, ein Groß- und Einzelhandel von Kunstbüchern, und die **Paula Cooper Gallery** in der Wooster Street Nähe Houston. Im selben

Kunst-Unternehmer Leo Castelli.

Block, in der Galerie **Dia Center for the Arts** in der Wooster Street, ist *New York Earth Room* zu Hause, eine weitere Installation von Walter De Maria.

In der Wooster Street haben sich in dem Block zwischen Prince und Spring Street die winzigen Ausstellungsflächen zur Kunstform entwickelt, genauso wie die Kleider, die hier geschneidert werden, so etwa bei **Commes des Garçons.** In der **Performing Garage** in der Nähe der Ecke Grand Street arbeitet eine Theater-Gruppe seit 1967 mit experimentellen Theaterformen und Tanz. Auch auswärtige Künstler geben Gastspiele.

Rund um den Broadway: Auf der Spring Street ostwärts kommen Sie zum **Lower Broadway,** wo einst die elegantesten Geschäfte der City lagen und sich heute der Textilhandel, Discountgeschäfte und spanische Feinkostläden ausbreiten. Im selben Maße, wie SoHo wächst, bekommen die prächtigen Cast-Iron-Bauten hier wieder ein besonderes Gütesiegel, denn mehr und mehr Geschäfte, Galerien und Restaurants siedeln sich an.

Symbolträchtiges über dem Eingang des Puck Building.

Den Weg dafür hat möglicherweise das **New Museum of Contemporary Art** geebnet, als es 1983 von der Lower Fifth Avenue an den Broadway zwischen Houston und Prince Street zog. Jetzt ist es der Ort in Manhattan, wo man sich über Neues in der Kunstszene informiert. Die Ausstellungen beschäftigen sich mit nahezu allen Themen, von aktuellen sozialen und politischen Dingen bis zum Einfluß des Fernsehens auf die Gesellschaft.

Das **Alternative Museum** in 594 Broadway ist ebenfalls auf politisch engagierte Kunst ausgerichtet und ist genauso sehenswert wie das **Museum for African Art** in Nr. 593.

Gegenüber dem **Little Singer Building** am Broadway, einem von Ernest Flagg entworfenen Cast-Iron-Bauwerk aus dem Jahre 1904, steht der Drei-Millionen-Dollar-Bau von **Dean & DeLuca** an der Ecke Prince Street. Hier werden Früchte, Gemüse und importierte Spezialitäten in Hülle und Fülle verkauft, und ein Stehcafé lockt mit köstlichem Gebäck. Die oberen Stockwerke beherbergen drei oder vier wichtige Galerien.

Weitaus wichtiger ist freilich die Filiale des **Guggenheim Museum,** die 1992 in 575 Broadway eröffnet wurde. Das Gebäude selbst wurde 1881 von John Jacob Astor III. in Auftrag gegeben. Thomas Stent, der in diesen Jahren viel für die Astor-Familie baute, zeichnete für den Entwurf verantwortlich.

Der Architekt Arata Isozaki hat das Astor-Haus grundlegend umgebaut und dabei auf zwei Stockwerken großartige Räume geschaffen. Sie betreten das Gebäude vom Broadway und kommen zuerst zum Museumsladen. Die Ausstellungsräume erreichen Sie über eine schwarze Stahlseilbrücke. Sie spannt sich über den deckenlosen Kellerraum, in dem ein Café eingerichtet wurde.

Wenn Sie der Prince Street nach Osten zur **Lafayette Street** folgen, kommen Sie an den nördlichen Rand von Little Italy. Im *Lost City* wird – bildlich gesprochen – New York verkauft; ausrangierte Wasserspeier, Verkehrszeichen und andere romantische Überbleibsel werden hier verhökert. Nördlich davon, gegenüber dem *Pop Shop*, wo es späte Werke des Künstlers Keith Haring auf T-Shirts und Hüten gedruckt zu kaufen gibt, liegt **Puck Building,** das 1886 für das Satire-Magazin *Puck* errichtet wurde. Die Eingangstüren zieren goldene Kobolde.

Ganz auf Kinder eingestellt ist das **Children's Museum of the Arts** in der Spring Street Nr. 72. Neben einem Spielplatz bietet es interaktive Ausstellungen sowie einen kleinen Geschenkladen.

Im **New York Open Center** in der Spring Street können Sie esoterische Trommel- oder Traumdeutungskurse belegen; das gemeinnützige Zentrum veranstaltet auch Vollmond-Meditationen und *„Open Dances"* am Samstagabend. Am besten besorgen Sie sich das Veranstaltungsprogramm.

In der Nähe des ungewöhnlichen Laternenpfahls in Form eines Bischofsstabes vor 515 Broadway, den ganz unfeierlich ein Parkverbotsschild ziert, liegt das palazzo-ähnliche **Haughwout Building,** eines der ältesten und eindrucksvollsten Cast-Iron-Gebäude in SoHo. Der Bau wurde von John Gaynor als Handelskontor geplant und 1857 fertiggestellt – inklusive dem ersten Fahrstuhl der Nation. Im Erdgeschoß verkauft *SoHo Mill Outlet* preiswerte Laken, Decken und sonstige Bettwäsche.

Cast-Iron-Innenleben: John Broome war ein erfolgreicher Kaufmann, der nach dem Ende des Unabhängigkeitskrieges Tee und Seide aus China importierte. Die nach ihm benannte Broome Street jedoch ist zwischen West Broadway und Broadway eine der am wenigsten ausgebauten Durchgangsstraßen von SoHo; hier sind hinter verfallenen Cast-Iron-Fassaden Zahnlabors und Textilgeschäfte, Galerien und Antiquitätengeschäfte sowie Arf 'n Annie, eine Mischung aus Tierhandlung und Delikatessengeschäft, ansässig. Zu den interessanten Bauwerken gehört Haus Nr. 448 aus dem Jahre 1872.

Linker Hand führt Sie die Mercer Street zum **Enchanted Forest,** einer seltsamen Phantasiewelt mit Spielzeug und Kinderspielen. (Neuerdings erlebt diese eigenar-

Espressobar in SoHo.

KUNST IN SOHO

BandMental ist der Name einer Musikgruppe, die sich mit provokativen politischen Texten und fetziger Musik auf grandiosen Showbühnen wie im *Anchorage* an der Brooklyn Bridge in Brooklyn mit großem Erfolg dem Publikum präsentiert.

Für die Bandmitglieder Liliana Luboya und Dave Hatchett ist BandMental zwar schon so etwas wie eine Obsession, auf keinen Fall aber eine „fulltime"-Beschäftigung geworden. Wenn Lil nicht gerade bei den Auftritten von BandMental in vorderster Linie ihre Frau steht, schreibt sie Texte für Science-fiction-Comics oder entwirft „Underground"-Mode. Im Hauptberuf aber ist sie Malerin. Lils Antwort auf die Frage, wie sie denn als Malerin entdeckt worden sei, klingt recht nebulos: „Ich weiß nicht. Ich komme aus einer Künstlerfamilie. Ich habe mich nie an dem ganzen Künstler- und Kunst-Rummel beteiligt. Ich bin Malerin, seitdem ich denken kann."

Dave schreibt die Texte für BandMental. Die meiste Zeit verwendet er aber für die Bildhauerei. Sein Talent als Maler wurde von dem Kunstsammler Seymour Knox entdeckt, der Daves Werke in seinem Museum „Albright-Knox" ausstellt.

Dave und Lil leben zusammen in einem „Loft", einer ehemaligen Lagerhalle in SoHo, das gleichzeitig als Wohnung und Bühne dient. Als Lil und Dave hierher zogen, war SoHo eine Art Niemandsland mit leerstehenden Fabriken und Lagerhäusern. Der Vermieter war froh, daß sein Haus endlich einen Bewohner fand.

Das 1805 gebaute Lagerhaus in der Canal Street, in dem Lil und Dave leben, ist derzeit Gegenstand einer gerichtlichen Auseinandersetzung, die verdeutlicht, warum immer weniger Künstler nach SoHo kommen. Das Gebäude steht unter Denkmalschutz und darf nach einer Auflage der Behörden nur von Künstlern bewohnt werden.

Nachdem die Künstler SoHo für sich entdeckt hatten, zogen viele „Nicht-Künstler" nach und mieteten sich unter Vorspiegelung falscher Tatsachen in den auf einmal so begehrten Lofts ein. Die Mieten erreichten astronomische Höhen, so daß sich seit den späten siebziger Jahren kaum noch ein „echter" Künstler eine Wohnung in SoHo leisten kann. Die Vermieter wollen jetzt die alteingesessenen Mieter aus den Wohnungen vertreiben, um die Lofts zu Marktpreisen zu verkaufen. Die Auflage aus dem Jahr 1980 macht ihnen aber einen Strich durch die Rechnung – ein komplizierter Rechtsstreit ist anhängig. (In den sechziger Jahren kostete ein ganzes Lagerhaus 25 000 Dollar, heute muß man für ein einziges Loft schon 400 000 Dollar hinblättern).

Es scheint, als ob in SoHo Bodenspekulation und Kunst unter dem gleichen Syndrom gelitten haben: Wenn es den Investoren im Grunde gleichgültig ist, was sie kaufen und sie nur dem allgemeinen Trend folgen, dann klettern die Preise auf dem Kunstmarkt wie bei den Immobilien immer höher, um dann allerdings ganz plötzlich um so tiefer zu fallen.

Es mag sein, daß die Bodenspekulanten in SoHo ihr Geld nie wieder sehen werden, aber in der Kunstwelt ist am Ende eines zehnjährigen Kaufrausches dilettantischer Investoren ein Hintertürchen für die Einforderung der erworbenen Werte offengeblieben. Gegen Ende der achtziger und zu Beginn der neunziger Jahre ist es auf dem Kunstmarkt relativ ruhig geworden. Gleichzeitig brachen Meisterwerke von Künstlern wie Van Gogh alle Verkaufsrekorde. Wegweisende Initiativen wurden auch von Museen wie dem Guggenheim ergriffen, das je einen Chagall, Kandinsky und Modigliani verkaufte, um eine neue Ausstellung amerikanischer Minimalisten eröffnen zu können.

Hinter der Frage, ob es einen „Sicker-Effekt" bis zur Downtown-Kunstszene geben wird und inwieweit auf unterster Ebene Kunstinvestitionen sich bezahlt machen, wird wohl bis zum Ende dieses Jahrhunderts ein großes Fragezeichen stehen. Ein Grund dafür ist, daß mit dem zur Zeit stattfindenden Aufpolieren alter Werte die neuen Kunstbewegungen es schwer haben werden, sich auf dem Markt durchzusetzen. Außerdem ist es viel schwieriger geworden, neue Trends zu deuten, nachdem sich die New Yorker Kunstwelt zwischen SoHo, Brooklyn, New Jersey und Long Island City aufgesplittert hat.

Eines ist jedoch sicher: Wenn es gelingt, Häuser wie das von Dave und Lil in Zukunft für kreative Zwecke einzufordern, wird SoHo wieder der Ort sein, an dem sich auch Künstler und nicht nur Kunstgalerien niederlassen.

tige, schmale Durchgangsstraße, die nach einem schottischen Chirurgen benannt ist, der während der Revolution zum General aufstieg, eine kleine Renaissance.)

Zum Lunch sollten Sie *Kenn's Broome Street Bar* an der Ecke Broome Street und West Broadway ausprobieren. Das Lokal in einem Gebäude aus dem 18. Jahrhundert bietet Brunch und Dinner an (Kreditkarten werden nicht angenommen). Das freundliche *Cupping Room Café* nebenan ist vor allem ein Platz zum Frühstücken, auch Mittag- und Abendessen wird serviert.

Die **Manhattan Brewing Co.**, gegenüber West Broadway an der Ecke Thompson Street, eröffnete vor ein paar Jahren in dieser verlassenen Con-Edison-Anlage das einzige Lokal der Stadt, wo zum Essen selbstgebrautes Bier und Ale ausgeschenkt wird.

Auf der Thompson Street, die parallel zum West Broadway verläuft, kommen Sie an den Rand des South Village, wo zwischen schicken Schuhgeschäften und Boutiquen die alteingesessene winzige **Vesuvio Bakery** (seit den zwanziger Jahren im Besitz der Familie) und *Milady's*, ein Bar- und Restaurantbetrieb, liegen. Im hinteren Raum von Milady's steht ein Billardtisch, außerdem gibt's hier nach Aussage des Wirtes die besten Bratkartoffeln der Stadt. Bei **Raoul's,** einem preiswerten Bistro mit schickem internationalem Publikum, sind besonders die Schnecken zu empfehlen.

Wenn Sie ein Feuerwehrfan sind, biegen Sie am Spielplatz in die Thompson Street ein und folgen der Spring Street zum **New York City Fire Museum** (zwischen Varrick und Hudson Street). Der Weg zu dem ehemaligen Stammsitz der Engine Company No. 30 lohnt sich; 15 alte, ehemals von Menschen oder Pferden gezogene Löschwagen sind ausgestellt, und im zweiten Stock sind Feuerwehrhelme aus der Kolonialzeit und die alten, unhandlichen Feuerlöscher zu sehen.

Canal Street wird manchmal als Dachboden New Yorks bezeichnet und kann für Uneingeweihte eine erschreckende Erfahrung sein – vor allem die Blocks

Drugstore in SoHo nach Geschäftsschluß.

westlich des Broadway, wo Plastik, Gummiröhren, Neonschilder, Haushaltsgeräte und Industrieabfälle verkauft werden. Es herrscht ein völliges Durcheinander, in dem auch mobile Hot-dog-Stände und Straßenverkäufer mit alten Büchern, neuen Kassetten und gelegentlich einer Kostbarkeit kräftig mitmischen.

Für Kreative ist Canal Street eine einzige Fundgrube; überall findet man Stücke und Teile, die für eine Skulptur, eine Collage oder zur Dekoration eines „Loft" zu verwenden sind. Ansonsten kann man hier gut Autoradios und die verschiedensten Eisenwaren erstehen, wie man sie in Uptown-Läden schwer bekommt.

TRIBECA: Nach 1970 kamen abenteuerlustige Künstler auf der Suche nach billigen Atelierräumen von SoHo nach **TriBeCa,** einem Teil der Lower West Side, der als Washington Market bekannt war, als hier noch Geschäfte abgewickelt wurden. Später ist der Markt an den Hunt's Point in der Bronx verlegt worden.

TriBeCa, (**Tri**angle **Be**low **Ca**nal Street), erstreckt sich von Canal Street nach Süden bis Chambers Street und vom Broadway westlich bis zum Hudson; es ist ruhiger als SoHo, gehört aber ebenso zu Manhattans extrem schnell wachsenden „neighbourhoods". Die Bebauung ist eine Mischung aus renovierten Lagerhäusern und neuen Wohnblöcken. Was TriBeCa an Einkaufsmöglichkeiten fehlt, macht es mit innovativen Galerien, schikken Klubs und Restaurants wett.

Dekorative Version der der amerikanischen Verfassung.

Das früher in der White Street ansässige **Alternative Museum,** das erste von Künstlern ins Leben gerufene Museum des Landes, ist kürzlich an den Lower Broadway umgezogen und zeigt dort weiter konsequent seine Ausstellungen mit provokativ-sozialen und politischen Tendenzen. **Artists Space** am 223 West Broadway bietet gleichwohl weiterhin einen hervorragenden Einblick in die TriBeCa-Szene für zeitgenössische Kunst. Laurie Anderson, Cindy Sherman und David Salle begannen neben anderen im Artists Space ihren Aufstieg. Hier werden regelmäßig Videofilme gezeigt und andere Veranstaltungen durchgeführt.

Einen halben Block weiter, hinter El Teddy's Restaurant, über dem der Strahlenkranz einer Kopie der Freiheitsstatue dramatisch in den Himmel ragt, liegt **Franklin Furnace** (natürlich in der Franklin Street), sowohl Museum als auch Archiv für die von Künstlern geschaffenen *Bücher als Kunstobjekte.* Es ist einer der wichtigsten – und umstrittensten – Orte für avantgardistische Performances und Ausstellungen, die oft das gedruckte Wort als künstlerisches Medium benutzen.

Auf dem Weg vom West Broadway zum Broadway über die **Leonard Street** kommen Sie an einigen der schönsten Cast-Iron-Bauwerken von TriBeCa vorbei. Vor Ihnen erhebt sich das ehemalige Gebäude der *New York Life Insurance* mit seinem verzierten Glockenturm. Der von Stanford White 1898 umgestaltete Bau gehört seit den späten sechziger Jahren der Stadt und beherbergt städtische Büros und die **Clocktower Gallery.** Fahren Sie mit dem Fahrstuhl in den zwölften Stock – die Aussichtsplattform liegt noch etwas höher am Ende eines Flurs mit Atelierräumen; von hier aus haben Sie einen einmaligen Blick über die Stadt.

Produkte und Pasteten: An der Ecke Thomas Street und West Broadway besagt eine rote Neonreklame „Cafeteria", aber in dem Sandsteinhaus aus den dreißiger Jahren verbirgt sich das Restaurant **The Odeon,** das seit seiner Eröffnung 1980 in Downtown absolut „in" ist. Im Gegensatz zu anderen Trendlokalen scheint dieses nicht zu verschwinden und ist bei Kennern immer noch beliebt, vor allem am späten Abend.

Bevor Sie in die Duane Street abbiegen, können Sie gegenüber im **New York Nautical Instruments and Service Corps** in Karten, Seekarten und anderen Segelutensilien stöbern. Der Laden verfügt über die größte derartige Sammlung der Stadt und bedient seit 1919 seine seefahrenden Kunden.

Duane Street ist nach dem ersten Bürgermeister der Stadt nach dem Unabhängigkeitskrieg benannt; die Straße mündet bei dem winzigen Dreieck des **Duane Park** in die Hudson Street – der Park ist das einzige Überbleibsel einer Farm, die die Stadt 1795 für fünf Dollar gekauft hat. Längs der **New York Egg Auction**, dem Rest des ehemals blühenden Ei- und Buttermarktes, befinden sich in umgebauten Lagerhäusern unbezahlbare „Lofts" sowie das romantische Restaurant **Bouley.**

Staple Street, ein schmaler Streifen Kopfsteinpflaster, auf dem früher die Lastwägen entladen wurden, verbindet den Park mit dem **Mercantile Exchange Building** an der Ecke Harrison und Hudson Street. Der rote Ziegelbau wurde 1884 als Handelszentrum für das Eier- und Buttergeschäft gebaut, und das Erdgeschoß beherbergt heute das erstklassige **Chanterelle,** einen von TriBeCas Tempeln französischer Kochkunst.

Das benachbarte **Western Union Building** in der Hudson Street erhebt sich wie eine Rakete 24 Stockwerke über das Viertel und ist aus Ziegeln in 19 Schattierungen gebaut. Die Halle im Inneren, wo selbst die Briefkästen Meisterwerke des Art déco sind, ist atemberaubend und

Ich rauche eher nicht gern.

außerdem eine abwechslungsreiche Abkürzung zurück zum West Broadway.

In der *Puffy's Tavern* in der Hudson Street, während der Prohibition eine „Flüsterkneipe", werden Steaks und *Kidney-Pie* (Nierenauflauf) aufgetischt; die unkomplizierte Atmosphäre läßt Künstler, Lkw-Fahrer und Downtown-Literaten jeden Morgen bis vier Uhr hier durchhalten. Noch mehr mit beiden Beinen auf der Erde steht man bei *McGovern's* in der Reade Street, einer weiteren Bar, die bis zum frühen Morgen geöffnet ist; sie ist bei Künstlern und Arbeitern beliebt und eine der wenigen, wo der Boden noch mit Sägemehl bedeckt ist.

Wenn Sie die Franklin Street nach Westen gehen, kommen Sie zur Ecke Greenwich Street, wo der Schauspieler Robert De Niro vor kurzem die baufällige Martinson Coffee Factory zum **TriBeCa Film Center** umbaute. Ob der **TriBeCa Grill** im Erdgeschoß, der De Niro gemeinsam mit einer Gruppe von Schauspielern gehört, seinen Anfangserfolg beibehalten kann, bleibt abzuwarten – vielleicht gehen Sie mal hin und finden es selbst heraus.

Alt und neu: In der Greenwich Street konzentrieren sich TriBeCas neue Eigentumswohnungen und Bürogebäude; doch gibt es auch noch ein paar echte alte Ecken – die Reihe von Ziegelhäusern aus dem 18. und frühen 19. Jahrhundert in der Harrison Street zum Beispiel, die wie ein Bühnenbild im Schatten der drei Türme des Independence Plaza stehen.

Einen Block weiter, auf der gegenüberliegenden Straßenseite, finden Sie noch die Atmosphäre der Alten Welt vor: **Bazzini's,** eine Früchte- und Nußgroßhandlung, bringt seit 1886 Pistazien in Tüten zu fünf Pfund an den Mann.

Vor einem Wohnblock mit teuren Eigentumswohnungen liegt **Washington Market Park,** bis vor kurzem TriBeCas einziges richtiges Erholungsgebiet; dikke, grüne Wiesen und ein Brunnen laden hier zum Verweilen ein. Gehen Sie rechts in die **Chambers Street** und dann wieder rechts, und Sie stehen vor dem Eingang des *Borough of Manhattan Community College,* in einer Verlängerung des Independence Plaza gelegen. Hier eröffnete 1984 das **Triplex Theater,** Downtown Manhattans größtes Performance-Projekt mit drei separaten Stätten für multikulturelle Produktionen; Spielzeit ist von September bis Juni.

Die phantasievolle *Public School 234* mit dem schmiedeeisernen Zaun, den spanische Galeonen unter vollen Segeln schmücken, weist darauf hin, daß TriBeCa sich zu einem Familienwohngebiet entwickelt – ebenso wie die neue Stuyvesant High School.

Das Neueste ist aber der 3,2 Hektar große **Hudson River Park,** der sich als nördlichster Teil von **Battery Park City** am Ufer des Hudson River erstreckt. Eine ebenfalls neue Fußgängerbrücke verbindet den südlichen Teil von TriBeCa mit dieser neu erschlossenen Flußlandschaft. Sie können aber auch auf der West Street nach Süden gehen, um nach Lower Manhattan zu gelangen, zum World Trade Center und zum Zentrum der Finanzwelt mit seinem hohen dem Winter Garden.

Links: Feuerleitern – immer für ein Foto gut. **Rechts:** I ♥ NY.

R.I.P
Boston

LOWER MANHATTAN

„Manhattan crowds, with their turbulent musical chorus! Manhattan faces and eyes forever for me.“
– Walt Whitman, aus *Song of Myself*

Unterhalb der Chambers Street im Westen und der Brooklyn Bridge im Osten liegt das ursprüngliche New York, wo zuerst die Holländer und später die Engländer siedelten, wo das erste Hotel des Landes gebaut und der erste Präsident vereidigt wurde.

Um 1850 legten die Klipper von den Piers am East River ab, um sich in den kalifornischen Goldrausch zu stürzen. 1895 erhob sich bereits der erste Wolkenkratzer 20 Stockwerke über dem Lower Broadway. Heute bilden die Finanz- und Regierungsbezirke einen seriösen Kontrapunkt zum quirligen South Street Seaport und dem Winter Garden im World Financial Center. Manhattans älteste Gegend ist gerade dabei, sich zum neuesten Treffpunkt für den Wochenendausflug zu entwickeln.

Frühes New York: Am Südzipfel der Insel, dem **Battery Park,** nahm New Yorks Geschichte (und Geographie) ihren Anfang. Benannt nach der Batterie von Kanonen, die einst zur Verteidigung der Stadt bereitstanden, verfügt diese grüne Oase am Hafenrand über eine spektakuläre Aussicht auf die **Freiheitsstatue.**

Durch den Park gelangen Sie hinunter zum **Castle Clinton.** Das ehemalige Fort stand ursprünglich sechs Meter von der Küste entfernt und diente zur Verteidigung gegen die Briten im Krieg von 1812. Nach seiner Umbenennung in Castle Garden 1824 wurde es zur ersten Adresse der Stadt für abendliche Vergnügungen. Samuel Morse führte dort der Öffentlichkeit erstmalig den Telegrafen vor, und die schwedische Sängerin Jenny Lind gab 1850 mit einem stürmisch bejubelten Konzert (bei dem einige reiche New Yorker sage und schreibe 30 Dollar für eine Karte bezahlten) ihr Amerika-Debüt.

Kurze Zeit später wurde Castle Garden durch Landaufschüttung mit dem Festland verbunden und diente als Einwanderungszentrale, in der zwischen 1855 und 1890 über acht Millionen Immigranten abgefertigt wurden. Nach der Eröffnung der neuen Büros auf Ellis Island verlagerte sich der Strom der Einwanderer.

Bis zum Jahre 1941 beherbergte Castle Clinton das New York Aquarium, 1950 wurde es unter Denkmalschutz gestellt und 1975 der Öffentlichkeit zugänglich gemacht. Heute wird es vom National Park Service unterhalten. Es enthält eine kleine Ausstellung, einen Informationsstand sowie den Fahrkartenschalter für die Fähre zur Freiheitsstatue und nach Ellis Island.

Durch den Hinterausgang gelangen Sie auf die **Admiral Dewey Promenade,** die vom etwas gebrechlich wirkenden, dafür aber um so liebenswerteren Gebäude der Marinekompanie Nr. 1 (1886 erbaut) am Pier A am Ende der West Street bis zur Station der Küstenwache am östlichen Ende des Parks am Ufer entlangläuft.

Vorherige Seiten: Segeltörn vor Lower Manhattan. Links: World Trade Center. Rechts: Mut zur Farbe.

Ein Spaziergang auf der Promenade führt Sie an mehreren Denkmälern vorbei. Eines davon ist Giovanni da Verrazano gewidmet, der 1524 (85 Jahre vor der Ankunft von Henry Hudson und der Niederländischen Westindischen Kompanie) hier vorbeisegelte. Außerdem steht hier das **East Coast War Memorial** – acht grabsteinförmige Betonplatten mit den Namen der im Zweiten Weltkrieg auf See gefallenen Soldaten. Nicht weit davon hängt, versteckt in einer Ecke des Biergartens und der Snackbar des Parks, eine Wandtafel zu Ehren des geistigen Vaters des Ambrose-Seekanals, John Wolfe Ambrose, „dessen Weitblick und Mut New York zum größten Seehafen der Welt machten".

Frühe Einwanderer: Östlich des Battery Park liegt die **Peter Minuit Plaza,** benannt nach dem ersten Gouverneur von Neu-Amsterdam. In einem kleinen Park in der Nähe erinnert eine Gedenktafel an weniger bekannte Ereignisse: 23 Sephardim wurden 1654 von einem französischen Schiff abgesetzt und gründeten die erste jüdische Gemeinde des Landes. Der Gemeindefriedhof liegt unmittelbar südlich von Chinatown an der Ecke Oliver Street/St. James Place.

Biegt man links in die einst von Häusern reicher Kaufleute gesäumte State Street ein, kommt man zum letzten noch erhaltenen herrschaftlichen Haus aus dem 18. Jahrhundert – dem **Rectory of the Shrine of the Blessed Elizabeth Ann Seton,** der ersten amerikanischen Heiligen. Die Kapelle nebenan enthält eine Statue dieser Frau, die 1809 den Orden der Barmherzigen Schwestern gründete und 1975 heiliggesprochen wurde.

Herman Melville, der Verfasser des berühmten Romans *Moby Dick,* wurde 1819 in einem Haus in der Nähe der 17 State Street geboren, wo sich heute ein modernes, glitzerndes Hochhaus erhebt. Das von Cass Gilbert entworfene ehemalige **US Custom House** gegenüber der U-Bahnstation Bowling Green wurde 1907 an der Stelle errichtet, an der von 1626 bis 1787 Fort Amsterdam stand. Der herrliche Palast besitzt eine reich verzier-

City Hall Park.

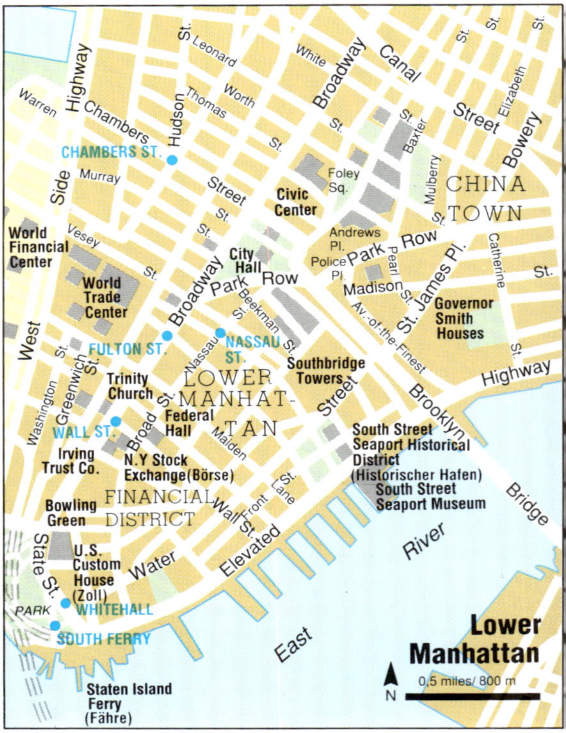

te Fassade mit Skulpturen, welche die vier Kontinente und „acht" Menschenrassen symbolisieren, sowie faszinierende Deckengemälde von Reginald Marsh.

Das heute teilweise vom amerikanischen Konkursgericht genutzte Gebäude hat auch die Gustav-Heye-Sammlung des Museum of the American Indian aufgenommen. Dies entbehrt nicht einer gewissen Ironie, hat doch der Holländer Peter Minnewit einst gegenüber im **Bowling Green Park** den ahnungslosen Ureinwohnern die Insel Manhattan für 24 Dollar abgeluchst.

Wieder zurück auf der State Street geht es nördlich zur Pearl Street weiter, einer der ältesten Straßen der Stadt. Unweit davon liegt der **Hanover Square,** Mitte bis Ende des 18. Jahrhunderts das hübscheste Einkaufszentrum der Stadt. Er fiel der großen Feuersbrunst von 1835 zum Opfer, bei der die letzten Überreste der alten holländischen Siedlung zerstört wurden. Das 1850 im italienischen Stil errichtete **India House** aus braunem Sandstein gehört seit 1914 einem Privatklub, und so steht sein Restaurant nur Mitgliedern zur Verfügung. Bei Harry's am Hanover Square kann dagegen jeder normale Sterbliche auf einen Happen vorbeischauen.

Ein weiteres beliebtes Restaurant ist **Fraunces Tavern** an der Ecke Pearl/ Broad Street. Es handelt sich um die Rekonstruktion (1907) der von Samuel Fraunces im späten 18. Jahrhundert betriebenen Queens Head Tavern, in der bei ein paar Krügen Bier die New Yorker Handelskammer gegründet wurde und George Washington 1783 seine Truppen verabschiedete. In der Taverne und in den vier angrenzenden Häusern aus dem 19. Jahrhundert ist ein **Museum** untergebracht, das dem Besucher neben Filmen, Vorträgen und Ausstellungen den kuriosen Anblick einer Locke von George Washington, eines abgebrochenen Zahns sowie eines Schuhs seiner Frau Martha zu bieten hat. (Das Museum ist am Wochenende häufig geschlossen. Erkunden Sie also die Lage, bevor Sie sich auf den Weg machen.)

Adler der Gerechtigkeit.

New Yorks Finanzzentrum: Nirgendwo sonst in der Stadt findet man eine vergleichbare Konzentration von Macht und Geld wie in Lower Manhattan. Wenn auch manche Firmen mittlerweile ihren Sitz nach Uptown verlegt haben, bleibt Lower Manhattan das traditionelle Handelszentrum der Stadt, wo enge Straßenschluchten von hoch aufragenden Banken, Immobilienbüros und Anwaltskanzleien gesäumt werden.

Bei **Delmonico's** in der Beaver Street sind Industriekapitäne schon Mitte des 19. Jahrhunderts abgestiegen, um gepflegt zu speisen. Damals hatte ein Großfeuer zwei Schweizer Brüder gezwungen, ihre gutgehende Konditorei von der abgebrannten William Street an ihren heutigen Standort zu verlegen, wo sie die Backstube als erstes französisches Restaurant der Stadt wiedereröffneten. Mit seinem beeindruckenden Marmorsäulengang (er soll aus Pompeij stammen) war Delmonico's New Yorks erstes Restaurant, in dem sich die Mächtigen und Einflußreichen trafen.

Gehen Sie auf der William Street weiter Richtung Norden zur Wall Street, wo im 17. Jahrhundert tatsächlich eine Mauer *(wall)* stand – oder genauer gesagt eine Art Palisade, die den Holländern Schutz vor den Angriffen ihrer indianischen und britischen Feinden bieten sollte. In Nummer **56 Wall Street** lebten der Freibeuter-Kapitän William Kidd und seine Frau. Die erste Geldhandelsbörse des Landes nahm 1792 vor **60 Wall Street** ihren Anfang, als sich 24 Makler unter einer Platane trafen.

Das heutige Gebäude der Börse, **New York Stock Exchange,** wurde 1903 an der Ecke Wall/Broad Street errichtet. Trotz seiner beeindruckenden korinthischen Säulenfassade nimmt sich der Bau kleiner aus, als man es aufgrund seiner Bedeutung vermuten möchte. Wer sich einen Eindruck vom hektischen Treiben in der New Yorker Börse verschaffen will, kann dies in der werktags geöffneten **Visitors' Gallery** (Besuchergalerie) tun. Der Eintritt ist frei. Die **American Stock Exchange** ein paar Blocks entfernt macht nach dem Motto *For members only* ein größeres Geheimnis um ihre Aktivitäten.

Im **Federal Hall National Memorial** auf der anderen Straßenseite leistete George Washington als erster Präsident der Vereinigten Staaten seinen Amtseid. Später wurde das im griechischen Tempelstil gehaltene Gebäude als Filiale des Finanzamts genutzt. Heute kann dort neben anderen Erinnerungsstücken der Anzug, den George Washington bei seinem Amtsantritt trug, besichtigt werden. Es ist an Werktagen für die Öffentlichkeit zugänglich; der Besuchereingang befindet sich um die Ecke in der Pine Street.

Die Wall Street – bekannt als legendärer Schauplatz massenhafter Fensterstürze New Yorker Bankiers beim Börsenkrach von 1929 (und wieder bei den jüngsten Handelsskandalen) – war die erste Straße des Landes mit öffentlicher Beleuchtung. Der marmorverkleidete **Morgan Guaranty Trust** in der Wall Street erhebt sich dort, wo einst das Drexel-Morgan-Gebäude stand, in dem es Thomas Edison 1882 Licht werden ließ. Ganz

Renommierte Namen, die sich kreuzen.

in der Nähe steht noch die erste **Bank of New York,** die 1784 von Alexander Hamilton, dem ersten Finanzminister des Landes, gegründet wurde.

Geht man auf der **William Street** in nördlicher Richtung weiter (sie windet und krümmt sich wie in den Zeiten, als sie noch Horse and Cart Street genannt wurde), gelangt man zum **Nevelson Plaza.** Der kleine Platz mit seiner Anordnung von sieben hohen abstrakten Skulpturen von Louise Nevelson lädt zu einer Verschnaufpause ein. Weitere Skulpturen, u. a. von Jean Dubuffet, zieren den Platz vor der Chase Manhattan Bank, einem 243 Meter hohen Wolkenkratzer zwischen Pine und Liberty Street.

Geld ist zwar nicht Kunst, kann aber in der **Federal Reserve Bank** in der Liberty Street, westlich der Nevelson Plaza, in großen Mengen besichtigt werden. Der imposante Bau aus dem Jahr 1924 behütet eine beeindruckende Menge der Weltgoldreserven sowie ganze Schubkarren voll alten und gefälschten Geldes. Führungen müssen eine Woche im voraus vereinbart werden. Ganz in der Nähe, 65 Liberty Street, steht das kunstvoll-elegante Gebäude, das bis 1980 die New Yorker Handelskammer, die **Chamber of Commerce,** beherbergte. Es wurde 1901 errichtet.

Geld regiert die Welt.

Spirituelle Oase: Wo die Wall Street auf den Broadway trifft, erhebt sich die neugotische **Trinity Church** (1846) als friedvoller Bote aus der Vergangenheit. Seit der Gründung der Kirchengemeinde im Jahre 1698 ist dies bereits die dritte Kirche, die an dieser Stelle erbaut wurde. Die drei Bronzetüren am Eingang wurden von William Waldorf Astor (John Jacob Astors Urenkel) gestiftet. Der Friedhof enthält die ältesten Gräber der Stadt, einschließlich der letzten Ruhestätte von Alexander Hamilton.

In der Kirche finden regelmäßig Konzerte statt, und im angrenzenden Museum können Sie einen Blick auf alte Schriftstücke und Kunstgegenstände werfen. Im **Trinity Bookstore** hinter der Kirche werden eine Menge Bücher über Theologie und Religion geführt.

Fünf Blocks weiter nördlich am Broadway ist der persönliche Kirchenstuhl von George Washington in der **St. Paul's Chapel** noch zu sehen. Die 1766 im georgianischen Stil erbaute Kirche ist das einzige aus der Kolonialzeit erhaltene Gotteshaus; Berühmtheiten wie Prinz William (später William IV.) und Lord Cornwallis verrichteten hier ihre Gebete. Im Kirchenraum, in dem 14 Kristallkandelaber aus Waterford von der pastellgrünen Decke herabhängen, werden häufig Konzerte gegeben.

Das **Woolworth Building** am Broadway, das mit Wasserspeiern verziert wurde, nannte man in seiner Glanzzeit „Kathedrale des Handels". Von 1913 bis 1930, bis zur Fertigstellung des Chrysler Building, war es außerdem das höchste Bauwerk der Welt. Das von Cass Gilbert entworfene neugotische Meisterstück kostete den Kaufhausbaron Frank Woolworth 13 Millionen Dollar und wurde von Präsident Woodrow Wilson mit einem Knopfdruck, der alle 51 Stockwerke erleuchtete, offiziell eröffnet. Das prunkvolle Foyer mit Marmorwänden, vergoldeten Gesimsen und gewölbten Mosaikdecken sollte man sich auf jeden Fall anschauen. Beachten Sie außerdem das bildhauerische Detail: „Mr. Woolworth beim Geldzählen".

Lower Manhattan reflektiert.

Wenn Sie links in die Barclay Street einbiegen und bis zur Ecke Church Street gehen, erblicken Sie die mit einem Säulengang ausgestattete **Old St. Peter's Church,** New Yorks älteste katholische Kirche. Weiter südlich auf der Church Street werden Sie ein kleines weißes Gebäude erspähen, das mitten auf einem Parkplatz zwischen der Cedar und Liberty Street steht. 1832 als Taverne erbaut, dient es seit 1920 als **Hellenic Orthodox Church of St. Nicholas.**

Beste Aussicht: Die Zwillingstürme des **World Trade Center** ragen 110 Stockwerke hoch in den Himmel der Stadt. Sie sind der am meisten fotografierte Teil dieses 64 000 Quadratmeter großen, sieben Gebäude umfassenden Komplexes, dessen Entstehung 17 Jahre dauerte und 200 000 Tonnen Stahl und 325 000 Kubikmeter Zement verschlang.

1993 war das Gebäude Ziel eines Terroranschlags, Menschen wurden getötet, und viele Büros mußten für längere Zeit geräumt werden. Aber noch immer kommen unzählige Besucher, um mit dem Expreßlift zum **Observation Deck** im 107. Stockwerk zu fahren oder um die noch spektakulärere Aussicht von der Dachplattform zu bewundern. Beide sind täglich geöffnet, aber Sie sollten so früh wie möglich hingehen, da sich in der Regel immer eine lange Warteschlange in der Eingangshalle windet. Die Sicherheitskontrollen sind sehr streng.

In luftiger Höhe können Sie im berühmten Restaurant **Windows on the World** (1 World Trade Center) speisen, die wild gestikulierenden Makler in der Warenbörse **Commodities Exchange** (4 World Trade Center) beobachten, durch eine Ausstellung der amerikanischen Zollverwaltung **US Customs Service** (6 World Trade Center) schlendern oder ganz einfach eine unterirdische Einkaufspause einlegen. Bummeln Sie über die zentrale **Austin J. Tobin Plaza** des Trade Center, wo es in der warmen Jahreszeit von Büroangestellten, die ihr Mittagessen im Freien einnehmen oder sich kostenlos unterhalten lassen wollen, nur so wimmelt. Beachten Sie die riesigen Skulpturen (darunter Fritz Koenigs 7,5 Meter hohen *Globe* und James Rosatis *Ideogram*), die neben den sie umgebenden schwindelerregend großen Bauten zwergenhaft klein erscheinen.

Wenn Sie über den Platz zum World Trade Center Nummer Drei oder drumherum zur West Street gehen, gelangen Sie zum **New York Vista,** einem stattlichen zweiundzwanzigstöckigen Hotel, das 1981 eröffnete. Es verfügt über ein Fitneßzentrum mit herrlicher Aussicht sowie die *Tall Ships Bar,* ein ungezwungenes Restaurant mit einem eindeutig nautischen Ambiente.

Am Fluß entlang: Zwischen der Chambers Street und dem Battery Park erstreckt sich am **Hudson River** entlang **Battery Park City** die teuerste Immobilienspekulation in der Geschichte der Stadt. Die 372 000 Quadratmeter große Mini-City mit Apartments, Eigentumswohnungen, Restaurants und Parks bietet die beste Aussicht auf den Fluß seit der Kolonialzeit, als die Insel noch nicht zugepflastert war. Für dieses Milliardenprojekt wurde dem Fluß Land abgerungen, wozu unter anderem die 900 000 Kubikmeter Erdreich, die noch vom Bau des World Trade Center übriggeblieben waren, aufgeschüttet wurden. Nach der Fertigstellung werden dort mindestens 25 000 Menschen leben – das sind mehr, als die Volkszählung von 1980 für ganz Lower Manhattan ergab.

Battery Park City umfaßt das **World Financial Center** (vier kuppelförmige Bürotürme, in die American Express, der Verlagskonzern Dow Jones sowie der größte Aktienhändler der Welt eingezogen sind) und den glitzernden **Winter Garden.** Der 1989 eröffnete moderne Glaspalast ist über zwei Fußgängerbrükken vom World Trade Center aus zu erreichen und sieht mit seinen geschwungenen Marmortreppen und den 16 aus

Unten links: Skulptur vor der Zollbehörde (World Trade Center). **Unten rechts:** Grabstein bei der Trinity Church.

Kalifornien importierten Palmen aus wie ein futuristisches Film-Set. Es ist außerdem der ideale Ort, um unentgeltlich innovative Straßenunterhaltung zu genießen, da hier das ganze Jahr über *special events* stattfinden, von Jazzkonzerten über Zirkusvorstellungen bis hin zu avantgardistischem Theater.

Hier und im angrenzenden **Courtyard** gibt es auch eine Reihe von Geschäften zu erkunden; die Restaurants decken die ganze Palette vom günstigen New Yorker *Deli* bis hin zur klassisch-französischen oder neuen amerikanischen Küche ab.

Im Frühjahr und Sommer finden im angrenzenden **Plaza** – einem am Fluß gelegenen Park mit einem kleinen Yachthafen und der Anlegestelle für Fährboote nach Hoboken – Konzerte und Vorstellungen statt. Geht man südlich am Ufer entlang, vorbei an einem schmiedeeisernen Zaun, an dem die ersten Zeilen zweier Oden an das Stadtleben (von den Dichtern Frank O'Hara und Walt Whitman) prangen, stößt man auf die zweieinhalb Kilometer lange **Esplanade.** Bei kaltem oder regnerischem Wetter hat ein Spaziergang hier seinen besonderen Reiz, aber an einem sonnigen Tag hat man das Gefühl, sich in einer völlig anderen Stadt zu bewegen.

Werfen Sie einen Blick auf die kleinen Parks, die mit wunderlichen Skulpturen geschmückt sind, wie etwa Ned Smyths einzigartigem *Upper Room,* der sich zwischen die Apartmenthäuser zwängt. Oder entspannen Sie sich auf einer Parkbank und lassen Sie den Blick über den Hudson River schweifen. Bei **South Cove** macht die Promenade einen Bogen und mündet in einen orientalisch wirkenden Felsengarten, wo eine Aussichtsplattform zwischen frisch gepflanzten Pinienbäumen einen großartigen Blick auf die Freiheitsstatue erlaubt. Das neue **Holocaust Museum** wurde ein Stück weiter südlich an einem Weg, der bis zum Battery Park führt, eröffnet.

Der Sitz der Macht: Seit 1910 hat New York unzählige Persönlichkeiten von Teddy Roosevelt bis Nelson Mandela mit Konfettiparaden geehrt, die in der Regel

Der Winter Garden.

an der **City Hall** enden. Dieses Bauwerk im Stil der französischen Renaissance mit Elementen des Föderalstils an der Kreuzung Broadway und Park Row dient seit der Amtszeit des New Yorker Bürgermeisters DeWitt Clinton (1812) als Sitz der Stadtregierung. Es wurde von dem französischen Architekten Joseph François Mangin, der auch für die Place de la Concorde in Paris verantwortlich zeichnet, mitentworfen. Die an Werktagen für die Öffentlichkeit zugängliche City Hall (im **Governor's Room** wird eine Ausstellung historischer Porträts gezeigt) liegt eingebettet in den geschichtsträchtigen **City Hall Park.**

Der Park hat New Yorker Geschichte gemacht: Hier fanden öffentliche Hinrichtungen statt, wurden Armenhäuser für die Obdachlosen und Gefängnisse für Revolutionssoldaten gebaut. Hier protestierte Alexander Hamilton 1774 gegen die Teesteuer, und hier hörte zwei Jahre später George Washington mit seinen Soldaten zum ersten Mal den Text der Unabhängigkeitserklärung.

Auf dem Fulton Fish Market.

Ganz in der Nähe ist die **Park Row,** wo auch die Statue des Journalisten und Zeitungsverlegers Horace Greeley steht. Sie wurde von der Mitte des 19. Jahrhunderts bis zum frühen 20. Jahrhundert auch als „Newspaper Row" (Zeitungs-Häuserblock) bezeichnet, weil die Zeitungen hier nur einen Steinwurf von den Schauplätzen der Skandale entfernt durch die Druckerpressen liefen. (Das Gebäude der Pace University, gegenüber vom Park, war früher Sitz der *New York Times*).

Der **Foley Square** weiter nördlich in der Centre Street ist nach einem bekannten Politiker der Tammany Hall benannt, der gern hinter den Kulissen agierte. Hier stehen das 1936 von Cass Gilbert entworfene **US Court House** (Bundesgerichtshof) und das **County Court House** (Gerichtshof des Stadtkreises New York), in dem die New Yorker ihrer Bürgerpflicht als Schöffen nachkommen müssen.

Unweit des Foley Square macht sich das gigantische, 1914 von McKim, Mead und White entworfene **Municipal Building** breit, in dessen Hochzeitskapelle im zweiten Stock Sie in weniger als fünf Minuten kurzentschlossen den Bund der Ehe schließen können.

Nicht weit vom Municipal Building entfernt blickt das Metropolitan Correctional Center (ein recht euphemistischer Name für ein Gefängnis) zwischen der Park Row und Pearl Street recht düster drein. Etwas farbenfroher wirkt dagegen der orangefarbene Gebäudekomplex an **One Police Plaza,** in dem die Hauptwache der Polizei von New York City untergebracht ist.

Auf dem Weg zum **Pedestrian Walkway** (dem Fußgängerweg) der **Brooklyn Bridge** – der ersten Hängebrücke der Welt – bieten die Frankfort Street oder die Park Row eine beeindruckende Aussicht auf den East River und Downtown Manhattan. Die Brücke wurde von 1867 bis 1883 errichtet und spannt sich von der City Hall über den East River bis zur Cadman Plaza in Brooklyn.

South Street Seaport: Gehen Sie vom Broadway in östlicher Richtung zur **Fulton Street.** Vor dem Bau der Brooklyn

Bridge diente der Fulton Street Pier als Anlegestelle für die Fährschiffe, die zwischen Manhattan und Brooklyn pendelten. In der Mitte des 18. Jahrhunderts blühte hier ein reger Handel mit Gewürzen aus China, Rum von den westindischen Inseln und Walöl. In den Docks wurden Schiffe gebaut, und die Matrosen vergnügten sich im Rotlichtbezirk.

Damit war es nach dem amerikanischen Bürgerkrieg vorbei. Der Niedergang des alten Hafens zog sich bis in die siebziger Jahre hin. Die große Wende setzte ein, als das **South Street Museum** sich mit der Rouse Company zusammentat, um den **South Street Seaport,** ein „Museum ohne Wände", zu schaffen.

Zum musealen Hafenbezirk gehören das **Titanic Memorial Lighthouse** an der Ecke Fulton/Water Street und die **Schermerhorn Row,** ein Block restaurierter Lagerhäuser aus dem 19. Jahrhundert. Das **Museum Visitor Center** verkauft Tickets für Führungen durch den Hafenbezirk, laufende Ausstellungen und für Seaport-Line-Hafenfahrten.

Gegenüber der Fulton Street laden die vielen kleinen Geschäfte des **Cannon's Walk** auf der Front Street zu einem Einkaufsbummel ein. Auf der anderen Seite hat die **Seaport Museum Gallery** eine Druckerei aus dem 19. Jahrhundert zum Nachbarn.

Verwechseln Sie nicht den **Fulton Market** in der Front Street mit dem gleich dahinter liegenden **Fulton Fish Market** in der South Street. Der Fulton Market ist ein dreistöckiges Atrium mit Delikatessenläden, schicken Restaurants und Boutiquen. Der Fulton Fish Market im Schatten des FDR Drive ist der größte Großhandelsfischmarkt des Landes. Er wurde 1831 gegründet und zählt zu den ältesten kommerziellen Einrichtungen der Stadt. Von Mitternacht bis neun Uhr morgens kann man hier zuschauen, wie Unmengen von Fisch verkauft werden. Das Seaport Museum bietet zweimal wöchentlich von April bis Oktober um sechs Uhr morgens Führungen durch den Fischmarkt an. Zu etwas humaneren Zeiten kann man die *Peking,* einen alten Viermaster, und die

Unabhängigkeitstag im Battery Park.

Ambrose, das letzte Leuchtschiff der Stadt, besichtigen.

Hundekämpfe: 1985 entdeckte man bei den Aushubarbeiten für einen Bürokomplex in der Water Street die Überreste eines gesunkenen Handelsschiffes aus dem 19. Jahrhundert. (Ein Teil wurde intakt geborgen und einem Seefahrtsmuseum in Virginia zugeschickt).

Die **Water Street** lief früher den Fluß entlang, wurde dann aber durch ein Landauffüllungsprogramm zwei Häuserblocks landeinwärts versetzt. Sie wird von Bars und Bordells gesäumt, in denen hauptsächlich Seeleute verkehren.

Ein Relikt aus alten Tagen ist das **Captain Rose House,** das einst *Kit Burn's Sportsman's Hall* hieß. Bis zu 500 Zuschauer verfielen hier bei blutrünstigen Hundekämpfen (auch Hunde-Ratten-Kämpfe wurden veranstaltet) dem Wettfieber. Obwohl das Captain Rose House das drittälteste Gebäude Manhattans sein soll, wurde es überraschend nicht unter Denkmalschutz gestellt. Ein Stadtplaner hat aber vor kurzem die Halle käuflich erworben, und so besteht Grund zur Hoffnung, daß dieses historische Stück Manhattan der Nachwelt weiter erhalten bleiben wird.

Die Vergnügungen des Rotlichtbezirks sind zwar lange Vergangenheit, weniger sündige Versuchungen bietet aber der **Pier 17,** ein dreistöckiger Stahl- und Glaspavillon mit Bars und Restaurants sowie originellen Geschäften wie dem *Sharper Image,* das alles hat, was man eigentlich nicht braucht, aber trotzdem haben will, oder dem *Weather Store,* der Sie mit einem perfekten Outfit für regnerische Tage ausrüstet. Ungeahnte Gaumenfreuden können Sie in den exotischen *Delis* im dritten Stock entdecken.

Während der Sommermonate werden am **Pier 16** kostenlose Abendkonzerte geboten. Von hier starten auch der Raddampfer *Pioneer* und das Dampfschiff *DeWitt Clinton* zu Vergnügungsfahrten (tagsüber und abends).

Zurück zum Battery Park: Mehrere Häuserblocks südlich des Hafengebiets, vorbei an der **Gouverneur's Lane** und am

Das letzte Leuchtschiff am Pier 17.

Old Slip, einem aufgefüllten Dock aus dem 18. Jahrhundert, liegt ein kleiner Park, in dem sich einst gestrandete Matrosen versammelten. Heute erhebt sich hier das 1985 errichtete, 14 Meter hohe **Vietnam Veterans Memorial.**

Das Denkmal besteht aus grünem Glas, in das Auszüge aus Briefen, die Vietnam-Soldaten geschrieben haben, eingeritzt sind („Ich frage mich oft, ob das, wofür wir kämpfen, ein Menschenleben wert ist“). Die nächtliche Beleuchtung wirkt gespenstisch.

Nicht weit entfernt liegt das 1909 errichtete, künstlerisch gestaltete **Battery Maritime Building.** Von hier starten die Fähren zur **Governor's Island,** die der Küstenwache gehört und deshalb der Öffentlichkeit nicht zugänglich ist. Als Trostpflaster ist eine herrliche Bootsfahrt nach **Staten Island** angeboten. Die Überfahrt beginnt am Ende der Whitehall Street, dauert eine knappe halbe Stunde und bietet einen spektakulären Blick auf die **Freiheitsstatue** und die Skyline von Manhattan.

Vom Battery Park aus können Sie eine Exkursion nicht nur nach Staten Island, sondern auch direkt zur Freiheitsstatue und nach Ellis Island unternehmen. Es besteht auch die Möglichkeit, die drei Sehenswürdigkeiten in einer Rundfahrt miteinander zu verbinden.

Ellis Island – auch unter dem Namen „Träneninsel“ bekannt – diente 32 Jahre lang als Aufnahmestelle für Einwanderer in die Vereinigten Staaten. Ellis Island ist das „Schmelztigel-Museum“ der Stadt, das die Geschichte der Abermillionen von Einwanderern erzählt, die New York als Eingangstor zur Neuen Welt benutzten. Etwa 40 Prozent der amerikanischen Bevölkerung haben Vorfahren, die zwischen 1898 und 1924 über Ellis Island nach Amerika eingewandert sind. Allein im Jahre 1907 wurden 1 285 349 Einwanderer gezählt.

Das frisch restaurierte und seit September 1990 wieder der Öffentlichkeit zugängliche Museum gibt Einblick in die Geschichte der Vereinigten Staaten als Einwanderungsland.

Das Symbol der Freiheit – von fern (unten) und aus der Nähe (rechts).

DIE FREIHEITSSTATUE

„Beim Anblick jener Statue empfand ich große Verwunderung, die sich mit Ungläubigkeit mischte. Ihr schattenhafter, hinter einem Nebelschleier auftauchender Umriß ließ auf dem Deck der Florida Stille einkehren. Dieses Symbol Amerikas – dieser Ausdruck dessen, was uns über das Wesen dieses neuen Landes gelehrt worden war, flößte uns Einwanderern Hoffnung und Ehrfurcht ein."

Die heroische Gestalt, die auf der winzigen Insel *Liberty Island* die Ketten der Tyrannei an ihren Füßen sprengt und ihren Arm zum Himmel streckt, um mit ihrer Fackel den Weg in die Neue Welt zu weisen, war das erste, was der italienische Schriftsteller Edward Corsi, wie unzählige Immigranten vor und nach ihm, von Amerika zu sehen bekam.

Wie kitschig es auch klingen mag, für die vielen armen, unterdrückten und verzweifelten Einwanderer, die auf ihren Flüchtlingsschiffen in den Hafen von New York einliefen, war die Freiheitsstatue wirklich die „Mutter der Verbannten".

Emma Lazarus läßt in ihrem berühmten Gedicht die Freiheitsstatue folgendes Versprechen geben:

Gebt mir Eure müden, Eure armen
Eure dicht gedrängten Massen, die nach Freiheit streben,
Die elendigen Flüchtlinge Eurer überfüllten Küsten,
Schickt sie, die Heimatlosen, die vom Sturm gepeitschten zu mir,
Ich leuchte Ihnen am goldenen Tor!

Die Besorgnisse in den Vereinigten Staaten über die durchlässigen Landesgrenzen und illegalen Einwanderer verleiht dem Gedicht inzwischen mehr als nur einen ironischen Beigeschmack. Dennoch sind diese Worte tief im Herzen Amerikas verwurzelt und spiegeln die beste Seite einer von Einwanderern aufgebauten Nation wider.

Die Freiheitsstatue ist übrigens selbst eine Immigrantin. Im Jahre 1865 regte der französische Politiker und große Bewunderer Amerikas, Edouard-René Lefèbvre de Laboulaye, den jungen Bildhauer Auguste Bartholdi zur Schaffung eines Monuments an, das die französisch-amerikanische Brüderschaft verherrlichen sollte.

Bartholdi gefiel die Idee, gab sie ihm doch die Möglichkeit, sein Faible für monumentale Bildhauerkunst auszuleben. Es dauerte länger als acht Jahre, bevor das Projekt konkrete Formen annahm. 1874 hatten die Franzosen genug Geld gespendet, um mit dem Bau beginnen zu können. Gustave Eiffel, der später den Eiffelturm schuf, entwarf die geniale Trägerkonstruktion für die weniger als drei Zentimeter dicke, aber immer noch 90 Tonnen schwere „Haut" aus Kupfer. In Amerika startete der Zeitungsverleger Joseph Pulitzer eine Spendenaktion für den Sockel der Statue. 1885 war es dann so weit: *Die Freiheit, die die Welt erleuchtet*, wurde in ihre Bestandteile zerlegt, verpackt und nach Amerika verschifft. Am 28. Oktober 1886 wurde das Denkmal in einem Festakt auf der Insel *Bedloe's Island* dem amerikanischen Volk offiziell übergeben.

Seit der großen Verschönerungsaktion im Jahre 1986 anläßlich ihres 100. Geburtstags hat die betagte Dame mehr als eine Million Touristen pro Jahr in ihren Bann gezogen und gehört somit zu den größten Touristenattraktionen der Welt. Allen High-tech-Spielereien und kurzlebigen Sensationen zum Trotz ist es immer noch eine unheimliche Erfahrung, die Statue zu erklimmen und die atemberaubende Sicht zu genießen; was natürlich ein Resultat der gewaltigen Größe ist. Wer also der Dame zu Kopf steigen will, muß erst einmal mit dem Boot zur Insel Liberty Island übersetzen, sich zu ihren Füßen in eine lange Warteschlange einreihen und dann über genügend Kondition verfügen, um die enge Wendeltreppe zu bezwingen. An kühlen Tagen macht sich das gänzlich unamerikanische Fehlen einer Klimaanlage nicht bemerkbar, aber im Sommer kann die Hitze unerträglich werden. Die Temperaturen können bis auf 40 Grad Celsius ansteigen, und wenn Sie oben sind, werden Sie nicht nur naßgeschwitzt und ausgepumpt, sondern auch sehr schwindlig sein. Besuchern mit gesundheitlichen Problemen ist daher von einer Besteigung der Statue unbedingt abzuraten.

Für sie mögen die zwei Exponate am Fuße der Statue sowie der schöne Ausblick vom Sockel ein Trostpflaster sein. Fahrkarten für die Circle-Line-Fährverbindung nach Liberty Island sind beim Castle Clinton im Battery Park erhältlich. Im Sommer pendelt die Fähre im 30-Minuten-Takt.

HICKE
SHRIM

Brooklyn
Manhattan Bridge
East River
Empire-Fulton Ferry State Park
Franklin D. Roosevelt Drive
Brooklyn Bridge

THE OUTER BOROUGHS

New York ist in fünf Stadtbezirke unterteilt, wobei Manhattan den Kern der Metropole bildet und die Bronx, Queens, Brooklyn und Staten Island zu den *Outer boroughs* – den äußeren Stadtbezirken – zählen. Die Vorstellung, die letzte U-Bahnstation in Manhattan zu verpassen und sich irgendwo in den Outer boroughs wiederzufinden, erfüllt New York-Besucher mit Schrecken, assoziieren sie doch die äußeren Stadtbezirke mit Grundstücksruinen, öder Vorstadtatmosphäre und billigen Discountgeschäften.

Wenn auch Sie unter diesem „Endstations-Syndrom" leiden – ein Besuch in den Outer boroughs kann Sie vielleicht davon heilen. Die Außenbezirke sind viel interessanter und leichter zu erreichen, als Sie vielleicht glauben.

Ethnische Vielfalt: In den Boroughs leben verschiedene Kulturen Tür an Tür, vermengen und vermischen sich zu einer bunten ethnischen Vielfalt. Aber wo kulturelle Gegensätze aufeinanderprallen, bleiben Spannungen nicht aus. Das war schließlich schon immer so. Im New York des 17. Jahrhunderts bekämpften die Holländer ihre britischen Nachbarn. Den Puritanern waren die deutschen Juden ein Dorn im Auge. Die Chinesen versetzten die Europäer in Angst und Schrecken und wurden später selbst von den Haitianern verdrängt. Orthodoxe Juden liegen bis heute mit schwarzen Amerikanern im Clinch – und umgekehrt.

Die Bewohner der Boroughs haben neue Nachbarn bekommen – junge Aufsteiger aus der amerikanischen Mittelschicht auf der Suche nach erschwinglichem Wohnraum. Nach dem schwindelerregenden Anstieg der Grundstückspreise in Manhattan wendet sich die neue Mietergeneration ehemaligen Gewerbegebieten wie Long Island City in Queens, St. George auf Staten Island oder Fulton Ferry in Brooklyn zu. Aus alten Lagerhäusern werden „Kooperativen", aus ausgebrannten Gebäuden schicke Boutiquen und neue Restaurants. Zu den „Flußratten" haben sich Künstlerateliers und Rechtsanwaltskanzleien gesellt.

In den Außenbezirken vermischt sich Altes mit Neuem: Die Boulevards, Parks und „Palazzos" stammen noch aus der Zeit der Jahrhundertwende. Zeitgenössische Architekten wie Frederick Law Olmsted und Calvert Vaux fanden hier für ihre ausladenden, großzügig angelegten Wohnhäuser den Raum, den es in Midtown nicht mehr gab. Allerdings haben sich in den letzten Jahren auch in den „Outer boroughs" die Grundstückspreise verdreifacht.

Bis sich nach dem Zweiten Weltkrieg die Einwohnerzahlen dramatisch erhöhten, herrschte in den Außenbezirken eine angenehme Vorstadtatmosphäre: man fand annehmbare Wohnbedingungen vor, gute Verkehrsverbindungen zur City und einen ganz besonderen Bürgerstolz. Ein Umzug in die Boroughs war gleichbedeutend mit sozialem Aufstieg, besonders wenn man aus den armseligen Behausungen der Lower East Side stammte.

Vorhergehende Seiten: Schnappschuß von Coney Island. Links: Panoramablick auf Outer Boroughs. Rechts: Man brilliert, so gut man kann.

BROOKLYN: Von den fünf Stadtbezirken New Yorks besitzt das 180 Quadratkilometer große Brooklyn an der Südostspitze von Long Island die größte Bevölkerungsdichte. Seine Entstehung geht auf das frühe 17. Jahrhundert zurück, als die Holländer das Indianerdorf *Gowanus* kauften, und das dazugehörige Land *Breukelen* nannten.

In der Mitte des 18. Jahrhunderts kamen Farmer von Long Island über den East River nach Manhattan, um dort ihre Früchte und ihr Gemüse zu verkaufen. 40 Jahre später setzte eine umgekehrte Wanderbewegung ein: Eine Gelbfieberepidemie trieb viele Manhattaner aus der verseuchten City zu den hohen, sicheren Klippen von Brooklyn. Gleichzeitig avancierte der Stadtbezirk zum Sommerdomizil einiger Wallstreet-Banker.

Die **Brooklyn Bridge,** die sich über den East River spannt und Brooklyn mit der City verbindet, zählt wohl zu den malerischsten Brücken der Stadt. Sie führt nach Fulton Ferry, wo alte Pflastersteinstraßen nach Jahrzehnten des Verfalls wieder restauriert werden. Von hier aus setzten Ruderboote und Schiffe, die von Pferden in Tretmühlen angetrieben wurden, zur Wall Street auf der anderen Flußseite über, bis Robert Fultons Dampfschiff, die *Nassau,* 1814 den Pendelverkehr übernahm. 1834 wurde Brooklyn mit fast 30 000 Einwohnern in den Rang einer Stadtgemeinde erhoben.

Um die neuen Docks siedelten sich alsbald Wohnhäuser und Geschäfte an. Nach dem Bau der Brooklyn Bridge 1883 hatte der Borough seinen Zenit überschritten und verkam zum Elendsviertel. Seit 1889 gehört Brooklyn zu New York City. Der Ferry-Distrikt hat inzwischen wieder einige Apartmenthäuser, Geschäfte und Restaurants angezogen. Hier findet man auch das **Maritime Museum.** Im **Ferry State Park,** und auf den Booten des East River wird an lauen Sommerabenden Freiluftmusik geboten.

Weiter östlich liegt der alte **Brooklyn Navy Yard,** wo leerstehende Lagerhäuser in Luxusapartments verwandelt wurden. Auf der anderen Seite von Ferry

Solch schöne „pretzels“ be kommt man i NY an jeder Straßenecke.

Fulton war das Wohnen schon immer teuer. In **Brooklyn Heights** werden die vornehmen Reihenhäuschen inzwischen für eine Million Dollar angeboten.

Schmiedeeiserne Verzierungen, bunte Glasfenster und gepflegte Gärten mit Steinbüsten weisen Brooklyn Heights als exklusive Wohngegend aus. An der Ecke **Willow Street/Middagh** liegt das älteste Holzhaus (1824) des Stadtbezirks. Die **Plymouth Congregational Church** in der **Orange Street** diente im Bürgerkrieg als unterirdische Eisenbahnstation, während Henry Ward Beecher leidenschaftliche Predigten gegen die Sklaverei hielt.

Viele Straßen in Brooklyn Heights wie etwa Middagh und Hicks sind nach den vornehmen Familien, die hier im 19. Jahrhundert lebten, benannt. Fünf Straßen fallen allerdings aus dem Rahmen: **Pineapple** (Ananas), **Cranberry** (Preiselbeere), **Orange, Poplar** (Pappel) und **Willow** (Weide). Einer Anekdote nach sollen die Straßen ihren Namen einer Dame aus dem Hause Middagh verdanken, die ihre Nachbarn auf den Tod nicht ausstehen konnte und deshalb die nach ihnen benannten Straßen kurzerhand umtaufen ließ.

Das Markenzeichen von Brooklyn Heights sind seine aus dem frühen 19. Jahrhundert stammenden Brownstones (Häuser mit brauner Sandsteinfassade). Man findet sie vor allem in der **Grace Court Alley,** in der **Hicks** und **Remsen,** in **Carroll Gardens** und **Cobble Hill.** Sandstein ist zu weich, um damit ganze Häuser zu bauen, eignet sich aber sehr gut als Fassadenverkleidung.

Im 19. Jahrhundert zogen vor allem frisch verheiratete *„young urban professionals“* in die Brownstones von Brooklyn. Die direkte U-Bahnverbindung zur Wall Street sorgt dafür, daß diese Wohnlage sich auch heute noch größter Beliebtheit erfreut. Ein ganzes Herrschaftshaus können sich allerdings die wenigsten leisten, und so wurden die meisten Brownstones in mehrere kleinere Apartmentwohnungen unterteilt.

Bei einem Streifzug durch Brooklyn bietet sich ein Besuch in der **Shellens**

„Hoch soll er leben!“ – High life in NY.

Gallery an. Das von der **Brooklyn Historical Society** im Erdgeschoß ihres Gebäudes in der 128 Pierrepont Street eröffnete Museum stellt Baseball-Memorabilien der Dodgers, Artefakte aus der Seefahrt und Werke von auf Coney Island lebenden Künstlern aus. Das **BACA Downtown** in der 111 Willoughby Street ist seit mehr als zehn Jahren eine gute Adresse für experimentelles Theater, Kunst, Musik und Tanz.

In einer so nah am Wasser gelegenen, vornehmen Wohngegend wie Brooklyn Heights darf eine Uferpromenade nicht fehlen. Die beliebte **Promenade** bietet einen herrlichen Blick auf den East River, die Brooklyn Bridge und Manhattan.

Am Fuße von Brooklyn Heights liegt das **Civic Center** mit seiner **Borough Hall** im klassizistischen Repräsentationsstil. Folgen Sie von hier aus der Court Street bis zum **Middle Eastern Bazaar** in der Atlantic Avenue. Zwischen Court und Henry Street bietet die Atlantic Avenue eine reiche Auswahl an duftenden Gewürzen, getrockneten Früchten und Oliven. Eine Vielzahl von Restaurants lockt mit kulinarischen Leckerbissen aus dem Mittleren Osten. In Flußnähe hat sich um die Atlantic Avenue ein blühender Handel mit Antiquitäten, angefangen von viktorianischen Stilmöbeln über Art-deco-Einrichtungsgegenstände bis hin zu Möbeln aus den dreißiger und vierziger Jahren, entwickelt. Da die Geschäfte werktags nur wenige Stunden geöffnet haben, empfiehlt sich ein Besuch am Wochenende.

Wer eine Schwäche für italienische Spezialitäten hat, darf sich die **Court Street** nicht entgehen lassen. Sie beginnt an Cadman Plaza und führt durch die Wohngegenden von Brooklyn Heights, Cobble Hill, Carroll Gardens und Red Hook. Unzählige kleine italienische Geschäfte bieten täglich frische Pasta, Hart- und Weichkäse, Olivenöl, Artischocken und Broccoli aus heimatlichen Landen feil. Daß die Court Street nicht immer fest in italienischer Hand war, beweisen die spanischen Geschäfte, die noch aus den Tagen stammen, als es hier von galizischen Einwanderern nur so wimmelte.

Die Kreuzung Atlantic und Flatbush Avenue markiert den Übergang zum heruntergekommenen und schmutzigen Teil Brooklyns. Für kulturelle Lichtpunkte sorgt immerhin die **Brooklyn Academy of Music** (BAM) in der nahegelegenen **Lafayette Street** mit ihrem breitgefächerten Spektrum innovativer Künstler, angefangen vom Multimedien-Maestro Laurie Anderson über die Bühnendarstellerin Martha Clarke bis hin zum Komponisten Philip Glass. Zum BAM gehört auch das nur wenige Häuserblocks entfernt liegende, wundervoll restaurierte **Majestic Theatre.**

Nach der Flatbush führt die Atlantic Avenue in das von sozialen Problemen schwer gebeutelte **Bed-Stuy.** Nicht viel besser als in Bedford und Stuyvesant sieht es in **Crown Heights** aus, wo sich tiefe Abgründe zwischen den Tür an Tür lebenden Juden und Einwanderern von den westindischen Inseln auftun.

Ebbets Field ist schon lange nicht mehr Schauplatz der triumphalen Base-

Der Botanische Garten in Brooklyn.

ball-Erfolge der Dodgers, aber **Tompkins Park** gibt es noch. Es handelt sich hierbei um die größte schwarze Gemeinde New Yorks, die in (sanierten) Eigenheimen lebt.

Weiter östlich liegt **Brownsville.** Vor dem Zweiten Weltkrieg war dieser Stadtteil ein fast ausschließlich von Juden bewohntes Elendsviertel. Das Süßwarengeschäft in der **Livonia Avenue** soll das Hauptquartier der Murder Inc., eines jüdischen Gangster-Rings der dreißiger Jahre, gewesen sein.

Ein Hauch von Orient: An der Hauptverkehrsader des östlichen Brooklyn, dem **Eastern Parkway,** liegt die wohl bedeutendste Sehenswürdigkeit des Stadtviertels: das **Brooklyn Museum.** Seine ägyptische Sammlung ist nach Kairo und London die beste der Welt. In einer ungewöhnlichen Ausstellung im Freien zeigt das Museum auch eine Auswahl dekorativer Bauelemente aus der Architektur New Yorks. Unmittelbarer Nachbar des Museums ist der sich über 20 Hektar erstreckende Botanische Garten **Brooklyn Botanic Gardens** (allein schon der japanische Teil ist einen Besuch wert). Das **Brooklyn Children's Museum** in der 145 Brooklyn Avenue ist Amerikas ältestes Museum für Kinder. Es wartet mit 20 000 Exponaten und fast ebenso vielen Knöpfen und Hebeln auf, die den kleinen oder schon etwas größeren Museumsbesuchern ein hautnahes Miterleben von Technik und Naturwissenschaften ermöglichen. Der ausladende Kreisverkehr am westlichen Ende der Parkway heißt **Grand Army Plaza.** Der **Soldier's and Sailor's Memorial Arch** bildet den Eingang zum 213 Hektar großen **Prospect Park.** Für die gesamte Anlage zeichnen die beiden Architekten Frederick Law Olmsted und Calvert Vaux verantwortlich. Mit der Plaza und ihrem Triumpfbogen zollten sie Paris ihren persönlichen Tribut.

Der Prospect Park gilt als die schönste Parklandschaft, die Olmsted und Vaux je geschaffen haben, schöner sogar noch als der Central Park. Wie wäre es mit einem romantischen Spaziergang durch **Long Meadow, Vale of Cashmere** und dem **Rose Garden** oder einer Fahrt auf dem für 890 000 Dollar restaurierten Karussell? Zum Park gehören auch Sport- und Tennisplätze, ein See und ein Zoo. Wenn Sie etwas wissen wollen, fragen Sie bitte in dem schönen restaurierten Bootshaus von 1907.

Auf der Ostseite des Parks (Flatbush Avenue/Empire Boulevard) liegt das zwischen 1777 und 1783 errichtete **Leeferts Homestead.** Das erst seit kurzem der Öffentlichkeit zugängliche Herrenhaus gewährt wertvolle Einblicke in den Lebensstil kolonialistischer Plantagenbesitzer und ihrer Sklaven.

An die Westseite des Prospect Park schließt sich **Park Slope,** eine Wohngegend, an. Auch hier wurden viele viktorianische Reihenhäuser in mehrere kleinere Apartmentwohnungen (für die man nicht ganz so hohe Mieten wie in Brooklyn Heights bezahlen muß) unterteilt. Die meisten sind aber noch gut erhalten. Von **Prospect Park West** gelangt man entweder über Montgomery Place oder über die

Der japanische Garten.

Carroll Street zur zwei Häuserblocks entfernt liegenden Einkaufsstraße **Seventh Avenue.** In Montgomery Place wird Ihnen sicher ein Haus auffallen, das gleich mehrere Stilrichtungen auf ungewöhnliche Weise miteinander verbindet: einen römischen Bogen, einen chinesischen Doppelbogen und einen griechischen Ziergiebel. Am Ende der Straße bilden irisierende Ziegelsteine einen originellen Rahmen für bunte Glasfenster.

Werfen Sie in der **Carroll Street** einen genaueren Blick auf das Gebäude mit der Hausnummer 117. Verwirrend sind nicht nur die verschiedenen architektonischen Stilrichtungen, sondern auch die Mysterien, die sich um das Haus ranken. Vor 100 Jahren sollen vier Diener im Aufzug des Gebäudes steckengeblieben und elendiglich umgekommen sein. Heute noch kann man – so will es die Legende – in der Nacht ihre mitleid- und furchterregenden Klagerufe hören. Der Streifzug durch Park Slope läßt sich mit einem Besuch des venezianischen Palazzos in der **25 Eighth Avenue** abschließen.

Ein ganz anderes Straßenbild als die Reihenhäuser in Park Slope bieten die freistehenden Villen in **Prospect Park South**. Ihre Giebeldächer sind so riesig, daß sie sich fast zu berühren scheinen. In der **Albemarle Road** hat ein Schweizer Chalet eine spanische Villa oder gar ein Südstaaten-Herrenhaus zum Nachbarn.

Flatbushs schönster Boulevard ist der etwas weiter westlich gelegene **Ocean Parkway.** Er zieht sich durch ein Wohngebiet namens **Gravesend,** das Anfang des 17. Jahrhunderts von Lady Deborah Moody gegründet wurde. Lady Moody war die erste Frau, die in der Neuen Welt eine Siedlung gründete und per Gesetz Religionsfreiheit garantierte.

CONEY ISLAND: Auf der Südseite von Brooklyn liegt die Halbinsel Coney Island. Die Gemeinde von **Seagate** an der Ostspitze der Halbinsel hat zwar einen bewachten Zugang, scheint aber dennoch dem bereits weit fortgeschrittenen Verfall schutzlos ausgeliefert zu sein. Das etwas wohlhabendere, aber nicht minder triste **Manhattan Beach** liegt am ande-

Geisterbahnen auf Coney Island.

ren Ende der Flußpromenade. Dazwischen befindet sich das **Brooklyn Aquarium** an der Ecke Eighth Street/Surf Avenue.

Coney Island war einst ein blühendes Ferienzentrum. Bereits 1840 strömten erholungsuchende Manhattaner während des Sommers nach Coney Island. Als 1875 eine Eisenbahnstrecke die City mit der Halbinsel verband, wurden es immer mehr. Prunkvolle Hotels, kleine Strandhäuschen und Vergnügungsparks schossen wie Pilze aus dem Boden.

An die Ferienbungalows erinnern heute meist nur noch Ruinen, der Großteil wurde durch Gemeindewohnungen ersetzt. Von den Vergnügungsparks ist nur ein Torso übriggeblieben, der dem Ansturm der Sommerfrischler in keiner Weise gewachsen ist. Fahrgeschäfte und Spielhallen sind verrammelt und werden von Wachhunden umschlichen.

Aber nicht alles ist verloren. Das kleine, von einer lokalen Theatergruppe betriebene Museum namens **Sideshows by the Seashore** zeigt Relikte aus den glanzvollen Tagen der Halbinsel. Die Würstchenbude an der Ecke Surf/Stillwell Avenue verkauft noch immer **Nathan's Famous Hot Dogs,** die – so behaupten jedenfalls die Fans – hier im Jahre 1916 erfunden worden sein sollen. An einem heißen Sommertag brutzeln hier bis zu 1500 Würstchen pro Stunde auf dem Grill. Etwas im Magen haben sollten Sie auf jeden Fall, wenn Sie eine Fahrt auf dem **Cyclone,** dem Großvater der Achterbahn, machen wollen. Die Wagen zischen mit einer Geschwindigkeit von 100 Stundenkilometern auf der fast einen Kilometer langen Holzbahn entlang.

Für eine Wiederbelebung von Coney Island stehen die Chancen zur Zeit nicht schlecht. Die Stadt will dem Steeplechase Park mit vielen neuen Attraktionen, Theatern und einer Sportarena für 14 000 Menschen wieder neues Leben einhauchen. Auch private Investoren haben inzwischen erkannt, welches Potential die nur 40 Kilometer vom Zentrum Manhattans entfernt liegende Insel in sich birgt. Die neu gebauten Einfamilienhäuser ge-

Das sind Aussichten ...

hen weg wie warme Semmeln. Das Brooklyn Aquarium konnte seit 1985 seine Besucherzahlen verdoppeln.

Hoffnungsschimmer: Brighton Beach war viele Jahre lang eine Enklave älterer Juden. Als Coney Island unaufhaltsam dem Verfall entgegenging, nagte der Zahn der Zeit auch an Brigthon, dessen Häuser wie kleine Festungen jeder Woge des Verbrechens und der Gewalt standzuhalten versuchten.

Als Retter in der Not erwiesen sich die jüdisch-russischen Immigranten, die Mitte der siebziger Jahre nach New York kamen. Viele von ihnen gingen nach Brighton, das sie in „Little Odessa" umtauften. Neue Märkte, Geschäfte und Restaurants begannen das triste Straßenbild wieder zu beleben. In der **Brighton Beach Avenue** pulsiert das Nachtleben. Tagsüber laden Antiquitäten- und Buchläden zum Stöbern ein. Inzwischen lebt schon die zweite Einwanderergeneration in Brighton Beach: russisch-amerikanische Teenager mit rosigen Wangen und schwarzen Lederjacken.

Nördlich von Brighton liegt **Sheepshead Bay.** Hier kann man frischen Fisch direkt von den Fischerbooten kaufen oder sich in einem der vielen Restaurants zubereiten und servieren lassen. Sie können sich auch ein Boot (mit Kapitän) mieten, auf die See hinausfahren und Ihr Glück als Angler versuchen. Eine solche Bootsfahrt ist allerdings kein billiges Vergnügen, und Frühaufsteher muß man auch sein.

QUEENS: Das Gebiet in Queens, das sich zunächst aus der öden Sumpflandschaft in die nicht minder triste „Corona-Mülldeponie" verwandelte und schließlich den großen Sprung zum Schauplatz der Weltausstellungen 1939 und 1964 schaffte, trägt seither den eleganten Namen **Flushing Meadows-Corona Park.**

Als 1939 die Weltausstellungsbesucher dorthin strömten, befand sich auch der restliche Stadtteil im Umbruch. Die Bevölkerung hatte sich vervierfacht und brauchte neue Vorstadtwohnungen. Als für den neuen Mittelstand die Häuser nördlich der Queensborough Bridge gebaut wurden, war dies das größte staatliche Bauprojekt seiner Zeit.

Als zentraler Schauplatz für die beiden Weltausstellungen dienten der **Northern Boulevard** und der **Grand Central Parkway.** Heute erinnern das im **Queens Museum** ausgestellte **New York Diorama** – eine bis ins kleinste Detail ausgearbeitete Miniatur von New York City –, die große Stahlkugel **Unisphere** und die **World's Fair Marina** an die Ereignisse jener Zeit.

Flushing Meadows-Corona Park verdankt seine internationale Berühmtheit dem **USTA National Tennis Center,** wo jedes Jahr die **US-Open-Tennismeisterschaften** stattfinden. Gleich neben der U-Bahnstation liegt das **Shea Stadium** (das Heimstadion der Mets), das Platz für 55 000 jubelnde Baseball-Fans bietet. Das Stadion liegt eingebettet in einen großzügig angelegten Park mit hübschen Rad- und Spazierwegen, einer **Rollschuhbahn** und einem **Kinderzoo.** Im Sommer entfalten 8000 Rosensträucher ihre bunte Pracht.

Achterbahn das ganze Jahr.

Die Annahme, daß die Flughäfen **J. F. Kennedy** und **La Guardia** das größte Stück Land in Queens für sich in Anspruch nehmen, ist weit verbreitet. Die beiden Terminals mit ihren langen Landebahnen sind gewaltig, aber eine weit größere Fläche ist immer noch unbebaut: Ein Viertel des Bezirks ist als Parklandschaft erhalten geblieben.

Das **Alley Pond Environmental Center** im Nordosten von Queens lädt auf kleinen Wanderpfaden zu Erkundungsgängen durch die natürliche Parklandschaft ein und stellt naturhistorische Exponate aus. Im weiter südlich gelegenen **Jamaica Bay Wildlife Refuge** haben mehr als 300 Vogelarten und kleine Säugetiere eine Heimat gefunden. Der Park grenzt unmittelbar an den JFK, aber die Vögel scheinen sich von ihren düsenbetriebenen großen Brüdern nicht weiter aus der Ruhe bringen zu lassen. Gelegentlich werden auch Führungen durch das Naturschutzgebiet veranstaltet.

Am Südrand von Queens bilden die **Rockaways** den größten bebauten Strand des Landes. Der Vergnügungspark **Rockaway Playland** liegt in der Mitte. **Far Rockaway** mit seinen hübschen, nur wenige Meter vom Strand entfernt liegenden Häusern ist im Osten. Im Westen erinnern die alten Villen von **Neponsit** und **Belle Harbor** an den Glanz vergangener Tage, als reiche New Yorker hier noch ihre Ferien verbrachten. Der **Jacob-Riis-Nationalpark** hat einen sehr schönen Badestrand, ist aber während der Sommermonate hoffnungslos überfüllt.

Das dahinrottende Gewerbegebiet **Long Island City** wird gerade von New Yorkern auf der Suche nach freiem Raum neu entdeckt. Als erfolgreiche Wiederbelebungsmaßnahme ist das **PS 1** in der 21st Street zu bewerten. Das in einem vom Abriß bedrohten alten Schulgebäude untergebrachte Kunstzentrum zeigt innovative Ausstellungen und stellt Künstlern Arbeitsräume zur Verfügung.

Filmstudios und Hypotheken: Das unmittelbar an Long Island City angrenzende **Astoria** ist eine ruhige Wohngegend mit

Zur rechten Zeit herrscht Ruhe am Rockaway Strand.

einfachen Apartment- und Doppelhäusern, hat sich aber einen neuen Ruf als Zentrum der New Yorker Filmindustrie erworben. Das Filmgeschäft geht hier auf die zwanziger Jahre zurück. Damals drehten die Marx Brothers und Gloria Swanson in den Lasky Studios einen Hit nach dem anderen. Inzwischen produzieren die **Kaufman Astoria Studios** wieder viele Filme und Werbespots.

Zu den neueren Attraktionen New Yorks gehört das **American Museum of the Moving Image** an der Ecke 35th Avenue/36th Street. Es ist das einzige Museum der Vereinigten Staaten, das sich der Filmkunst, ihrer Geschichte und der Filmtechnik verschrieben hat. Es versucht, das Medium Film etwas genauer zu hinterfragen und seinen Einfluß auf die Gesellschaft aufzuzeigen.

Jeder, der das Museum of Moving Image in London kennt, wird von seinem amerikanischen Pendant schwer enttäuscht sein. Im MOMI am Ufer der Themse wird der Besucher von Schauspielern in historischen Kostümen durch eine Galaxie elektronischer Wunderwerke geführt. Das Multimedia-Aufgebot ist „high-tech", umfassend und sehr unterhaltend. Das AMOMI von Queens nimmt sich dagegen eher bescheiden aus. Fotografien und Kostüme sollen den Mangel an technischer Raffinesse kompensieren. Die Vorführungen sind amüsant, Begeisterung kommt kaum auf. Außerdem sind die Räumlichkeiten so klein, daß man für den Museumsbesuch nicht mehr als eine Stunde braucht. (Renovierung und Erweiterungsbauten sind allerdings geplant).

Dennoch sollte man mit dem AMOMI nicht zu streng ins Gericht gehen. Die Anfänge des Museums gehen auf die *Astoria Motion Picture and Television Foundation* zurück, die 1977 gegründet wurde, um die Astoria-Studios vor dem Abriß zu bewahren. So gesehen kommt dem Museum eine nicht zu unterschätzende archivarische Bedeutung zu. Unglücklich gewählt war allerdings der Name *„American Museum of the Moving Image"*, schraubte er doch die Erwartun-

Tut's Fever **kann eine angenehme Erfahrung sein.**

gen der Filmfans zu hoch und legte den Vergleich zum britischen MOMI (das ausgerechnet im selben Jahr seine Pforten öffnete) nahe.

Mit diesem Hintergrundwissen kann ein Besuch im Filmmuseum von Queens dennoch zu einem interessanten Erlebnis werden. Das Personal ist sehr freundlich und hilfsbereit. Red Grooms Theater namens **Tut's Fever** ist zwar nicht Hollywood, zieht aber gekonnt einige Register verblüffenden Kinozaubers.

Die **36th Street Bridge** oder **Roosevelt Island Bridge** führt zur mitten im East River gelegenen Insel **Roosevelt Island.** Obwohl die Insel weniger als 300 Meter von Queens entfernt liegt, gehört sie verwaltungstechnisch zu Manhattan. Deshalb wird Roosevelt Island in dem Kapitel „Upper East Side" vorgestellt.

Astoria ist auf die **Steinway Street** und den **Broadway** ganz besonders stolz. Die beiden Straßen werden von griechischen Delikatessengeschäften, italienischen Bäckereien und orientalischen Märkten gesäumt. Obwohl die Filmstudios ganz in der Nähe liegen, verläuft das Leben hier noch immer in ruhigen Bahnen. Kinder (meist aus Vietnam oder Lateinamerika) spielen auf den Gehsteigen Basketball oder Fußball. Vor den Wohnhäusern sitzen Männer in Gartenstühlen und halten ein kleines Schwätzchen.

Sunnyside Gardens war bis in die zwanziger Jahre hinein eine triste Sumpflandschaft. Dann beschlossen die Stadtplaner, das Gebiet sinnvoller zu nutzen und Eigenheime für die Arbeiterschicht zu bauen. Sunnyside Gardens war ein guter Versuch. Aber in den dreißiger Jahren konnten viele Arbeiter ihre monatlichen Hypothekenraten nicht mehr bezahlen. Als die ersten Räumungsklagen in die Briefkästen flatterten, ergriffen die Sunnysiders Eigeninitiative. Sie verbarrikadierten die Hauseingänge und feuerten Mehl- und Pfeffersalven auf die Sheriffs, die sich zu nah an sie heranwagten. Aber damit konnte die Weltwirtschaftskrise freilich nicht abgewendet werden. Fast zwei Drittel der Bewohner von Sunny Side Gardens verloren ihre Häuser.

Ganz anders verlief die Entwicklung in **Forest Hills,** das 1906 von New Yorks Stadtplanern nach dem Vorbild der „Grünen Städte" Englands entworfen wurde. Für das Projekt war ein staatlicher Zuschuß zur Förderung des Eigenheimbesitzes der sozialen Mittelschicht vorgesehen. 1923 übernahmen einige Bewohner von Forest Hills das Management und prüften jeden Eigenheimanwärter auf Herz und Nieren. Das Viertel erhielt einen vornehmen Anstrich und nannte sich „grüne Tennis-Hauptstadt der westlichen Hemisphäre". (Damals waren die Rasenplätze des **West Side Tennis Clubs** Schauplatz der US-Open).

Das historische **Flushing** – wegen der bunten Prägung asiatischer Immigranten auch **„Little Asia"** genannt – zählt zu den etwas einfacheren Wohngegenden von Queens. Der historische Anspruch Flushings ist religiös begründet. In der **Bowne Street** steht der größte Hindu-Tempel Nordamerikas. Neben den Hindus haben auch die Quäker ihre Spuren in Flushing hinterlassen.

ie Karten
itte!

Das im Jahre 1696 errichtete **Quaker Meeting House** an der Ecke Northern Boulevard/Linden Place ist die älteste religiöse Stätte von Queens. Ganz in der Nähe liegt der „Schrein zur religiösen Freiheit“, der nach dem Führer der Quäkergemeinde, John Bowne, **Bowne House** genannt wird. Er liegt in der Bowne Street und dient heute als Museum. John Bowne soll das Land im Jahre 1661 für acht Muschelketten von den Indianern erworben haben.

Belmont Park zählt zu den sportlichen Attraktionen von Queens. Auf der größten Rennstrecke der Welt, auf der nur reinrassige Pferde starten dürfen, wird das Belmont Stakes gelaufen, das zusammen mit dem Wood Memorial und dem Turf Classic der **Aqueduct Racetracks** zu den absoluten Spitzenrennen zählt.

STATEN ISLAND: Es war einmal eine Insel in New York, deren Straßen Muschelschalen zierten, deren elegante Hotels von weißen Jachten bewacht wurden und deren Tennisplätze zu den ersten Amerikas zählten.

Die Rede ist von Staten Island, dem kleinsten und am wenigsten bekannten Bezirk von New York. Die meisten Manhattaner kennen von Staten Island nur den alten Pier, an dem die Fähre von South Ferry (nahe Battery Park in Manhattan) anlegt. Die (sehr preisgünstige) Bootsfahrt bietet einen herrlichen Blick auf die Freiheitsstatue und die Skyline von Manhattan. Die Dichterin Edna St. Millay Vincent schreibt: „We were very tired, we were very merry – we had gone back and forth all night on the ferry.“ Genauso halten es die meisten New-York-Besucher, ohne zu wissen, was ihnen auf Staten Island entgeht.

Zu Beginn des 19. Jahrhunderts bestand Staten Island aus einer Ansammlung ruhiger Fischer- und Farmer-Siedlungen. 1830 erreichte die erste Sommerfrischlerwelle den Strand, die zweite brachte schon genug Geld mit, um elegante Villen zu bauen. Dann ließ die Staten-Island-Industrie ihren Dampf an und bescherte der Insel eine wirtschaftliche Blüte bis ins 20. Jahrhundert hinein.

Wohnen in Staten Island.

Die Weltwirtschaftskrise versetzte dem Bezirk dann einen harten Schlag und gab viele alte Wahrzeichen dem Verfall preis.

Die Fähre (ebenso wie das schnellere Tragflügelboot) bringt Sie zur Stadt **St. George** am **Bay Street Landing,** der durch umfassende Renovierungsarbeiten wieder an Attraktivität gewonnen hat. Suchen Sie sich ein Café aus und genießen Sie bei einem Drink oder einem guten Essen den Blick auf den Hafen.

Das westlich von St. George gelegene **Snug Harbor Cultural Center** ist ebenfalls wieder zu neuem Leben erwacht. 1831 hieß es noch *Sailors' Snug Harbor* und diente als Ruhesitz für alte Seebären. Die 32 Hektar umfassenden Feuchtwiesen, Teiche und Wälder sind inzwischen zu einem Refugium für Kunst und Natur geworden. Die Hauptgebäude sind im klassizistischen Repräsentationsstil gehalten. An die alte Seefahrervergangenheit erinnern heute nur noch die Dekorationen in der **Main Hall**: der Meeresgott Neptun mit Dreizack, die Papageien und die Schiffe.

ie gute alte eit lebt im istorischen orf ichmond-own Restora-ion.

Zum Renovierungsprogramm gehören die **Veteran's Memorial Hall,** die **Newhouse Gallery,** die **Botanic Gardens** und das **Children's Museum.** Das Kulturzentrum wartet außerdem mit einer beeindruckenden Auswahl an Freiluftkonzerten und Theatervorführungen auf.

Östlich von St. George liegt **Stapelton** mit dem hübschen **Stapelton Park.** Die von Antiquitätengeschäften und Restaurants gesäumte **Bay Street** lockt so manchen Villenbewohner von seinem Hochsitz auf einem der sechs Hügel von Staten Island – **Fort, Ward, Grymes, Emerson, Todt** und **Lighthouse** – in den Ort. Einen herrlichen Blick auf das Meer bieten die stattlichen Bungalows auf dem **Todt Hill,** dem höchsten Punkt an der Küste zwischen Maine und Florida.

Fahren Sie von Stapelton aus den **Signal Hill** hinauf. Entlang der eng gewundenen Straße verstecken sich hübsche Holzhäuser zwischen Felsen und Bäumen. Die Spitze des Signal Hill mit ihrer atemberaubenden Aussicht bildet das Tor zum Herz der Insel – dem **Greenbelt.** Für das Land bestehen sehr strenge Bauauflagen, z. T. ist das Bebauen dieses „grünen Streifens" ganz verboten.

Zum Greenbelt gehören das **High Rock Park Conservation Center** (ein Refugium der Natur, das der geplanten Umwandlung in eine Betonlandschaft mit hohen Apartmenttürmen knapp entgangen ist), der **Latourette Park** und der **Golf Course.** In unmittelbarer Nähe ist der **Lighthouse Hill,** der sein orientalisches Flair dem **Jacques Marchais Center of Tibetan Art** verdankt. Das idyllisch gelegene Museum mit seinem hübschen Lotusteich beherbergt eine der größten Privatsammlungen tibetanischer Kunst im Westen.

An der Südspitze des Greenbelt können Sie das historische Dorf **Richmondtown Restoration** besuchen, das 300 Jahre Geschichte auf beeindruckende Art und Weise bewahrt. Zu den 26 unter Denkmalschutz gestellten Gebäuden zählen das **Voorleezer House** (um 1695), die älteste Grundschule Amerikas, und das **Historic Museum.** Sehenswert sind auch die Vorführungen alter Handwerkstechniken.

Von Richmondtown führt die **Amboy Road** nach **Tottenville,** dessen ländliche Idylle Zweifel an der Zugehörigkeit zu New York City aufkommen läßt. Auf den Straßen sieht man müßige Spaziergänger oder Reiter hoch zu Roß. An der Ecke **Amboy Road/Sleight Avenue** findet man winzige Geschäfte, die an den provinziellen Norden des Staates New York erinnern. Am Ende des **Hylan Boulevards** liegt das **Conference House** oder **Billop House,** in dem sich 1776 Benjamin Franklin mit dem britischen Admiral Lord Howe zu Verhandlungen traf, um den drohenden Unabhängigkeitskrieg zu verhindern.

Der Hylan Boulevard führt zum **Great Kills Park.** Folgen Sie der Zufahrtsstraße durch sumpfiges Grasland bis zum Strand, der einen herrlichen Blick auf Brooklyn und Manhattans World Trade Center bietet. Hinter einer kleinen Landzunge ist ein malerischer kleiner Hafen mit Booten.

Einen spektakulären Ausblick auf Manhattan gewährt auch die **Verrazano Narrows Bridge,** die 1964 als längste Hängebrücke der Welt vom östlichen Staten Island bis nach Brooklyn gespannt wurde. Alteingesessenen Inselbewohnern ist die Brücke heute noch ein Dorn im Auge, bescherte sie doch mit der gigantischen Blechlawine, die aus Brooklyn anrollte, dem Kernland der Insel den schnellsten und unkontrolliertesten Bauboom aller Zeiten.

Gebaut wird auf Staten Island noch immer. Die ganze Hoffnung der Bevölkerung richtet sich auf eine besonnene und weitsichtige Stadtplanung nach dem Vorbild von Greenbelt. Staten Island ist noch immer der kleinste und am wenigsten bekannte Borough New Yorks. In ein paar Jahren wird er nur noch der kleinste sein.

DIE BRONX: 1641 erwarb der Däne Jonas Bronk von indianischen Ureinwohnern 200 Hektar Land. Die Gegend war einsam und dünn besiedelt, und so lud die Bronk-Familie ihre Nachbarn oft zu ge-

Kleingärtnerinnen in der Richmondtown Restoration.

selligen Festen ein. Das Land hieß ursprünglich Keskekeck, wurde aber von den weißen Siedlern in Bronx umgetauft. Und das kam so: Ein Farmer, nach seinen Plänen für den Samstagabend befragt, gab gewöhnlich zur Antwort: „Ich gehe zu den Bronks."

Die Anekdote ist umstritten. Tatsache ist aber, daß die Besiedlung der Bronx mit Jonas Bronk begann. Bei einem Streifzug durch den heutigen Stadtbezirk kann man sich nur schwer vorstellen, daß sich hier noch vor 300 Jahren weite Fluren mit dichten Wäldern abwechselten. Es gibt aber noch einen Ort, an dem die Hemlocktannen nicht der Axt zum Opfer gefallen sind: den über 100 Hektar großen **New York Botanical Garden**. Die inmitten grüner Wälder gelegene **Bronx River Gorge** erreicht man am besten über die kleine Steinbrücke. Zu den sehenswerten Bauten des Botanischen Gartens zählen die historische **Lorillard Snuff Mill** (Schnupftabakmühle) und das **Enid A. Haupt Conservatory.** Der 1901 gebaute Kristallpalast und seine elf Glaspavillons beeindrucken mit einer abwechslungsreichen Pflanzenschau.

Ebenso wie der Botanische Garten gehört der weiter südlich gelegene **Bronx Zoo** zum **Bronx Park.** Das im Art-deco-Stil gehaltene und mit Bronzefiguren verzierte **Paul Rainey Memorial Gate** bildet den malerischsten Zugang zum größten städtischen Zoo der Vereinigten Staaten.

Zu den Hauptattraktionen zählen die **World of Birds,** in der viele verschiedene Vogelarten in ihrer natürlichen Umgebung zu beobachten sind, die verdunkelte **World of Darkness** mit ihren nachtaktiven Tieren, das **Aquatic Bird House** und der hübsche **Children's Zoo.** Ein weiterer Höhepunkt besteht in der Fahrt mit einer Einschienenbahn durch „Wild Asia". Die afrikanische Savanne wird von einem Wallgraben umgeben, um die Löwen von ihrer Beute, also von Ihnen, fernzuhalten.

Der Zoo stellt den geographischen Mittelpunkt der Bronx dar, ihr architektonisches Herzstück bildet aber der

'errazano
larrows
ridge.

Grand Concourse. Die an die Boulevards von Paris erinnernde breite Straße begann als „Autobahn", die sich über die ländlichen Hügel zog. Mit der zunehmenden Verstädterung des Bezirks kam dem Concourse die Rolle einer Art Park Avenue der Bronx zu. Die Art-deco-Apartmenthäuser stehen noch immer, aber nur wenige konnten sich ihren Status als Nobeladresse bewahren. Bei Einbruch der Dunkelheit ist die Gegend nicht mehr sehr sicher, und Sie sollten sie auf keinen Fall im Alleingang erkunden. Im Bronx County Building in der 165th Street ist das **Bronx Museum of the Arts** untergebracht. Hier werden Skulpturen, Grafiken, Gemälde und Fotografien zeitgenössischer Künstler gezeigt.

In der **Kingsbridge Avenue** nördlich des Grand Concourse steht **Edgar Allan Poe's** kleines, schindelgedecktes **Cottage** (Landhaus), das inzwischen von hohen Apartmenttürmen umringt ist. Poe war 1846 hierher gezogen, in der Hoffnung, daß die frische Landluft seiner schwindsüchtigen Frau guttun würde. Sie starb dennoch einen frühen Tod und ließ ihren vom Leid gezeichneten Mann in ärmsten Verhältnissen zurück. Aus dieser Zeit stammt Poes düsteres Gedicht *Annabel Lee*.

Little Italy: Das „Kleine Italien" der Bronx liegt in **Belmont.** In den Geschäften in der **Arthur Street** in der Nähe der Kreuzung Crescent/East 187th Street herrscht geschäftiges Treiben. Hier gibt es Obst, Früchte, gepökeltes Fleisch und herrlich duftende, frische Backwaren. Die Gegend ist auch für ihre guten Restaurants bekannt. Das ebenfalls in der Arthur Avenue gelegene **Enrico Fermi Center** ist die erste italienisch-amerikanische Bibliothek des Landes.

Westlich des Grand Concourse befindet sich das **Bronx Community College** mit seiner berühmten **Hall of Fame** (Ruhmeshalle), die bedeutenden amerikanischen Persönlichkeiten ein Denkmal setzt. Die Bronx verfügt über renommierte Bildungseinrichtungen wie die **Fordham University,** das **Lehman College** und das **Albert Einstein College of Medicine.** Zu den eindrucksvollsten Sehenswürdigkeiten des Fordham-Campus zählt die Kapelle mit ihren wunderschönen Glasfenstern.

Riverdale im hügeligen Nordwesten mit kurvenreichen Straßen, schmucken Vorstadtvillen und gepflegten Gärten will so gar nicht zum klischeehaften Bild einer heruntergekommenen, schmutzigen Bronx passen. Für einen Streifzug durch die grüne Enklave am Hudson River empfehlen sich die **Sycamore Avenue** nördlich der West 252nd Street oder die **Independence Street** in der Nähe der West 250th Street.

Wenn die Einwohner von Riverdale reiten, spazierengehen, Tennis oder Krikket spielen wollen, gehen sie zum **Van Cortland Park.** Das auf den See des Parks blickende **Van Cortland Mansion Museum** ist mit Stilmöbeln aus der holländischen und englischen Kolonialzeit eingerichtet.

City Island: Im Osten der Bronx erstreckt sich ein ausgedehntes Sumpfgebiet weit in den Long Island South hinein.

Der Eingang zum Bronx Zoo.

Vorbei an der Co-op City, einer öden Vorstadtgegend mit braunen Betontürmen, fünf Schulen und drei Einkaufszentren, führt der Highway zur **Orchard Beach.** Der Strand wurde 1936 mit weißem Sand aus den Rockaways und Long Island künstlich aufgeschüttet. Durch die Verschlechterung der Luft- und Wasserqualität in den letzten Jahren werden die Badefreuden an der Orchard Beach leider etwas getrübt.

Unser eigentliches Ziel ist **City Island.** Die fast hundert Hektar große, dem östlichen Ufer der Bronx vorgelagerte Insel ist nur mit dem Auto über die Brücke oder mit dem Boot zu erreichen. Ansonsten ist nichts zu entdecken, was die wie eine Kleinstadt in Neu-England anmutende Insel mit der Bronx verbindet.

Die industrielle Entwicklung auf City Island begann 1830 mit den *Solar Salt Works,* in denen aus verdampftem Meerwasser Salz gewonnen wurde. Dann blühte der Austernhandel auf, der aber nur wenige Jahre später vom Schiffsbau überflügelt wurde. Die Schiffsbauwerkstätten entlang der **City Island Avenue** haben Meisterwerke wie die *Intrepid* hervorgebracht, die 1968 das Rennen um den America´s Cup gewann.

Die City Island Avenue ist auch für ihre guten Antiquitätengeschäfte und Fischrestaurants mit lustigen Namen wie *Sammy's Fish Box* bekannt. Das **North Wind Institute** stellt Exponate aus der Seefahrt und nautische Kuriositäten aus, darunter ein 1,5 Meter langes U-Boot. Die **Grace Church** ist ein Meisterwerk neugotischer Baukunst.

Die schmalen Seitenstraßen werden von kleinen, wie verzaubert wirkenden Häuschen, aber auch von stattlichen Villen mit Glasfenstern und gepflegten Gärten gesäumt.

Elendsviertel: Einen krassen Gegensatz zur idyllischen City Island bildet die **South Bronx** – das Krebsgeschwür von New York City. Ausgerechnet hier liegt das weltberühmte **Yankee Stadium.** Das Heimstadion der erfolgreichsten Baseballmannschaft, die es je in den USA gegeben hat, ist unzertrennlich mit dem Namen Babe Ruth verbunden. Außer diesem Superstar, der hier seine spektakulären „Home Runs" lief, gehören zum Reigen der unvergeßlichen Baseballstars Lou Gehrig, Micky Mantle und Joe DiMaggio. Der Ruhm des Yankee-Stadions hat allerdings einen doppelten Preis: In den siebziger Jahren wurden 100 Millionen Dollar in die Renovierung des Stadions gesteckt, während die umliegenden Straßenzüge langsam ausbluteten und ganze Häuserreihen verfielen. Die Zukunft des Stadions ist ungewiß.

Wie verzweifelt die Lage in der South Bronx auch sein mag, es gibt Grund zur Hoffnung: Der von Manhattans TriBeCa in die South Bronx umgezogene **Hunt Point Market** (ein Großmarkt für Früchte, Gemüse und Fleisch) sorgte für einen kräftigen Vitaminstoß. Die Häuserskelette der Charlotte Street wurden durch Wohnungen im Farmhaus-Stil ersetzt. Und wahren Heldenmut beweisen die Menschen, die mit der Absicht hierher ziehen, der zerfallenden South Bronx neues Leben einzuhauchen.

Ich will in den Zoo.

APA GUIDES

Reisetips

FÜR LEUTE, DIE DEN WERT DER ZEIT ZU SCHÄTZEN WISSEN.

Bevor Sie sich für eine Patek Philippe *Abb. 1* entscheiden, sollten Sie ein paar grundsätzliche Dinge wissen. Anhand von Stichworten wie Präzision, Wert und Zuverlässigkeit erklären wir Ihnen, warum die Uhr, welche wir für Sie anfertigen, vollkommen anders ist als alle anderen Uhren.

"Pünktlichkeit ist die Höflichkeit der Könige", pflegte Louis XVIII. zu sagen.

Wir glauben in aller Bescheidenheit, daß wir beim Thema Pünktlichkeit auch den Ansprüchen der Könige gewachsen sind. So haben wir unter anderem ein mechanisches Laufwerk hergestellt, das in vollkommener Übereinstimmung mit dem gregorianischen Kalender die Schaltjahre der nächsten fünf Jahrhunderte berücksichtigt: Es fügt den Jahren 2000 und 2400 jeweils einen Tag hinzu, überspringt aber die Jahre 2100, 2200 und 2300 *Abb. 2.* Allerdings sollte so eine Uhr von Zeit zu Zeit neu justiert werden: Denken Sie bitte alle 3333 Jahre und 122 Tage daran, die Uhr um einen Tag vorzustellen, damit sie wieder mit der Himmels-Uhr übereinstimmt. Solche Dimensionen erreichen wir natürlich nur, weil wir bei der Herstellung jeder Uhr, also auch Ihrer, zu den absoluten physikalischen, wenn nicht metaphysischen Grenzen der Präzision und des Machbaren vorstoßen.

Fragen Sie bitte nicht "wieviel?"

Versetzen Sie sich einmal in die Welt der Sammler, die bei Auktionen Höchstpreise bieten, um eine Patek Philippe zu erwerben. Vielleicht schätzen sie die Einzigartigkeit der Feinmechanik und des Laufwerks, vielleicht die Schönheit einer Patek Philippe oder weil es eine Rarität ist. Wir glauben jedoch, daß hinter jedem Mehrgebot von US$ 500'000.– auch die Überzeugung steht, daß eine Patek Philippe, selbst wenn sie 50 Jahre oder älter ist, auch für zukünftige Generationen noch mit äußerster Präzision arbeiten wird. Falls wir nun in Ihnen den Wunsch nach einer Patek Philippe geweckt haben, versichern wir Ihnen folgendes: Die Uhr, die wir für Sie herstellen, wird besagten Sammlerstücken technisch noch überlegen sein. Schließlich ist es bei uns Tradition, daß wir laufend nach noch perfekteren mechanischen Lösungen für höchste Zuverlässigkeit und perfekte Zeitkontrolle suchen. Darum wird Ihre Patek Philippe über Neuerungen verfügen *Abb. 3,* von denen die Meisteruhrmacher, welche diese großartigen Armbanduhren vor 50 Jahren schufen, nicht einmal zu träumen wagten *Abb. 4.* Gleichzeitig sind wir natürlich bestrebt, Ihre Finanzkraft nicht über Gebühr zu strapazieren.

Besitz als Erlebnis.

Stellen Sie sich vor, heute wäre der Tag, an dem Ihnen Ihre Patek Philippe überreicht wird. Das Gehäuse birgt die Huldigung des Uhrmachers an das Geheimnis "Zeit". Er hat jedes Rädchen mit einer Kehlung versehen und es zu einem strahlenden Ring poliert. Die Platten und Brücken aus Gold und kostbaren Legierungen sind fein gerippt. Kleinste Oberflächen wurden facettiert und auf das Mikron genau geschliffen. Ganz zum Schluß, nach monate- oder jahrelanger Arbeit, prägt der Uhrmacher ein kleines Zeichen in die Hauptbrücke Ihrer Patek Philippe: das Genfer Siegel – die höchste Auszeichnung großer Uhrmacherkunst, verliehen von der Regierung des Kantons Genf *Abb. 5.*

Äußerlichkeiten, die innere Werte verheißen. *Abb. 6.*

Wenn Sie Ihre Uhr bestellen, legen Sie zweifellos Wert darauf, daß deren Äußeres die Vollendung und die Eleganz des Uhrwerks im Innern widerspiegelt. Darum ist es gut für Sie zu wissen, daß wir Ihre Patek Philippe exakt nach Ihren Wünschen künstlerisch gestalten können. Unsere Graveure sind beispielsweise in der Lage, ein subtiles Spiel von Licht und Schatten auf die goldene Rückseite unserer einzigartigen Taschenuhren zu zaubern *Abb. 7.* Wenn Sie uns Ihr Lieblingsbild bringen, fertigen unsere Emailleure davon eine Miniatur mit den feinsten Details an *Abb. 8.* Unsere Gehäusemacher sind stolz auf die perfekt guillochierte Lunette ihrer Armbanduhr und unsere Kettenschmiede auf ihr kostbares Geschmeide *Abb. 9* und *10.* Wir möchten Sie noch auf die Meisterschaft unserer Goldschmied aufmerksam machen und auf die Erfahrung unserer Edelsteinspezialisten, wenn es darum geht, die schönsten Steine auszuwählen und einzupassen *Abb. 11* und *12.*

Es gibt Dinge, die bereiten schon Freude, bevor man sie besitzt.

Sicher verstehen und schätzen Sie es, daß Uhren, wie wir sie herstellen, immer nur in begrenzter Stückzahl gefertigt werden können. (Die vier Calibre 89-Uhren, an denen wir zur Zeit arbeiten, benötigen neun Jahre bis zur Fertigstellung.) Darum wollen wir Ihnen nicht versprechen, daß wir Ihren Wunsch sofort erfüllen können. Die Zeit, während der Sie auf Ihre Patek Philippe *Abb. 13* warten, ist jedoch die schönste Gelegenheit, sich in Gedanken über die philosophischen Dimensionen der Zeit zu ergehen.

Falls Sie weitere Informationen zu einer bestimmten Patek Philippe Uhr oder zur Uhrmacherkunst im allgemeinen wünschen, würden wir uns freuen, Ihnen weiterzuhelfen. Schicken Sie uns Ihre Visitenk

Abb. 1: Eine klassische Patek Philippe in ihrer dezenten Schönheit.

Abb. 2: Eine der 33 Komplikationen der Calibre 89 ist ein Satellitenrad, das alle 400 Jahre eine Umdrehung macht.

Abb. 3: Bis heute die fortschrittlichste mechanisch regulierte Vorrichtung: Patek Philippe Gyromax demonstriert die Äquivalenz von Einfachheit und Präzision.

Abb. 4: Armbanduhren von Patek Philippe, links um 1930, rechts von 1990. Echte Uhrmacherkunst hat Tradition und Zukunft.

Abb. 5: Das Genfer Siegel wird nur Uhren verliehen, welche dem hohen Standard der Uhrmacherkunst entsprechen, wie sie in der Genfer Gesetzgebung verankert ist.

Abb. 6: Ihre Freude am Besitz einer kostbaren Patek Philippe ist das höchste Ziel all jener, die an ihrer Entstehung mitarbeiten.

Abb. 7: Eine zeitlose Arabeske ziert eine zeitlose Patek Philippe.

Abb. 8: Vier Monate lang arbeitet ein Künstler täglich sechs Stunden, bis eine Email-Miniatur auf dem Gehäuse einer Taschenuhr vollendet ist.

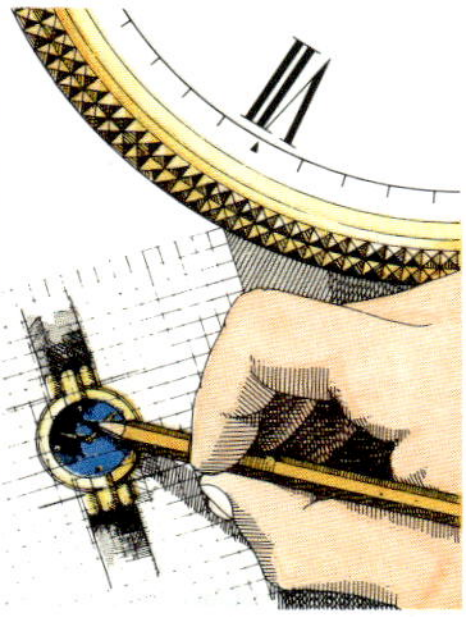

Abb. 9: Harmonie im Design als Symbiose von Schlichtheit und Perfektion an einer Calatrava Damenarmbanduhr.

Abb. 10: Der Kettenschmied formt mit Kraft und Feingefühl das Band für eine Patek Philippe.

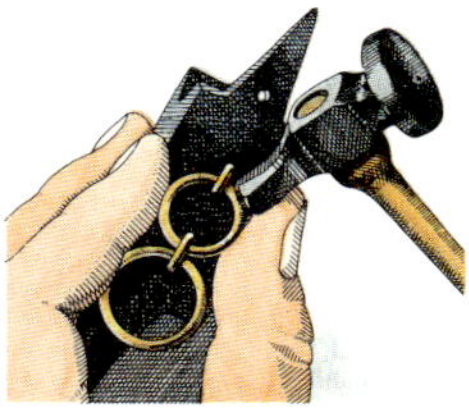

Abb. 11: Goldene Ringe: ein Symbol für vollendete Einheit.

Abb. 12: Daran erkennen Sie den wahren Meister des Edelsteines: Er bringt die ganze Schönheit seiner wertvollen Steine vollendet zur Geltung.

PATEK PHILIPPE
GENEVE

Abb. 13: Das diskrete Zeichen jener Leute, die den Wert der Zeit zu schätzen wissen.

mit dem Vermerk «Bücherkatalog», damit wir Ihnen ein Verzeichnis unserer Publikationen zustellen können. Patek Philippe, 41 rue du Rhône, 1204 Genf, Schweiz, Tel. +41 22/310 03 66.

Swatch. The others just watch.

seahorse/fall winter 94-95

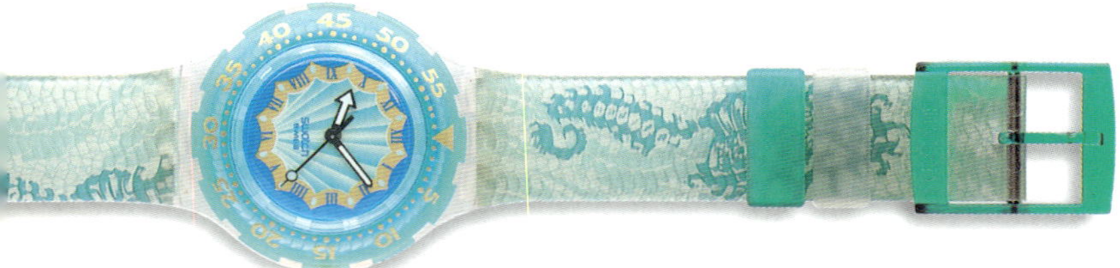

shockproof
splashproof
priceproof
boreproof
swiss made

swatch+
SCUBA 200

Kurzführer

Anreise

Wenn nicht anders vermerkt, gilt für die angegebenen Telefonnummern die Ortsvorwahl (212).

MIT DEM FLUGZEUG

Die beiden größeren Flughäfen von New York, **John F. Kennedy International** und **La Guardia,** liegen östlich von Manhattan auf Long Island, 24 bzw. 13 Kilometer von der City entfernt. Vom „John F. Kennedy" bis zur Innenstadt braucht man mit dem Auto knapp eine Stunde; wenn auf den Straßen allerdings besonders viel los ist, können auch zwei Stunden daraus werden. Einige Auslandsflüge und die meisten Charterflüge kommen in La Guardia an. Der dritte Flughafen von New York, **Newark,** liegt in New Jersey. Obwohl er am weitesten von der Innenstadt entfernt liegt, ist die Verbindung von hier nach Manhattan (oder umgekehrt) oft schneller als von den beiden großen Flughäfen aus.

MIT DEM SCHIFF

Das Abfertigungsgebäude für die Passagierschiffahrt liegt in Manhattan entlang dem Hudson River zwischen der 48th und der 52nd Street. Der geräumige, voll klimatisierte Bau beherbergt auch die Zoll- und Gepäckabfertigung; Parkmöglichkeit auf dem Dach des Hauses; Busverbindung zur Innenstadt.

MIT DER BAHN

In Manhattan gibt es zwei Bahnhöfe: die **Grand Central Station** (Hauptbahnhof), Park Avenue, Ecke 42nd Street, und die **Pennsylvania Station,** Seventh Avenue, Ecke 33rd Street. Direkt unter den Bahnhöfen befindet sich jeweils eine U-Bahnstation, und außerhalb der Bahnhofsgebäude sind Bushaltestellen.

Zuginformationen der *Amtrak* unter Tel. 582 6875 oder (gebührenfrei) 1-800-872 7245.

MIT DEM AUTO

Von Süden her kommt man über den **New Jersey Turnpike** nach Lower Manhattan, entweder durch den Holland Tunnel, oder durch den Lincoln Tunnel (nach Midtown); weiter Richtung Norden geht es über die George Washington Bridge, die zugleich (in umgekehrter Richtung) den Verkehr aus der westlichen Umgebung vom Bergen-Passaic Expressway in die Stadt leitet. Von Nordwesten her führt der **New York Thruway** in Verbindung mit dem Henry Hudson Parkway nach Nord-Manhattan. Von den Flughäfen auf Long Island aus fährt man durch den Midtown Tunnel oder (auch vom New England Thruway) über die Triborough Bridge auf den East River Drive von Manhattan. Der zentrale Busbahnhof, **Port Authority,** liegt über dem Kreuzungspunkt zweier U-Bahnlinien. Hier wird sowohl der Bus-Fernverkehr (einschließlich Greyhound), als auch ein Teil des Bus-Nahverkehrs abgefertigt. Die Stadtbusse halten außerhalb des Busbahnhofs. Port Authority ist ein moderner Bau mit Klimaanlage, Läden und weiteren gastfreundlichen Einrichtungen, aber – wie die meisten Busbahnhöfe – auch ein Anziehungspunkt für zwielichtige Gestalten. Obwohl Port Authority unter besonderer polizeilicher Aufsicht steht, ist es nicht unbedingt der Platz, wo man sein Vertrauen in fremde Menschen üben und sein Gepäck unbewacht stehen lassen sollte.

Reiseinformationen

VISUM & PASS

Die meisten Ausländer brauchen zur Einreise in die USA einen gültigen Reisepaß, ein Extra-Paßfoto, ein Besuchervisum, einen glaubwürdigen Grund dafür, daß sie nach ihrem Besuch die USA wieder verlassen werden, und – je nach Herkunftsland – ein internationales Impfzeugnis. Besucher aus Deutschland, Österreich und der Schweiz, die nicht länger als 90 Tage bleiben wollen, brauchen kein Visum mehr. Es empfiehlt sich, vor der Reise zu erfragen, ob zu dem betreffenden Zeitpunkt Impfzeugnisse, insbesondere für Pocken oder Cholera, erforderlich sind.

GELDFRAGEN

Früher konnte New York recht hinterwäldlerisch sein, wenn es um ausländische Devisen oder Schecks ging. Inzwischen gibt es zahllose Wechselmöglichkeiten; die Bearbeitung eines nicht auf Dollar

Eduard Zimmermann:

„Gestohlenes Bargeld sehen Sie nie wieder. Gestohlene American Express Reiseschecks *binnen 24 Stunden*.*“

*Vor Dieben im Urlaub ist niemand sicher. Keine Sorge, wenn Sie American Express Reiseschecks haben. Die werden bei Verlust oder Diebstahl ersetzt – direkt, weltweit, kostenlos. *Und schnell: in der Regel in nur 24 Stunden. Ein Anruf beim American Express Notruftelefon genügt, und Sie erhalten Ihre Ersatz-Reiseschecks an Ihrem Urlaubsort. Bestehen Sie also auf American Express Reiseschecks. Kein Geld ist sicherer.*

AMERICAN EXPRESS **Reiseschecks**

Das sicherste Geld der Welt.

nerican Express Reiseschecks gibt es bei den meisten Banken, Sparkassen, Postämtern sowie in allen American Express Reisebüros.

Was tun Sie, *wenn Ihr Partner gerade nicht auftaucht, um für Sie einen* **Reisescheck** *zu unterschreiben?*
Unterschreiben Sie ihn selbst – den neuen **American Express Reisescheck** *für Zwei.*
Erhältlich bei allen American Express Reisebüros und ausgewählten Banken, Sparkassen und Postämtern.
Auch im gemeinsamen Urlaub ist Ihr Partner vielleicht nicht immer zur Stelle, wenn Sie einen Reisescheck einlösen möchten. Doch auf sicheres Geld müssen Sie trotzdem nicht verzichten, denn es gibt jetzt die neuen **American Express Reiseschecks** ***für Zwei.*** *Weil sie jeder von Ihnen mit seiner Unterschrift allein einlösen kann, sind Sie in der Nutzung der neuen Reiseschecks voneinander völlig unabhängig. Und sollten Ihnen die Reiseschecks abhanden kommen, sind unsere Ersatz-Reiseschecks schnellstens zur Stelle – weltweit kostenlos und in der Regel innerhalb von nur 24 Stunden.*
„Nehmen Sie *American Express Reiseschecks für Zwei.* So sind Sie beide mit Sicherheit flexibel.“
Eduard Zimmermann
AMERICAN EXPRESS
Reiseschecks
Das sicherste Geld der Welt.
Tostmann & Domann

ausgestellten Schecks kann allerdings immer noch mehrere Wochen dauern.

Die meisten Banken verlangen für die Bearbeitung von Reiseschecks eine kleine Gebühr, außer man hat dort ein Konto. Andererseits werden Reiseschecks (sofern in Dollars ausgestellt) in den meisten Hotels und in etlichen Restaurants in Zahlung genommen. Hierzu muß man sich allerdings ausweisen können.

Es ist ratsam, gleich bei der Ankunft in einer der Flughafenbanken oder Geldwechselstellen so viele Dollars einzutauschen, daß es auf jeden Fall für ein oder zwei Tage reicht. In Manhattan geht man dann z. B. zu einer der Zweigstellen von **Thomas Cook Currency Exchange** (29 Broadway; 41 East 42nd St; 630 Fifth Ave, Tel. 757 6915). Reiseschecks einlösen kann man auch bei **American Express** (374 Park Ave, Tel. 421 8240) mit weiteren Geschäftsstellen in der Stadt; **Thomas Cook** (160 East 53rd St, Tel. 755 9780); **Chemical Bank** (277 Park Ave, Tel. 935 9935) mit zahlreichen Zweigstellen im gesamten Stadtgebiet.

Vollen Service bieten die folgenden Wechselbüros: **Ruesch International,** 608 Fifth Avenue, Tel. 977 2700, **People's Foreign Exchange,** 500 Fifth Avenue, Tel. 391 5270, und **Harold Reuter & Co.,** Grand Central Station, Tel. 661 7600.

Internationalen Geldtransfer besorgen (unter anderen) **Chemical Bank, Chase Manhattan Bank, Citibank** und **Westminster Bank USA.** Die Adresse der jeweils nächstgelegenen Zweigstelle findet man im Telefonbuch.

WÄHRUNG

Dollars gibt es in allen Nennwerten, von $ 1 über $ 5, $ 10, $ 20, $ 50, $ 100 und so weiter. Die Scheine sind alle grün und unterscheiden sich nicht allzusehr. Die Größen variieren nur wenig – jeder Wert trägt ein anderes Präsidentenkonterfei. Man sollte sich – besonders als Fremder – stets genau des aufgedruckten Wertes versichern! Es gibt auch eine Zweidollarnote, sie gilt jedoch als etwas verunglückt und ist selten. Unter den Münzen ist der *penny* (1¢) die kleinste; es folgen der *nickel* (5¢), der *dime* (10¢), der *quarter* (25¢), der *half-dollar* (50¢) und die (seltene) Eindollarmünze, die nicht beliebt ist, weil sie dem *quarter* zu ähnlich sieht.

KREDITKARTEN

Kreditkarten werden fast überall akzeptiert, wenn auch nicht immer alle und nicht überall die gleichen. Man kann mit der Kreditkarte auch an einer ATM *(automatic teller machine)* Geld abheben, wenn diese mit dem Hinweis auf die entsprechende Kreditkartenfirma (z. B. Visa, Mastercard, American Express, etc.) versehen ist.

KRANKHEIT

Krankheit kann in den USA ein Vermögen kosten. Um einem solchen Fall vorzubeugen, sollte man für die Dauer des Aufenthalts unbedingt hinreichend versichert sein – informieren Sie sich bei Ihrer Versicherung.

TIERE

Wer Vögel in die USA mitbringt, muß diese zunächst einmal für mindestens 30 Tage auf eigene Kosten bei der Landwirtschaftsbehörde in Quarantäne geben. Der Platz dafür ist im voraus mit Hilfe des US-Formblattes 17-23 und einer entsprechenden Zahlung über ein USDA-Büro, ein US-Konsulat oder eine US-Botschaft zu beantragen. Hunde müssen gegen Tollwut geimpft sein, und die Impfung soll zum Zeitpunkt der Einreise mindestens 30 Tage zurückliegen, wie durch ein Impfzeugnis zu belegen ist. Die Einfuhr wildlebender Tiere in die USA muß entsprechend dem Formblatt 3-177 deklariert werden.

ZOLL

Wer an den genauen Bestimmungen interessiert ist, wende sich an den *US Customs Service,* PO Box 7407, Washington, D. C., 20044. Tel. 202-927 6724.

Zu den verbotenen Gütern gehören: Fleisch oder Fleischprodukte, illegale Drogen, Saatgut, Pflanzen, Früchte und Feuerwaffen. US-Bürger dürfen zollfreie Waren im Wert von bis zu $ 400 in die USA mitbringen, ausländische Reisende jedoch nur bis $ 100. Besucher, die das 21. Lebensjahr vollendet haben, dürfen 200 Zigaretten (oder 50 Zigarren oder 1 360 g Tabak) und 1 Liter Alkohol einführen.

Geschenke: Wenn man als Gast mindestens 72 Stunden in den USA bleiben will, kann man zoll- und abgabenfreie Geschenke im Gesamtwert von bis zu $ 100 einführen. Sie müssen tatsächlich für andere Menschen bestimmt sein, und man muß sie während der Einreise bei sich führen. Diese Regelung kann man alle sechs Monate einmal in Anspruch nehmen. Sie erlaubt (zum Beispiel) die Einfuhr von 100 Zigarren; Alkohol darf in diesem Rahmen nicht eingeführt werden. Wichtig: *Geschenkverpackungen sind hinderlich, weil der Zoll sie wahrscheinlich inspizieren will.*

Wer die Geschenkregelung nicht in Anspruch nimmt, darf Waren im Wert von $ 25 für den persönlichen Bedarf einführen. Darunter dürfen sein: 50 Zigaretten oder 10 Zigarren oder 150 Milliliter an alkoholischen Getränken oder 150 Milliliter alkoholisches Parfum. Wer eine dieser Mengen oder den Gesamtwert von $ 25 überschreitet, kann nicht in den Genuß der Zollfreiheit kommen.

Was man vor der Einreise im Ausland „duty-free" eingekauft hat, unterliegt den Zoll- und Einfuhrbestimmungen der USA, kann aber auch im Rahmen der obigen Regelungen deklariert werden.

VISUM-VERLÄNGERUNG

Man wende sich an den *US Immigration und Naturalization Service,* 425 I. Str NW, Washington, DC, 20536. Tel. 202-514 4316.

KLEINE STADTKUNDE

REGIERUNG & WIRTSCHAFT

New York City wird von einem Bürgermeister und einem starken Stadtrat regiert – dessen Position kürzlich durch eine Entscheidung des US Supreme Court (des obersten Gerichts der USA) noch mehr gestärkt wurde: Dem Stadtrat wurde die alleinige Verfügung über den Haushalt und die Nutzung des Bodens zugesprochen, nachdem die bisherige Regelung, die eine Beteiligung auch anderer Institutionen vorgeschrieben hatte, für verfassungswidrig erklärt worden war. Dies ist seit der Gründung der *Greater City of New York* vor fast hundert Jahren der gewaltigste Umschwung für die Stadtgemeinde.

Obwohl New York nach wie vor die Finanzhauptstadt dieses Planeten ist, geht es der städtischen Wirtschaft seit der Hochkonjunktur der achtziger Jahre zusehends schlechter – wenn auch noch nicht so schlecht wie am tiefsten Punkt der Rezession der siebziger Jahre. Die Arbeitslosigkeit in Verbindung mit dem Abzug vieler großer Firmen aus der Stadt in die ländliche Umgebung (der Wiesen und Felder von New Jersey, Westchester und Connecticut) hat kräftig zum gegenwärtigen Konjunkturtief beigetragen; das einzig Gute an dieser Entwicklung sind für die New Yorker die sinkenden Mietpreise. Allerdings heißt es ja – und das mag für New Yorks Wirtschaft wie für die Mieten gelten: „Alles, was runtergeht, kommt auch wieder nach oben."

GEOGRAPHIE & BEVÖLKERUNG

New York liegt an der Mündung des Hudson River, und zwar dort, wo er sich mit dem East River vereinigt und beide zusammen ihren Verlauf zum Atlantischen Ozean nehmen. Von den Stadtbezirken ist als einziger die Bronx im Norden ein Teil des Festlandes, und obwohl Long Island (auf der Queens und Brooklyn liegen) sich über mehr als 240 Kilometer bis nach Montauk hinzieht, bleibt sie doch eine Insel.

Manhattan ist mit 20 Kilometern Länge und gut drei Kilometern Breite der kleinste der fünf Stadtbezirke von New York – die übrigen sind Queens, Brooklyn, Staten Island und die Bronx. Manhattan wird von Hudson River und East River eingerahmt und im Norden durch den schmalen Harlem River von der Bronx getrennt. Manhattans Straßen und Avenues bilden ein fast immer rechteckiges und übersichtliches Gitternetz, ausgenommen der älteste Teil der Insel, ab Greenwich Village südlich bis zum Battery Park: Hier findet sich nicht jeder ohne einen Stadtplan zurecht.

Die Bezeichnungen E (für Ost) und W (für West) beginnen jeweils an der Fifth Avenue, der Hauptdurchgangsstraße in Nordsüdrichtung, die Manhattan sozusagen in zwei Längshälften teilt: Sie führt im Norden an der Ostseite des Central Park entlang und endet schließlich im Zentrum am Washington Square. Die größten Straßen und einige Avenues sind in beiden Richtungen befahrbar, alle übrigen sind Einbahnstraßen.

Von den 7,3 Millionen Einwohnern der Stadt New York leben rund 20 Prozent (etwa 1,5 Millionen) auf Manhattan. Von den 24 Millionen Besuchern, die pro Jahr nach New York kommen, verbringen fast alle ihre meiste Zeit in diesem Teil der Stadt. Von hier aus besuchen sie die 17 000 gastronomischen Einrichtungen der fünf Stadtteile, benutzen 12 000 Taxis, besichtigen die 150 Museen und die 400 Kunstgalerien der Stadt; von hier aus befahren sie die mehr als 1330 Kilometer des U-Bahnnetzes und die Buslinien von insgesamt 2800 Kilometern Länge, kaufen in den unzähligen Kaufhäusern ein, applaudieren den Vorstellungen der 35 Broadway-Theater und der rund 300 Off-Broadway- und Performance-Theater.

ZEITZONEN

Die Vereinigten Staaten erstrecken sich von Ost nach West über vier Zeitzonen, die jeweils um eine Stunde auseinander sind. New York, in der Östlichen (Eastern) Zeitzone, ist der Westküste, der Pazifischen Zeitzone, um drei Stunden voraus. Die Reihenfolge der vier Zeitzonen (von Ost nach West) ist: Eastern Time Zone, Central Time Zone, Mountain Time Zone und Pacific Time Zone. Die Sommerzeit (Daylight Savings Time), beginnt, um wie in Deutschland das Tageslicht besser auszunutzen, mit dem letzten Aprilsonntag, wenn die Uhren eine Stunde vorgestellt werden; sie endet mit dem letzten Sonntag im Oktober: dann werden die Uhren wieder auf Standardzeit zurückgestellt. Daher hinkt die New Yorker Zeit der MEZ fast das ganze Jahr über um sechs Stunden hinterher.

KLIMA

Im gemäßigten Klima von New York ist das Wetter ziemlich schwer vorherzusagen; das heißt, es kann zur allgemeinen Überraschung plötzlich regnen oder schneien. Meist kann man jedoch dem Wetterbericht vertrauen. Die Sommertemperaturen liegen normalerweise etwa zwischen 13° und 29° Celsius (75-85° Fahrenheit), es sei denn, es kommt mal eine Hitzewelle mit über 40° C, die dann von unangenehm hoher Luftfeuchtigkeit begleitet wird. September und Oktober bringen in der Regel einen milden, trockenen „indianischen" Sommer, der viele sonnenhungrige Menschen auf Parks und freie Plätze lockt. Im Winter können die Temperaturen bis auf 12° oder 9° C (15-10° F) fallen, bleiben aber – außer im Januar und Februar – über dem Gefrierpunkt. Regenmantel oder Schirm sollte man das ganze Jahr über bereithalten, und auf die übliche förmliche Kleidung verzichtet man nur direkt am Strand, beim „Sightseeing" und bei zwanglosen Wanderungen.

LEBENSSTIL

New York ist eine Stadt mit hohem Tempo; die meisten Bürger sind von einer rastlosen Energie besessen, von der man behauptet, sie sei hier zum Überleben notwendig. Nur sehr wenige Menschen scheinen in dieser Stadt für irgendetwas Muße zu haben, und wenn man auf der Straße nach dem Weg fragen muß, tut man gut daran, sich gleichzeitig der Laufgeschwindigkeit und der Bewegungsrichtung des Befragten anzupassen.

Die New Yorker sind davon überzeugt, daß es sie stimuliert und in Schwung bringt, wenn sie mit halsbrecherischer Geschwindigkeit leben, und daß genau dies Manhattan zum Zentrum des Universums macht (woran alle wahren New Yorker fest glauben). So wird begreiflich, daß sich nur wenige New Yorker dafür entscheiden, auch ihren Lebensabend in der Stadt zu verbringen, sofern sie überhaupt lange genug leben, um eine solche Entscheidung noch treffen zu können.

Tatsächlich ist die Stadt unbestreitbar aufregend und stimulierend, nicht nur wegen ihrer sozialen und kulturellen Annehmlichkeiten, sondern auch durch das faszinierende und äußerst abwechslungsreiche Leben in den Straßen und rund um die Uhr. Eine Szene jagt die andere, überall finden Auge und Ohr zahllose Ablenkungen, und jeder zwanglose Spaziergang in irgendeine Richtung wird garantiert mit eindrucksvollen Bildern belohnt. Die Rockefeller Plaza zur Mittagszeit, der West Broadway in SoHo am Samstag, der Central Park am Sonntag oder der Washington Square an irgendeinem beliebigen Sommerwochenende – hier kann der Unterhaltungswert der Wirklichkeit ohne Schwierigkeiten mit jeder guten Broadway-Show mithalten.

TRINKGELD

Die meisten New Yorker, die in Dienstleistungsbetrieben arbeiten (Restaurants, Hotels, Transportwesen) betrachten Trinkgeld als ihr gottgegebenes Recht, nicht bloß als eine willkommene Zuwendung. Tatsache ist, daß viele wegen ihres geringen Stundenlohns auf Trinkgelder angewiesen sind. Daher sollten Sie stets Trinkgeld geben, außer wenn der Service wirklich schlecht ist. Hotelpagen und Gepäckträger: 50¢ pro Gepäckstück, oder $ 1, wenn es nur ein Stück ist; Portiers: $ 1, besonders, wenn sie ein Taxi besorgen; Zimmermädchen: $ 1 pro Tag, bei der Abreise im Zimmer deponieren; Toilettenpersonal: wenigstens 25¢; Zimmerkellner: etwa 15 Prozent des Rechnungsbetrages. Im Restaurant kann man das geeignete Trinkgeld am besten ermitteln, indem man den angegebenen Umsatzsteuerbetrag verdoppelt (was etwas mehr als 15 Prozent der Rechnungssumme ergibt; wenn der Service besonders gut war, gibt man noch ein bis zwei Dollar zusätzlich). Beim Trinkgeld für Taxifahrer gilt als Faustregel, 15 Prozent des Fahrpreises hinzuzurechnen; das Minimum sollte hierbei 25¢ betragen.

MASSE & GEWICHTE

In aller Regel (und mit nur wenigen Ausnahmen) werden Amerikaner versuchen, so zu tun, als gäbe es das metrische System überhaupt nicht, obwohl es inzwischen (ganz allmählich) auch in den USA Einzug hält. Dennoch werden Flächen immer noch lieber in „acres" als in Hektar gemessen, Längen in Fuß (foot) und Zoll (inch), Entfernungen in Meilen (miles) und Gewichte in amerikanischen Pfunden (pounds) und Unzen (ounces). Hier eine kleine Umrechnungstabelle:

1 acre	=	4046,8 Quadratmeter
1 inch	=	2,54 cm
1 Fuß (foot)	=	30,48 cm
1 Meile (mile)	=	1,609 Kilometer
1 Quart	=	0,946 Liter
1 Unze (ounce)	=	28,4 Gramm
1 amerik. Pfund (pound)	=	0,453 kg
1 Yard	=	0,9144 Meter

ELEKTRIZITÄT

Die Normspannung in den USA beträgt 110 Volt bei 60 Hertz. Adapter für europäische Geräte kann man in den meisten Drugstores und Haushaltswarenläden für wenig Geld bekommen.

GESCHÄFTSZEITEN

Die meisten New Yorker sind es gewohnt, lange und hart zu arbeiten; überhaupt Arbeit zu haben, gilt bereits als Vorzug. Die Büros sind normalerweise von 9-17 oder 18 Uhr geöffnet, aber viele Läden bleiben wesentlich länger offen – vor allem in den Zentren der Stadt. Unnötig zu sagen, daß diese Geschäfte mittags nicht schließen, denn das ist für viele die Hauptgeschäftszeit des Tages. Einige Läden haben auch sonntags geöffnet. Banken sind nach alter Sitte von 10-15 Uhr geöffnet, aber mehr und mehr Banken öffnen an ein bis zwei Tagen der Woche auch abends.

FEIERTAGE

Wie viele andere Länder haben auch die USA nach und nach die meisten nationalen Feiertage auf den jeweils nächsten Montag verlegt. Dadurch sind einige Dreitagewochenenden entstanden. Nach wie vor unabhängig vom jeweiligen Wochentag sind **Weihnachten, Neujahr, Thanksgiving** (Erntedankfest, am letzten Dienstag im November), **Election Day** (Wahltag, alle vier Jahre am Tag nach dem ersten Montag im November) und der **Independence Day** (Unabhängigkeitstag, am 4. Juli). Weitere Feiertage sind: **Martin Luther King Jr's Birthday** (15. Januar), **President's Day** (in Erinnerung an Lincoln und Washington, am dritten Montag im Februar), **St. Patrick's Day** (17. März), **Memorial Day** (Gedenktag an die Gefallenen der Weltkriege, am letzten Montag im Mai), **Labor Day** (Tag der Arbeit, am ersten Montag im September), **Yom Kippur** und **Rosch ha-Schanah** (beide im September), **Columbus Day** (am zweiten Montag im Oktober), **Veterans Day** (Tag der Kriegsveteranen, am 11. November).

GOTTESDIENSTE

MIDTOWN

Central Synagogue, 123 East 55th St, Ecke Lexington Ave. Die älteste Synagoge der Stadt.
St. Patrick's Cathedral, Fifth Ave, zwischen 50th und 51st St. Das berühmteste katholische Gotteshaus der Stadt.
St. Peter's Lutheran Church, 619 Lexington Ave, Ecke East 54th St. Eucharistiefeiern mit Jazz an Sonntagnachmittagen.
Fifth Avenue Presbyterian Church, 705 Fifth Ave, Ecke West 55th St. Regelmäßig Sonntagskonzerte.
Marble Collegiate Church, Fifth Ave, Ecke West 29th St. Die Holländisch Reformierte Kirche entstand 1854 auf Initiative des damaligen Pastors, Dr. Norman Vincent Peale.

UPPER EAST SIDE

St. Nicholas Russian Orthodox Cathedral, 15 East 97th St. 1902 erbaut; russisch-orthodox.
Temple Emanu-el, 840 Fifth Ave, Ecke East 65th St. Entstand 1929 als weltgrößter Tempel der Reformierten Kirche.
The Mosque of New York, Third Ave, Ecke East 96th St. Die jüngste Moschee von New York.

UPPER WEST SIDE

Cathedral of St. John the Divine, Amsterdam Avenue, Ecke West 112th St. Diese größte gotische Kathedrale der Welt bietet neben Gottesdiensten auch wöchentliche Konzerte und andere Sonderveranstaltungen.
Riverside Church, 490 Riverside Drive, Ecke West 122nd Street. Interkonfessionell; besitzt das größte Glockenspiel der Welt.
Islamic Center of New York, 1 Riverside Drive, Ecke West 72nd St. Moslemisches Zentrum.
Buddhist Church of New York, 332 Riverside Drive, Ecke West 105th St. Hier werden Zen-Meditationen veranstaltet.

HARLEM

Canaan Baptist Church, 132 West 116th St. Tel. 866 0302. Einer der schönsten Plätze, wenn man Musik hören will, die das Gemüt bewegt.
Abyssinnian Baptist Church, 132 West 138th St. Einst die Kirche von Adam Clayton Powell Junior und ein integraler Bestandteil der religiösen und politischen Geschichte von Harlem.
Mother A.M.E. Zion Church, 140-146 West 137th St. Die erste afroamerikanische Kirche der Stadt; 1796 gegründet.
St. Philip's Episcopal Church, 208 West 134th St. Spielt seit 1818 eine Schlüsselrolle im kirchlichen, politischen und wirtschaftlichen Leben der afroamerikanischen Gemeinde der Stadt.

THE VILLAGES/LOWER MANHATTAN

Grace Church, 802 Broadway, Ecke East 10th St. Entworfen von James Renwick. Neugotische Episkopalkirche.
John Street Methodist Church, 44 John St. Die „Mutterkirche" des amerikanischen Methodismus, 1841 erbaut.
Trinity Church, Broadway, Ecke Wall St. Älteste Pfarrgemeinde der Episkopalkirche (auf dem Friedhof liegt Alexander Hamilton begraben); regelmäßig Konzerte und andere Veranstaltungen.

THE OUTER BOROUGHS

Friends Meeting House, 137-16 Northern Blvd, Flushing, Queens. Erbaut 1694, damit die älteste christliche Kultstätte von New York City.

Kommunikation

MEDIEN

Wer umfassend informiert sein will, liest die international bekannte *New York Times;* besonders von der umfangreichen Sonntagsausgabe nimmt man an, daß sie über alles Wichtige berichtet.

Um die Gunst der übrigen Leserschaft streiten sich drei weitere Tageszeitungen: *New York Newsday,* die Manhattan-Ausgabe der gleichnamigen Zeitung von Long Island; die *New York Post,* bekannt durch ihre zündenden Schlagzeilen und ihren volkstümlichen Charakter; und die *Daily News,* eine Zeitung, die sich bis zu ihrem Verkauf an die *Los Angeles Times* und die *New York Times* rühmen konnte, die höchste Auflage aller amerikanischen Zeitungen zu haben. Die beliebte Wochenzeitung *Village Voice* bringt ausführliche Veranstaltungshinweise und hat einen sehr brauchbaren Anzeigenteil; und ein kleines, gleichwohl erfolgreiches Blatt im Wettbewerb, die *New York Press,* dürfte eine der besten kostenlosen Wochenzeitungen der Stadt sein.

Fernsehen: Manchmal gibt es kostenlose Eintrittskarten für Shows, die hier von den drei großen Fernsehgesellschaften produziert werden: ABC, 77 West 66th Street, Tel. 456 3537; CBS, 51 West 52nd Street, Tel. 975 2476; und NBC, 30 Rockefeller Plaza, Tel. 664 2333. Dies gilt aber nicht für Produktionen des (öffentlichen) Public Broadcasting Systems (PBS), die man auf den Kanälen 7, 2, 4 und 13 bzw. auf dem VHF-Band empfangen kann.

Darüber hinaus gibt es örtliche Fernsehstationen, WNYW (5), WPIX (11), WOR (9) und rund ein Dutzend UHF-Stationen, von denen einige auch in Spanisch und anderen Sprachen senden. Gegenwärtig bieten vier Kabelfernsehgesellschaften – die alle zur Time-Warner-Gesellschaft gehören – in den fünf Stadtteilen auf einer Vielzahl von Kanälen Programme an. Die meisten großen Hotels bieten Kabelfernsehen an. Erotische Filme werden (insbesondere spät nachts) auch vom öffentlichen Fernsehen gesendet: Sie sind genauso gut (oder schlecht), wie es viele Besucher von anderen Teilen der Welt gewohnt sind und sicherlich aufregend genug, um dabei gemütlich einzuschlafen.

POST

Im Hauptpostamt von Manhattan, in der Eighth Avenue zwischen der 31st und der 33rd Street, kann man rund um die Uhr Briefmarken kaufen sowie Eilsendungen, Einschreiben und Wertbriefe aufgeben. Informationen unter Tel. 967 8585.

TELEFON & FAX

Die Störungsstelle hat die Telefonnummer 811; für Rückerstattung (wenn keine Verbindung zustande gekommen ist) wählt man die 211; Zeitansage: Tel. 976 1616.

Alle Nummern in Manhattan haben die Vorwahlnummer 212; Brooklyn, Queens, Staten Island und die Bronx teilen sich die 718. Bei Selbstwählgesprächen in andere Orte der USA muß eine 1 vorweg gewählt werden. Die Fernsprechauskunft für Telefonnummern in Manhattan hat die Nummer 411; Für die Auskunft über andere Fernsprechbezirke wählt man zuerst die 1, dann die betreffende Ortsvorwahl und schließlich 555 1212. Ins Ausland muß man in jedem Fall zuerst die 011 wählen, dann die Vorwahl des betreffenden Landes, danach die Ortsvorwahl und schließlich die Nummer des gewünschten Anschlusses. Nähere Informationen über Auslands-Ferngespräche erhält man gebührenfrei unter der Nummer 1-800-874 4000. Fast alle Telefonnummern, die mit 800 beginnen, sind gebührenfrei.

Fernsprechapparate, die man mit Kreditkarten benutzen kann, gibt es im Hauptbahnhof (Grand Central Station) und im Bahnhof Pennsylvania Station, außerdem in den großen Hotels, von denen die meisten auch einen Telex- und Telefax-Service haben. Ein Telefax kann man auch von vielen der mittlerweile in der ganzen Stadt verbreiteten Kopierdienste (copy shops) aus abschicken.

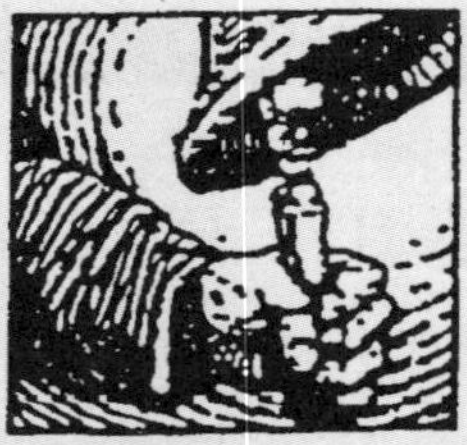

Für den Notfall

SICHERHEIT & VERBRECHEN

Wer sein Leben, seine Gesundheit, oder seine Habseligkeiten nicht unnötig aufs Spiel setzen möchte, wird in einer Stadt wie New York wahrscheinlich etwas aufmerksamer sein, als auf dem Lande. Sonst mag es passieren, daß eine augenblickliche Verwirrung oder Hilflosigkeit mit einer bösen Überraschung endet. Die New Yorker sind es deshalb gewohnt, stets auf der Hut zu sein. Sie stellen auch nicht auf der Straße ihren echten Schmuck und andere Zeichen von Reichtum zur Schau, denn das würde unnötig Räuber und Diebe einladen. Verwegene nächtliche Ausflüge in einsame Gegenden (z. B. in den Central Park) sind nicht empfehlenswert. Und obwohl die U-Bahnen (subways) nicht gar so gefährlich sind wie ihr Ruf, sollten Frauen sie nicht spät nachts allein benutzen. Wer im Untergrundbahnhof das Drehkreuz passiert hat, sollte in Sichtweite zu einem Fahrkartenschalter bleiben – oder wenigstens von dort aus noch hörbar sein. Man sollte sich auch nicht direkt an die Bahnsteigkante stellen, außer man ist sich ganz sicher, daß man den Leuten, die gerade in der Nähe stehen, vertrauen kann. Die telefonische Notrufzentrale von Polizei und Ambulanz hat die Nummer 911.

Nützliche Telefonnummern:
Polizei, Feuerwehr oder **Ambulanz:** Tel: 911
Notruf für Hörbehinderte: 1-800-342 4357 (Polizei, Feuerwehr, Ambulanz)
Notruf für Sexualverbrechen: Tel. 267 7273.
Anonyme Alkoholiker (Alcoholics Anonymous): Tel. 683 3900.
Hilfe für Selbstmordgefährdete: Tel. 532 2400.

Wichtige Polizeireviere

(Nicht für Notfälle; der Notruf hat wie erwähnt die Nummer 911.)

Downtown:
1st, 16 Ericsson Place (West Canal Str), Tel. 334 0611.
5th, 19 Elizabeth Str (Chinatown), Tel. 334 0711.
6th, 233 West 10th Str (Greenwich Village), Tel. 741 4811.
7th, 19 Pitt Str (Lower East Side), Tel. 477 7311.
9th, 321 East 5th St, Tel. 477 7811.
10th, 230 West 20th St, Tel. 741 8211.
13th, 230 East 21st St, Tel. 477 7411.
17th, 167 East 51st St, Tel. 826 3211.
Innenstadt Süd (Midtown South), 375 West 35th St, Tel. 239 9811.
Innenstadt Nord (Midtown North), 524 West 42nd St, Tel. 760 8300.

Uptown:
19th, 312 East 94th St, Tel. 860 1550.
20th, 120 West 82nd St, Tel. 580 6411.
Central Park, Transverse Road, Ecke 86th St, Tel. 570 4820.
23rd, 164 East 102nd St, Tel. 860 6411.
24th, 151 West 100th St, Tel. 678 1811.
25th, 120 East 119th St, Tel. 860 6511.
28th, 2271 Eighth Ave (nahe 123rd Str), Tel. 678 1611.
30th, 451 West 151st St, Tel. 690 8811.
32nd, 250 West 135th St, Tel. 690 6311.
34th, 4295 Broadway, Tel. 927 9711.

VERLOREN & GEFUNDEN

Die Chancen, verlorene Dinge wieder zurückzuerhalten, sind nicht sehr groß; andererseits gibt es immer noch ehrliche Finder, die ihren Fund vielleicht prompt auf dem nächstgelegenen Polizeirevier abgeben. Auskunft über Fundsachen aus öffentlichen Transportmitteln gibt es unter Tel. 718-625 6200. Fundsachen aus Taxis unter Tel. 840 4734.

Verlorene oder gestohlene Kreditkarten:
American Express, Tel. 1-800-528 4800.
Visa, Tel. 1-800-227 6800.
Carte Blanche/Diners Club, Tel. 1-800-525 9135.
Master Card, Tel. 1-800-826 2181.
Alle Telefonnummern, die mit 800 beginnen: gebührenfreier Anruf.

GESUNDHEIT

Medizinische Versorgung ist – wie bereits erwähnt – in den USA sehr kostspielig und eine ausreichende Versicherung deshalb dringend geboten.

Nützliche Telefonnummern:
Notarzt: Tel. 718-238 2100.
Zahnärztlicher Notdienst: Tel. 679 3966, (nach 20 Uhr Tel. 679 4172).
Apotheke: „Kaufman's Pharmacy", 50th St, in Höhe der Lexington Ave, Tel. 755 2266, täglich rund um die Uhr geöffnet.

Krankenhäuser mit Notfall-Dienst

Midtown/Downtown:
Bellevue Hospital, First Ave, Ecke East 27th St, Tel. 561 4141.
NYU Medical Center, 550 First Ave, Ecke 33rd St, Tel. 263 7300.
Cabrini Medical Center, Third Ave, Ecke East 20th St, Tel. 995 6000.
Beth Israel Medical Center, First Ave, Ecke East 16th St, Tel. 420 2000.
St. Vincent's Hospital, Seventh Ave, Ecke 11th St, Tel. 604 7000.

Uptown:
Columbia Presbyterian Medical Center, 622 West 168th St, Tel. 305 2500.
Harlem Hospital, 506 Lenox Ave, Tel. 491 1234.
Mount Sinai Hospital, Fifth Ave in Höhe der East 100th St, Tel. 241 6500.
Lenox Hill Hospital, 77th St, Ecke Park Ave, Tel. 434 2000.
New York Hospital, York Avenue in Höhe der East 70th St, Tel. 746 5454.

Unterwegs

DAS STRASSENNETZ

Die meisten bekannten Hotels, Büros, Broadway-Theater und viele interessante Läden liegen in Midtown, dem Bereich etwa von der 30th Street nach Norden bis zum Central Park an der 60th Street. Die Straßen mit geraden Nummern sind in der Regel Einbahnstraßen in östlicher Richtung; die Straßen mit ungeraden Nummern Einbahnstraßen nach Westen (es gibt einige wenige Ausnahmen). Die meisten Avenues sind ebenfalls Einbahnstraßen, entweder nach Norden oder nach Süden. Eine Besonderheit ist die Park Avenue: Sie ist nördlich der 44th Street breit genug für den Verkehr in beiden Richtungen.

Busse fahren nicht auf der Park Ave, dafür aber auf den meisten anderen Avenues und auf den größeren Querstraßen (die in beiden Richtungen befahrbar sind): Houston, 14th, 23rd, 34th, 42nd, 57th, 66th, 86th, 116th, 125th und noch einige andere. Die Subway-Züge durchqueren die Stadt unter der 14th und der 42nd Street. Die östliche Grenze der Nordsüdverbindungen ist die Lexington Ave, die westliche Grenze die Eighth Ave und der Broadway nördlich der 59th Street.

STADTPLÄNE

Die meisten guten Buchläden bieten Stadtpläne von New York in genügender Auswahl an; das größte Sortiment gibt es wahrscheinlich im Hagstrom Map & Travel Center, 57 West 43rd St, Tel. 398 1222; diese Einrichtung ist das Tochterunternehmen eines der größten Kartenhersteller des Landes, der American Map Corporation. Ein anderer guter Tip ist das Rand McNally Map & Travel Store, 150 East 52nd St, Tel. 758 7488.

Auch die kostenlosen Touristenbroschüren, die in den Foyers der meisten Hotels ausliegen, enthalten Stadtpläne; sie zeigen jedoch oft nur Ausschnitte und sind deshalb nur bedingt brauchbar. Dies gilt auch für die gedruckten Informationen des Convention & Visitors Bureau – mit einer Ausnahme: der Faltplan in deren Stadtführer „*Big Apple Guide*“, in dem die meisten Sehenswürdigkeiten verzeichnet sind, ist recht praktisch. Er enthält auch einen Plan des U-Bahnnetzes.

FLUGHAFENTRANSFER

Die Busse der Firma Carey Transportation Inc. fahren (für weniger als $ 15) sowohl vom John F. Kennedy Airport (**JFK**), als auch vom Flughafen **LaGuardia** aus nach Manhattan; hier halten sie gegenüber der Grand Central Station (dem Hauptbahnhof). Wer mit dem Taxi fährt, bezahlt (laut Taxameter) $ 30-40 vom JFK aus und ungefähr $ 25 vom La Guardia aus; vom Fluhafen Newark in New Jersey aus kostet es etwa $ 40 (incl. eines Zuschlags von $ 10); dazu kommen aber manchmal noch Brücken- bzw. Tunnelgebühren.

Unerfahrene Besucher, die gerade mit dem Flugzeug angekommen sind, werden oft von privaten Taxifahrern bedrängt, die ihnen eine Fahrt in die Stadt zu überhöhten Preisen anbieten: Je naiver man aussieht, desto höher der vorgeschlagene Preis. Vielleicht ist das angebotene Fahrzeug sogar eine besonders prächtige, wohltemperierte Limousine mit schweren Teppichen und Quadro-Sound. Dennoch ist es ratsam, der Versuchung zu widerstehen. Die meisten Fahrer wollen ihren Fahrgästen sicherlich nicht das Fell über die Ohren ziehen, aber doch wohl gutes Geld verdienen. Außerdem kann es Nerven kosten, mit einem unbekannten und nicht registrierten Fahrer in einer ebensowenig bekannten Gegend unterwegs zu sein – selbst dann, wenn man sich im voraus auf einen angemessenen Preis geeinigt hat. Sofern man also nicht die entsprechenden Kenntnisse hat und eine klare Vorstellung von der Fahrtroute, ist es gewiß besser, sich an die offiziellen Taxistände zu halten.

Eine Hubschrauberverbindung zwischen Newark oder JFK und dem Hubschrauberlandeplatz in der 34th Str in Manhattan bietet die Firma New York Helicopter, Tel. 1-800-645 3494.

Die Firmen New Jersey Transit und Olympia Trails Coach Service betreiben beide einen regelmäßigen Expreß-Bus-Dienst zwischen dem Flughafen **Newark** und Manhattan; erstere Firma fährt zum Port Authority Bus Terminal in der 8th Avenue, Ecke 41st Street, letztere zum World Trade Center (Welthandelszentrum) und der Grand Central Station (dem Hauptbahnhof).

Einen Minibus-Service von den Flughäfen zu den großen Hotels in Manhattan unterhält die Firma Gray Line Air Shuttle, Tel. 315 3006. Die Preise liegen zwischen $ 18 und $ 20 pro Person.

Der preiswerteste Weg vom JFK Airport in die Stadt führt mit einem Bus der Green Bus Lines zur Subway-Station Lefferts Boulevard (von wo aus die „A"-Züge nach Brooklyn, Lower Manhattan und zur West Side fahren) oder zur Station Kew Gardens-Union Turnpike (wo die „E"- und „F"-Züge nach Queens und ins mittlere Manhattan abfahren).

Vom Flughafen La Guardia aus fährt der Bus Q-33 der Triboro Coach Corporation zur Subway-Station 74th Str in Jackson Heights, Queens, von dort aus fahren Züge weiter nach Manhattan.

Im Haus Nr. 100 in der 42nd Street ist das *Airlines Ticket Office,* ein Reisebüro, das von vielen Fluggesellschaften gemeinsam betrieben wird; Tel. 986 0888.

STADTVERKEHR

Die U-Bahn (subway) fährt rund um die Uhr, ebenso Busse, allerdings nach Mitternacht nicht mehr so häufig. Nähere Informationen über U-Bahnen und Busse unter 718-330 1234.

Alle Taxis müssen mit einem Taxameter ausgerüstet sein; wenn sie frei sind (was in Stoßzeiten selten vorkommt) fahren sie umher, und man muß sie heranwinken. Der Fahrpreis gilt für bis zu vier Personen (bei manchen, besonders großen Fahrzeugen bis zu fünf). Wem etwas im Taxi abhanden gekommen ist, der kann sich unter Tel. 869 4513 nach dem Verbleib erkundigen; Beschwerdestelle Tel. 221 8294. Nach 20 Uhr wird ein Zuschlag von 50 ¢ auf den Fahrpreis erhoben. Außerhalb der Stadtgrenzen kostet das Taxi den doppelten Preis.

In Manhattan selbst herumzufahren, ist kein besonders großes Vergnügen, die Autovermietungen haben aber über mangelnde Kundschaft nicht zu klagen. In Manhattan gibt es die Firma **Thrifty Car Rental,** 325 West 34th St, Tel. 410 2800, und wer sich etwas Extravagantes leisten möchte, kann eine „limousine" (Wagen mit Luxusausstattung) mieten. Hier drei geeignete Firmen: **Carey Limousine,** Tel. 599 1222; **Dav-El Limousines Inc.,** Pier 62, North River, Tel. 645 4242; und **Gotham Limousines Inc.,** 527 West 36th St, Tel. 868 8860.

ERKUNDUNGEN

BESICHTIGUNGEN

Wahrscheinlich macht es am meisten Spaß, einfach nur so durch New York zu bummeln und zu genießen, was der Augenblick beschert. Aber es gibt natürlich auch eine Menge Sehenswürdigkeiten, die zu finden (oder zu verpassen) man vielleicht nicht dem Zufall überlassen möchte. Die jeweiligen Öffnungszeiten ändern sich in manchen Fällen mit den Jahreszeiten, und die meisten Einrichtungen nehmen Eintritt. Es empfiehlt sich, vorab telefonisch anzufragen, sofern man sich Enttäuschungen ersparen will. (Museen und Galerien sind weiter unten in der Rubrik *Kulturelles* aufgeführt.)

MANHATTAN

Central Park Zoo, Fifth Avenue, Ecke 64th St, Tel. 861 6030.
Täglich 10-17 Uhr geöffnet. Spezialität: einheimische Wildtiere.

●**Empire State Building,** Fifth Avenue, in Höhe der 34th St, Tel. 736 3100. Täglich 9.30-24 Uhr geöffnet. Fernrohre im 86. und im 102. Stockwerk.

Gracie Mansion, East End Ave, Ecke 88th St, Tel. 570 4751. Offizieller Sitz des Bürgermeisters von New York.
Geöffnet: Mi 10-16 Uhr. Anmeldung erforderlich.

Guinness World of Records (Welt der Guinness-Rekorde), Empire State Building, Tel. 947 2335. Viele Ausstellungsstücke in Originalgröße und Videos. Täglich 8-22 Uhr geöffnet.

Hayden Planetarium, Central Park West, an der 81st St, Tel. 769 5920. Geöffnet: Täglich 12.30-16.45 Uhr, an Wochenenden 11-17 Uhr; außer Thanksgiving und Weihnachten. *Black Light Gallery* und spektakuläre Laser-Shows.

The Old Merchant's House (Altes Kaufmannshaus), 29 East 4th St, Tel. 777 1089. Geöffnet: So 13-16 Uhr. New York, wie es früher einmal war, von alten Kleidertruhen bis zu original möblierten Räumen, das alles in einem fünfstöckigen Gebäude.

Theodore Roosevelts Birthplace (Geburtshaus), 28 East 20th St, Tel. 260 1616.
Geöffnet: Mi-So 9-17 Uhr. Das rekonstruierte Haus des einzigen US-Präsidenten, der in New York geboren wurde. Erinnerungsstücke und Filme.

Freiheitsstatue (Statue of Liberty), Information über den Fährbetrieb zum Denkmal unter Tel. 269 5755. Die Fähre zu diesem nationalen Denkmal und Wahrzeichen von New York fährt von Lower Manhattan aus je nach Saison alle 45 oder 60 Minuten.

Aussichtsplattform auf dem World Trade Center (Welthandelszentrum), Vesey St, Ecke Liberty St, Tel. 435 7397. Täglich geöffnet. An klaren Tagen und in hellen Nächten hervorragende Aussicht.

THE OUTER BOROUGHS

Bronx Heritage Trail (kulturgeschichtliche Ausstellung). Besuche möglich, nur nach Voranmeldung unter Tel. 718-881 8900. Führungen durch drei historische Häuser einschließlich des Edgar Allan Poe Cottage (um 1812), das man auch unabhängig von den übrigen Objekten besuchen kann: East Kingsbridge Road, an der Grand Concourse.

Bronx Zoo, Fordham Road am Pelham Parkway, Tel. 718-367 1010. Geöffnet: täglich 10-17 Uhr. Einer der größten städtischen Zoos der USA.

Historic Richmondtown, 441 Clarke Ave, Staten Island, Tel. 718-351 1617. Geöffnet: werktags 10-17 Uhr, an Wochenenden 13-17 Uhr. Mehrere Häuser, die das Leben vor 250 Jahren zeigen.

New York Aquarium, Coney Island, Brooklyn, Tel. 718-265-FISCH. Geöffnet: täglich 10-16.45 Uhr. Exotische Wasserpflanzen und -tiere, Fütterungen, Sondervorführungen.

New York Botanical Garden, Southern Blvd, Bronx, Tel. 718-817 8700. Geöffnet: Di-So 10-18 Uhr oder 10-16 Uhr, je nach Saison, Sa 10-12 Uhr. Lehrpfade, Wald, Gärten, Pflanzensonderschauen.

New York Hall of Science (Haus der Wissenschaft), 47-01 111th St, Flushing Meadows, Queens, Tel. 718-699 0005. Geöffnet: Mi-So 10-17 Uhr. Angewandte Wissenschaft. Technologieausstellungen.

New York Transit Museum (Transportmuseum), Boerum Place, an der Schermerhorn St, Brooklyn, Tel. 718-330 3060. Geöffnet: Di-Fr 10-16 Uhr, an Wochenenden 11-16 Uhr. Alte U-Bahnwagen und andere, bis zu 90 Jahre alte Ausstellungsstücke, die mit dem Transportwesen zusammenhängen.

Staten Island Zoo, 614 Broadway, Tel. 718-442 3101. Geöffnet: täglich 10-16.45 Uhr. Berühmte Reptiliensammlung, Säugetiere, Vögel und Fische.

Wave Hill, 675 West 252nd St, Bronx, Tel. 718-549 3200. Führungen So 14.15 Uhr; werktags freier Eintritt. Blick auf den Hudson River, Gärten, Gewächshäuser, Waldspaziergänge, Konzerte.

Queens Zoo, Flushing Meadow Park, Tel. 718-271 7761. Geöffnet: täglich. Der neueste Zoo der Stadt, mit Bären, Wölfen und anderen einheimischen Wildtieren.

FREIER EINTRITT

MANHATTAN

Belvedere Castle, Schloß im Central Park, 79th St, Tel. 360 3456. Geöffnet: Di-So 11-16 Uhr, Fr 13-17 Uhr. Naturkunde für Kinder und Erwachsene.

City Hall, Broadway, Ecke Murray St. Tel. 788 3000. Geöffnet: Mo-Fr 10-15.30 Uhr. Kunst und Geschichte in wechselnden Ausstellungen.

Con Edison Energy Museum, 145 East 14th St, Tel. 460 6244. Geöffnet: Di-Sa 10-16 Uhr. Von Edisons Experimenten bis zur Technik des 21. Jahrhunderts.

The Dairy, Central Park in Höhe der 64th St, östlich des Karussells, Tel. 794 6564. Geöffnet: Di-So 11-16 Uhr, Fr 13-16 Uhr. Informationen über den Park, Videos, Spiele.

Federal Hall National Memorial, 26 Wall St, Tel. 264 8711. Geöffnet: Mo-Fr 9-17 Uhr. Hier war der Sitz des ersten Parlaments der USA. Erinnerungsstücke, Filme, Konzerte.

General Grant National Memorial, Riverside Drive, an der 122nd St, Tel. 666 1640. Geöffnet: Mi-So 9-17 Uhr. Grabmal des Bürgerkriegsgenerals und 18. Präsidenten der USA, Ulysses S. Grant.

New Yorker Börse (Stock Exchange), 20 Broad St, Tel. 656 5167. Geöffnet: Mo-Fr 9.15-16.15 Uhr. Eintritt nur mit (kostenloser) Eintrittskarte. Der Börsenbetrieb ist von einer Besuchergalerie aus zu sehen.

New York Unearthed (Ausgrabungen), 17 State Str (Ecke Pearl Str), Tel. 363 9372. Geöffnet: Mo-Sa 12-18 Uhr. Archäologische Funde und plastische historische Szenen lassen die Vergangenheit der Stadt wieder auferstehen.

Sony Wonder Technology Lab, beim Sony Plaza Atrium (Ecke 56th und Madison Avenue), Tel. 833 8100. Montags geschlossen. Eine Vielzahl von interaktiven Ausstellungen zur Entwicklung der High-Tech-Kommunikationsmedien.

THE OUTER BOROUGHS

Brooklyn Botanic Garden, 1000 Washington Ave, Tel. 718-622 4433. Geöffnet: Di-Fr 8-16.30 Uhr, an Wochenenden 13-16.30 Uhr.

Hall of Fame for Great Americans (Ehrenhalle für berühmte Amerikaner), Bronx Community College, University Ave, in Höhe der 181st St, Tel. 718-220 6003. Geöffnet: täglich 10-17 Uhr. Statuen verschiedener Präsidenten, Politiker und Künstler.

Harbor Defense Museum (Museum für Hafenverteidigung), Fort Hamilton, Brooklyn, Tel. 718-630 4349. Geöffnet: Mo bis Fr und So 13-16 Uhr, Sa 10-17 Uhr. Sammlung von Einrichtungen zur Verteidigung der Küste, Einblick in die Geschichte der Forts dieser Region.

High Rock Park Conservation Center, 200 Nevada Ave, Staten Island, Tel. 718-667 2165. Geöffnet:

täglich 8 Uhr bis Sonnenuntergang. Spazierwege durch eine Waldlandschaft mit Flüssen und Teichen.
Queens Botanical Garden, 43-50 Main St, Flushing, Tel. 718-886 3800. Geöffnet: Di-So 10-17 Uhr. Rosenschau, Unterrichtsgärten, Kräutergarten, Obstbäume.
Queens County Farm Museum, 73-50 Little Neck Park, Floral Park, Tel. 718-347-FARM. Geöffnet: an Werktagen 9-17 Uhr, an Wochenenden 12-17 Uhr. Historisches Bauernhaus mit Tieren. Führungen finden statt.
Staten Island Botanical Garden, 1000 Richmond Terrace, Snug Harbor, Tel. 718-273 8200. Geöffnet: täglich von Sonnenauf- bis Sonnenuntergang. Teiche, Seen, Spazierwege, mehrere Gewächshäuser.

RUNDFAHRTEN

Landkarten und Informationsmaterial über das Angebot an organisierten Rundfahrten gibt es im City Convention & Visitors Bureau (Fremdenverkehrsamt), Columbus Circle, Höhe Broadway und Eighth Ave, Ecke 59th St, Tel. 397 8222.

Am besten fragt man nach einer Ausgabe des *Big Apple Visitors Guide,* einer umfassenden Übersicht über Veranstaltungen und Rundfahrtangebote. Zu den beliebtesten Rundfahrtveranstaltern gehören: **American Sightseeing International/Short Line** und **Grey Line New York Tours,** Tel. 397 2620 (alle üblichen Ausflugsziele); **Circle Line,** Tel. 563 3200, veranstaltet Bootsfahrten auf dem Hudson River bis West Point und zurück sowie Fahrten rund um Manhattan. Darüberhinaus gibt es viele besondere Angebote, wie z. B. die Sunday Morning Gospel Tours der Firmen **Harlem Spirituals Inc.,** Tel. 757 0425, und **Harlem Renaissance Tours,** Tel. 722 9534; **Manhattan Passport,** Tel. 832 9010, hat sich auf Kultur- und Unterhaltungsveranstaltungen spezialisiert; **Big Onion Walking Tours,** Tel. 439 1090, und **Sidewalks of New York,** Tel. 517 0201, das sich besonders geschichtlichen Themen widmet, sind die Spezialisten für Spaziergänge unter mehrsprachiger Leitung. **Spirit Cruises,** Tel. 727 2789, veranstaltet Kreuzfahrten mit Tanz im Mondschein; und **Island Helicopter Tours,** Tel. 564 9290, bietet spektakuläre Aussichten aus luftiger Höhe.
Hier noch einige andere Adressen:
Art Horizons International, Tel. 921 5583. Besuche in Galerien, Museen und direkt bei Künstlern in ihrem Studio.
Brownstone Tours, Tel. 718-875 9084. Ausflüge zu den Sandsteinhäusern von Brooklyn.
Backstage on Broadway, Tel. 575 8065. Rundfahrten, die nähere Einblicke in die Arbeitsweise der Broadway-Theater vermitteln.

Das **Lower East Side Tenement Museum,** 97 Orchard St, Tel. 431 0233, veranstaltet an Sonntagen anderthalbstündige Informationsspaziergänge in Gegenden der Stadt, wo die Situation der Einwanderer aus der Zeit der Jahrhundertwende deutlich wird. (Die Reiseführer sind gut eingearbeitete Historiker.) Die übrigen Veranstaltungen des – ganzjährigen – Ausflugsprogramms kann man unter der o. a. Telefonnummer erfragen.

Interessante Einblicke in die Erfahrungen von Einwanderern bietet auch das **New York Chinatown History Museum,** 70 Mulberry Street (zweite Etage), Tel. 619 4785; es organisiert Führungen durch Chinatown, eine der faszinierendsten ethnischen Enklaven.

Auf den Spuren der Rockstars in New York kann man mit **Rock and Roll Tours of New York,** Tel. 807 ROCK, wandeln. Berühmt gewordene Plätze und Orte wie das Chelsea Hotel (durch den Punker Sid Vicious) gehören genauso zum Programm wie legendäre Konzerthallen.

Die **Stardom Tours,** Tel. 222 7827, bieten „Sightseeing“ an Plätzen, die mit Filmstars wie Michael Douglas, Joan Crawford, Robert Redford oder Woody Allen zu tun haben – wie etwa die Häuser, in denen sie wohnen oder einmal gewohnt haben.

Schließlich kann man die **Urban Park Rangers** auf ihren Rundgängen in den Parks aller fünf Bezirke New Yorks begleiten. Einzelheiten unter Tel. 427 4040 oder abends und am Wochenende Tel. 1-800-834 3832.

Organisierte Ausflugsfahrten kann man auch zu den folgenden Einrichtungen und Gebäuden unternehmen:
Carnegie Hall (Tel. 247 7800); **Gracie Mansion** (Tel. 570 4751); **Lincoln Center** (Tel. 875 5350) mit **Metropolitan Opera; The National Broadcasting Company** (Tel. 664 7174); **Radio City Music Hall** (Tel. 632 4041); **Rockefeller Center,** Tel. 632 4000; **United Nations** (Tel. 963 7713); **Grand Central Station** (Tel. 935 3960). Das **South Street Seaport Museum** (Tel. 669 9416) veranstaltet von April bis Oktober zweimal monatlich morgens um sechs Uhr Ausflüge zum **Fulton Fish Market.**

PAUSCHALANGEBOTE

Im New York Convention & Visitors Bureau (Fremdenverkehrsamt) gibt es kostenlos ein ausführliches Pauschalreisenverzeichnis, in dem sowohl die jeweiligen Angebote der Hotels als auch die der Touristikunternehmen aufgeführt sind. Dazu gehört ein Plan, in dem die Lage sämtlicher im Verzeichnis genannten Hotels eingetragen ist. Die Angebote reichen von einfachen Zwei-Tage-Fahrten mit Namen wie „The Bare Bones“ oder „Super Saver“ bis hin zu „Big Apple Deluxe“, einer Sieben-Nächte-Reise mit Führungen zum Lincoln Center und in die Oper, einem Abendessen auf See und einem Hubschrauberflug über den Stadtteil Manhattan. Es gibt also Pauschalreisen für jeden Geschmack und für jeden Geldbeutel. Buchen kann man entweder im Reisebüro oder direkt bei den veranstaltenden Hotels bzw. Touristikunternehmen.

AUSFLÜGE

Eine Fahrt nach **Atlantic City,** dem Glücksspiel-Mekka der Ostküste, kann man von verschiedenen Stellen in der Stadt aus antreten. Ziel der Reise ist eines der Hotels, in denen Glücksspiele erlaubt sind. Bisweilen gibt es ermäßigte Fahrpreise oder kostenlose Chips für das Spiel. Nähere Informationen und Fahrplanauskunft bei Gray Line, Tel. 397 2600.

Im Winter bietet der Scandinavian Ski & Sports Shop (Tel. 757 8524) Tagesausflüge zum **Hunter Mountain** an, und zwar Mi, Sa und So, Abfahrt jeweils 7 Uhr. Skier kann man im Bus mieten, Karten für den Lift sind im Pauschalpreis inbegriffen.

Ein weiteres sehr beliebtes Ausflugsziel der New Yorker sind die **Catskill Mountains.** Hier gibt es nicht nur Skigebiete, sondern auch Heilanstalten, Thermalbäder und ganzjährig geöffnete luxuriöse Einrichtungen. Detaillierte Auskünfte telefonisch unter 1-800-882-CATS. Wer sich einen Überblick über die Attraktionen in der Umgebung von New York verschaffen will, kann schriftlich den Reiseführer „I Love New York" anfordern bei: New York State Division of Tourism, 1 Commerce Plaza, Albany, NY 12245; telefonisch unter der Nummer 1-800-I LOVE NY (= 456 8369) zu erreichen.

Näher an der Stadt, im Nordosten, liegt die Fischerinsel **City Island,** mit der Bronx durch eine Brücke verbunden („D"-Bahn bis Haltestelle Fordham Rd, dann Bus Nr. 12). Das Fischerdorf **Sheepshead Bay** (zu erreichen mit den Zügen „D", „M" oder „QB") ist von **Coney Island,** Brooklyn, nur vier U-Bahnstationen entfernt.

Im Sommer fahren die New Yorker gern in den Süden und Osten von **Long Island:** zu den **Hamptons** (Dörfer im Osten, deren Name mit -hampton endet) oder nach **Fire Island;** und manchmal (weil es etwas schneller geht), zu einer Strandpartie nach **Jones Beach,** (Tel. 516 785), wo man auch surfen kann. Die Züge der Long Island Railroad fahren am Bahnhof Pennsylvania ab; sie sind zwar oft sehr voll, aber in der Regel schneller als jedes Auto, da die Highways nicht selten verstopft sind. (Außer den *limousines* fahren auch Jitney-Busse zu den Hamptons, und wer will, kann sogar den Hubschrauber nehmen. Näheres beim Convention & Visitors Bureau von Long Island unter Tel. 1-800-441 4601.

Die **Hamptons** sind hübsch, haben interessante Läden und niedliche Restaurants; ebenso schön und noch ruhiger gelegen sind **Sag Harbor** und **Shelter Island.** Wer es nicht ganz so exklusiv braucht, dem sei Fire Island empfohlen; hierher fährt die Fähre von drei verschiedenen Punkten aus: Bayshore (Tel. 516-665 3600), gegenüber dem vielbesuchten **Ocean Beach;** Sayville (Tel. 516-589 0810) und Patchogue (Tel. 516-475 1665). Auf Fire Island gibt es einige Pensionen, die allerdings im Sommer meist ausgebucht sind.

Ein beliebtes Ausflugsziel ist auch die ehemalige Walfängerstadt **Mystic** in Connecticut. Hier steht das Mystic Seaport, das größte meereskundliche Museum des Landes (Tel. 203-572 0711); die Stadt **New Hope** in Pennsylvania (Tel. 215-862 5880) ist eine Kolonie von Künstlern und Poeten mit gemütlicher Kleinstadtatmosphäre (Kahnfahrten auf dem Delaware-Kanal); und **Amish Countryside,** ebenfalls in Pennsylvania, mit vielen malerischen Dorfkneipen und kleinen Frühstückspensionen. Es ist genauso wie New Hope in zwei Stunden von New York aus mit dem Auto zu erreichen.

UNTERKUNFT

Das reiche und vielfältige Angebot an Hotels macht bereits deutlich, daß das alte Sprichwort kaum übertreibt, das da sagt: „New York bietet in jeder Hinsicht mehr als irgendeine andere Stadt der Erde". Die folgende Liste ist gewiß nicht vollständig, enthält aber viele der besten Hotels in Manhattan, die von der mittleren Kategorie bis zur Luxusklasse reichen, aber auch einige preisgünstigere Unterkünfte. Fast alle liegen im Zentrum, nur wenige etwas weiter draußen.

Wer buchen will, sollte zuvor nach Sonderangeboten („special rates") und Pauschalangeboten („package deals") fragen, besonders für Wochenenden. Das für Reservierungen zuständige Hotelpersonal in den USA bietet meist zunächst die höchste Preisklasse an; es gibt aber auch etliche Hotels mit stets neuen Sonder- und Werbeangeboten. Wir empfehlen, das Zimmer per Kreditkarte zu buchen und sicherzustellen, daß man auch bei verspäteter Ankunft noch Einlaß findet; sonst können ein paar Warteschleifen über der Stadt oder ein Stau schon den Reiseplan durcheinanderbringen.

Zusätzlich zu den Standardhotels haben wir auch eine kleine Auswahl von „suite hotels" (Hotels mit Wohnungen) und Hotels mit Frühstück („Bed & Breakfast") in die Liste aufgenommen; die ersteren sind hauptsächlich Apartments, die entweder für ein paar Nächte, oder auch auf monatlicher Basis gemietet werden können. Die letzteren sind ihren Vorbildern in England und auf dem europäischen Festland nachempfunden. Für die Garnihotels gilt, daß man stets so früh wie möglich im voraus buchen sollte.

Unser (subjektives) System von vier Kategorien beruht auf den derzeitigen Preisen:

****	=	Luxusklasse
***	=	Gehobene Preisklasse
**	=	Mittlere Preisklasse
*	=	Günstigste Preisklasse

HOTELS

MIDTOWN

The Algonquin***, 59 West 44th St, Tel. 840 6800; 1-800-548 034.
Das Algonquin, einst der Stammplatz des Round Table (eines Literaturkreises), liegt mitten im Bezirk der Broadway-Theater und ist ein Lieblingstreffpunkt der Theaterwelt. Zwischen Eichenpaneelen herrscht der gelassene Charme der (amerikanischen) Jahrhundertwende, das Personal ist weltoffen und (auf diskrete Art) zuvorkommend.

Doral Court**, 130 East 39th St, Tel. 685 1100; 1-800624 0607. Ein Zwilling des Doral Inn. (Insgesamt gibt es vier Doral-Hotels in Manhattan, deren Gäste die Einrichtungen aller vier Häuser benutzen können.) Klein, hell und modern, freundliche Bedienung, auch im Courtyard Café und in der Bar, die mit der Eingangshalle auf gleicher Ebene liegen. Ein weiteres Plus: Das Doral Court liegt in einer ruhigen Straße, dennoch nahe am Geschäftsviertel und nicht weit vom Hauptbahnhof und den Einkaufsmöglichkeiten der Innenstadt.

The Doral Inn**, Lexington Ave, Ecke 44th St, Tel. 755 1200; 1-800-223 5823. Bekannt für seine gute Aussicht auf das majestätische Waldorf Astoria gegenüber. Sauber, bequem und erschwinglich; allerdings stark frequentiert von Touristen und Flugpersonal.

The Dorset***, 30 West 54th St, Tel. 247 7300. Ruhig und formell und günstig gelegen.

The Drake Hotel***, 440 Park Ave/56th St, Tel. 421 0900; 1-800-372 5369. Ein prächtiges, reich und modern ausgestattetes Hotel in schweizerischem Besitz. Sauber, gedämpfte Atmosphäre wie in den Sitzungssälen von Chefetagen, daher Lieblingshotel von Managern. Die Zimmer sind sehr groß und sehr modern eingerichtet. Besonderer Pluspunkt: das Lafayette Restaurant.

The Essex House-Hotel Nikko***, 160 Central Park South, Tel. 247 0300; 1-800-NIKKO US. Für viele Millionen wurde dieses Hotel aus den dreißiger Jahren in eine Ultra-Luxus-Absteige verwandelt, mit Fitneßeinrichtungen, japanischem Restaurant, voll ausgerüstetem Geschäftszentrum und anderen Einrichtungen.

Hotel Beverley**, 125 East 50th St, Tel. 753 2700. Dieses ca. 65 Jahre alte (kürzlich renovierte) Haus kennen nur die Insider unter den Besuchern von New York. Bequem eingerichtete und durchaus erschwingliche Suiten mit Kochnische. Von manchen Zimmern aus kann man auf das benachbarte Waldorf-Astoria sehen. Restaurant, Schönheitssalon, Friseur und eine durchgehend geöffnete Apotheke stehen den Gästen zur Verfügung.

Hotel Inter-Continental***, 111 East 48th St, Tel. 755 5900. Eröffnet 1920 (wie das Barclay). Bestens eingerichtete Zimmer, alle mit Bad und Kochgelegenheit. Rundum-Service vom Feinsten in königlichen Räumen, dazu gehören auch zwei gute Restaurants, eine Boutique und ein Geschäft, in dem man edle Geschenke kaufen kann.

Loews New York**, 51st Street in Höhe der Lexington Ave, Tel. 752 7000. Nüchternes Hotel, vorwiegend von Geschäftsleuten besucht, da günstig gelegen.

The New York Helmsley***, 212 East 42nd St, Tel. 490 8900. Ein weiteres Haus der Helmsleys, lebhaft, extravagant, ein Lieblingsplatz neureicher jüngerer Leute.

The New York Hilton***, 1335 Avenue of the Americas, Tel. 586 7000; 1-800-HILTONS. Ein typisches Hilton: riesig, modern, unpersönlich und zuverlässig.

New York Palace****, 455 Madison Ave/50th St, Tel. 888 7000; 1-800-221 4982. Daß die Helmsleys vor einiger Zeit in einer Meinungsumfrage nur den zweiten Platz erreichten (hinter Donald Trump), ändert nichts daran, daß ihr Palace ein unvergleichliches Monument eines typisch amerikanischen verschwenderischen Pomps und Luxus ist. Diesen Stil mit viel Marmor, reichlichen Vergoldungen und blumigem Dekor könnte man als postmodernes Rokoko bezeichnen. Ein äußerst zuvorkommender, makelloser Service sorgt dafür, daß auch der Durchschnittsgast sich wie der größte Scheich vorkommt.

Omni Berkshire Place***, 21 East 52nd St, Tel. 753 5800; 1-800-THE OMNI. Obwohl von der Omni-Kette übernommen, hat das Berkshire seinen Charme bewahrt, man legt auch weiterhin Wert auf persönlichen Service. Manche Stammgäste nennen es auch „das kleine Plaza“: eine beschauliche, geschmackvoll eingerichtete Oase mitten im Geschäfts- und Einkaufsviertel der Innenstadt.

The Paramount**, 235 West 46th Str (zwischen Broadway und Eighth Ave), Tel. 764 5500; 1-800-225 7474. Der letzte Schrei im Hotelgewerbe von New York (und das dritte in der Sammlung von Ian Schragers schicken Hotels). Das Edeldesign sowohl der Zimmer, wie auch der anderen Räumlichkeiten des Paramount, von Philipe Stark entworfen, ist wirklich bestechend. Viele Besonderheiten: ein Fitneßklub, ein Kindergarten mit Kindergärtnerin, ein elegantes Restaurant sowie The Whiskey, eine moderne kleine Bar. Die Zimmer des Paramount sind nicht groß, aber sehr gut (um nicht zu sagen ultramodern) eingerichtet.

Park Lane***, 36 Central Park South, Tel. 371 4000. Flott, modern, und geradezu betont piekfein mit typisch amerikanischem Sinn für das auffallend Teure. Das Park Lane ist für eilige Topmanager geeignet. Der sichtbare Luxus und der perfekte Service spielen hier eine größere Rolle als Beschau-

lichkeit und Erholung. Aus einigen Zimmern hat man einen sehr schönen Blick auf den Central Park.
Le Parker Meridien***, 119 West 56th St, Tel. 245 5000; 1-800-543 4300. In französischem Besitz, modern, angenehm, ausgezeichnetes Restaurant.
The Peninsula***, 700 Fifth Ave/55th St, Tel. 247 2200; 1-800-262 4967. In bester Lage, besonders freundlich, europäischer Service, gepflegter Fitneßklub mit Bad.
The Plaza****, Fifth Ave/59th St, Tel. 759 3000; 1-800-759 3000. Zur Zeit Edward VII. war es das größte Grand Hotel von New York. Später liebevoll restauriert, erstrahlte das Plaza in neuem Glanz. Da kaufte es der Milliardär Donald Trump und steckte noch einmal ein paar Millionen Dollar rein – natürlich nicht, weil das nötig gewesen wäre, sondern einfach nur so; die Zimmer sind mit feinsten Antiquitäten möbliert, die Zimmerdecken lieblich bemalt und der Service im Stil der Eleganz der alten Welt, so grandios wie nirgends sonst in Amerika. Die *Oak Bar* und der *Edwardian Room* gehören zu den Lieblingstreffs der alteingesessenen reichen Leute vor und nach ihren Theaterbesuchen.
Renaissance Hotel**, 2 Times Square, Tel. 765 7676; 1-800-692 9222. Das allerneuste auf dem neuen, verschönerten Times Square. Breitwandfernseher und 2 Telefonleitungen auf den Zimmern. Günstig gelegen für Theater-, Restaurant- und Geschäftstermine.
The Ritz-Carlton****, 112 Central Park South, Tel. 757 1900; 1-800-241 3333. Es heißt, wenn man einen ländlichen Adelssitz von Südengland an den Südrand des Central Park verlegen würde, dann käme so etwas wie das Ritz-Carlton dabei heraus. Gemütlich, edel und komfortabel, aber nicht übertrieben elegant. Lieblingshotel von Topmanagern und Leuten, die nicht erst seit gestern reich sind.
The Roosevelt**, Madison Ave, Ecke 45th St, Tel. 661 9600; 1-800-223 1870. Ein gemütliches (und erschwingliches) Hotel, bestens gelegen, nahe dem Rockefeller Center und den Einkaufsmöglichkeiten der Fifth Avenue.
The Royalton***, 44 West 44th St, Tel. 869 4400; 1-800-635 9013. Superschick, ultra-exklusiv und ultra-modern; eine Kreation von Ian Schrager, mit einem ähnlichen Jet-set-Publikum wie die Disko *Studio 54,* die Schrager berühmt gemacht hat. Jede Linie und jede Ecke von der Eingangshalle bis zu den Toiletten ist verwegen und cool futuristisch wie in einem Science-fiction-Film gestaltet, vervollkommnet durch Videos und stereophone Klangexperimente, natürlich auf dem neuesten Stand der Technik. Bei alledem versäumt das Royalton es nicht, seiner an Luxus gewöhnten Kundschaft, den „Beautiful People" und ihren Bewunderern, nach Möglichkeit jeden Wunsch zu erfüllen. Günstige Lage zum Theaterviertel.
The Sherry-Netherland***, 781 Fifth Ave, Ecke 59th St, Tel. 355 2800. Mit dem Pierre und dem Plaza bildet das Sherry-Netherland ein Dreigestirn wahrhaft großartiger Luxushotels, alle nur einen Steinwurf voneinander entfernt. Dieses Juwel von einem Hotel hat eine so große und treue Anhängerschaft, daß eine frühzeitige Reservierung unbedingt zu empfehlen ist. Wundervoll groß sind hier sowohl die Zimmer und Suiten, als auch die allgemein zugänglichen Räume, und der königliche Service des Sherry-Netherland krönt das Ganze, passend zum Ambiente.
St. Moritz**, 50 Central Park South, Tel. 755 5800. So außergewöhnlich altmodisch, daß seine Fans es hinreißend finden, andere hingegen eher langweilig. Dieses Haus spielt unter den Innenstadthotels die Rolle der unverheirateten Tante: klein, ruhig, anspruchslos und gemütlich wie ein Lehnstuhl mit vielen Kissen. Das St. Moritz ist stolz auf sein angenehmes Straßencafé und noch stolzer auf seine hervorragende Lage gegenüber dem Central Park (und dennoch nicht weit vom Geschäfts- und Einkaufsviertel der Innenstadt und den Theatern).
St. Regis***, 2 East 55th St, Tel. 753 4500. Altmodische Atmosphäre. Von außen sieht es aus wie ein Hochzeitskuchen aus der Zeit Edwards VII., mit viel Filigran geschmückt und zauberhaft bemalt. Das St. Regis Sheraton ist ein besonderer Anziehungspunkt für etwas gesetztere wohlhabende Gäste, die sein fürstliches Ambiente lieben. Gute Lage.
U.N. Plaza-Park Hyatt***, 1 United Nations Plaza, Tel. 355 3400; 1-800-233 1234. Der Name dieses Hotel sagt schon, wer in diesem (stets geschäftigen und stattlich modernen) Hause absteigt. Auch wenn manchen Leuten das United Nations Plaza nicht erholsam genug ist – seine Kunden lieben gerade die interessante Atmosphäre, die von internationalen Ränken und Geschäften gekennzeichnet ist. In der riesigen Empfangshalle treffen sich die UNO-Vertreter und -Angestellten vieler Länder, und das Hotelrestaurant heißt passenderweise *Ambassador Grill.* Wer nicht in politischen Geschäften hier ist, sondern mehr zum „Sightseeing", sollte versuchen, eines der Zimmer mit Ausblick auf den East River und die Silhouette von New York zu bekommen. Natürlich gibt es eine Reihe von Fitneß- und Freizeiteinrichtungen im Hause, darunter mehrere Tennisplätze und Poolbillard.
The Waldorf-Astoria***, 50th Str in Höhe der Park Ave, Tel. 355 3000. In seiner bewegtesten Zeit, den dreißiger und vierziger Jahren, war das Waldorf-Astoria zweifellos das berühmteste Hotel von New York. Bei der jüngsten Renovierung des Hauses hat man versucht, diesen Glanz der stürmischen Vorkriegszeit wieder herzustellen. Die Eingangshalle und die Räume für die Allgemeinheit verbreiten eine angenehme Stimmung, niemand bleibt unbeeindruckt von diesem Ambiente, das an heroische Zukunftsvisionen von H. G. Wells und an Cleopatras Ägypten (jenes aus Cecil B. DeMilles Filmen) erinnert. Die Zimmer sind nicht pompös, sondern mit feinem Geschmack eingerichtet, der nicht jedem sofort ins Auge springt. Das Hotel liegt in bequemer Nähe zum Geschäftsviertel sowie den Einkaufsmöglichkeiten und den Theatern der Innenstadt.

UPPER EAST SIDE

The Carlyle****, 35 East 76th St, Tel. 744 1600. Feudal, zurückhaltend und von heiterer Eleganz. Eines der beliebtesten Luxushotels der Stadt. Exquisite Ausstattung, antikes Mobiliar und förmlicher Service.
The Pierre****, 2 East 61st St, Tel. 838 8000; 1-800-743 7734. Zu Recht als eines der feinsten Luxushotels bekannt. Die Liste seiner berühmten Gäste reicht bis in die frühen dreißiger Jahre zurück. (Heute gehört es der Luxus-Kette *Four Seasons*.) Seine Lage an der 5th Ave, Ecke 61st St, ist perfekt für jeden, der in der Stadt geschäftlich zu tun hat, zudem hat man eine wunderschöne Aussicht auf den Central Park. Die Zimmer sind groß und elegant, der Service ist erstklassig. Ein Dinner im Café Pierre und ein Tee in der schönen *Rotunda* gehören zum Gepflegtesten, was New York zu bieten hat.
Hotel Plaza Athenee****, 37 East 64th St, Tel. 734 9100; 1-800-447 8800. Ein großes Vergnügen für die Freunde der französischen Lebensart, sehr hübsch und sehr elegant.
Hotel Wales**, 1295 Madison Ave (auf Höhe der 92nd Str), Tel. 876 6000; 1-800-428 5252. Das Wales galt früher als ein etwas schäbiges, aber sympathisches Quartier mit günstigen Preisen und hübscher Aussicht auf den Central Park. Nur die letztere ist geblieben; ansonsten hat sich das Hotel in eine Oase gepflegter Gemütlichkeit verwandelt, deren Grad von Luxus aber immer noch erschwinglich ist. Das Wales liegt nicht nur am Central Park, sondern auch in der Nachbarschaft der Carnegie Hall, in der Nähe mehrerer Museen, schicker kleiner Restaurants und Boutiquen der Madison Avenue – obendrein ist im Erdgeschoß des Hotels die Eastside-Filiale von Sarabeth's Kitchen; hier kann man das schönste Frühstück von ganz New York genießen. Und wem das noch nicht genug ist: Der Teesalon und ein Penthouse-Dachgarten sind ein hervorragendes Ambiente für den Nachmittagstee oder Kammermusik-Konzerte.
Hotel Westbury***, 15 East 69th St, Tel. 535 2000; 1-800-321 1569. Der britische Konzern Forte Hotels, der das Westbury führt, hat ihm den strengen Charme und Komfort Londons verliehen.

UPPER WEST SIDE

Hotel Excelsior*, 45 West 81st St, Tel. 362 9200. Noch ein altmodisches Hotel. Es stammt aus den zwanziger Jahren und liegt in angenehmer Umgebung zwischen Central Park West (der breiten Straße, die den Central Park im Westen begrenzt) und den unzähligen Einkaufsmöglichkeiten der Columbus Avenue. Wer nicht besonders anspruchsvoll ist, hat hier das richtige Quartier und wird sich auch über den hübschen alten Coffeeshop im Hause freuen. Zimmer (auch mit Kochgelegenheit) können auch wöchentlich gemietet werden.
Radisson Empire Hotel**, 44 West 63rd St, Tel. 265 7400. Komfort zu relativ günstigem Preis. Wer hier Gast ist, kann sich aus seinem Bett sozusagen direkt ins Lincoln Center rollen lassen. Das macht das 76 Jahre alte, kürzlich vollkommen renovierte Radisson Empire zu einem Lieblingshaus der Kulturbeflissenen. Von hier aus gelangt man zu Fuß in den Central Park, zum Naturhistorischen Museum (Museum of Natural History) und anderen Sehenswürdigkeiten.

CHELSEA/GRAMERCY PARK/ MURRAY HILL

The Chelsea Hotel**, 222 West 23rd St, Tel. 243 3700. Ein Wahrzeichen bohemien-hafter Dekadenz, ehemaliges Heim von Beatnik-Poeten, dann von Warhol-Transvestiten, dann von Sid Vicious, und heutzutage... von vielen derartigen Menschen zugleich. Für viele junge und abenteuerlustige Leute ist ihr Aufenthalt im Chelsea eine wichtige Station: Teil einer rituellen Pilgerreise durch alles, was „in" ist in Lower Manhattan. Das Chelsea hat eine an künstlerischen Ambitionen ebenso reiche Vergangenheit wie die Punk-Klubs der West Village Street und der Lower East Side. Normale Menschen würden vielleicht sagen, das Hotel sei unmodern, düster und beinahe verwahrlost, habe einen unmöglichen Service, ein fragwürdiges Milieu und sei obendrein ungünstig gelegen. Eines stimmt auf jeden Fall: Eine Nacht kann man sich durchaus mal leisten.
Gramercy Park Hotel**, 2 Lexington Ave, Ecke 21st St, Tel. 475-4320; 1-800-221-4083. Gramercy Park ist ein erstaunliches Stück Naturidylle mit dem Flair des *fin de siècle* – inmitten sehr unruhiger Gegenden von Manhattan (oder doch ganz nahebei). Sogar einen Park aus viktorianischer Zeit gibt es hier, wo in uralten Bäumen Eichhörnchen umherspringen. Kein Wunder, daß der typische Stammgast des Gramercy Park Hotels nach anstrengenden Tagen (oder Abenden) in New York die Entspannung und Erholung liebt. Altehrwürdig und freundlich wie eine würdevoll betagte Prinzessin; nicht zu fein, aber komfortabel und bei alledem einigermaßen erschwinglich.
Morgans***, 237 Madison Ave, in Höhe der 37th St, Tel. 686 0300; 1-800-334 3408. Noch eine Kreation des Schöpfers des *Studio 54*, Ian Schrager. Das Morgans ist zur Zeit vielleicht die modischste Adresse in Manhattan, hyper-exklusiv, hyper-modern: eine Enklave des internationalen Jet-set und millionenschwerer Berühmtheiten. Hier sind Diskretion und Minimalismus angesagt: Alles ist in nacktem Grau, Schwarz und Weiß gehalten, und zum distinguierten Understatement gehört, daß es sich selbst nicht „Hotel" nennt und auch kein Schild am Hause hat. Der Service ist indes – wie man sich denken kann – von unnachahmlicher Qualität. Man sagt, es gäbe buchstäblich keinen Wunsch, den das Personal seinen Gästen *nicht* erfüllen würde. Und

wenn man weiß, was für Stars dort verkehren, kann man sich denken, daß dies schon gründlich getestet worden ist. Frühzeitig reservieren!

GREENWICH VILLAGE

Washington Square Hotel*, 103 Waverly Pl, Tel. 777 9515; 1-800-222 0418. Das mit seinen fast 100 Jahren bereits historische Hotel bietet eine einzigartige ländliche Atmosphäre (direkt beim Washington Square Park). Kleine freundliche Zimmer – einige von ihnen erst kürzlich renoviert. Das Washington Square ist bei jungen Besuchern aus Übersee besonders beliebt (die vorderen Zimmer sind mit Blick auf den Square). Ein frühere Inkarnation dieses Hauses war das ziemlich schäbige Hotel Earle, wo der legendäre Papa John in den sechziger Jahren unter anderem den Rocksong *California Dreaming* schrieb.

LOWER MANHATTAN

Holiday Inn Downtown,** 138 Lafayette St, Tel. 966 8898; 1-800-HOLIDAY. In einem renovierten historischen Gebäude mitten zwischen Chinatown, Little Italy und SoHo; eine gute Unterkunft zu vernünftigem Preis – Downtown-Klubs und -Restaurants sind zu Fuß erreichbar.
Hotel Millenium*,** 55 Church St, Tel. 693 2001; 1-800-835 2220. Das feinste der neuen Hotels in Lower Manhattan. Modern, stromlinienförmig, effizient. Hervorragendes Restaurant, erstklassiger Service, fabelhafte Aussicht.
New York Marriott Financial Center,** 85 West St, Tel. 385 4900; 1-800-242 8685. Das neueste der Marriotts in New York, bei den Läden, Restaurants und Firmen des World Financial Center.
New York Vista*,** 3 World Trade Center, Tel. 938 9100; 1-800-258 2505. Wie alle Einrichtungen des WTC, so ist auch das Vista mit einer Fülle entsprechender Dienstleistungen auf die Bedürfnisse der Geschäftswelt eingestellt. Aber es bietet noch mehr als bloß eleganten Service: Die Zimmer sind schön und sehr geräumig – mit zum Teil spektakulären Ausblicken auf die Stadt, auf die Freiheitsstatue, die Wall Street und den Hudson River. Nahebei die Restaurants von TriBeCa.

„SUITE HOTELS" & GARNI

Manhattan East Suite Hotels,** Tel. 465 3600; 1-800-ME SUITE. Das Konzept ist ähnlich wie bei den Apartments, die pro Nacht, pro Woche oder auch monatlich gemietet werden: Man kann einen *„guest room"* (ein Zimmer ohne Küche, aber mit Kühlschrank) mieten, oder ein *„studio"* (Zimmer mit französischem Bett) für zwei Personen, oder aber eine *„bedroom suite"* mit Küche (wahleise für eine Person oder für zwei). Die Atmosphäre ist häuslicher als in normalen Hotels, geradezu ideal für erfahrene Reisende, die auf den Zimmerservice nicht verzichten möchten, oder für kleine Familien. Die Firma Manhattan East bietet im Bereich zwischen 31st Str und 76th Str in mittlerweile neun Häusern fast 2000 solcher Suiten an.
Chelsea Inn*, 46 West 17th St, Tel. 645 8989; 1-800-777 8215. Hier reicht die Auswahl vom *studio* bis zu Suiten mit zwei Schlafzimmern und Küche; zu mieten entweder für einen Kurzaufenthalt oder auch auf längere Zeit.
City Lights Bed & Breakfast Ltd*, Tel. 737 7049. Eine Agentur, die in verschiedenen Stadtteilen Übernachtungsmöglichkeiten mit Frühstück in mehreren Varianten bietet: Studios (Zimmer mit französischem Bett), Suiten und Appartments für Kurzaufenthalte. Weitere Agenturen dieser Art sind: **B&B Network of New York,** Tel. 645 8134 und **Urban Ventures,** Tel. 594 5650.
Off SoHo Suites*, 11 Rivington St, Tel. 353 0860; 1-800-OFF SOHO. Geographisch liegt das Hotel eigentlich mehr in der Lower East Side; die Suiten sind sauber und bequem, enthalten Fernseher und vollausgestattete Küchen. Selbstbewußte junge Leute aus Europa steigen hier gerne ab.
SoHo B&B*, Bleecker Str in Höhe der Crosby St, Tel. 925 1034. Dieses B&B-Hotel wird von einem Künstler geleitet. Manche Räume erinnern an Spitzweg, und das Haus strahlt die Atmosphäre des 18. Jahrhunderts aus. Trotzdem up to date und nicht übertrieben vornehm. Günstige Lage zu Greenwich Village und SoHo.

JUGENDHERBERGE

Für junge Leute mag das **New York International Youth Hostel** ideal sein, 891 Amsterdam Ave, Ecke West 103rd St, Tel. 932 2300. Unterbringung in Mehrbettzimmern zu sehr günstigen Preisen. Die nötige Mitgliedschaft im Jugendherbergsverband kann an Ort und Stelle erworben werden. Ausländer können auch so bis zu einer Woche bleiben. Bettücher bzw. Bettbezüge gegen Gebühr ausleihbar. Küche, Waschautomaten, Cafeteria.

ESSEN & TRINKEN

Es gibt buchstäblich Tausende von Restaurants in New York, die ebenso tausendfältig in Größe, Angebot, Art und Qualität sind. Daher ist die folgende Übersicht weit davon entfernt, in irgendeiner Weise vollständig zu sein. Wir beschreiben einige der besten, und nur solche, die wir ohne Bedenken empfehlen können: auf jeden Fall genügend Vorschläge, um jeden gaumenfreudigen Besucher New Yorks ein paar Wochen lang zu beschäftigen. Einige wirklich berühmte Restaurants werden der Vollständigkeit halber ebenfalls erwähnt, weil sie zu Wallfahrtsstätten des Tourismus geworden sind; als Speiselokale können wir sie allerdings nicht empfehlen, weil sie inzwischen allzu überlaufen sind.

Zum Leidwesen der Reiseführer leben auch Restaurants nicht ewig: So schnell sie erscheinen und ihre Blütezeit haben, können sie auch wieder dahinschwinden. Ein Wechsel des Managements oder des Küchenchefs (oder auch nur der Einrichtung) kann ein Restaurant über Nacht nach oben bringen oder auch ganz nach unten. Deshalb können wir auch für die Bewertungen in unserer Liste keine absolute Garantie geben, obwohl wir ausschließlich Restaurants ausgewählt haben, die schon eine ganze Weile erfolgreich sind.

Um die Höhe des erwarteten Trinkgeldes herauszukriegen, verdoppeln die meisten New Yorker den in der Rechnung ausgewiesenen Umsatzsteuerbetrag, dann macht das Trinkgeld ungefähr 17 Prozent der Rechnungssumme aus. In Restaurants mit Oberkellner ist es üblich, noch fünf Prozent zusätzlich auf das Trinkgeld aufzuschlagen. Einige der genannten Restaurants akzeptieren nur die American-Express-Karte, einige nehmen gar keine Karten. Bei der telefonischen Tischreservierung sollte man aber zur Sicherheit gleich den Kreditkartenmodus des betreffenden Restaurants erfragen.

Eine Vorbestellung ist in fast allen Fällen zu empfehlen und meistens auch notwendig; bei Top-Restaurants, wie z. B. dem Four Seasons oder dem River Café, muß die Reservierung u. U. zwei Wochen im voraus erfolgen. Natürlich werden die reservierten Plätze nicht immer alle in Anspruch genommen, man kann sich mit etwas Glück also auch draußen anstellen; viele New Yorker haben bei dieser Form des Wartens eine geradezu stoische Ruhe, auch wenn der Hunger schon da ist und die Aussicht aufs Essen ungewiß.

WICHTIG: Viele Restaurants in New York sind an den Augustsonntagen nicht geöffnet oder schließen gar den ganzen August über. Ein weiterer Grund, vorher anzurufen.

RESTAURANTS

MIDTOWN

SEHR TEUER

The Four Seasons, 99 East 52nd St, Tel. 754 9494. Ein Lieblingsziel in Manhattan, obwohl die Küche nicht immer ganz so exzellent ist wie der Ruf dieses Hauses als einem *der* Restaurants von New York. Dennoch ist es bemerkenswert, weil es mit seiner modernen Ausstattung in Marmor und Kupfer typisch ist für eine bestimmte Art von New Yorker Eleganz, besonders der *Pool Room* mit Palmen und einem großen marmornen Billardtisch, und nicht zuletzt der berühmte *Grill Room,* wo die passende Klientel Shrimps à la New Orleans oder Krabbenpastete speist und bei Scotch und Bourbon über vorteilhafte Geschäftsabschlüsse plaudert. Die Speisekarte ändert sich (wie der Name des Restaurants schon sagt) mit den Jahreszeiten und ist in hohem Maße eklektizistisch. Zu den Rennern gehören gebratene Ente und gegrillter Fisch. Da das Restaurant sehr beliebt ist, sollte man möglichst zwei Wochen im voraus reservieren. Alle gebräuchlichen Kreditkarten. Abendessen: Mo-Sa 17-21.30 Uhr (Grill Room Mo-Fr, 17-23.30 Uhr).

Le Bernardin, 155 West 51st St, Tel. 489 1515. Eine Elite-Einrichtung, deren ausgezeichnete Küche vornehmlich von den Großen und (Einfluß-)Reichen genossen wird. Entsprechend förmlich sind die Atmosphäre und der Tischservice; eher etwas für das geschäftliche Selbstwertgefühl als für ein romantisches Tête-à-tête. Bekannt ist das Bernardin für seine delikaten Meeresfrüchte, angefangen bei Austern und Seeigeln als Vorspeise bis hin zu allem, was sich an frischen Meeresfrüchten gut in leichten Weinsaucen servieren läßt. Alle gebräuchlichen Kreditkarten. Vorbestellung erforderlich. Abendessen: Mo-Sa 18-22.15 Uhr.

La Cote Basque, 5 East 55th St, Tel. 688 6525. Wie der Name ahnen läßt, ein französisches Restaurant mit hervorragender Küche, hübsches Ambiente. Relativ teuer, aber es lohnt sich. Von den Theatern aus gut zu erreichen. Abendessen: Mo-Fr 18-22.30 Uhr, Sa bis 23 Uhr.

Le Perigord, 405 East 52nd St (zwischen First Avenue und East River), Tel. 755 6244. Ein weiteres gediegenes französisches Restaurant, erstklassige, klassische Küche. Alle gebräuchlichen Kreditkarten. Reservierung erforderlich. Abendessen: Mo-Fr 17.15-22.30 Uhr, Sa bis 23 Uhr.

Lutece, 249 East 50th (zwischen Second und Third Avenue), Tel. 752 2225. Gilt aus gutem Grunde als das beste französische Restaurant der Stadt, so daß man lange im voraus reservieren muß. Aber das exzellente Essen, vom Eigentümer André Soltner kreiert, entschädigt für die Wartezeit. Das Lutece befindet sich in einem hübschen Reihenhaus, die Atmosphäre ist locker und (für ein Restaurant der *haute cuisine*) erstaunlich freundlich. Alle gebräuchlichen Kreditkarten. Reservierungen nur zum Essen. Mo-Sa 18-22 Uhr.

Gehobene Preise

China Grill, 60 West 53rd St, Tel. 333 7788. Teure Küche („Nouvelle Orientale") in weiträumigem, sparsam beleuchtetem Interieur, das sich zum CBS-Gebäude auf der 54th Street erstreckt. Hier halten sich hauptsächlich Leute aus der Medienszene auf. Alle gebräuchlichen Kreditkarten. Reservierung wird empfohlen.

The Russian Tea Room, 150 West 57th St, Tel. 265 0947. Hierher gehen viele nicht des Essens wegen, sondern weil der Russian Tea Room für New York zu einer einzigartigen Institution geworden ist. Er ist unverzichtbar, wenn Sie ohne Rücksicht auf Verluste die Chance wahrnehmen wollen, einen Blick auf Filmstars, Broadway-Berühmtheiten und andere gutbetuchte Größen zu werfen. Die Einrichtung ist exzentrisch und das Essen tatsächlich nur ein Vorwand für diese besondere Art von Sightseeing. Am besten bestellt man Hausmannskost: Chicken Kiew, Borschtsch und Blinis. Wer allerdings auf seinen Cholesterinspiegel achten muß, sollte wissen, daß hier alles in reichlich Butter und Sahnesoße schwimmt – manche behaupten, die gesamte sowjetische Kriegsmarine könne leicht darin untergehen. Die „russische Teestube" ist ebenso teuer wie eine Broadway-Show, vielleicht aber unterhaltsamer. Wer nur hingehen will, um „dagewesen" zu sein, der sollte das günstigere Mittagessen wählen. Reservierung erforderlich. Alle gebräuchlichen Kreditkarten. Mittag-/Abendessen: Mo-Fr 11.30-24 Uhr, Sa und So ab 11 Uhr.

San Domenico, 240 Central Park South in Höhe Columbus Circle, Tel. 265 5959. Eines der neueren eleganten italienischen Restaurants, am Südrand des Central Park in erstklassiger Lage. Außergewöhnliche Bologneser Küche, besonders gut sind die norditalienischen Nudelgerichte, dazu eine sehr umfangreiche Weinkarte. Sehr geeignet für Feste, weniger für romantische Zweisamkeit. Voranmeldung erforderlich. Alle gebräuchlichen Kreditkarten. Abendessen: Mo-Sa 17.45-23 Uhr, So bis 22 Uhr.

„21", 21 West 52nd St, Tel. 582 7200. Ein geselliger Treffpunkt der Business-Elite und eher ein Wallfahrtsort für Besucher berühmter Stätten als ein unvergeßliches Erlebnis für den Gaumen. Mo-Sa bis 24 Uhr geöffnet. (Sonntags geschlossen.)

Mittlere Preisklasse

Billy's, 948 First Avenue in Höhe 52th St, Tel. 753 1870. Rotkarierte Tischtücher und nostalgische Bedienungen geben diesem seit 1870 existierenden Nachbarschaftstreffpunkt eine echte „New York"-Stimmung. Zu den Spezialitäten gehören Corned beef und Kohl; die ganze Woche mittags und abends geöffnet. Alle Kreditkarten.

Café Un Deux Trois, 123 West 44th St, Tel. 354 4148. Ins Café „Eins Zwei Drei" gehen die New Yorker besonders gern vor oder nach dem Theater. Essen nach Art der französischen Bistros in der zwanglosen Atmosphäre einer – mit viel Leben erfüllten – ehemaligen Hotel-Wandelhalle. Hier kann man viel Spaß haben. Täglich bis weit in die Nacht hinein geöffnet.

Jezebel's, 630 Ninth Ave, in Höhe der 45th St, Tel. 582 1045. Dieses Restaurant hat besonders viel Atmosphäre: stilvolle Hängelampen mit Fransen, antike Spitzengewänder an den Wänden, Speisen, die nicht nur für das leibliche Wohl sorgen. Alle gebräuchlichen Kreditkarten. Im Jezebel's ist alle Tage *„dinner time"*.

Oyster Bar, auf der unteren Ebene der Grand Central Station (Hauptbahnhof), Tel. 490 6650. Eine Institution in New York, die Liebhaber von Meeresfrüchten unbedingt besuchen sollten. Die besten frischen Austern und die beste Muschelsuppe der ganzen Stadt. Man kann am Tresen, im *„dining room"* oder im Salon sitzen. Alle gebräuchlichen Kreditkarten. Geöffnet tagsüber und abends.

The Palm, 837 Second Ave (zwischen 44th und 45th St), Tel. 687 2953. Sägemehl auf dem Boden, Kellner, die hier mindestens schon seit einem Jahrhundert servieren, und Steaks noch und noch, das sind die Gütezeichen des Palm, das während der Zeiten der Alkoholprohibition eine der „Flüsterkneipen" war. Ein wenig teuer. Alle gebräuchlichen Kreditkarten.

Rosa Mexicano, 1063 First Ave, in Höhe der 58th St, Tel. 753 7407. Vielleicht die authentischste mexikanische Küche von New York, weit entfernt von dem fettriefenden Zeug, das in so vielen Vorstadtlokalen Gringo-Köche ihren nichtsahnenden Gästen als mexikanische Kochkunst anbieten. Im Rosa Mexicano kann man zum Auftakt an der Bar eine vorzügliche *margarita* trinken. Und die traditionellen mexikanischen Hauptgerichte sind mit bewundernswerter Zurückhaltung gewürzt – *kein* „Tex-Mex" für Feuerschlucker, obwohl man es nachträglich mit genügend Pfeffer dazu machen kann. Das freundliche und sachkundige Personal ist es gewohnt, den Gästen die Einzelheiten der Speisekarte zu erläutern. Vorbestellung ratsam. Alle gebräuchlichen Kreditkarten. Abendessen: täglich von 17 Uhr bis Mitternacht.

Rusty Staub's, 575 Fifth Ave, in Höhe der 47th St, Tel. 682 1000. Herzhafte amerikanische Kost wie z. B. *„barbecued ribs"* und eine sehr große Auswahl an Weinen sind die Trümpfe dieses sehr beliebten Bar-Restaurants, das einem ehemaligen Baseballspieler gehört. Kreditkarte: American Express. Täglich Mittag- und Abendessen.

Sardi's, 234 West 44th St, Tel. 221 8440. Sardi's Bar & Grill im Theaterdistrikt, früher als Glamouretablissement bekannt, heute mehr ein Platz zum

Sehen und Gesehenwerden. Kürzlich unter der ursprünglichen Leitung wiedereröffnet. Schauen Sie wenigstens auf einen Drink hinein: Mo-Do 11.30-12.30 Uhr, Fr-Sa bis 1 Uhr früh, So 12-23 Uhr.

Smith & Wollensky, 201 East 49th St, Tel. 753 1530. Ein vielbesuchtes Steakhaus mit riesigen Portionen, flotter Bedienung und einer guten Auswahl an Weinen. Alle gebräuchlichen Kreditkarten. Werktags Mittag- und Abendessen, am Wochenende nur abends geöffnet.

Sparks Steakhouse, 210 East 46th St, Tel. 687 4855. Sozusagen der Großvater der hiesigen Steakhäuser – stattlich, fröhlich und ungeniert amerikanisch, nichts für allzu Schüchterne. Ein geeigneter Platz, um erfolgreiche New Yorker dabei zu beobachten, wie sie auf althergebrachte Art laut und schnell ihren Spaß haben, an der raucherfüllten Bar Whisky trinken, Witze erzählen oder ein riesiges, exakt gebratenes Steak verzehren, das die unermüdliche Mannschaft ihnen zwischen die aufgestützten Ellenbogen schiebt. Lassen Sie sich von der guten Stimmung aber nicht täuschen: Das Essen ist nicht gerade billig, und reservieren muß man auch rechtzeitig. Alle gebräuchlichen Kreditkarten. Abendessen: Mo-Do 17-23 Uhr, Fr und Sa bis 23.30 Uhr.

Besonders preisgünstig

Carnegie Deli, 854 Seventh Ave, Ecke 55th St, Tel. 757 2245. Eine Wallfahrtsstätte für alle Freunde der jüdischen Kochkunst. Das Carnegie Deli gehört zu den besten derartigen Institutionen in ganz New York. Unbedingt das „corned beef sandwich" probieren. Täglich von 6 Uhr früh bis zum nächsten Morgen um 4 Uhr durchgehend geöffnet, mittags ziemlich voll.

UPPER EAST SIDE/UPPER WEST SIDE

Sehr teuer

Café des Artistes, 1 West 67th St, nahe Central Park West, Tel. 877 3500. Französisches Restaurant mit romantischem Interieur: Von den Wänden blicken nackte Nymphen. Alle gebräuchlichen Kreditkarten. Geöffnet: Mo-Sa 12-24 Uhr, So bis 23 Uhr.

Le Cirque, 58 East 65th St, Tel. 794 9292. Dieses französische Restaurant ist besonders nobel. Hier gehen Leute ein und aus, die so bekannt sind wie Jackie Onassis. Reservierungen so früh wie möglich im voraus. Abendessen: Mo-Sa 18-22.30 Uhr.

Primavera, 1578 First Ave, Ecke 82nd St, Tel. 861 8608. Das Primavera hat viele ebenso wohlhabende wie konservative Stammkunden aus der Upper East Side. Die Atmosphäre ist gepflegt und ein wenig steif, sie erinnert an private englische Klubs. Das Primavera ist für seine *pasta* bekannt, die ohne großes Brimborium serviert werden. Hier gibt es selten etwas Spektakuläres, das Publikum würde das nur mißbilligen. Ein weiterer Platz, wo man dafür bezahlt, mitten unter den einflußreichsten Leuten der Stadt zu dinieren. Reservierung unbedingt erforderlich. Alle gebräuchlichen Kreditkarten. Abendessen: Mo-Sa 17.30-24 Uhr, So ab 17 Uhr.

Gehobene Preise

Café Luxemburg, 200 West 70th St, Tel. 873 7411. Gut eingeführt, zeitweise unglaublich beliebt – französisch-amerikanisches Essen mit Neigung zur Nouvelle cuisine. Gelegentlich fallen Prominente ein, was immer einen aufregenden Abend garantiert. Alle gebräuchlichen Kreditkarten. Abendessen, sonntags Brunch.

Elaine's, 1703 Second Avenue zwischen 88th und 89th St, Tel. 534 8103. Ein Platz, um Berühmtheiten zu bestaunen.

Tavern On The Green, Central Park West in Höhe der 67th St, Tel. 873 3200. Die meisten Gäste kommen wahrscheinlich wegen der festlichen Atmosphäre und zum „Sightseeing" und erst in zweiter Linie zum Essen, obwohl die Küche während der letzten Jahre durchaus an Qualität gewonnen hat. Ein riesiges palastartiges Gebäude, mitten im Grün des Central Park. Die Atmosphäre ist auf liebenswürdige Art verrückt und auf gutmütige Weise schwungvoll wie ein von Lewis Caroll entworfenes Flughafenterminal. Es heißt, hier werden mehr Abendessen serviert als irgendwo sonst in den USA. Wenn man die Kellner beobachtet, wie sie emsig ein paar hundert Tische gleichzeitig versorgen, dann glaubt man das sogar. Nicht jedes Gericht der Speisekarte ist ein Volltreffer. Lamm und Kalb sind aber empfehlenswert. Alle gebräuchlichen Kreditkarten. Möglichst vorher reservieren. Geöffnet: täglich 17.30-24 Uhr.

Wilkinson's Seafood Café, 1573 York Ave, zwischen 83rd und 84th St, Tel. 535 5454. Eines der beliebtesten Lokale der Upper East Side. Ist mehr für seine wundervolle Atmosphäre als für seine gute Küche bekannt. Dennoch zu empfehlen: gebratener Tintenfisch und gedünsteter Schwertfisch. Eines der wenigen Restaurants in New York, von denen *alle* begeistert sind. Alle gebräuchlichen Kreditkarten. Abendessen: Mo-Fr 18-22.30 Uhr, Sa bis 23 Uhr, So 17.30-21 Uhr.

Mittlere Preisklasse

Jim McMullen, 1341 Third Ave zwischen 76th und 77th St, Tel. 861 4700. Ein Prominententreffpunkt (Fotomodelle, Sportler, Schauspieler), der auch Leute aus der Nachbarschaft anzieht. Kreditkarte: American Express. Täglich Mittag- und Abendessen.

Museum Café, 366 Columbus Ave/77th St, Tel. 799 0150. Ein echtes Yuppie-Restaurant. Meist brechend voll. Alle gebräuchlichen Kreditkarten. Täglich Mittag- und Abendessen.

Pamir, 1437 Second Ave, zwischen 74th und 75th St, Tel. 734 3791. Das beste afghanische Restaurant der Stadt, gediegen bis förmlich. Geöffnet: Di-So abends.

HARLEM

Gehobene Preise

The Terrace, 400 West 119th St, Tel. 666 9490. Auf dem Gelände der Columbia-Universität. Ein wenig abseits gelegen. Das Terrace ist durch die Studentenbewegung der sechziger Jahre bekannt geworden, nicht so sehr durch seine feine Küche. Aber es befindet sich im 14. Stock und ist eine Art Adlernest, das einen phantastischen Ausblick auf den Hudson River und Manhattans berühmte Wolkenkratzer bietet. In klaren Nächten, vor allem im Frühjahr und im Herbst, vergißt man beim Anblick der vielen Lichter schon mal das Essen. Laute Begeisterung kann allerdings nicht aufkommen, denn die Stimmung ist bei Kerzenschein, livrierten Kellnern und klassischer Harfenmusik ziemlich gedämpft und die (europäische) Küche des Terrace ähnlich altmodisch, mit üppigen Gerichten, die in den dreißiger Jahren beliebt waren: Wachteln, Austern und „foie gras". Alle gebräuchlichen Kreditkarten. Reservierung erforderlich. Abendessen: Di-Sa 18-22 Uhr.

Besonders preisgünstig

La Famille, 2017 Fifth Ave, Tel. 722 9806. Leckeres Essen in gemütlicher Atmosphäre; **Sylvia's,** 328 Malcolm X Boulevard (Lenox Ave), Tel. 996 0660. Herzhafte Hausmannskost; **Wilson's Bakery and Restaurant,** 1980 Amsterdam Ave, Tel. 923 9821. Besonders gut: das Frühstück und die Kuchen und Torten; **Copeland's,** 547 West 145th St, Tel. 234 2356. Ein bekanntes und beliebtes Lokal.

THE VILLAGES/CHELSEA/UNION SQUARE

Gehobene Preise

Periyali, 35 West 20th St, Tel. 463 7890. Ein gutes griechisches Restaurant in Chelsea. Die lange hölzerne Bar und die Gasträume sind in einer elegant sparsamen und klaren Architektur gestaltet; und ähnlich stellen sich auch die Erzeugnisse der Küche dar: Lamm, Tintenfisch, Moussaka und Baklava in Variationen, denen man die Liebe des Periyali zu den vielen Nuancen eines naturbelassenen Geschmacks anmerkt. Die Atmosphäre ist locker, aber kultiviert, die Bedienung freundlich, und die Preise sind nicht zu hoch. Alle gebräuchlichen Kreditkarten. Abendessen: Mo-Do 18-23 Uhr, Fr-Sa bis 23.30 Uhr.

Provence, 38 MacDougal St, Tel. 475 7500. Ein romantisches, sehr beliebtes Restaurant mit südfranzösicher Küche. Mittag- und Abendessen: Di-So.

Union Square Café, 21 East 16th St, Tel. 243 4020. Eines der freundlichsten Cafés von New York, das mit einer sehr interessanten, phantasievollen Küche aufwartet. Hierher kommen viele jüngere Leute, meist aus den Verlagshäusern, die in der Umgebung liegen. Küche italienisch beeinflußt. Alle gebräuchlichen Kreditkarten. Mittag- und Abendessen: täglich.

Mittlere Preisklasse

Chelsea Commons, 24th Street in Höhe der 10th Ave, Tel. 929 9424. Das erste, was man vom Chelsea Commons sieht, ist eine gemütliche Kneipe, von dort gelangt man in die zugehörige Jazz-Piano-Bar, und dann, so lange das Wetter es erlaubt, findet man im rückwärtigen Hof unter kleinen Bäumen eines der allerschönsten *„courtyard bistros"* von Manhattan: Die alten Ziegelwände, die das Ganze umgeben, halten den Lärm, den Streß und sogar die störenden Gerüche der Stadt fern. Kein Wunder also, daß die Stimmung hier sehr entspannt ist, so sehr, daß man bisweilen vielleicht dem Ober lebhaft winken muß, damit er kommt; ein so gemütliches Tempo zählt in New York mit Sicherheit zu den wenigen erfreulichen Ausnahmen von der allgemeinen Eile. Die Speisekarte ist nicht lang; seit einiger Zeit gibt es im Sommer u. a. gedämpfte Krabben *„Maryland style"*, eine seltsame und ziemlich gepfefferte Köstlichkeit, die man am besten mit dem einen oder anderen Glas Ale zusammen genießt. Küche täglich bis 1 Uhr nachts geöffnet, Bar bis 4 Uhr früh.

Indochine, 430 Lafayette St, Tel. 505 5111. Ein großes vietnamesisch-kambodschanisches Restaurant nahe Washington Square, in dem es sehr lebhaft zugeht. Seit das Indochine nicht mehr Szenelokal der Fotomodelle ist, hat sich seine Küche sehr positiv entwickelt und ist inzwischen absolut „in". Abendessen: täglich ab 18 Uhr.

Japonica, 90 University Pl., Ecke 12th St, Tel. 243 7752. Ein feines (aber nicht überkandideltes) japanisches Restaurant. Abendessen: Mo-Do 17-23.00 Uhr, Fr-So bis 23.30 Uhr.

Taka, 61 Grove St, Tel. 242 3699. Ein kleines, oft volles, sehr authentisches japanisches Restaurant; *sushi* und *sashimi* in West Village. Abendessen: Di-So 17-24 Uhr.

Il Mulino, 86 West 3rd St zwischen Thompson St und Sullivan St, Tel. 673 3783. Die großen Portionen, die reiche Auswahl an Nudelgerichten und das fast schon übertrieben fürsorgliche Personal haben dieses Restaurant in Greenwich Village zu einer festen Einrichtung und einem Lieblingslokal vieler New Yorker werden lassen; dementsprechend frühzeitig muß man sich anmelden. Vom kalten Braten mit frisch gebackenem Brot über kochend heiße *fusilli* mit Trüffeln bis hin zu unglaublich großen Stücken Kalbfleisch gibt es so reichlich, daß man für mindestens 24 Stunden satt ist. Nicht unbedingt das schönste italienische Restaurant der Stadt, wahrscheinlich aber das freundlichste und beliebteste. Kreditkarte: American Express. Montag bis Samstag von 17 bis 23.30 Uhr.

Besonders preisgünstig

America, 9 East 18th St, zwischen Fifth Ave und Broadway, Tel. 505 2110. Riesig, lebhaft und vergnüglich. Weltweit die größte Auswahl an Produkten der amerikanischen Küche, wenn auch einige davon sehr an Schulküchenessen erinnern. In jedem

Fall eine Erfahrung wert. Kreditkarten: American Express, Mastercard, Visa. Täglich von 11.30-24 Uhr geöffnet.

Cedar Tavern, 82 University Place, zwischen 11th und 12th St, Tel. 929 9089. Früher war die Cedar Tavern ein berühmter Treff von Poeten und Malern der abstrakt-expressionistischen Schule. Inzwischen ist die dunkle, aber sehr muntere Eß-Kneipe ein beliebtes Ziel vieler New Yorker aus der Innenstadt, so daß die Stammkundschaft bunt gemischt ist: Geschäftsleute und Büroangestellte ebenso wie Studenten und Professoren der nahegelegenen NYU (New York University). Hinter der schön geschnitzten Bar, deren Holz der Taverne den Namen gab, servieren schmucke Barkeeper das gute alte Guinness. In einem großen hinteren Raum und auf der kleinen Dachterrasse werden herzhafte amerikanische Schnellgerichte serviert – wie Hamburger und Roastbeef-Sandwiches, dazu täglich wechselnde Angebote, die etwas phantasievoller sind. Ein geeigneter Platz, um eine Weile aus dem geschäftigen Treiben der Stadt auszusteigen und sich zu entspannen. Kreditkarten: American Express, Carte Blanche, Diners Club. Keine Reservierungen. Küche geöffnet Mo-Do sowie So bis 24 Uhr, Fr und Sa bis 3.30 Uhr früh.

Florent, 69 Gansevoort St, nahe Greenwich St, Tel. 989 5779. Ein 24-Stunden-Café mit einer Einrichtung aus rostfreiem Stahl, mitten im Fleischgroßhandelsbezirk. Hier wird von Schnecken bis zur Zwiebelsuppe alles geboten. Auch das Publikum des Florent ist interessant. Keine Kreditkarten.

LOWER EAST SIDE/CHINATOWN/ LITTLE ITALY/SOHO

Gehobene Preise

Raoul's Restaurant, 180 Prince St, Tel. 966 3518. Ein elegantes, düsteres französisches Bistro in SoHo. Einfallsreiche französische Küche.

Mittlere Preisklasse

Canton, 45 Division St, nahe Bowery, Tel. 226 4441. Ein angenehmes, nicht zu großes Restaurant, hauptsächlich bekannt für das, was hier aus Meeresfrüchten zubereitet wird. Das Personal ist kultiviert, die Preise liegen über dem Durchschnitt von Chinatown; wer ein Saisongericht bestellen möchte, sollte vorher den Preis erfragen. Keine Kreditkarten. Abendessen: täglich von 17-21.30 Uhr.

Patrissy's, 98 Kenmare St/Lafayette St, Tel. 226 8509. Viele Lokale in Little Italy sind überlaufen, überteuert und werden allgemein überschätzt. Aber ein Besuch im Patrissy's lohnt sich. Es liegt am Nordende des Viertels, genügend abseits der überfüllten Straßen und Gäßchen, ist von unauffälliger Eleganz, und der Service ist ebenso gut wie seine *„appetizers“*. Zu den Hits unter den Hauptgerichten gehören die riesigen Kalbsschnitzel und – ganz italienisch – Gnocchi. Alle gebräuchlichen Kreditkarten. Rechtzeitig reservieren. Abendessen: täglich von 18 bis 24 Uhr.

Besonders preiswert

Broome Street Bar, 363 West Broadway, Ecke Broome St, Tel. 925 2086. Wer vom hypereleganten SoHo und seinen unerhörten Preisen genug hat, ist bei Kenn & Bob's genau richtig: Ein Bar-Restaurant alten Stils, das zum Entspannen einlädt, auch wenn es – vor allem während der Haupteinkaufszeit – nicht unbedingt klösterliche Abgeschiedenheit bietet. Am ruhigsten ist es nachmittags bis in den frühen Abend hinein, sowohl an der bestens ausgestatteten Bar als auch an den zahlreichen kleinen Tischen, wo man es sich mit Snacks amerikanischer Art gemütlich machen kann (*„burgers“*, Quiche oder *„Reuben sandwiches“* – mit Corned beef und Sauerkraut. Keine Reservierung, keine Kreditkarten. Küche täglich bis 23 Uhr geöffnet.

Excellent Dumpling House, 111 Lafayette St (ein kleines Stück südlich der Canal St), Tel. 219 0212. Chinatown ist eine quirlige, bunte kleine Welt für sich. Natürlich kann es einem auch hier passieren, daß man viel Geld für schlechtes Essen bezahlt. Daher sollte man in einem der besten chinesischen Restaurants außerhalb Asiens einkehren: Der Name Excellent Dumpling House ist keine Übertreibung. Dementsprechend ist es trotz seiner schlichten Einrichtung immer voller Gäste (nicht nur aus der Nachbarschaft). Was die Besucher an diesem Lokal lieben, ist seine gerade Art, die vernünftigen Preise und seine göttlichen *dumplings* (Klöße, besonders mit gedämpftem oder gebratenem Gemüse gefüllt zu empfehlen). Keine Reservierungen, manchmal eine kleine Warteschlange vor der Tür; am besten geht man hier nachmittags essen. Keine Kreditkarten. Täglich 11-21 Uhr geöffnet.

Katz's Deli, 205 East Houston St, Ecke Ludlow St, Tel. 254 2246. Ein echtes *„delicatessen“* der Lower East Side, das heißt: ein Feinkost mit Imbiß ohne viel Dekoration und nicht unbedingt blütensauber, aber riesig große Sandwiches mit Corned beef. Keine Kreditkarten. Mittagessen: 11-18 Uhr.

Thailand, 106 Bayard St, Tel. 349 3132. Einer der Pioniere der thailändischen Küche in New York, ist dieses Restaurant bekanntermaßen ziemlich gut. Der – geradezu verblüffende – Mangel an Atmosphäre wird durch kitschiges Dekor reichlich aufgewogen, und wenn man Glück hat, kann man in einer *„pagoda“* sitzen. Auf Wunsch wird das Essen extra scharf gewürzt; eine Spezialität: Sautierter Frosch in scharfer Knoblauchsauce. Ebenso beliebt sind die Chili-Salate und die Kokosnuß-Curries; wem es vom Feuer der Gewürze zu heiß wird, der kann sich ein *Premium-Singha-Bier* bringen lassen. Die meisten gebräuchlichen Kreditkarten. Abendessen: täglich 18-24 Uhr.

TRIBECA/LOWER MANHATTAN

Gehobene Preise

Bouley, 165 Duane St, zwischen Hudson St und Greenwich St, Tel. 608 3852. Lassen Sie sich von den Warenhäusern gegenüber nicht täuschen: Das Interieur dieses Lokals ist berückend schön. David Bouley, seinen Gästen schon aus der Zeit bekannt, als er noch im nahegelegenen Montrachet arbeitete, hat das Bouley als ein kleines und elegantes Stück Provence im Jahre 1987 eröffnet. Trendsetter strömen in hellen Scharen ins TriBeCa, wenn Bouley seine originellen (und manchmal ziemlich ausgeflippten) Kreationen der französischen *Nouvelle cuisine* auf den Tisch bringt. Die größten Hits sind: *black bass* (Barsch), Hähnchenbrust, sautierte *scallops* (Kammuscheln – eine besondere Delikatesse) und die Gemüsesoufflés. Kreditkarten: alle gebräuchlichen. Abendessen: Montag bis Samstag 18-23 Uhr.

Hudson River Club, 4 World Financial Center, Ecke Vesey St, Tel. 786 1500. Sehr gediegene Atmosphäre, förmlich, aber trotzdem noch freundlich, Blick auf den Hudson River und den Bootshafen des WFC, phantasievolle Küche mit Gerichten aus dem Nordosten der USA, darunter Wild und Kaninchen. Auch die Desserts sind köstlich. Kreditkarten: alle gebräuchlichen. Mittagessen: Mo-Fr 12-14 Uhr, Abendessen: Mo-Sa 17.30-22 Uhr.

Montrachet, 39 West Broadway (südlich der Canal St), Tel. 219 2777. Eines der besonders eleganten Restaurants im TriBeCa und sehr *up to date*. Die besonders leichte und erfindungsreiche *Nouvelle cuisine* des Montrachet und der professionelle Service mildern ein wenig das „coole“ Gehabe der „Beautiful People“, die gern hier essen gehen. Vorbestellung ist zu empfehlen. Kreditkarte: American Express. Abendessen: Mo-Sa 18-23 Uhr.

TriBeCa Grill, 375 Greenwich St, Ecke Franklin St, Tel. 941 3900. Dieses Trendlokal des Schauspielers Robert DeNiro gehört zu den Plätzen, die man angeblich gesehen haben muß. Dafür muß man sich die Drinks und die Bistro-Gerichte einiges kosten lassen. Reservierung so früh wie möglich! Abendessen: täglich 18-23 Uhr.

Windows on the World, 107th Floor, One World Trade Center, Tel. 938 1111. Der Ausblick ist atemberaubend, genauso wie die Preise. Trotz der vielen Touristen einen Besuch absolut wert. Rufen Sie wegen der Öffnungszeiten an.

Mittlere Preisklasse

El Teddy's, 219 West Broadway, zwischen Franklin St und White St, Tel. 941 7070. Bereits das Äußere dieses Lokals ist ein Wahrzeichen des TriBeCa: Wenn man darauf zufährt, scheint die Freiheitsstatue hinter seiner Fassade zu versinken. Das Interieur könnte einem mexikanischen Peyote-Traum Salvador Dalis entstammen. Aber es ist nicht nur das surrealistische Design, das Tag für Tag eine bunte Mischung von Wall-Street-Leuten, Kunsthändlern und gutbetuchten Touristen hierherzieht, es ist die überragende und sehr einfallsreiche „mexikanische Nouvelle cuisine“. Bei durchweg maßvollen Preisen sind *tacos* mit weichschaligen Krabben, Entenfleisch oder Feigen, *burritos* mit Steak und salsa sowie die gigantischen, gut gesalzenen *margeritas* die Hits. Ein einzigartiges Restaurant und die beste mexikanische Küche in der ganzen Innenstadt. Alle gebräuchlichen Kreditkarten, außer Diners Club. Abendessen: Mo-Do 18-23 Uhr, Fr und Sa bis 24 Uhr.

Besonders preisgünsig

Riverrun, 176 Franklin St, Tel. 966 3894. Eines der ersten Lokale der Gründerzeit des TriBeCa. Eine nette Kombination von Bar und Restaurant, amerikanische Küche in begrenztem Umfang, freundliche Barkeeper. Die Kundschaft, relativ jung und modisch, hat hier Gelegenheit, Künstler und Rockstars zu bewundern. Wer dabei auch etwas essen will, kann gebratenes Huhn nach Art der Südstaaten sowie wohlschmeckendes sautiertes Schweinefleisch bekommen. Als Bar-Snack sind die würzigen Barbecue-Hähnchenflügel sehr zu empfehlen. Die Atmosphäre ist freundlich und sehr locker. Alle gebräuchlichen Kreditkarten. Abendessen: 18-24 Uhr.

THE OUTER BOROUGHS

Gehobene Preise

Peter Luger, 178 Broadway, Tel. 718-387 7400. Das Peter Luger, ein Familienbetrieb seit über 100 Jahren – für US-Verhältnisse also uralte historische Tradition –, liegt nahe der Williamsburg Bridge und ist eines *der* Denkmäler von Brooklyn. Die viktorianische Quintessenz der (einfachen) Speisekarte dieses Lokals lautet: Steaks, Steaks und noch mal Steaks. Naturholzbalken, Gemütlichkeit wie in der guten alten Gaslaternenzeit, eine verrauchte Bar, Menschen aus der Nachbarschaft, bunt gemischt mit Geschäftsleuten aus der City, die hierher kommen, weil sie sich hier besonders wohlfühlen. Manchmal ist es ein bißchen laut, aber immer vergnüglich. Reservierung zweckmäßig. Keine Kreditkarten. Abendessen: Mo-Do und So 18-22 Uhr, Fr bis 23 Uhr, Sa bis 23.30 Uhr.

The River Café, 1 Water Street (Cadman Plaza West), Tel. 718-522 5200. Im River Café muß man möglichst zwei Wochen im voraus reservieren, denn es befindet sich auf einem Schiff auf dem East River – und zwar in besonders günstiger Position am Ende der Brooklyn Bridge auf der Brooklyn-Seite. Der spektakuläre Ausblick, den man von hier aus auf die Wolkenkratzer von Lower Manhattan hat, hat das River Café zu Recht berühmt gemacht. Gehobene amerikanische Küche (Steaks, Meeresfrüchte, aparte Desserts), ebenso gelungen wie die Atmosphäre auf dem Restaurantschiff. Selten fühlt sich New York so schön und so romantisch an wie hier beim *„sunset dinner“*. Alle gebräuchlichen Kreditkarten. Geöffnet: So-Do 18.30-23 Uhr, Fr-Sa 19-23 Uhr.

Water's Edge, 44th Drive, im East River Yacht Club, Tel. 718-482 0033. Ein gutes Beispiel für die Fähigkeit der New Yorker, auf selbstbewußte Art sehr Gegensätzliches miteinander zu verbinden. Denn der East River Yacht Club wohlhabender Sportsegler liegt mitten im Hafenbereich des Industriegebietes von Queens. Der unglaublich schöne Blick auf die Skyline von Manhattan macht das aber – vor allem bei Sonnenuntergang – mehr als wett. Amerikanische Küche mit *„surf & turf steaks"* und Meeresfrüchten – wie Lachs und Dover-Seezunge. Die Zubereitung ist nicht nur sehr professionell, sondern hat auch noch Pfiff. Kreditkarten: Diners Club und American Express. Plätze am besten vorbestellen. Geöffnet: Mo-Sa 18-23 Uhr.

Mittlere Preise

Clover Hill/Camilles's, 272 Court St, Tel. 718-875 0895. Eine willkommene Neueröffnung, tendiert zu kreativen Suppen und Salaten der Saison, herzhafte Vorspeisen. Sie können Ihre eigenen Getränke mitbringen. Keine Kreditkarten. Abendessen: Di-Do 18-22 Uhr, Fr-Sa 18-23 Uhr, So 17-21 Uhr.

Besonders preiswert

Dominick's, 2335 Arthur Avenue, Tel. 718-733 2807. Es lohnt sich, wegen dieses altmodischen Italieners in die Bronx zu fahren – hier sitzt man mit anderen Gästen an einem Tisch; keine Kreditkarten; ein wirkliches New-York-Erlebnis.

Kulturelles

MUSEEN

Die Öffnungszeiten der Museen sind oft von der Jahreszeit abhängig. Man sollte sich daher telefonisch erkundigen. Die meisten größeren Museen verlangen Eintritt, etliche kleinere kann man kostenlos besuchen.

UPPER EAST SIDE

Die meisten großen Museen liegen nahe der Fifth Avenue und sind alle kaum mehr als ein bis höchstens drei Kilometer voneinander entfernt. Viele von ihnen gewähren Studenten und Senioren Ermäßigung, bei einigen ist Dienstag abends der Eintritt frei.

Cooper-Hewitt Museum, Fifth Ave, Ecke 91st St, Tel. 860 6868. US-Design-Sammlung der Smithsonian Institution. Geöffnet: Di 10-21, Mi-Sa 10-17, So 12-17 Uhr.

Frick Collection, 1 East 70th St, Tel. 288 0700. Europäische Meister des 14. bis 19. Jahrhunderts. Geöffnet: Di-Sa 10-18 Uhr, So 13-18 Uhr.

Guggenheim Museum, Fifth Ave, Ecke 89th St, Tel. 360 3513. Malerei und Bildhauerkunst der Gegenwart. Das Gebäude wurde von Frank Lloyd Wright entworfen. Geöffnet: Di-Sa 10-18 Uhr, So 13-18 Uhr.

International Center of Photography, Fifth Ave, Ecke 94th St, Tel. 860 1777. Die Welt der Fotografie. Geöffnet: Di 12-20 Uhr, Mi-Fr 12-17 Uhr, Sa-So 11-18 Uhr.

Jewish Museum, Fifth Ave, Ecke 92nd St, Tel. 860 1889. Jüdische Kunst und Kultur. Geöffnet: So, Mo, Mi und Do 11-17.45 Uhr, Di bis 20 Uhr.

Metropolitan Museum of Art, Fifth Ave und 82nd St, Tel. 535 7710. Hunderte von Meisterwerken aus der Weltgeschichte der Kunst; herrlicher Blick vom Dachgarten auf die Skyline. Geöffnet: Fr, Sa 9.30-20.45 Uhr, Di-Do, So 9.30-17.15 Uhr.

Museum of the City of New York, Fifth Ave und 103rd St, Tel. 534 1034. Stadtgeschichte seit den Tagen, da New York noch ein holländischer Handelsposten war. Geöffnet: Mi-Sa 10-17 Uhr, So 13-17 Uhr.

National Academy of Design, Fifth Ave, in Höhe der 89th St, Tel. 369 4880. Ständige Sammlung,

zusätzlich wechselnde Ausstellungen. Geöffnet: Mi-So 12-17 Uhr.
Whitney Museum of American Art, Madison Ave, Ecke 75th St, Tel. 570 3676. Vor allem amerikanische Kunst des 20. Jahrhunderts. Geöffnet: Mi, Fr, Sa, So 11-16 Uhr, Di 13-20 Uhr.

MIDTOWN

American Craft Museum, 40 West 53rd St, Tel. 956 6047. Volkskunst und Kunsthandwerk der Gegenwart. Geöffnet: Di 10-20 Uhr, Mi-So 10-17 Uhr.
Museum of Television & Radio, 25 West 52nd St, Tel. 621 6600. 60 Jahre Radio und Fernsehen. Geöffnet: Di-So 12-18 Uhr, Do 12-20 Uhr.
Museum of Modern Art, 11 West 53rd St, Tel. 708 9480. Wechselnde Ausstellungen, täglich Filmvorführungen. Geöffnet: Fr-Di 11-18 Uhr, Do 11-21 Uhr.

UPPER WEST SIDE

American Museum of Natural History, Central Park West, Ecke 79th St, Telefon: 769 5100. Vorführungen im Naturemax-Theater des Museums. Geöffnet: Mo, Di, Do und So 10-17.45 Uhr, an allen übrigen Tagen 10-20.45 Uhr.
Children's Museum of Manhattan, 212 West 83rd St, Tel. 765 5904; auch Vorführungen, an denen sich Kinder unmittelbar beteiligen können. Geöffnet: Mo-Fr 13-17 Uhr, an Wochenenden 11-17 Uhr.
New York Historical Society, 170 Central Park West, Tel. 873 3400. In diesem Hause sind Kunstwerke, Antiquitäten, Photos und Erinnerungsstücke unterschiedlichster Art zu sehen. Geöffnet: Rufen Sie bitte an.

HARLEM

Aunt Len's Doll and Toy Museum, 6 Hamilton Terrace, Tel. 281 4143. Sammlung von mehr als 10 000 Puppen aus vielen verschiedenen Kulturen in allen Farben und Größen. Geöffnet: nach telefonischer Vereinbarung.
Black Fashion Museum, 155 West 126th St, Tel. 666 1320. Geöffnet: nach Vereinbarung täglich 12-20 Uhr.
The Cloisters, Fort Tryon Park, Telefon: 923 3700. Sammlung mittelalterlicher Kunst aus dem Metropolitan Museum. Geöffnet: Di-So 9.30-16.45 Uhr, im Sommer bis 17.15 Uhr.
El Museo del Barrio, 1230 Fifth Ave, Tel. 831 7272. Lateinamerikanische und puertorikanische Kunst. Geöffnet: Mi-So 11-17 Uhr.
Schomburg Center for Research in Black Culture (Erforschung der Kultur der schwarzen Bevölkerung), 515 Lenox Ave, Ecke 135th St, Tel. 862 4000. Das Schomburg gehört zur Stadtbücherei von New York, es dient als Quelle von Dokumenten und historischem Material für Forschungen zur afroamerikanischen Kulturgeschichte.
Studio Museum in Harlem, 144 West 125th St, Tel. 864 4500. Afroamerikanische Kunst der Gegenwart. Geöffnet: Mi-Fr 10-17 Uhr, an Wochenenden 13-18 Uhr.

WEITERE MUSEEN IN MANHATTAN

The Abigail Adams Smith Museum, 421 East 61st St, Tel. 838 6878. In einem Haus aus dem 19. Jahrhundert sind zahlreiche Stücke gesammelt, die New Yorks interessante Stadtgeschichte, Architektur und Ornamentalkunst illustrieren. Geöffnet: Mo-Fr 12-16 Uhr, So 13-17 Uhr.
American Numismatic Society, Broadway, Ecke 155th St, Tel. 234 3130. Münzen, Medaillen, Orden. Geöffnet: Di-Sa 9-16.30 Uhr, So 13-15 Uhr.
Asia Society Gallery, 725 Park Ave, Tel. 288 6400. Geöffnet: Di-Sa 11-18 Uhr, So 12-17 Uhr.
China House Gallery, 125 East 65th St, Tel. 744 8181. Geöffnet: Mo-Sa 10-17 Uhr, Di bis 20 Uhr.
Forbes Magazine Galleries, 62 Fifth Ave, Tel. 206 5548. Spielzeugsoldaten, Fabergé-Eier. Geöffnet: Di, Mi, Fr und Sa 10-16 Uhr.
George Gustav Heye Center of the National Museum of the American Indian, 1 Bowling Green, Tel. 668 6624. Eine einzigartige Sammlung von Gegenständen aus dem Leben der amerikanischen Ureinwohner. Geöffnet: Bitte rufen Sie an.
Hispanic Society of America (Spanische Gesellschaft von Amerika), Broadway/ Ecke 155th St, Tel. 926 2234. Spanische und portugiesische Kunst. Geöffnet: Di-Sa 10-16.30 Uhr, So 13-16 Uhr
Intrepid Sea-Air-Space Museum, Ausstellung von Flugzeugträgern des zweiten Weltkriegs auf dem Hudson, vertäut in Höhe der 46th St, Tel. 245 0072. Geöffnet: Mi-So 10-17 Uhr.
Japan Society Gallery, 333 East 47th St, Tel. 752 0824. Exponate aus dem Fernen Osten. Geöffnet: Di-So 11-17 Uhr.
Lower East Side Tenement Museum, 97 Orchard St, Tel. 431 0233. Berichtet über das Leben der Einwanderer.
Museum of American Folk Art, Columbus Ave, Ecke 66th St, Tel. 977 7175. Vorträge, Workshops und ständige Ausstellung. Täglich 9-21 Uhr geöffnet.
Museum for African Art, 593 Broadway, Tel. 966 1313. Hier ist auch das Center for African Art untergebracht; Sonderausstellungen. Geöffnet: Fr, Sa 11-20 Uhr, So, Mi, Do 11-18 Uhr.
Museum of the American Piano, 211 West 58th St, Tel. 246 4646. Über 40 alte Klaviere, einige davon so restauriert, daß man auch darauf spielen kann. Geöffnet: Di-Fr 10-16 Uhr
New Museum of Contemporary Art, 583 Broadway, Tel. 219 1222. Hier kann man das Allerneueste aus der Welt der Künste bewundern. Geöffnet: Mi, Do und So 12-18 Uhr, Fr-Sa 12-20 Uhr.

NYC Fire Museum, 278 Spring St, Tel. 691 1303. Sammlung zum Thema Feuerwehr. Geöffnet: Di-Sa 10-16 Uhr.
NYC Polizei Museum, 235 East 20th St, Tel. 477 9753. Polizeiausrüstung und Erinnerungsstükke. Geöffnet: Werktags 9-14 Uhr nach telefonischer Voranmeldung.
Society of Illustrators, 128 East 63rd St, Tel. 838 2560. Der Geschichte der Illustration gewidmet; Dokumente, Porträts, Manuskripte und andere interessante Ausstellungsstücke. Geöffnet: werktags außer Mo 10-17 Uhr, Di bis 20 Uhr.
South Street Seaport Museum, 207 Front St, Tel. 669 9424. Ausstellungen, historische Schiffe, Filmvorführungen. Täglich 10-17 Uhr geöffnet.

SONSTIGE

American Museum of the Moving Image, 35th Ave, Ecke 36th St, Astoria, Queens, Tel. 718-784 0077. Zur Kunst, Geschichte und Technologie von Film, Fernsehen und Video. Geöffnet: Di-Fr 13-17 Uhr, an Wochenenden 11-18 Uhr.
Bronx Museum of the Arts, 1040 Grand Concourse, in Höhe der 165th St, Telefon: 681 6000. Wechselnde Ausstellungen. Geöffnet: Mi-Fr 10-17 Uhr, Sa und So 11-16.30 Uhr.
The Brooklyn Museum, 200 Eastern Pwy, Tel. 718-638 5000. Umfangreiche Sammlung ägyptischer, europäischer, amerikanischer Kunst sowie der Kunst von Naturvölkern. Täglich außer Di 10-17 Uhr geöffnet.
Brooklyn Children's Museum, 145 Brooklyn Ave, Tel. 718-735 4400. 1899 als erstes Museum für Kinder gegründet. Geöffnet: Mi-Mo 14-17 Uhr.
Ellis Island Immigration Museum, Ellis Island, Tel. 363 3200 oder 269 5755 (Auskunft vom Band). Ständige Ausstellung über den Hauptankunftsort der Einwander. Wiederaufbau und Einrichtung hat man sich viele Millionen Dollar kosten lassen. Fotos, Briefe, Kunst und andere Ausstellungsstücke. Geöffnet: werktags 9-17 Uhr, an Wochenenden 9-18 Uhr.
North Wind Undersea Museum, 610 City Island Avenue, Bronx, Tel. 718-885 0701. Das Leben im Meer, Seehunde, Tiefseetaucher. Geöffnet: werktags 10-17 Uhr, Sa und So 12-17 Uhr.
P.S. 1 Museum, 46-01 21th St, Long Island City, Tel. 718-233 1440. Ausstellungen mit außergewöhnlicher Kunst. Geöffnet: Mi-So 12-18 Uhr.
Queens Museum of Art, nahe Shea Stadium, Flushing Meadows-Corona Park, Tel. 718-592 5555. Kunst des 20. Jahrhunderts , Lesungen und ein 800 qm großes Modell von New York City. Geöffnet: Di-Fr 10-17 Uhr, an Wochenenden 12-17 Uhr.
Snug Harbour Cultural Center, 1000 Richmond Terrace, Staten Island, Tel. 718-448 2500. Ausstellungen innen wie außen, in einem parkähnlichen Asyl für kranke Seemänner aus dem 19 Jahrhundert. Galerie geöffnet Mi-So 12-17 Uhr, Garten bis Sonnenuntergang.
Statue of Liberty National Monument, Liberty Island, Tel. 363 3200. Die Geschichte der Einwanderung in die USA vom 17. Jahrhundert an. Die Fähre nach Liberty Island fährt täglich 9-16 Uhr jede volle Stunde vom Battery Park aus. Fahrplanauskunft unter Tel. 269 5755.
Staten Island Institute of Arts & Sciences, 75 Stuyvesant Pl, Tel. 718-727 1135. Geschichte und Kultur des kleinsten „borough“ von New York. Geöffnet: Mo-Sa 9-17 Uhr, So 13-17 Uhr.
Jacques Marchais Museum of Tibetan Art, 338 Lighthouse Ave, Staten Island, Tel. 718-987 3478. Eine sehr umfangreiche Sammlung tibetischer Kunst, ausgestellt in klosterähnlichen Gebäuden. So ab 14 Uhr gibt es ein besonderes Programm.

KUNSTGALERIEN

Theoretisch ist es möglich, daß Sie an Ihrem ersten Samstag in New York durch SoHo schlendern, vor einer der Kunstgalerien mit jemandem ins Gespräch kommen, erfahren, daß hier heute eine neue Ausstellung eröffnet wird, und sich wenig später mitten auf der schönsten Party ihres Lebens wiederfinden. Diese Chance ist allerdings in letzter Zeit nicht mehr sehr groß und wird in Zukunft eher noch geringer werden.

Es war das Aussterben von Industriebetrieben in diesem Viertel, das vor rund zwanzig Jahren vermehrt Künstler nach **SoHo** brachte: Fabrikhallen waren auf einmal für wenig Geld zu mieten und ließen sich leicht in Studios und Ateliers verwandeln. In dieser Zeit kamen Wochenendpartys groß in Mode. Kaum jemand hatte genügend Freunde, um mehr als 350 Quadratmeter zu füllen, und da galt die unausgesprochene Regel: „Wenn irgendwo eine Party stattfindet, bist Du eingeladen!“

Damals war es nichts Besonderes, irgendwo in der Greene Street oder Walker Street ein paar baufällige Treppenstufen zu erklimmen und sich unter drei-, vierhundert feiernde Gäste zu mischen. Wer am liebsten auf diese Weise feierte, ging am frühen Samstagabend ins Fanelli's oder in die Broome Street Bar und besorgte sich die Adressen. „Gehen Sie dem Paar da nach, das die große Tüte mit Eis trägt“, war der Ratschlag eines Party-Veteranen, der unfehlbar auf die nächste „offene“ Party führte. Inzwischen sind nicht nur die Preise auf dem Kunstmarkt in die Höhe geklettert, sondern auch die Mietpreise in SoHo, so daß ein Atelier in dieser Ecke von New York für weniger etablierte Künstler mittlerweile kaum noch erschwinglich ist.

Trotz alledem besitzt SoHo gegenwärtig mehr Galerien als je zuvor; von den bekannteren liegen viele auf dem West Broadway **(Leo Castelli, O.K. Harris, Sonnabend, Dia Center for the Arts),** weitere in benachbarten Straßen wie der Greene Street **(John Weber, Phyllis Kind, Pace Gallery, Sperone Westwater),** der Prince Street **(Ward-Nasse, Louis K. Meisel),** der Wooster Street **(Paula Cooper),** der Broome Street **(SoHo 20)** und mehr und mehr auch am unteren Broadway **(Thread Waxing Space, P.P.O.W.).**

Auf der Ostseite von Manhattan, im **East Village,** entstehen Galerien sozusagen über Nacht und verschwinden bisweilen ebenso schnell wieder. Ein paar der bekanntesten sind inzwischen an den Broadway (südlich der Houston Street) umgezogen, wo der Samstag beliebtester Tag für Vernissagen ist. Hier lohnt es sich, einen Blick in die **American Indian Community House Gallery** (708 Broadway, nahe 4th St) zu werfen, die einzige Galerie an der gesamten Ostküste, die ausschließlich von den Ureinwohnern dieses Landes betrieben wird.

Passionierte Kunstliebhaber können sich in der Sonntagsausgabe der *New York Times* (Liste der Veranstaltungen zum Thema „*art*") informieren; oder man bummelt einfach an einem Samstagnachmittag durch die Galerien von SoHo und stößt dabei ganz von selbst auf die eine oder andere Ausstellungseröffnung. In vielen Galerien liegen auch kostenlose Broschüren aus, die verraten, was zur Zeit in New York auf dem Programm steht. Die folgende Liste enthält Adressen in **SoHo** und dem benachbarten **TriBeCa,** bei denen eine Anfrage zu interessanten Begegnungen führen könnte, denn hier sind oft Künstler direkt beteiligt:

AIR, 63 Crosby Street. Ein Kollektiv von Künstlerinnen.
Alternative Museum, 17 White St; Mittwoch abends Konzerte der alternativen Musikszene.
Artists Space, 38 Greene St. Neue Trends, neue Künstler, „*performance art*", täglich Leinwand-Show.
The Clocktower, 108 Leonard St. Künstler und ihre Ateliers, Galerie angeschlossen.
Franklin Furnace, 112 Franklin St. Das gedruckte Wort als Kunstwerk u. a. m.
New Museum of Contemporary Art, 583 Broadway. Hier läuft (bereits im siebten Jahr) ein Projekt der *performance art* in monatlichen Fortsetzungen.
Printed Matter, 77 Wooster St. Bücher für und über Künstler.
White Columns, 148 Christopher St (in West Village).

Wer weiter draußen Galerien besuchen will, sollte auf jeden Fall vorher einen entsprechenden Veranstaltungskalender durchsehen – das spart mit Sicherheit Zeit. Die **Uptown-Galerien** liegen entweder entlang der East 57th Street, zwischen der Fifth Avenue und der Park Avenue, oder in der Madison Avenue (auf beiden Seiten) und nördlich davon in einigen kleineren Seitenstraßen. Zur Zeit gibt es sage und schreibe weit über vierhundert Galerien in New York City.

FOTOGRAFIE

Einige Galerien in Manhattan haben sich ausschließlich der Fotografie verschrieben, darunter:

Camera Club of New York, 853 Broadway, Tel. 260 7077.
Neikrug, 224 East 68th St, Tel. 288 7741.
Greenberg Gallery, 138 Spring St, Tel. 334 0010.
Witkin, 415 West Broadway, Telefon: 925 5510.
Pace/MacGill, 32 East 57th St, Telefon: 759 7999.
The International Center of Photography, in Uptown, 1130 Fifth Ave, Telefon: 860 1777 und in Midtown, 1133 Sixth Ave, Tel. 768 4680.

MULTI-MEDIA

Einrichtungen für *performance art,* Multimedia-Veranstaltungen und andere künstlerische Shows, die sich nicht so leicht kategorisieren lassen, gibt es in verschiedenen Teilen der Stadt; zu den bekanntesten gehören:

The Kitchen, 512 West 19th St, Telefon: 255 5793.
LA MAMA, 74A East 4th St, Telefon: 475 7710.
Franklin Furnace, 112 Franklin St, Tel. 924 4671.
Alternative Museum, 17 White St, Tel. 966 4444.
P.S. 1, 46-01 21th St, Long Island City, Tel. 233 1440.
P.S. 122, 150 First Ave, Tel. 477 5288.
Dia Center for the Arts, Tel. 928 8270.

Auch Veranstaltungen dieser Art sind in einer Reihe von kostenlosen Broschüren verzeichnet; diese liegen bei den genannten Veranstaltern und in den anderen Galerien von SoHo, TriBeCa und East Village aus.

LESUNGEN

Belletristik- und Lyriklesungen gibt es reichlich. Diese Veranstaltungen finden zumeist in Buchhandlungen, Cafés oder Kirchen statt.

DOWNTOWN

Ear Inn, 326 Spring St, Tel. 226 9060.
Nuyorican Poets' Café, 236 East Third St, Tel. 505 8183.
Poetry Society of America, 15 Gramercy Park, Tel. 254 9628.
St. Mark's Church, 2nd Ave, Ecke East 10th St, Tel. 674 0910.
The Knitting Factory, 47 East Houston St, Tel. 219 3006.

UPTOWN

Books & Co., 939 Madison Ave, Telefon: 737 1450.
The 92nd Street YM-YWHA, 1395 Lexington Ave, Tel. 996 1100.
New York Public Library, Fifth Ave, Ecke 42nd St, Tel. 930 0571.

KONZERTE

Lincoln Center for the Performing Arts, Broadway, in Höhe 64th Street, ist *das* kulturelle Zentrum der City; hier ist auch der Sitz des traditionsreichsten

Orchesters der USA, des *New York Philharmonic Orchestra*. Es gibt 200 Konzerte pro Jahr, die entweder in der **Avery Fisher Hall** oder in der nahegelegenen **Alice Tully Hall** stattfinden, dem Haus der Kammermusik-Gesellschaft (Chamber Music Society). Die New York City Opera und das New York City Ballet kann man im **New York State Theater** bewundern. Auch das **Vivian Beaumont Theater** hat hier seinen Sitz, ebenso die **Juilliard Music School** und eine hervorragende Präsenzbibliothek zum Thema Kunst und Musik, sowie last, not least das berühmte **Metropolitan Opera House,** in dem sich die Metropolitan Opera Company und das American Ballet Theatre befinden. Führungen durch das Lincoln Center werden täglich zwischen 10 und 17 Uhr veranstaltet; Nähere Auskünfte unter Tel. 875 5350 oder 875 5400.

Einer der ältesten New Yorker Witze geht folgendermaßen: Ein Tourist fragt: „Wie komme ich in die **Carnegie Hall?“** Die fachmännische Antwort des Einheimischen: „Üben, üben!“ Schneller geht es mit den U-Bahnlinien N oder RR bis zur 57th Street; oder man geht über die 57th Street zur Seventh Avenue oder nimmt die Buslinie 82 bis Carnegie Hall. Schon seit mehr als hundert Jahren gaben die bedeutendsten Künstler unseres Planeten sich hier ein Stelldichein. (Telefon der Konzertkasse und für Führungen: 247 7800.) 45minütige Führungen. Ein weiteres großes Haus für musikalische Darbietungen ist die **Merkin Hall,** 129 West 67th St, Tel. 362 8719. Außerhalb Manhattan hat sich Konzerthalle der **Aaron Copland School of Music** beim Queens College, Tel. 718-793 8080, etabliert.

TANZ & OPER

Amato Opera Company, 319 Bowery, Tel. 228 8200, mit 200 Aufführungen pro Jahr und einer spielfreien Sommerpause.
BAM Opera House, Brooklyn Academy of Music, 30 Lafayette Ave, Brooklyn, Tel. 718-636 4100.
Light Opera Company of Manhattan, Playhouse 91, 316 East 91st St, Tel. 831 2000.
Opera Orchestra of New York, 239 West 72nd St, Tel. 799 1982.
In zwei Village-Restaurants, dem **Asti,** 13 East 12th St, Tel. 741 9105 und bei **Bianchi & Margherita,** 186 West 4th St, Tel. 242 2756, schlüpfen Kellner und Kellnerinnen in die Rollen von Opernstars.

Es gibt viele Tanzensembles in der Stadt, wie z. B. die **Martha Graham Dance Company,** die **Alvin Ailey American Dance Group,** und das **Dance Theater of Harlem.** Andere Tanztruppen kann man in folgenden Einrichtungen sehen:
City Center, 131 West 55th St, Telefon: 246 8989.
The Joyce Theater, 175 Eighth Ave, Tel. 242 0800.
Dance Theater Workshop, 219 West 19th St, Tel. 924 0077.
Symphony Space, 2537 Broadway, Tel. 864 5400.
Wave Hill, 249th St/Independence Avenue, Riverdale, Tel. 718-549 3200. Nur im Sommer gibt es Freilichtveranstaltungen.
Danspace, St. Mark's Church, Second Ave, Ecke East 10th St, Tel. 674 4100.
Brooklyn Academy of Music, 30 Lafayette Ave, Brooklyn, Tel. 718-636 4100.

ZEITGENÖSSISCHE MUSIK

Madison Square Garden, Seventh Ave zwischen 31st und 33rd St, Tel. 465 6741.
Radio City Music Hall, Sixth Ave, Ecke 50th St, Tel. 247 4777.
Symphony Space, 2537 Broadway, Tel. 864 5400.
Town Hall, 123 West 43rd St, Telefon: 840 2824.
Beacon Theater, Broadway, Ecke 74th St, Tel. 496 7070.
Apollo Theater, 253 West 125th St, Tel. 749 5838.

Und ein kleines Stück außerhalb:
Meadowlands Arena, East Rutherford, New Jersey, Tel. 201-935 3900.
Nassau Coliseum, Uniondale, Long Island, Tel. 516-794 9300.

THEATER

Nur wenige der insgesamt 38 Broadway-Theater befinden sich auch tatsächlich direkt am Broadway, die Vorverkaufsstelle **„half-price ticket booth** (TKTS)“, finden Sie allerdings wirklich dort, und zwar in Höhe der 47th Street. Hier bekommt man am Tag der Vorstellung mit etwas Glück verbilligte Karten, weswegen sich schon früh eine entsprechende Warteschlange bildet. Bei Preisen um $ 65 oder mehr für eine reguläre Eintrittskarte lohnt sich das Warten aber vielleicht. In Haus Nummer zwei des World Trade Center gibt es noch eine **TKTS-Kasse,** außerdem natürlich zahlreiche Vorverkaufsstellen – hier kann vielleicht das Hotelpersonal einen Tip geben. Was gerade wo auf dem Spielplan steht, liest man wiederum am besten in der *New York Times* (sowie auch in *The New Yorker* und in der Zeitschrift *New York*). Ob es für die gewünschte Vorstellung noch Karten gibt, erfährt man nur direkt am jeweiligen Theater.

Die Alternative zum Broadway ist das Off-Broadway, das qualitativ nicht schlechter ist, nur daß es eben in kleineren Räumen stattfindet. Die meisten Off-Broadway-Theater und auch die noch preiswerteren und sehr engagierten Off-Off-Broadway-Theater sind im Bereich von Greenwich Village zu finden. Hier ist auch der Theaterkomplex des **Public Theater** (sieben Theater in einem Haus, 425 Lafayette St, Tel. 598 7150) wo u. a. *Hair* und *A Chorus Line* entstanden, die später Welthits wurden. Das **Theater for the New City,** 155 First Ave (Tel. 254 1109), ist einer von vielen Schauplätzen moderner Theaterarbeit mit sehr experimentierfreudigen Künstlern.

Nur ein paar Häuserblocks vom Times Square entfernt, hat sich entlang der West 42nd Street (zwischen Ninth Ave und Tenth Ave) unter dem Namen **Theater Row** eine Gruppe von Off-Broadway-Theatern angesiedelt. Die vollständigsten aktuellen Spielpläne der kleineren Theater finden Sie in der *Village Voice*. Nützliche Telefonnummern, wenn es um mehr Informationen und um Eintrittskarten geht, sind: Tel. 765-ARTS (2787), eine kostenlose 24-Stunden-Hotline; Tel. 768-1818; und *The Broadway Line,* Tel. 563 2929.

KINO

Filmpremieren finden in der Regel in den Kinos der City statt (Ausnahmen bestätigen diese Regel). Die größten Innenstadtkinos liegen in der Gegend des Times Square, weitere westlich des Broadway zwischen der 50th und 60th St und östlich zwischen der 50th und 70th St sowie in der Upper East Side an der East 34th St nahe der Third Avenue; der Rest der großen Kinos liegt an der East 34th Street, nahe der Third Avenue, und in Greenwich Village. Die Tageszeitungen und die Zeitschriften *The New Yorker* und *New York* bringen jeweils das vollständige aktuelle Kinoprogramm.

Etwas kleinere Kinos gibt es überall in der Stadt; eine Reihe von ihnen ist spezialisiert auf bestimmte Programme wie: alte Filme, Filme mit bestimmten Stars, Kulturfilme, experimentellen Film oder Genre-Filme. Das **French Institute,** 22 East 60th St, Tel. 355 6160, und die **Japan Society,** 333 East 47th St, 752 0824, zeigen ausländische Filme im Original mit oder ohne englische Untertitel. Zu den Filmtheatern, die vorwiegend Film-Klassiker und andere besondere Filme zeigen, gehören das **Cinema Village,** 22 East 12th St, Tel. 924 3363; **Film Forum,** 209 West Houston St, Tel. 727 8110; **Anthology Film Archives,** 32 Second Avenue, Tel. 505 5181 und das **Walter Reade Theater** beim Lincoln Center, Tel. 875 5600. Schauplatz des alljährlichen New York Film Festival ist das Lincoln Center.

FESTE & VERANSTALTUNGEN

Schon möglich, daß es jemand gibt, der nach New York reist, um sich dort auszuruhen, aber das ist gewiß äußerst selten der Fall, denn in dieser Stadt ist an jedem Tag des Jahres 24 Stunden lang etwas los. Auf Initiative einiger lebenslustiger Sportler und Jazzmusiker wird New York deshalb auch seit den goldenen zwanziger Jahren „The Big Apple“ (der große Apfel) genannt.

Wer die Zeit hat, seinen New-York-Besuch einige Zeit im voraus zu planen, der sollte an das New *York Convention & Visitors Bureau* in Two Columbus Circle, New York 10019, NY, schreiben und um Zusendung eines kostenlosen Veranstaltungsprogramms („free calendar of current events“) bitten. Hier einige der alljährlichen Ereignisse:

Januar

– Sylvester-Feier (New Years Eve celebrations) auf dem Times Square; mit Feuerwerk im Central Park, im Prospect Park in Brooklyn und im South Street Seaport (Überseehafen).
– Eröffnung der Pferderennsport-Saison im Aqueduct Racetrack (Rennbahn) in Queens (die Saison geht bis Ende April).
– National Boat Show (Boots-Ausstellung) im Jacob K. Javits Convention Center.
– Greater New York International Auto Show (Internationaler Automobil-Salon), im Coliseum.
– Ice Capades (Eislauf-Show), Madison Square Garden.
– Saisonbeginn der Metropolitan Opera im Lincoln Center (Spielzeit bis März).
– Saisonstart des New York City Ballet im Lincoln Center (Aufführungen bis Ende Februar).
– Beginn der Konzertsaison des New York Philharmonic Orchestra (Januar bis Mai) im Lincoln Center.
– Basketball der Studentenmannschaften im Madison Square Garden.
– Chinesisches Neujahrsfest (Chinese New Year), zehn Tage; beginnt manchmal auch erst Anfang Februar.

Februar

– Monat der Geschichte der schwarzen Bevölkerung (Black History month); Veranstaltungen überall in der Stadt.
– Blumenschau (flower show), New York Botanical Garden, Bronx.
– Hundeschau des Westminster Kennel Club (dog show), Madison Square Garden.
– Nationale Antiquitätenausstellung (National Antiques Show), im Madison Square Garden.
– Washington's Birthday Parade (Parade zu Washingtons Geburtstag), Fifth Avenue (19. Februar).

März

– Volksmusikfestival (Folk Festival), Snug Harbor, Staten Island.
– Katzenschau, Madison Square Garden.
– Paraden zum St. Patrick's Tag (17. März) und zum Tag der Griechischen Unabhängigkeit (25. März), beides auf der Fifth Avenue.
– Blumenschau von New York (Flower Show), Pier 92, in Höhe der 51st St.
– Show der Zirkustiere (Circus Animal Walk) und die Ringling Brothers, Barnum & Bailey Circus (etwa 23. März).
– Art Expo (Kunstausstellung), Javits Convention Center.
– Filmfestival der Nachwuchsregisseure (New Directors' Film Festival), Museum of Modern Art.

April

– Auftakt der Baseballsaison: New York Yankees gegen New York Mets.
– Macy's Frühlungsblumen-Schau (Spring Flower Show).
– Osterparade (Easter Parade) auf der Fifth Avenue.
– New York Black Expo, Pier 88.
– Stuyvesant Park Festival, Second Ave.
– Spielzeit des New York City Ballet (bis Juni), Lincoln Center.

Mai

– Eröffnung der Strandsaison in New York.
– Rodeo-Meisterschaft der schwarzen Bevölkerung (Black World Championship Rodeo), Harlem.
– Parade am Solidarity Day, Fifth Avenue.
– Parade am Tag der Armee (Armed Forces Day Parade), Fifth Avenue.
– 9th Avenue International Food Festival
– (Internationales Festival des Essens), 9th Avenue.
– Martin Luther King Parade, Fifth Avenue (um den 20. Mai).
– Salute to Israel Parade, Fifth Avenue.
– Park Avenue Festival.
– Turtle Bay Festival.
– Ukrainian Festival, 7th Street und Second Avenue.
– Brooklyn Heights Promenade Art Show (Kunstausstellung), Brooklyn Heights.
– Memorial Day Parade, Broadway und 72nd Street.

Juni

– Gay Pride Day Parade (Parade der Homosexualität), Fifth Avenue.
– Second Avenue Festival, 68th Street.
– Kostenlose Aufführungen der Metropolitan Opera in den Parks aller Stadtbezirke.
– Kunstausstellung unter freiem Himmel (Central Park South outdoor art show), Central Park.
– Snug Harbor Sculpture Festival (Festival der Bildhauerei), bis Oktober, im Snug Harbor Cultural Center, Staten Island.
– Puerto Rican Day Parade, Fifth Avenue.
– Flag Day events (Programm zum Tag der Flagge), Fraunces Tavern Museum.
– Blumenschau (Flower Show), bis Oktober, New York Botanical Garden, Bronx.
– JVC Jazz Festival, an vielen Plätzen.
– 52nd Street Festival.
– Fest des St. Anthony, Little Italy.
– Lexington Avenue Festival.
– Queens Festival.

Juli

– Kostenlose Shakespeare-Aufführungen im Central Park (bis August) und im Prospect Park in Brooklyn.
– Kostenlose Konzerte am South Street Seaport (Überseehafen).
– Kostenlose Konzerte im Sommergarten des Museums für moderne Kunst (Free Museum of Modern Art Summergarden concerts).
– Hafen-Fest (Harbor Festival), Parade, Feuerwerk am 4. Juli.
– Mount-Carmel-Fest (Feast of Mount Carmel), Bronx.
– Musik-Festival auf dem Washington Square.
– New York City Opera, Lincoln Center.
– Festival Italiana, Carmine Street.
– Indianische Sommersonnenwendfeier (American Indian Midsummer Pow Wow), Queens County Farm Museum.
– Kostenlose Parkkonzerte des New York Philharmonic Orchestra in allen Stadtteilen, bis in den August hinein.
– Serious Fun! (Ernsthaftes Vergnügen!), Lincoln Center – innovative „*performances*" im Bereich Musik und Tanz.

August

– Lincoln Center Out-of-Doors Festival (Festival im Freien).
– Harlem-Woche (Harlem Week).
– India Day Parade (Parade am Indien-Tag).
– Musik-Festival auf dem Washington Square.
– Kunstausstellung auf dem Washington Square (Washington Square Art Show).
– Sommerfest auf der Third Avenue (Third Avenue Summerfest).
– Festival of the Americas, Sixth Avenue.
– Richmond County Fair, Staten Island.

September

– US Open Tennis Championships (offene amerikanische Tennismeisterschaften), Flushing Meadows, Queens.
– Saisonstart im (American) Football.
– San Gennaro Festival, Little Italy.
– Beginn der Konzertsaison des New York Philharmonic Orchestra, Lincoln Center.
– Third Avenue Fair (Messe auf der Third Avenue).
– „New York is Book Country" Buchmesse im Freien (outdoor publishers' trade show), Fifth Avenue, in Höhe der 59th St.
– West Indian American Day Parade, Brooklyn.
– Landwirtschaftsmesse (Agricultural fair) auf dem Gelände des Queens County Farm Museum.
– Spielzeitbeginn der Metropolitan Opera (Metropolitan Opera season opens), bis Mai, im Lincoln Center.
– Die UN-Vollversammlung beginnt ihre Sitzungsperiode.
– Schoner-Regatta (Schooner Regatta), South Street Seaport (Überseehafen).
– Columbus Avenue Festival.

Oktober

– Die Basketballsaison der New York Knicks und die Hockeysaison der New York Rangers beginnt im Madison Square Garden.
– Erntedankfest (Harvest Festival), Tibetan Art Museum, Staten Island.
– Pferderennen der Vollblüter (winter horse-racing season) auf dem Aqueduct Racetrack, Queens.
– Lexington Avenue Festival.
– Next Wave Festival (Festival der neueren Musik) in der BAM, Brooklyn Academy of Music; Aufführungen mit experimenteller Musik.
– Zirkusvorstellungen des Big Apple Circus (bis Januar) im Lincoln Center.
– Pulaski Day Parade (Parade der polnischen Gemeinde), Fifth Avenue.
– Hispanic Day Parade (Parade am Spanischen Tag), Fifth Avenue.
– Columbus Day Parade, Fifth Avenue.
– Halloween Parade (der amerikanische Faschingsumzug); beginnt in Greenwich Village, endet mit einer riesigen Party am Washington Square.

November

– New York City Marathon, von Staten Island zum Central Park.
– Macy's Thanksgiving Day Parade (Erntedankfest-Parade).
– Christmas Star Show (der Sternenhimmel zu Weihnachten), Hayden Planetarium.
– Große Weihnachts-Gala-Revue (Christmas Holiday Spectacular), Radio City Music Hall.
– Beginn der Wintersaison des New York City Ballet.
– Veterans' Day Parade (Parade zum Tag der Kriegsveteranen), Fifth Avenue.
– US-Pferdeschau (National Horse Show), Madison Square Garden.
– Origami Christmas Tree (Origami-Weihnachtsbaum), Museum of Natural History.

Dezember

– Weihnachtsdekoration in der Fifth Avenue.
– Giant Christmas Tree (riesiger beleuchteter Weihnachtsbaum), Rockefeller Center.
– Giant Hanukkah Menora, Grand Army Plaza, Brooklyn.
– Holiday Show, Brooklyn Botanic Garden.
– *The Nutcracker* (Die Nußknacker-Suite), getanzt vom New York City Ballet, im Lincoln Center.

Nachtleben

LIVE-MUSIK

Klubs kommen und gehen in New York noch schneller als Restaurants. Einige alteingesessene, wie das Village Vanguard oder den Rainbow Room, gibt es schon ewig, andere aber, vor allem Diskos und Tanzklubs, haben oft nur eine kurze Lebensdauer, und so plötzlich, wie sie aufgetaucht sind, verschwinden sie wieder – buchstäblich über Nacht. Deshalb ist es ratsam, vor einem geplanten Klubbesuch in die aktuelle Übersicht des Wochenblattes *The New Yorker,* der Zeitschrift *New York,* der *New York Press* oder der *Village Voice* hineinzuschauen.

Die folgende Zusammenstellung ist eine Auswahl aus den besten Klubs von New York. Die Programme variieren zwischen verschiedensten Arten von Musik (live oder von Tonträgern), Theater, Cabaret und bisweilen auch Dichterlesungen, wobei jeder Klub natürlich seinen eigenen Schwerpunkt setzt. Die Geschäftsbedingungen (Eintrittspreise bzw. Kosten pro Gedeck, Reservierungsmodus, Programmzeiten etc.) sind von Klub zu Klub und manchmal auch von Programm zu Programm verschieden, so daß es sehr sinnvoll ist, vorher anzurufen und sich zu erkundigen. Eine (sehr grobe) Faustregel: Bei Live-Programm mit bekannten Stars muß der Gast pro Person $ 15 bis $ 25 oder mehr zahlen, ein Drink kostet $ 3 und mehr. Die Live-Auftritte beginnen selten vor 21 oder 22 Uhr, zu den Ausnahmen gehören die Mittags-Brunch-Sessions der Jazzklubs an Wochenenden. Tanzklubs öffnen überwiegend erst nach Mitternacht.

Und wie zieht man sich an für den Klubbesuch? Zumeist locker bis punkig, wenn es um Jazz, Rockmusik, Folk und Artverwandtes und um Unterhaltungstheater geht. In Nachtklubs und Kabaretts trägt man meist Dinnerjackets. In manchen Luxus-Diskos der Elite-Klasse spielt die Kleidung der Gäste eine entscheidende Rolle: Ob man hier nach der neuesten Mode gestylt ist oder nicht, könnte darüber entscheiden, ob der Diskobesuch vielleicht schon an der Eingangstür endet.

JAZZ

THE VILLAGES

Blue Note, 131 West 3rd St, Tel. 475 8592. Im West Village sind vier der berühmtesten amerikanischen Jazzklubs zu Hause. Blue Note ist seit Jahren an jedem Wochenende aus gutem Grunde brechend voll: Hier wird allerbester Mainstram-Jazz geboten – von den Größen der Jazzgeschichte bis zur Gegenwart. Kürzlich waren hier im Verlauf eines typischen Monats das Modern Jazz Quartet, Herbie Hancock, Joe Zawinul, Etta James, Tony Williams und Billy Cobham zu hören. Wer aber auf größere Menschenansammlungen eher klaustrophobisch reagiert, der wird vielleicht das (gemütlichere) Jazz-Brunch am Wochenende einer Nacht-Session vorziehen.

Bradley's, 70 University Pl, Tel. 228 6440. Eine kleine, sehr intime Jazzbar mit Restaurant. Gemessen an der Winzigkeit des Lokals sind die Preise gesalzen, aber Musikliebhaber kommen voll auf ihre Kosten.

Fat Tuesday, 190 Third Ave, in Höhe der 17th St, Tel. 533 7902. Ein ruhiger kleiner Jazzklub, dessen Stärke die bekannte Musik bekannter Namen aus altbekannten Zeiten ist. In einem für diesen Klub typischen Monat dominierten die Namen Mose Allison, Charlie Bird und Les Paul.

Sweet Basil, 88 Seventh Ave South, Tel. 242 1785. Sweet Basil ist ein weiteres im Bunde der ehrwürdigen Jazz-Domizile von West Village. Was hier vorzugsweise zu hören ist, soll weder schockieren noch herausfordern; Mainstream-Jazz vom Feinsten. Gleichzeitig ein Supper Club mit Jazz-Brunch am Samstag- und Sonntagnachmittag, eine sehr angenehme Einrichtung, nicht zu laut und recht preiswert.

Village Vanguard, 178 Seventh Ave South, Tel. 255 4037. Gegründet vor mehr als fünfzig Jahren in einem Keller in Greenwich Village; damals ein Forum, das unter anderem so überragenden Talenten wie Miles Davis und John Coltrane Gelegenheit zum Auftritt bot. Heute gibt es – anstelle des Flairs der Pionierzeit – im Village Vanguard die besten Stücke und Interpreten des Mainstream-Jazz. Nicht so aufregend wie in der „guten alten Zeit", aber allemal schwungvoll genug, um in Stimmung zu kommen. Sehr angenehm und immer noch sehr beliebt: Wer nicht vergeblich hingehen möchte, sollte seinen Platz rechtzeitig reservieren.

Zinno, 126 West 13th St, Tel. 924 5182. Das sympathische Zinno ist zugleich Café und Supper Club. Es erklingt leichter, gefälliger Jazz auf dem Piano, dem man auch von einem wundervollen Garten aus lauschen kann.

MIDTOWN

Five Spot, 4 West 32 St, Tel. 631 0100, Neueres, aber bereits traditionsreiches Jazzlokal in einem reich verzierten alten Ballsaal.

UPPER WEST SIDE

Birdland, 2745 Broadway, Ecke 105th St, Tel. 749 2228. Die Antwort der Upper West Side auf die Village-Jazz-Szene heißt „Jazz live und feine Küche sieben Tage die Woche". Hier gibt es keine Musik der großen Namen, trotzdem guten professionellen Mainstream, nicht selten von Künstlern aus der Umgebung. Das Publikum: ausgesprochene Jazzliebhaber und Studenten der Columbia University.

Iridium, 44 West 63rd St, Tel. 582 2121. Seit seiner Eröffnung im Frühjahr 1994 hat das Lokal einige Jazz-Prominenz auf die Bühne gebracht. Auf alle Fälle einen Besuch wert.

ROCK, FOLK, FUNK & TANZ

MIDTOWN

The Academy, 234 West 43rd St, Tel. 840 9500. In einem früheren Theater entstand eine der besten Konzerthallen der Stadt. Die Sitze im Parkett wurden abgebaut, so daß es genügend Platz zum Tanzen gibt. Hier tritt von der harmlosen Rockgruppe bis zur Insider-Grunge-Band alles auf, was die Veranstalter buchen können.

Club USA, 218 West 47th St, Tel. 869 6103. Ein riesiger, durchdachter Vergnügungstempel auf mehreren Ebenen und mit vielen Räumen in der Gegend um den Times Square. Derzeit einer der außergewöhnlichsten Tanzklubs der Stadt.

Rodeo Bar, 375 Third Ave, Ecke 27th St, Tel. 683 6500. Wie der Name schon ahnen läßt, hat diese Bar den kitschigen Wilden Westen zu ihrem Thema gemacht. Cowboy-Rock mit Gruppen wie *Asleep At The Wheel* (am Steuer eingeschlafen). Die Stimmung: „locker vom Hocker".

Roseland, 239 West 54nd St, Tel. 247 0200. Ursprünglich ein Ballhaus, treten heute hier avantgardistische Rockbands und andere unkonventionelle Künstler auf.

Sweetwaters, 170 Amsterdam, in Höhe der 68th St, Tel. 873 4100. Ein prunkvoll edles Etablissement nicht weit vom Lincoln Center entfernt; hierher gehen die Leute mit dem entsprechenden Kleingeld zum Speisen und Tanzen nach Soul, Funk, Jazz, Salsa und auch gelegentlich moderneren Rhythmen. Der Live-Musik im Restaurant/Kabarett folgt zu späterer Stunde die Diskoparty, Fr und Sa ab Mitternacht bis Ultimo.

The Supper Club, 240 West 47th St, Tel. 921 1940. Romantisch, in violetten Tönen gehaltener Klub im Stil der vierziger Jahre, man speist und tanzt zur

Musik verschiedener Combos und Orchester. Auf der Bühne manchmal aber auch Künstler wie Bob Dylan oder David Byrne. Im Herzen des Theaterviertels des Broadways.

THE VILLAGES/SOHO

The Bitter End, 147 Bleecker St, Telefon: 673 7030. U. a. durch Namen wie Bob Dylan zu einem der Wahrzeichen von Greenwich Village geworden. Folk, Folk-Rock, Soft-Rock, Blues, Unterhaltungstheater, Kabarett. Ein klassisches Beispiel für die bleibende Faszination, die eine unbürgerliche Lebensweise auf Bürger ausübt – vor allem auf junge erwachsene Touristen, die das Bitter End besonders gern mögen. Am Wochenende oft sehr voll.

The Bottom Line, 15 West 4th St, Telefon: 228 7880. Ein kleiner, liebenswürdiger Klub im Herzen von Greenwich Village. Hier wird vor allem Folk und Blues gespielt. Äußerst beliebt bei College-Student(inn)en: Für „ihre" Stars stehen sie eine Woche im voraus nach Karten an und dann stürmen sie die besten Plätze. Danach allerdings lassen die angenehme Atmosphäre und die Qualität der Musik alles andere vergessen.

CBBG & OMFUG, 315 Bowery, Ecke Bleecker St, Tel. 982 4052. Die Geburtsstätte des amerikanischen Punk und nach wie vor ein maßgeblicher Platz für Punkmusik, gleichzeitig eine Art Museum des musikalischen Zeitgeists von 1977. Innen dumpfig und düster (wie es sich gehört), liegt das CBBG (ebenso passend) mitten in der elenden Bowery und ist auf seine Art ein genauer Gegenpol zum offiziellen amerikanischen Glamour: liebenswürdig – wenn man es zu nehmen weiß. Die Bands, die hier spielen, sind meist völlig unbekannt, denn es gehört zum Prinzip des CBBG, für neue Gruppen des Punk- und Grunge-Underground offen zu sein, natürlich auch für die abenteuerlichsten Frisuren. Allemal einen Besuch wert. Am besten, man geht so schäbig angezogen wie möglich (ohne aber unterwegs als „Stadtstreicher" aufgegriffen zu werden) und genießt den Ausflug in die Slums.

Delia's, 197 East 3th St, Tel. 254 9184. Ein kleiner, aber erstklassiger Platz, wo man gut zu Abend essen und zeitgenössischer Musik lauschen kann.

The Mercury Lounge, 217 East Houston St, Tel. 260 4700. Klein und nüchtern, mit hervorragender Akustik. Der Klub ist fest in der Hand anvantgardistischer Musik und ihrer Anhänger und ist zugleich eines der besten der vielen Lokale der Lower East Side zwischen Houston und Ludlow Street.

Sin-é, 122 St. Mark's Place (gleich unterhalb der Avenue A), Tel. 982 0370. Folkmusik, meist irischer Gangart, in einer beliebten entspannten Café ohne Alkohollizenz, was der Stimmung keinen Abbruch tut.

Webster Hall, 125 East 11th St, Tel. 353 1600. Ein weiterer großer In-Klub, der im Vergleich zu anderen Lokalen in East Village allerdings weniger glatt ist. Geöffnet Do-Sa ab 22 Uhr. Viel schwarz gekleidetes Jungvolk, das zu Musik von Rock und Reggae bis House die Nacht durchtanzt. „Themennächte" mit viel „psychodelia".

Wetlands, 161 Hudson St, südlich der Canal St, Tel. 966 4225. Das Wetlands liegt im TriBeCa und ist Bar und Klub zugleich, mit einer Vorliebe für gute Stimmung und darum bemüht, den Geist der Hippie-Ära wachzuhalten: mit erstaunlichem Erfolg – trotz seiner Lage mitten in Manhattan. Auf dem wöchentlichen Programm stehen Rockbands im Stil der sechziger Jahre (psychedelisch wie die Musik von Grateful Dead bzw. Led Zeppelin nachempfunden), Folk aus der Akustik-Gitarre, Reggae, Jazz und Funk. Die Stimmung ist sehr gelöst und weicher, als der harte Stil anderer Musikklubs. „Peace" heißt die (unausgesprochene) Parole.

CHELSEA/UNION SQUARE

Chicago Blues, 73 Eighth Avenue (Höhe 14th St), Tel. 924 9755. Authentische Blues-Sänger und -Bands auf dem Ursprungsland des Blues, versetzt in ein gemütliches New Yorker Lokal.

Irving Plaza, 17 Irving Place, Tel. 777 6800. Ein vergammelter Saal mit allen möglichen Attraktionen von Jazz bis Rock und Kunstperformances nur für Erwachsene. Der Klub ist neu, er mag morgen noch bestehen, oder auch nicht.

Nell's, 246 West 14th St, Tel. 675 1567. Früher war dies ein bekannter Tanzklub, doch der Ruhm ist verblaßt. Das hat aber den Vorteil, daß man jetzt leichter hineinkommt, auch wenn man nicht Filmstar oder von königlichem Geblüt ist. Dennoch verkehren hier noch ein paar Prominente.

Tramps, 45 West 21st St, zwischen 5th Ave und 6th Ave, Tel. 727 7788. Ein Musikklub in Chelsea; hier kann man mit „Bayou-Flair" eine angenehme Zeit verbringen. Regelmäßig das Beste aus Cajun, Zydeco, Rock und Südstaaten-Boogie. Unprätentiös, reichlich Vergnügen.

UPPER EAST SIDE

Manny's Car Wash, 1558 Third Avenue, Tel. 369 2583. Ein willkommener Zuwachs zur praktisch nicht exsistenten Upper-East-Side-Musikszene. Funky. Hier steht man auf Blues im Chicago-Stil. Sonntag nacht Jam-Sessions bei freiem Eintritt.

HARLEM

Apollo Theater, 253 West 125th St, Tel. 749 5838. Ein bereits legendäres Forum für jede Art von amüsanter Unterhaltung.

Cotton Club, 125th St, in Höhe des Westside Hwy, Tel. 663 7980. Dem Cotton Klub gelingt es tatsächlich, den Geist des Jazzzeitalters von Harlem vor seinem heutigen Publikum lebendig werden zu lassen. Zum Abendessen und zum Tanzen kommen Massen von äußerst schick angezogenen Leuten (dabeisein ist für sie schon viel). Was hier gespielt wird: erstklassige zeitgenössische Soul-Musik.

Showman's Café, 2321 Eighth Ave, Tel. 864 8941. Gutes Essen, aufregende Musik, nette Leute.

THE OUTER BOROUGHS

Lauterbach's, 335 Prospect Ave, in Höhe der Sixth Ave, Tel. 718-788-9140. Dieser Klub in Brooklyn sieht aus wie ein heruntergekommener, schäbiger Bunker, die Atmosphäre ist dementsprechend zwanglos und privat. Das Essen ist schrecklich. Aber wer in Brooklyn auch mal einen Rockklub kennenlernen will, ist hier genau richtig: aufstrebende neue Bands setzen jede Menge rebellische Energie (und natürlich auch Lärm) frei.

NEW JERSEY

Maxwell's, 1039 Washington St, Hoboken, New Jersey, Tel. 201-798 4064. Ein sehr erfolgreicher Klub, dessen Kunden vor allem aus New York City und aus „Joisey" (Jersey City) kommen. Eine Stärke des Maxwell sind die sehr guten Gruppen des Underground-Rock und des „independent label rock", die hier auftreten; diese Musik ist aufregender und wilder als die der meisten anderen Klubs. Wer deshalb lange bleibt, muß sich darauf einstellen, daß die Rückfahrt über den Hudson nach Manhattan eventuell etwas abenteuerlich wird: Taxis sind spät nachts nicht nur seltener, sondern auch teurer, besonders, wenn an den Tunneln und Brücken (wie jeden Sommer) Reparaturarbeiten im Gange sind.

AVANTGARDE

The Knitting Factory, 74 Leonard Street, zwischen Broadway und Church St, Tel. 219 3055 und 219 3006. Dieses Mekka der eklektischen Avantgarde ist wieder zurückgekehrt ins Herz von TriBeCa. Vielleicht der bestgeeignete Platz im ganzen Land, um die allerneueste Welle des experimentellen Jazz, der Rock-Musik und der Poesie (oder irgendeiner möglichen Kombination von diesen dreien) mitzukriegen. Hier treten regelmäßig die führenden Leute der Musikszene von Downtown New York auf, darunter John Zorn, Elliot Sharp und die Lounge Lizards; aber die Sieben-Tage-Programme der Knitting Factory sind viel zu erfinderisch und zu breit gefächert, um in eine feste Kategorie zu passen. Legere Kleidung, die Atmosphäre ist für einen „In"-Klub erstaunlich locker.

INTERNATIONAL

S.O.B.'s, 204 Varick St, Ecke Houston St, Tel. 243 4940. Restaurant & Musik-Klub in SoHo. Der Name bedeutet „Sounds of Brazil", aber das Repertoire geht schon lange darüber hinaus. Heute ist das S.O.B.'s *der* Klub für internationale Tanzmusik. Eines der (typischen) Monatsprogramme aus der jüngsten Zeit gleicht einer Weltreise in Sachen Musik: zeitgenössischer Samba von der brasilianischen Sängerin Margareth Menezes; westafrikanischer Funk von der Gruppe Lez Amazones de Guinea; Reggae-Sänger Alton Ellis aus Jamaica; Schlagzeuger Sipho Mabuse aus Südafrika; die Gruppe Africa Bambata mit Hiphop aus der Bronx; die Gruppe Boo-Yaa Tribe von Samoa; und Johnny Y. Rays Salsa. Wer etwas essen möchte, sollte telefonisch reservieren; später ist Gelegenheit, unerwünschte Kalorien wieder abzutanzen.

KOMIKER/KABARETT

MIDTOWN

Caroline's Comedy Club, 1626 Broadway, Tel. 757 4100. Auf dem Programm stehen regelmäßig neben jungen Nachwuchskomikern die größten Namen der Branche. Wer hier lacht, könnte sich später irgendwann im amerikanischen Fernsehen wiedersehen, denn einige Shows werden fürs Kabelfernsehen aufgezeichnet.

Danny's Grand Sea Palace, 346 West 46th St, Tel. 265 8130. Ein lebhaftes Thai-Restaurant mit Pianobar und Kabarettbühne. Die Show beginnt um ca. 21 Uhr.

Don't Tell Mama, 343 West 46th St, Tel. 757 0788. Hier geht es vor zahlreichem Stammpublikum sehr witzig und unterhaltsam zu, in der Pianobar im vorderen Teil wird des öfteren gesungen; im hinteren Saal läuft ein Non-stop-Kabarett mit Komikern und Schnulzengesang. Zwanglos.

Michael's Pub, 211 East 55th St, Tel. 758 2272. Restaurant und Kabarett mit einem sehr breiten Spektrum: von Broadway- und Fernsehstars über Big-Band-Swing und Jazzsänger vom Schlage eines Mel Torme bis hin zu Voraufführungen von Broadway-Musicals. Äußerlich vielleicht etwas düster, was aber der angenehmen, fast gemütlichen Atmosphäre nichts anhaben kann. Woody Allen tritt einmal in der Woche auf.

The Oak Room, Algonquin Hotel, 59 West 44th St, Tel. 840 6800. Eine dunkel gehaltene Pianobar mit privatem Charakter; sehr bekannte Sänger (hier trat Harry Connick jr., auf, bevor er bekannt wurde).

Rainbow & Stars, 65th Floor, GE Building (30 Rockefeller Plaza), Tel. 632 5000. Ein traditionelles Nachtklub-Kabarett für gesetztere Zuschauer. Der Saal ist ebenso prachtvoll ausgestattet wie der berühmte *Rainbow Room* nebenan und bietet einen nicht minder phantastischen Ausblick auf die Lichter der Stadt. Erstklassige Shows mit den Topstars von gestern. Wer nicht weiß, wohin er seine Mutter mitnehmen soll – hier liegt er richtig.

The Russian Tea Room, 150 West 57th St, Tel. 265 0947. Dieses klassische New Yorker Restaurant besitzt nun ein Kabarett im ersten Stock – dort treten einige der besten Komiker der Stadt auf. Jeden Abend zwei Shows.

UPPER EAST SIDE

Comic Strip, 1568 Second Ave Hohe 82nd St, Tel. 861 9386. Eine ungezwungene und beliebte Testbühne für Nachwuchskomiker, bekannte wie unbekannte. Täglich, mit drei Shows am Wochenende.

CHELSEA/GREENWICH VILLAGE/SOHO

The Ballroom, 253 West 28th St, Telefon: 244 3005. Ein sehr stilvoller Klub mit Restaurant (und einer Tapas-Bar). Für den Ballroom werden die besten Sänger des Landes verpflichtet.
The Duplex, 61 Christopher St, Tel. 255 5438. Ein Lieblingsklub der Homosexuellen in West Village; das (gemischte) Publikum besteht aus freundlichen Leuten, die gern lachen und miteinander lustig sind. Hier begann vor Urzeiten Woody Allen seine Karriere. Nicht alles, was hier geboten wird, ist bekannt oder berühmt, aber die Komiker sind begabt und gutmütig. An manchen Tagen ist es ziemlich voll.

EINKAUFEN

Einkaufen ist in New York ein besonders beliebtes Freizeitvergnügen, mehr noch als in den meisten anderen Städten der USA. Das Besondere hier ist die unglaubliche Vielfalt der Möglichkeiten. Was man nirgends finden konnte, hier kriegt man es doch. Zum Beispiel Kunstwerke; neben den beiden großen Auktionshäusern **Sotheby's** und **Christies,** wo für Weltrekordpreise gezahlt werden, gibt es Hunderte von Kunstgalerien, in denen man herumstöbern kann. Nach Antiquitäten kann man sich in zahlreichen Fachgeschäften umsehen (wie z. B. im **Manhattan Art & Antiques Center,** 1050 Second Ave, Tel. 355 4400; und im **Place des Antiquaires,** 127 East 57th St, Tel. 758 2900), konzentriert in Greenwich Village um den University Place herum, im Bereich der Hudson Street, sowie im Midtown-Abschnitt der Third Avenue und der näheren Umgebung.

Die bekannten Kaufhäuser New Yorks haben natürlich für jeden etwas zu bieten, unterscheiden sich aber etwas in der Art ihrer Kundschaft; die Spanne reicht vom besonders edlen **Bloomingdale's** (Lexington Ave, in Höhe der 59th St) und **Henri Bendel** (712 Fifth Ave) bis zu **Macy's** (151 West 34th St) und **Alexander's** (Lexington Ave und 58th St). Weitere Kaufhäuser (in Midtown und nördlicher) sind das **Saks Fifth Avenue** (611 Fifth Ave); **Lord & Taylor** (Fifth Ave und 39th St); **Bergdorf Goodman** (754 Fifth Ave) und, ganz in der Nähe, eine Filiale des in Tokio beheimateten **Takashimaya** (693 Fifth Ave.).

Den größten Anteil an eleganten Läden findet man in der Upper East Side; die meisten davon in der Madison Ave und der Lexington Ave. Billig ist es hier natürlich nicht. Die allerfeinsten findet man direkt an der Fifth Avenue, zwischen Rockefeller Center und Plaza Hotel, unterbrochen von den unzähligen Warenhäusern in der 57th Street (wo der Erfolg des riesigen Warner Bros. Studio Store zahlreiche ähnlich sortierte Geschäfte nach sich gezogen hat).

Fachgeschäfte für Elektronik und Fotozubehör sind verstärkt beim Times Square angesiedelt sowie entlang der West 42nd Street und auf der Seventh Avenue im Garment District; die meisten dieser Geschäfte sind allerdings auf Touristen eingestellt und haben deshalb nicht unbedingt die günstigsten Preise; diese findet man eher *downtown* im Geschäftsviertel, im Finanzdistrikt, oder auf der Lexington

Avenue in der Nähe des Hauptbahnhofs (Grand Central Station).

Am allerbilligsten aber ist es entweder *downtown* auf der Orchard Street und der Canal Street zwischen der Sixth Avenue und der Third Avenue oder in Greenwich Village, besonders von der Eighth Street bis zu den Straßenhändlern im Bereich des Cooper Square und weiter östlich am St. Mark's Place. Und wer besondere Schnäppchen machen (oder einfach nur Spaß haben) will, besucht natürlich auch die **Flohmärkte** (*flea markets*) von Manhattan, einschließlich des Antiquitätenmarktes (sonntags auf der Sixth Avenue zwischen 25th und 27th Street) und des kleinen Kleidermarktes (New Wave), der an Wochenenden zwischen der Fourth Street und der Great Jones Street auf dem Broadway stattfindet.

Direkt neben dem Cooper-Union-Gebäude gibt es ein paar Antiquariate und Second-hand-Buchläden, von denen vor allem der **Strand Book Store** (828 Broadway, Tel. 473 1452) erwähnenswert ist. Er soll zwei Millionen Druckerzeugnisse auf Lager haben und man kann dort herrlich schmökern. Seit SoHo sich von einer abenteuerlichen Künstlerkolonie zu einem modischen Viertel mit hübschen Läden und Galerien gemausert hat, profitiert auch der Lower Broadway: Hier, nur ein paar Häuserblocks östlich von SoHo, trifft sich besonders am Wochenende alle Welt zum Einkausfsbummel. Vornehm ist es auf der Columbus Avenue im Bereich der 86th Street geworden: Dort sind (freilich auf Kosten der alteingesessenen kleinen Läden) viele neue und feine Boutiquen entstanden. Hier in der Nähe ist auch einer der bekanntesten *„delis“*, der Gourmet-Laden **Zabar's** (2245 Broadway, Tel. 787 2000), das einzige Geschäft seiner Art in der Upper West Side. Mehr *delis* gibt es in SoHo (**Dean & DeLuca,** 560 Broadway), in Greenwich Village (**Balducci's,** 424 Sixth Avenue) und in Midtown East (**Maison Glass,** 111 East 58th Street).

Die großen Querstraßen von Manhattan (8th, 14th, 23rd, 34th, 42nd, 57th, 86th, 125th) eignen sich meist ebenfalls gut zum Einkaufsbummel, wobei die Yorktown-Seite der 86th Street (östlich des Central Park) eindeutig deutschen Charakter hat. Oft genug findet man ja *das* kleine besondere Stück (von dem man freilich gar nicht wußte, daß man es überhaupt gesucht hat) in irgendeinem abgelegenen Laden, in den man rein zufällig stolpert. Daher kann man in aller Ruhe abwarten und Tee trinken.

Hier eine kleine Auswahl bekannter Einkaufsmöglichkeiten, nach Branchen sortiert:

Bücher: *Books & Co.,* 939 Madison Ave, Tel. 737 1450; *Brentano's,* 597 Fifth Ave, Tel. 826 2450; *Complete Traveller Bookstore,* 199 Madison Ave, Tel. 685 9007; *Drama Bookshop,* 723 Seventh Ave, Tel. 944 0595; *Endicott Booksellers,* 450 Columbus Ave, Tel. 787 6300; *Gotham Book Mart,* 41 West 47th St, Tel. 719 4448; *Science Fiction Bookshop,* 163 Bleecker St, Tel. 437 3010; *Murder Ink,* 2486 Broadway, Tel. 362 8905; *Rizzoli,* 31 West 57th St, Tel. 759 2424; *St. Mark's Bookshop,* 13 St. Mark's Place, Tel. 260 7853; *Samuel Weiser,* 132 East 24th St, Tel. 777 6363; *New York Bound,* 50 Rockefeller Plaza, Tel. 245 8503; und das riesengroße *Tower Books,* 383 Lafayette Street, Tel. 228 5100.

Damenkleidung: *Agnes B,* 1063 Madison Ave, Tel. 570 9333, und 116 Prince St, Tel. 925 4649; *Ann Taylor,* 142 West 57th St, Tel. 765 2343; *Betsy Bunki Nini,* 980 Lexington Ave, Tel. 744 6716; *Capezio,* 177 MacDougal St, Tel. 477 5634; *Chelsea Designers,* 128 West 23rd St, Tel. 255 8803; *Emporio Armani,* 110 Fifth Ave, Tel. 727 3240; *Hanae Mori,* 27 East 79th St, Tel. 472 2352; *OMO-Norma Kamali,* 11 West 56th St, Tel. 957 9797; *Harriet Love,* 126 Prince St, Tel. 966 2280; *Putumayo,* 857 Lexington Ave, Tel. 734 3111; *Yves Saint Laurent,* 855 Madison Ave, Tel. 988 3821.

Herrenkleidung: *Barney's,* 106 Seventh Ave, Tel. 929 9000, und 660 Madison Ave, Tel. 826 8900; *Brooks Brothers,* 346 Madison Ave, Tel. 682 8800; *Burberry's,* 9 East 57th St, Tel. 371 5010; *Countess Mara,* 445 Park Ave, Tel. 751 5322; *J. Press,* 16 East 44th St, Tel. 687 7642; *Mano a Mano,* 580 Broadway, Tel. 219 9602; *Orvis,* 355 Madison Ave, Tel. 697 3133; *Paul Stuart,* Madison Ave/45th St, Tel. 682 0320.

Kleidung für Damen und Herren: *Armani Exchange,* 568 Broadway, Tel. 431 6000; *Barney's,* 106 Seventh Ave, Tel. 929 9000, und 660 Madison Ave, Tel. 826 8900; *Brooks Brothers,* 346 Madison Ave, Tel. 682 8800; *Burberry's,* 9 East 57th St, Tel. 371 5010; *Charivari,* 257 Columbus Ave, Tel. 787 7272; *Polo-Ralph Lauren,* 867 Madison Ave, Tel. 606 2100; *J. Crew,* 203 Front St (beim Überseehafen South Street Seaport), Tel. 385 3500. Wer günstig Designer-Klamotten sucht, sollte für Herrenkleidung das *Pan Am,* 59 Orchard St, Tel. 925 7032 besuchen; für Damenkleidung das *Loehmann's,* 5746 Broadway in der Bronx, Tel. 543 6420; für beide Geschlechter: das *Century Twenty One,* 22 Cortlandt St in Lower Manhattan, Tel. 227 9092; *Daffy's,* 111 Fifth Ave, Tel. 529 4477; und *Filene's Basement,* 2220 Broadway, Tel. 873 8000.

Pelze: Eine Reihe von Kürschnern bzw. Pelzhändlern gibt es unweit der Seventh Avenue zwischen der 27th und 30th St, einige von ihnen unauffällig in einer der höheren Etagen versteckt. Diejenigen, die Händler und Kürschner zugleich sind, haben meist einen entsprechenden Hinweis im Laden. Aber man kann auch Pelze mieten, z. B. bei *Rent-a-Fur,* 231 West 29th St, Tel. 268 6225; oder bei *Sekas International,* 330 Third Avenue, Tel. 629 6059.

Fotokameras und Zubehör: *Willoughby's,* 110 West 32nd St, Tel. 564 1600; *47th Street Photo,* 67 West

47th St, Tel. 921 1287; *Hirsch Photo,* 699 Third Ave, Tel. 557 1150.

Elektronik-Ausrüstung: *47th Street Photo,* 67 West 47th St und 115 West 45th St, Tel. 921 1287; *The Fone Booth,* 12 East 53rd St, Tel. 751 8310; *The Sharper Image,* 4 West 57th St, Tel. 265 2550 (mit weiteren Filialen).

Musikläden: *Sam Goody,* 575 Fifth Ave, Tel. 986 8410; *House of Oldies,* 35 Carmine St, Tel. 243 0500; *Jazz Record Center,* 236 West 26th St, Tel. 675 4480; *Tower Records,* 692 Broadway, Tel. 505 1500. *HMV* (His Masters Voice) hat zwei gigantische Musikgeschäfte eröffnet, eines in der 86th St, Ecke Lexington Ave (vielleicht des größte der USA), das andere in der 72th St, in Höhe des Broadway, Tel. 721 5900.

Sportartikel: *Herman's,* 845 Third Ave, Tel. 688 4603, und Filialen; Scandinavian Ski & Sports, 40 West 57th St, Tel. 757 8542; *Paragon,* 867 Broadway, Tel. 255 8036.

Spielzeug: *FAO Schwartz,* Fifth Ave, in Höhe der 58th St, Tel. 644 9400; *Pennywhistle,* 448 Columbus Ave, Tel. 873 9090; *Tenzing & Pema,* 956 Madison Ave, Tel. 288 8780; *The Enchanted Forest,* 85 Mercer St, Tel. 925 6677.

Einen Besuch wert sind auf jeden Fall auch die folgenden Einkaufszentren: *A&S Plaza,* Sixth Ave, in Höhe der 33rd Street; *Citicorp Center,* Lexington Ave, in Höhe der 53rd Street; *South Street Seaport,* Fulton Street in Höhe der Water Street; *World Financial Center,* Battery Park City; und das *World Trade Center,* West Street in Höhe der Vesey Street.

KLEIDERGRÖSSEN

Die folgende Tabelle zeigt die Kleidergrößen der USA und des europäischen Festlandes im Vergleich. Man sollte aber in jedem Fall die Kleidungsstücke seiner Wahl vor dem Kauf anprobieren, weil sie in der Größe oft etwas unterschiedlich ausfallen.

Damen: Kleider und Kostüme

USA	*europ. Festland*
6	38/34N
8	40/36N
10	42/38N
12	44/40N
14	46/42N
16	48/44N

Damen: Schuhe

USA	*europ. Festland*
4 1/2	36
5 1/2	37
6 1/2	38
7 1/2	39
8 1/2	40
9 1/2	41
10 1/2	42

Herren: Anzüge

USA	*europ. Festland*
34	44
-	46
38	48
-	50
42	52
-	54
46	56

Herren: Hemden

USA	*europ. Festland*
14	36
14 1/2	37
15	38
15 1/2	39
16	40
16 1/2	41
17	42

Herren: Schuhe

USA	*europ. Festland*
6 1/2	-
7 1/2	40
8 1/2	41
9 1/2	42
10 1/2	43
11 1/2	44

SPORT

AKTIV

Viele Parks in New York bieten diverse Freizeit- und Sportmöglichkeiten; die meisten gibt es im Central Park. Im Sommer während der Mittagszeit und an Wochenenden werden viele Straßen für Autofahrer gesperrt, hauptsächlich zum Wohle der **Radfahrer**.

Ruderboote gibt es auf dem Central Park Lake zu mieten (ebenso auf den Seen des Kissena Parks, Queens, im Prospect Park, Brooklyn und im Van Cortlandt Park in der Bronx). **Tennis** spielen kann man auf einer Anlage in der 96th Street, in Höhe Central Park West. **Reitpferde** verleiht die Reit-Akademie Claremont (Claremont Riding Academy), 175 West 89th St, Tel. 724 5100; mit ihnen kann man auf bestimmten Parkwegen ausreiten (auch im Pelham Bay Park in der Bronx). **Schlittschuhlaufen** ist möglich auf dem Wollman Rink und dem Lasker Rink von Oktober bis April, ebenso auf dem Rivergate Ice Skating Rink, 401 East 34th St, Tel. 689 0036). Über ein Dutzend **Baseball-** oder **Softball**-Klubs stehen auch Gästen offen, und natürlich gibt es in New York eine Reihe von **Jogging**-Pfaden. Ein Übungszentrum für *road runners* (Straßen-Läufer) betreibt der New York Road Runners Club, 9 East 89th St, Tel. 860 4455.

Öffentliche **Golfplätze** gibt es gleich ein Dutzend; sie sind auf die Parks aller fünf Stadtteile verteilt. Die beiden besten liegen im Pelham Bay Park (in der Bronx) und im Latourette Park auf Staten Island. Näheres erfährt man beim (gebührenfreien) Informationsdienst des *Parks Department* unter der Telefonnummer: 1-800-834 3832.

Swimmingpools gibt es in etlichen Hotels, darunter das Skyline Manhattan, das Parker Meridien, das UN Plaza, das Sheraton Manhattan und die New York Vista YMCAs. Einige öffentliche Freibäder oder Hallenbäder sind das ganze Jahr über geöffnet, eines davon ist in der Carmine Street, in Höhe der Seventh Avenue South. Zu den Häusern des Christlichen Vereins junger Männer (YMCA) gehören: 206 West 24rd St, Tel. 741 9226; 224 East 47th St, Tel. 755 2410; und 5 West 63rd St, Tel. 787 4400. **Private Fitneß-Klubs** (health clubs) und **Thermalbäder** (spas) mit Schwimmbecken findet man in den *Yellow Pages* (Gelbe Seiten) des Telefonbuchs.

Tennis wird auf den öffentlichen Plätzen in verschiedenen Parks auch in Privatklubs gespielt, so im Midtown Tennis Club, 341 Eighth Ave, Tel. 989 8572; im Manhattan Plaza Racquet Club, 450 West 43rd St, Tel. 594 0554; und im Wall Street Racquet Club, Piers 13 und 14, Tel. 422 9300.

PASSIV

New York ist stolz auf seine besonders hochkarätigen **Baseball**-Teams, die *Mets* und die *Yankees,* die von April bis Oktober spielen, die Mets im Shea Stadion in Flushing, Tel. 718-507 8499; die Yankees im Yankee Stadion in der Bronx, Telefon: 718-293 6000. Sehr gute Basketball-Teams sind die *Knickerbockers,* Madison Square Garden, Tel. 465 58647, und die *Nets,* Meadowlands Arena in East Rutherford, New Jersey, Tel. 201-935 8500; ihre Saison geht von Oktober bis Mai. Über den Wettbewerb der College-Teams wird regelmäßig im Sportteil der Tageszeitungen berichtet.

Amerikanisches **Football** wird von September bis zum Jahresende gespielt, und zwar von den *New York Giants* und den *New York Jets,* die sich das Giants Stadion in den Meadowlands brüderlich teilen.

Ein zentraler Schauplatz für große Sportveranstaltungen ist der Madison Square Garden: Titelkämpfe im **Boxen,** Punktspiele im **Eishockey** (die *New York Rangers* bestreiten hier ihre Heimspiele, während die *Islanders* im Nassau Coliseum auf Long Island zuhause sind, Tel. 516-794 9300) sowie **Tennis.** Weitere Tennisturniere im West Side Tennis Club, Forest Hills, Tel. 718-268 2300 und im National Tennis Center, Flushing Meadows, Queens, Tel. 718-271 5100, wo die offenen US-Tennismeisterschaften (US Open Championships) alljährlich im September ausgetragen werden.

Fußball, wie wir es kennen, gewinnt anscheinend an Popularität, seit 1994 die USA erstmalig die Fußball-Weltmeisterschaft ausrichteten. Gespielt wird in den Meadowlands von April bis Oktober. Cricket spielt man im Sommer an Sonntagnachmittagen im Van Cortlandt Park, außerdem auf Randell's Island und in verschiedenen Parks in Brooklyn.

Pferderennen finden an folgenden Orten statt: Aqueduct in Queens, Tel. 718-641 4700 (mit der U-Bahn von der Haltestelle Eighth Ave, Ecke 42nd St aus); Belmont Park, Elmont, Long Island, Tel. 718-641 4700 (mit der Long Island Railroad ab Pennsylvania Station); the Meadowlands Racetrack, Tel. 201-935 8500 (mit dem Bus von Port Authority aus); weitere Rennen mit Zuchtferden auf dem Yonkers Raceway, Yonkers, an der Central Avenue, Tel. 914-968 4200 (Sonderbus ab Port Authority).

Besondere Hinweise

KINDER

Die meisten Freizeitaktivitäten der Erwachsenen gefallen den Kindern wahrscheinlich auch, ganz besonders aber Ausflüge wie die Manhattan-Rundfahrt der Firma Circle Line, Macy's Erntedankfest-Parade (Macy's Thanksgiving Day Parade), die Feuerwerke am 4. Juli, die Ausstellung der **Guinness-Weltrekorde** und die Fahrt mit der Fähre nach Staten Island. Anziehungspunkte für Kinder sind auch die **Kinder-Zoos** im Central Park und in den Zoologischen Gärten der Bronx sowie von Staten Island. Und manche Ausflüge wie z. B. der Besuch des *Fulton Fish Market* (um sechs Uhr früh), macht vielen Kindern mehr Spaß als ihren Eltern. Die Firma *Small Journeys,* Tel. 874 7300, ist auf Ausflüge und Besuche von Plätzen spezialisiert, die für kleine Leute besonders interessant sind.

Im Central Park haben die Kinder einen eigenen Bereich für sich: an der Fifth Avenue, Ecke 72nd Street; dort ist auch der *Conservatory Water,* ein Teich, auf dem am Wochenende viele ihre Modellboote spazierenfahren lassen. Auch die Statuen von Alice im Wunderland, Mother Goose und anderen Märchenfiguren werden dann von den Kleinen regelrecht umschwärmt.

Das **Kindermuseum** von Manhattan (Children's Museum of Manhattan), 212 West 83rd St, Tel. 721 1234, lädt die Kinder zum Mitmachen ein; ähnlich engagierte Museen gibt es in Snug Harbor auf Staten Island, Tel. 718-273 2060, und in Brooklyn, 145 Brooklyn Ave, Tel. 735 4400. Vielleicht ist auch das **Feuerwehr-Museum** (NYC Fire Museum) für Kinder interessant, 278 Spring St, Tel. 691 1303, oder das höchst interessante neue **Liberty Science Center** (in New Jersey, auf der anderen Seite des Hudson, Tel. 201-200 1000) sowie das Kinderzentrum South Street Seaport's Children's Center, Tel. 669 9400.

Im **New York Aquarium** können Kinder Hunderte von exotischen Fischarten bewundern, West 8th St, in Höhe der Surf Ave, Coney Island, Tel. 718-265-FISH; **Spielplätze** gibt es u. a. im Central Park, im Washington Square Park, West 74th Street, in Höhe des Riverside Drive, sowie in Yorkville an der Second Avenue, in Höhe der 93th St.

Was die **Kindertheater** gerade zu bieten haben, entnimmt man am besten den aktuellen Übersichten der regionalen Zeitungen oder Zeitschriften. Zu den produktivsten Kindertheatern gehören: The Paper Bag Players, 50 Riverside Drive, Tel. 362 0431; Gramercy Puppet Theater, 123 Waverly Pl., Tel. 254 9074 und das Little People's Theatre, 39 Grove St, Tel. 765 9540.

HOMOSEXUELLE

Das *Gay und Lesbian Switchboard,* Tel. 777 1800, wurde speziell eingerichtet, um homosexuelle Männer und Frauen über alle Aspekte des „gay life“ in New York zu informieren. Dazu gehören auch Empfehlungen bestimmter Bars, Restaurants und Unterkünfte, oder auch Rechtsberatung. *The Gay & Lesbian Visitors Center,* 135 West 20th St, Tel. 463 9030, ist eine weitere nützliche Institution. Viele Buchläden (etwa *Gay & Lesbian Bookstore,* 584 Hudson St, Tel. 989 4850) führen die *Gay Yellow Pages* (Adressen für Homosexuelle). Außerdem liegen an vielen Stellen entsprechende Broschüren mit Adressenlisten aus.

BEHINDERTE

Informationen über die Rechte und Möglichkeiten behinderter Menschen in New York sind erhältlich beim: *Mayor's Office for People with Disabilities,* 52 Chambers Street, Room 206, New York, NY 10007, Tel. 788 2830.

STUDENTEN

Die Columbia University, Tel. 854 1754, unterhält ein Büro für auswärtige Studenten, das *International Students Office;* es hilft bei Visa-Angelegenheiten und anderen Formalitäten; zusätzlich gibt es an dieser Universität noch den *Information und Visitors Service,* Tel. 854 2845, der u. a. ein wöchentliches Programm der Universitäts-Veranstaltungen herausgibt. Solche Informationen veröffentlichen auch: das *Hunter College,* 695 Park Ave, Tel. 772 4000 und das *New York University's Office of Student Affairs,* Loeb Student Center, 566 LaGuardia Pl., Tel. 998 4900; hier gibt es einen Aufenthaltsraum, einen Speisesaal im Untergeschoß und kostenlose Drucksachen über studentische Aktivitäten.

Nützliche Adressen

TOURISTENINFORMATION

New York Convention & Visitors Bureau, 2 Columbus Circle, New York, NY 10019 (Tel. 397 8222). Broschüren und Informationen zu den fünf *boroughs* mit Betonung auf Manhattan.
Greater Harlem Chamber of Commerce, 1 West 125th St, New York, NY 10027 (Tel. 427 7200); eine nützliche Quelle für Informationen über besondere Ereignisse und Sehenswürdigkeiten in Harlem.
The Bronx Council on the Arts, 1738 Hone Ave, The Bronx, NY 10461, Tel. 718-931 9500.
The Bronx Tourist Council, 880 River Ave, The Bronx, NY 10452, Tel. 718-590 3518.
The Fund for the Borough of Brooklyn, 16 Court St, Brooklyn, NY 11201, Tel. 718-855 7882.
The Queens Council on the Arts, 161-04 Jamaica Ave, Queens, NY 11432, Tel. 718-291 1100 oder 718-291-ARTS.
The Staten Island Borough President's Office, Borough Hall, Staten Island, NY 10301, Tel. 718-816 2005.

BOTSCHAFTEN & KONSULATE

Dänemark, 825 Third Ave, Tel. 223 4545.
Deutschland, 460 Park Ave, Tel. 308 8700.
Frankreich, 934 Fifth Ave, Tel. 606 3600.
Luxemburg, 801 Second Ave, Telefon: 370 9870.
Niederlande, 1 Rockefeller Plaza, Telefon: 246 1429.
Österreich, 31 East 69th St, Tel. 737 6400.
Schweiz, Rolex Building, 8th Floor, 665 Fifth Ave, Tel. 758 2560.

Literaturhinweise

DEUTSCH

Viele der in der englischen Literaturliste angegebenen Bücher, besonders die Romane, sind auch in deutscher Übersetzung erhältlich. In vielen Bibliotheken finden Sie eine reiche Auswahl an New-York-Büchern.

Die folgende Liste stellt eine Auswahl von *zur Zeit lieferbaren Büchern* dar.

BILDBÄNDE

Buchers New York, Text von Werner W. Wille, Fotos von Detlef Ihlenfeldt. C. J. Bucher, 1989.
Ich liebe New York, von Carin Drechsler-Marx. Harenberg-Kommunikation, 1989.
N. Y. New York, Photos von Amos Schliack. Ellert und Richter, 1985.
New York, von Hermann Teifer. Artemis, 1982.
New York, von Marcello u. Angela Bertinetti. Parkland-Verlag, 1985.
New York, von Anthony Burgess. Time Life, 1977.
New York. Images of the Landscape, von Carr Clifton u. John Burroughs. (Mit deutscher Textbeilage.) H. Ziethen Verlag, 1988.
New York, N. Y., Porträt einer Weltstadt, von Hilla u. Max Jacoby. Hoffmann u. Campe, 1981.
New York, New York. Meisterfotos des fliegenden Händlers George Forss, von George Forss und David Douglas Duncan. List, 1984.
Die New York-Story. Wie aus Mann-Hatin eine Weltstadt wurde, von Dankwart Gruber u. Thomas Höpker. Bertelsmann, 1983.
New Yorker Spiegelbilder, von Rolf D. Schwarz. Harenberg-Kommunikation, 1987.
Oh, Manhattan, Bilder von Menschen, von Jürgen Spohn. Harenberg-Kommunikation, 1983.
Subway New York, Menschen im Untergrund, von Willy Spiller u. Sabina Lietzmann. Edition Stemmle 1986.
Weegees New York. Sonderausgabe, Photographien 1935-1960, von Weegee. Schirmer, Moser, 1986

GESCHICHTE & GESELLSCHAFT

Die Janusgesichter des Booms, Strukturwandel der Städte: New York und Boston, von Ulrich Becker u. Annelie Schoen. VSA-Verlag, 1989.

New York. Die wunderbare Katastrophe, von Sabina Lietzmann. dtv Taschenbuch, o. A.

New Yorker, 50 außergewöhnliche Foto- und Textporträts, von Thomas Höpker u. Eva Windmöller. Edition Stemmle, 1987.

New Yorker Tagebuch, von Dorothee Sölle. Pendo-Verlag, 1987.

Die verheißene Stadt, deutsch-jüdische Emigranten in New York, von Thomas Hartwig u. Achim Roscher. Arsenal-Verlag, 1986.

KUNST

Guggenheim, 60 Meisterwerke, Crantz-Druckerei 1989.

New York, von George Grosz. Hrsg. Walter Huder u. a. Affholderbach, 1985.

New York Architektur 1970-1990, Hrsg. Heinrich Klotz. Prestel, 1989.

Die Sammlung Berggruen im Metropolitan Museum of Art, New York, von Sabine Rewald. Hatje, 1989.

BELLETRISTIK

Die Geschlechter. New Yorker Geschichten, von Dorothy Parker. Haffmans, 1988.

Der Gott der kleinen Webefehler. Spaziergänge durch New Yorks Lower Eastside und Greenwich Village, von Mascha Kaléko. Arani, 1981.

Infame Geschichten aus New York, von Josch Alan Friedman. Goldmann, 1988.

Metropolis: New York, von Jerome Charym. Claassen, 1988.

New York, von Wolfgang Koeppen. Verlag Reclam, o. A.

New Yorker Geschichten, ausgew. u. herausg. von Manfred Kluge. Heyne, 1987.

Eine starke Blondine. New Yorker Geschichten, von Dorothy Parker. Haffmans, 1988.

Jahrestage, von Uwe Johnson, 4 Bände, Suhrkamp Verlag Frankfurt/Main.

KARTEN

Falkplan New York, Falk, Hamburg.

New York City. Hallwag Stadtplan.

USA. Der Nordosten. 1 : 700 000. Urlaubskarte, Hildebrands Urlaubskarte.

ENGLISCH

The Age of Innocence, von Edith Wharton. Scribner, 1983.

A Natural History of New York City, von John Kiernan. Fordham University Press, 1982.

Another Country, von James Baldwin. Dell, 1988.

A Tree Grows in Brooklyn, von Betty Smith. Harper & Row, 1968.

The Beautiful Bronx: 1920–1950, von Lloyd Ultan. Crown, 1982.

Bonfire of the Vanities, von Tom Wolfe. Farrar, Straus, Giroux, 1987.

Broadway, von Brooks Atkinson. Macmillan Publishing Co.

Dancing On My Grave. An Autobiography, von Gelsey Kirkland and Greg Lawrence. Garden City, New York: Doubleday & Company Inc., 1986.

Here is New York, von E. B. White. Warner Books, 1988.

History Preserved: A Guide to New York City Landmarks and Historic Districts, von Harmon H. Goldstone and Martha Dalrymple. Schocken Books, 1976.

Incredible New York, von Lloyd Morris. Random House, 1951.

The Lincoln Center Story, von Alan Rich. New York: American Heritage, 1984.

Literary Neighborhoods of New York, von Marcia Leisner. Starhill Press, 1989.

The Movie Lover's Guide to New York, vonR. Alleman. Perennial Library/Harper & Row, 1988.

New York Art Guide, von Deborah Jane Gardner. Robert Silver Associates, 1987.

The New Chinatown, von Peter Kwong. Hill & Wang, 1987.

New York, von Djuna Barnes. Sun and MoonPress, 1989.

New York: Heart of the City, von J. P. MacBean. Mallard Press, 1990.

New York's Nooks and Crannies: Unusual Walking Tours in all Five Boroughs, von David Yeadon. New York: Charles Scribner & Sons, 1986.

On Broadway: A Journey Uptown Over Time, von D.W. Dunlop. Rizzoli Intern. Publications, 1990.

Poet in New York, von Federico Garcia Lorca. Farrar, Straus, Giroux, 1988.

Slaves of New York, von Tama Janowitz. Pocket Books, 1988.

Uptown & Downtown: A Trip Through Time on New York Subways, von Stan Fischler. E.P. Dutton.

You Must Remember This. An Oral History of Manhattan from the 1890s to World War II, von Jeff Kisseloff. Harcourt Brace Jovanovich.

When Brooklyn Was the World: 1920–1957, von Elliot Willensky. Crown, 1986.

When Harlem Was in Vogue, von David Levering Lewis. Oxford University Press, 1983.

Winter's Tale, von Mark Helprin. Harcourt Brace Jovanovich, 1983.

Visuelle Beiträge

Fotografie

Umschlag, Seite 116/117	**Apa Photo Agency**
105, 250	**Bartel/Apa Photo Agency**
147, 159, 192, 209, 217, 222, 254	**Battman**
58, 124, 151R, 188, 219	**Bodo Bondzio**
14/15	**Zdenka Bondzio**
32/33	**Boston Public Library**
53, 60, 62, 102, 125, 127L, 127R, 128, 139, 140, 146L, 151L, 160, 167, 175, 176L, 177, 178, 179, 189, 190, 201, 204/205, 227, 228, 230/231, 239, 240, 262, 271, 274, 278	**Douglas Corrance**
68	**Anthony Crickman**
257, 259	**Dallas-Heaton/Apa Photo Agency**
277	**Downing/Apa Photo Agency**
166L	**Kim Furrokh**
47, 69, 126L, 170, 207, 208L, 210, 233, 234L	**Wolfgang Fritz**
246	**Allen T. Graker**
56/57	**Hans Hartzoiker**
238	**D. Hatchett**
103L, 226, 268	**Hoefer/Apa Photo Agency**
34	**Illustrated London News**
Titel, 16/17, 18/19, 20/21, 26, 54/55, 63, 64, 65, 72, 73, 76/77, 78, 84/85, 86, 89, 91, 92/93, 94, 95L, 95R, 103R, 104, 106/107, 108, 109, 110, 111, 114/115, 118/119, 122/123, 130/131, 132/133, 135, 138, 142/143, 144, 148, 149, 150, 152, 153, 162/163, 164, 169, 171, 172/173, 174, 183, 194/195, 199, 202, 203, 212, 216, 223, 224, 225, 232, 235, 237, 241, 243, 247, 255, 260/261, 263, 264L, 265, 269, 272, 273, 279	**Catherine Karnow**
50	**Kobal Collection**
156/157	**Nakayama/Apa Photo Agency**
28, 38/39, 42, 45, 184	**New York Public Library**
101, 266, 267	**New York Convention & Visitors Bureau**
22, 82, 88, 90, 113, 126R, 155, 165, 168, 229, 249, 253R	**Carl Purcell**
66/67	**Radio City Music Hall/Kozlowski**
100	**Sattlberger/Anzenberger**
9, 59, 61, 134, 141, 182, 186, 187, 193, 206, 220, 244/245, 251, 256, 270, 275, 276	**Sioen/Anzenberger**
145	**Titzer/Anzenberger**
48/49, 51, 81	**Topham Picture Source**
180, 181, 248L, 253L	**Karen Tweedy-Holmes**
80	**Van Riel/Apa Photo Agency**
3, 40, 52, 70, 87, 112, 129, 161, 191, 198, 200, 211, 213, 214, 218, 221, 236, 242, 280	**Bill Wassman**
24/25, 46, 71, 98/99, 136L, 137, 252, 258	**Marcus Wilson Smith**

Karten	**Berndtson & Berndtson**
Illustration	**Klaus Geisler**
Design Consulting	**V. Barl**

INDEX

A

B

C

D

E

F

G

H

I

J

K

L

M

N

O

P

Q

R

S

T

Y,Z

A B C D E G H I J b c d e f g h i j k l